汽车生产企业在中国的合规经营之道

各类法律风险的防范

Legal Operation
of Automobile Enterprises
in People's Republic of China
——Prevention of Assorted Legal Risks

武 峰/著

人民法院出版社

图书在版编目（CIP）数据

汽车生产企业在中国的合规经营之道：各类法律风险的防范／武峰著.—北京：人民
法院出版社，2018. 10

ISBN 978 - 7 - 5109 - 2301 - 2

Ⅰ.①汽…　Ⅱ.①武…　Ⅲ.①汽车企业—工业企业管理—法规—研究—中国

Ⅳ.①D922.292.4

中国版本图书馆 CIP 数据核字（2018）第 243227 号

汽车生产企业在中国的合规经营之道：各类法律风险的防范

武　峰　著

策划编辑：韦钦平

责任编辑：沈国婧

出版发行：人民法院出版社

地　　址：北京市东城区东交民巷 27 号（100745）

电　　话：(010) 67550667（责任编辑）　67550558（发行部查询）

　　　　　　　65223677（读者服务部）

网　　址：http://www.courtbook.com.cn

E - mail：courtpress@sohu.com

印　　刷：保定市中画美凯印刷有限公司

经　　销：新华书店

开　　本：787×1092 毫米　1/16

字　　数：380 千字

印　　张：21.75

版　　次：2018 年 10 月第 1 版　2018 年 10 月第 1 次印刷

书　　号：ISBN 978 - 7 - 5109 - 2301 - 2

定　　价：69.00 元

作者简介

　　武峰，北京朗诚律师事务所主任、创始合伙人，中国汽车行业著名的政策研究专家和法律实务专家，系第九届北京市律师协会产品质量与安全法律专业委员会副主任、中国汽车流通协会专家委员会委员、上海市汽车销售行业协会专家委员会副主任、广东省消费者委员会汽车消费维权专业委员会专家、北京大学法学院校外指导教师，曾于2013年被ALB（《亚洲法律杂志》）评选为"中国十佳诉讼律师"之一。

　　Wu Feng, the founding partner of Beijing Longshine Law Firm and a well-known policy research and legal practice expert. Attorney Wu Feng is also the deputy director of the Ninth Professional Committee of Product Liability of Beijing Lawyers Association, the member of the Expert Committee of the China Automobile Dealers Association and the deputy director of the expert committee in the Shanghai Automobile Trade Association. Besides, attorney Wu Feng serves as the member of the Expert Committee of Automobile Consumer Protection in Guangdong Consumer Commission and the visiting professor of Graduate School of Peking University Law School. Attorney Wu Feng also ranked in "China Top 10 Litigators" in 2013 by ALB (Asia Legal Business).

　　历年来，武峰积极参与《消费者权益保护法》（征求意见稿）、《缺陷汽车产品召回管理条例》（征求意见稿）、《缺陷汽车产品召回管理条例实施办法》（征求意见稿）、《乘用车新车售前检查服务指引（试行）》（征求意见稿）、《上海市汽车销售服务管理规范（团体标准）》（讨论稿）等立法修订活动并提出建设性和前瞻性的专家建议，很多建议均被采纳。

Attorney Wu Feng has been invited to participate in drafting of many legislative bills over the years such as the legislative bill of *the Law of the People's Republic of China on the Protection of Rights and Interests of Consumers*, *Administrative Regulations on the Recall of Defective Automotive Products*, *The Guide of Pre Delivery Inspection Service（Trial Implementation）*, *the Group Standards of Auto Sales Service Management in Shanghai Municipality* etc. Attorney Wu Feng submitted lots of significant professional proposals and many of them were accepted.

2013 年 8 月武峰发表专著《汽车产品质量纠纷的解析与应对》填补了国内系统阐述汽车产品责任侵权的理论专著空白，在业内引起较大反响；2018 年 10 月武峰发表专著《汽车生产企业合规经营之道》是国内关于汽车生产企业依法合规经营、防范各类法律风险的权威专著。武峰还先后受邀作为唯一的中国律师在"European Lawyer（《欧洲律师》）""Getting The Deal Through"撰文介绍中国的产品责任法律制度。

In August 2013, attorney Wu Feng published his monograph "*The Analysis and Resolution to the Dispute Regarding Automobile Product Liability*". This book is the first monograph to expound the theory of automobile product liability and has effect on the auto industry. In October 2018 attorney Wu Feng published the book "*Legal Operation of Automobile Enterprises in People's Republic of China*", which is a monograph regarding the prevention of Assorted Legal Risks. Besides, attorney Wu Feng has been invited by "*European Lawyers Reference*" and "*Getting the Deal Trough*" as the only Chinese attorney to write articles to introduce the legal system of product liability in PRC.

前　言

　　为适应社会主义市场经济体制的要求以及加入 WTO 后国内外汽车产业发展的新形势，推进汽车产业结构调整和升级，全面提高汽车产业国际竞争力，满足消费者对汽车产品日益增长的需求，促进汽车产业健康发展，2004 年国家发改委颁布《汽车产业发展政策》，力求我国汽车产业在 2010 年前发展成为国民经济的支柱产业。自 2004 年起，中国的汽车行业在《汽车产业发展政策》所构建的框架内，逐渐发展壮大，并连续多年成为世界第一的汽车产销大国。随着国家法律制度、政策不断调整变化，执法机关的执法力度日益加强以及公民法治观念的提升，汽车企业若要在我国持续、稳定、健康的发展，则势必需提高合规意识，确保自身合法、规范经营。

　　本书立足于我国现行法律、法规及政策性文件，根据笔者多年来在汽车行业政策法律研究层面和法律实务领域的从业经验，结合笔者多次参与法律、法规及国家标准、团体标准制定或修订的立法经验，为汽车企业的全方位合规经营提出诸多合规性建议。

　　笔者从汽车企业的设立及投融资入手，鉴于汽车行业于我国国民经济的重要性及外商投资的特殊性，重点介绍了外商独资企业的设立、合资企业的设立及企业间并购中的相关法律问题和可能存在的风险。在汽车企业经营过程中，笔者则将企业经营中可能遇到的法律风险分为民事、行政与刑事三大部分，分别予以阐述。在民事法律风险方面，笔者结合新颁布的《民法总则》及修订后的《消费者权益保护法》等法律，对汽车产品责任、汽车销售中的买卖合同纠纷这两个最主要的民事纠纷进行了详细阐述。除此以外，笔者也注意到时下形式愈加丰富的汽车租赁模式，并对汽车租赁业务之中的合规性问题进行了分析说明。在行政法律风险方面，笔者关注了近年来执法力度日益增强的反垄断领域，并重点分析了新修订后的《反不正当竞争法》对汽车生产者、汽车销售者等汽车经营者的影响，同时涉及了缺陷汽车产品召回、汽车行业税收以及目前全球汽车行业最新发展方向——新能源和智能驾驶相关的行政法律问题。在刑事法律风险方面，笔者主要分析了贿赂行为可能涉及的刑事法律责任及汽车企业运营中常见的侵犯企业财产的若干行为，同时，考虑到我国拥有诸多国家参股汽车生产企业，因此在该部分对涉及国家工作人员犯罪主体的相关罪名也进行了阐述介绍。

汽车产业在我国国民经济中具有举足轻重的作用，鉴于汽车本身是一种集合上万零件的现代工业产品，相关市场的准入门槛极高，且涉及技术、外资、环保、能源等方方面面的问题，是行政机关的重点执法领域，因此针对汽车生产企业、汽车经销商的法律、法规十分繁杂，并且零碎而缺乏体系。本书立足于汽车企业经营可能遇到的诸多法律问题，在介绍、整合相关问题所涉及的法律、法规的同时密切结合执法、司法实践，辅以大量的典型案例，深入浅出地对汽车企业经营中的合规性问题进行分析，同时提出合理化的建议。

本书可用作汽车企业合规经营的参考指导用书，目的在于使汽车企业对汽车行业相关的法律问题形成体系性认知，并能参照本书所提示的法律风险对存在的问题进行排查、修正、改善，确保汽车企业可以合法、规范地进行经营活动。

武 峰

2018 年 10 月 12 日于北京

目 录

第一章
投资法律风险防范

第一节　外商独资企业的设立

一、外商独资企业概述

外商独资企业，指依照中国法律在中国境内设立的，由外国投资者单独投资的企业，不包括外国的企业和其他经济组织在中国境内的分支机构。设立外商独资企业，必须有利于中国国民经济的发展。国家鼓励举办产品出口或者技术先进的外资企业，外国投资者在中国境内的投资、获得的利润和其他合法权益，受中国法律保护。自 1979 年中国颁布第一部外商投资法律——《中外合资经营企业法》以来，外商投资在中国已有将近 40 年的历史。外商投资经历了 20 世纪 80 年代、90 年代的中外合资浪潮，到中国 2001 年加入世界贸易组织（WTO）后的外商独资浪潮，再到 2008 年金融危机后的冰封期以及金融危机之后的再度复苏。最近几年，随着中国外商投资监管体系的变革、外商投资行业准入目录及政策的不时更新、中国企业跨境投资并购的兴起以及境内 A 股资本市场的逐步成熟，外商投资正在出现新的趋势。

二、外商独资企业的主要法律规范

（一）外商独资企业产业目录限制的相关法律法规

2017 年 6 月 28 日，国家发展和改革委员会、商务部颁布了《外商投资产业指导目录（2017 年修订）》，该法于 2017 年 7 月 28 日生效。该法主要规定了鼓励、限制及禁止外商投资的相关产业（其中限制及禁止外商投资的产业目录为外商投资准入负面清单——外商投资准入特别管理措施）。

2018 年 6 月 28 日，国家发展和改革委员会、商务部颁布了《外商投资准入特别管理措施（负面清单）（2018 年版）》，该法于 2018 年 7 月 28 日生效。该法生效后，2017 年 6 月 28 日国家发展和改革委员会、商务部发布的《外商投资产业指导目录（2017 年修订）》中的外商投资准入特别管理措施（外商投资准入负面清单）同时废止，鼓励外商投资产业目录继续执行。《外商投资准入特别管理措施（负面清单）（2018 年版）》对部分领域列出了取消或放宽准入限制的过渡期，过渡期满后将按时取消或放宽其准入限制。境外投资者不得作为个体工商户、个人独资企业投资人、农民专业合作社成员，从事投资经营活动。境外投资者不得投资《外商投资准入特别管理措施（负面清单）（2018年版）》中禁止外商投资的领域；投资《外商投资准入特别管理措施（负面清单）（2018年版）》之内的非禁止投资领域，须进行外资准入许可；投资有股权要求的领域，不得设立外商投资合伙企业。

2018年6月30日，国家发展和改革委员会、商务部颁布了《自由贸易试验区外商投资准入特别管理措施（负面清单）（2018年版）》，该法于2018年7月30日生效。该法主要规定了境外投资者投资自由贸易试验区内的产业相关的限制事项。《自由贸易试验区外商投资准入特别管理措施（负面清单）（2018年版）》对部分领域列出了取消或放宽准入限制的过渡期，过渡期满后将按时取消或放宽其准入限制。境外投资者不得作为个体工商户、个人独资企业投资人、农民专业合作社成员，从事投资经营活动。境外投资者不得投资《自由贸易试验区外商投资准入特别管理措施（负面清单）（2018年版）》中禁止外商投资的领域；投资《自由贸易试验区外商投资准入特别管理措施（负面清单）（2018年版）》之内的非禁止投资领域，须进行外资准入许可；对投资有股比要求的领域，不得设立外商投资合伙企业。

根据法律法规，倘若汽车企业类型的外国投资者拟在境内投资设立外商投资企业，且拟投资设立的外商投资企业的产业为汽车或与汽车相关的类目，其涉及的相关法律法规，具体如下：

1.《汽车产业发展政策》

第48条规定了外资比例，即"汽车整车、专用汽车、农用运输车和摩托车中外合资生产企业的中方股份比例不得低于50%。股票上市的汽车整车、专用汽车、农用运输车和摩托车股份公司对外出售法人股份时，中方法人之一必须相对控股且大于外资法人股之和。同一家外商可在国内建立两家（含两家）以下生产同类（乘用车类、商用车类、摩托车类）整车产品的合资企业，如与中方合资伙伴联合兼并国内其他汽车生产企业可不受两家的限制。境外具有法人资格的企业相对控股另一家企业，则视为同一家外商"。

2. 《外商投资产业指导目录（2017年修订）》

"鼓励外商投资产业目录：

（十六）金属制品业

96. 航空、航天、汽车、摩托车轻量化及环保型新材料研发与制造（专用铝板、铝镁合金材料、摩托车铝合金车架等）。

（十七）通用设备制造业

102. 报废汽车拆解、破碎及后处理分选设备制造。

112. 汽车用高分子材料（摩擦片、改型酚醛活塞、非金属液压总分泵等）设备开发与制造。

113. 第三代及以上轿车轮毂轴承、高中档数控机床和加工中心轴承、高速线材和板材轧机轴承、高速铁路轴承、振动值Z4以下低噪音轴承、各类轴承的P4和P2级轴承、风力发电机组轴承、航空轴承制造。

114. 高密度、高精度、形状复杂的粉末冶金零件及汽车、工程机械等用链条的制造。

121. 机床、工程机械、铁路机车装备等机械设备再制造，汽车零部件再制造，医用成像设备关键部件再制造，复印机等办公设备再制造。

142. 汽车车身外覆盖件冲压模具，汽车仪表板、保险杠等大型注塑模具，汽车及摩托车夹具、检具设计与制造。

143. 汽车动力电池专用生产设备的设计与制造。

（十九）汽车制造业

206. 汽车发动机制造及发动机研发机构建设：升功率不低于70千瓦的汽油发动机、升功率不低于50千瓦的排量3升以下柴油发动机、升功率不低于40千瓦的排量3升以上柴油发动机、燃料电池和混合燃料等新能源发动机。

207. 汽车关键零部件制造及关键技术研发：双离合器变速器（DCT）、无级自动变速器（CVT）、电控机械变速器（AMT）、汽油发动机涡轮增压器、粘性连轴器（四轮驱动用）、自动变速器执行器（电磁阀）、液力缓速器、电涡流缓速器、汽车安全气囊用气体发生器、燃油共轨喷射技术（最大喷射压力大于2000帕）、可变截面涡轮增压技术（VGT）、可变喷嘴涡轮增压技术（VNT）、达到中国第五阶段污染物排放标准的发动机排放控制装置、智能扭矩管理系统（ITM）及耦合器总成、线控转向系统、颗粒捕捉器、低地板大型客车专用车桥、吸能式转向系统、大中型客车变频空调系统、汽车用特种橡胶配件，以及上述零部件的关键零件、部件客车变频空调系统、汽车用特种橡胶配件，以及上述零部件的关键零件、部件。

208. 汽车电子装置制造与研发：发动机和底盘电子控制系统及关键零部件，车载电子技术（汽车信息系统和导航系统），汽车电子总线网络技术，电子控制系统的输入（传感器和采样系统）输出（执行器）部件，电动助力转向系统电子控制器、嵌入式电子集成系统、电控式空气弹簧、电子控制式悬挂系统，电子气门系统装置，电子组合仪表，ABS/TCS/ESP系统，电路制动系统（BBW），变速器电控单元（TCU），轮胎气压监测系统（TPMS），车载故障诊断仪（OBD），发动机防盗系统，自动避撞系统，汽车、摩托车型试验及维修用检测系统。

209. 新能源汽车关键零部件制造：电池隔膜（厚度 $15-40\mu m$，孔隙率 $40\%-60\%$）；电池管理系统，电机管理系统，电动汽车电控集成；电动汽车驱动电机（峰值功率密度 $\geqslant 2.5kW/kg$，高效区：65% 工作区效率 $\geqslant 80\%$），车用 DC/DC（输入电压 $100V-400V$），大功率电子器件（IGBT，电压等级 $\geqslant 600V$，电流 $\geqslant 300A$）；插电式混合动力机电耦合驱动系统；燃料电池低铂催化剂、复合膜、膜电极、增湿器控制阀、空压机、氢气循环泵、70MPa 氢瓶。

（二十四）废弃资源综合利用业

285. 废旧电器电子产品、汽车、机电设备、橡胶、金属、电池回收处理。"

3. 《外商投资准入特别管理措施（负面清单）（2018 年版）》

"（八）汽车制造业

12. 除专用车、新能源汽车外，汽车整车制造的中方股比不低于 50%，同一家外商可在国内建立两家及两家以下生产同类整车产品的合资企业。(2020 年取消商用车制造外资股比限制。2022 年取消乘用车制造外资股比限制以及同一家外商可在国内建立两家及两家以下生产同类整车产品的合资企业的限制)。"

4. 《自由贸易试验区外商投资准入特别管理措施（负面清单）（2018 年版)》

"（六）汽车制造业

10. 除专用车、新能源汽车外，汽车整车制造的中方股比不低于 50%，同一家外商可在国内建立两家及两家以下生产同类整车产品的合资企业。

（2020年取消商用车制造外资股比限制。2022年取消乘用车制造外资股比限制以及同一家外商可在国内建立两家及两家以下生产同类整车产品的合资企业的限制）。"

（二）外商独资企业设立相关的相关法律法规

1.《外资企业法》（2016年修订）

2016年9月3日，全国人民代表大会常务委员会颁布了《中华人民共和国外资企业法》（2016年修订），该法于2016年10月1日生效。该法主要规定了外商独资企业的设立、经营运作、管理等方面的相关事项。该法主要涉及的关于外商独资企业设立、经营运作等方面的内容具体如下。

第6条规定："设立外资企业的申请，由国务院对外经济贸易主管部门或者国务院授权的机关审查批准。审查批准机关应当在接到申请之日起九十天内决定批准或者不批准。"外资企业符合中国法律关于法人条件的规定的，依法取得中国法人资格。第10条规定："外资企业分立、合并或者其他重要事项变更，应当报审查批准机关批准，并向工商行政管理机关办理变更登记手续。"同时第23条规定："举办外资企业不涉及国家规定实施准入特别管理措施的，对本法第六条、第十条、第二十条规定的审批事项，适用备案管理。国家规定的准入特别管理措施由国务院发布或者批准发布。"

2.《外资企业法实施细则》（2014年修订）

2014年2月19日，国务院颁布了《中华人民共和国外资企业法实施细则》（2014年修订），该实施细则于2014年3月1日生效。该实施细则对外商独资企业的设立程序、设立申请、生产运营、财务会计、工会等方面做出了详细的规定（其中关于外商独资企业注册资本出资方面的内容被商务部于2014年6月17日颁布的《商务部关于改进外资审核管理工作的通知》修订）。该法主要关于外商独资企业设立的相关法律法规主要有如下内容。

首先，设立外资企业，必须有利于中国国民经济的发展，能够取得显著的经济效益。国家鼓励外资企业采用先进技术和设备，从事新产品开发，实现产品升级换代，节约能源和原材料，并鼓励举办产品出口的外资企业，禁止或者限制设立外资企业的行业，按照国家指导外商投资方向的规定及外商投资产业指导目录执行。在此基础上该细则的第5条规定，申请设立外资企业，有下列情况之一的，不予批准：①有损中国主权或者社会公共利益的；②危及中国国家安全的；③违反中国法律、法规的；④不符合中国国民经济发展要求的；⑤可能造成环境污染的。

其次，在程序方面第 7 条规定设立外资企业的申请由中华人民共和国对外贸易经济合作部（以下简称对外贸易经济合作部）审查批准后，发给批准证书。设立外资企业的申请属于下列情形的，国务院授权省、自治区、直辖市和计划单列市、经济特区人民政府审查批准后，发给批准证书：①投资总额在国务院规定的投资审批权限以内的；②不需要国家调拨原材料，不影响能源、交通运输、外贸出口配额等全国综合平衡的。省、自治区、直辖市和计划单列市、经济特区人民政府在国务院授权范围内批准设立外资企业，应当在批准后 15 天内报对外贸易经济合作部备案。

最后，在外资设立方面，第 18 条规定外资企业的组织形式为有限责任公司。经批准也可以为其他责任形式。外资企业为有限责任公司的，外国投资者对企业的责任以其认缴的出资额为限；外资企业为其他责任形式的，外国投资者对企业的责任适用中国法律、法规的规定。

综上所述，倘若境外的汽车企业（外国投资者）拟于境内设立外商独资企业，其组织形式为有限责任公司或经批准的其他形式，该等外商独资企业不涉及国家规定实施准入特别管理措施的，应当适用备案管理（具体内容见下文所述的《外商投资企业设立及变更备案管理暂行办法（2018 修订）》），若涉及国家规定实施准入特别管理措施的，应按照上述规定报相关主管部门审查批准。

3. 《外商投资企业设立及变更备案管理暂行办法》（2018 年修订）

2018 年 6 月 29 日，商务部颁布了《外商投资企业设立及变更备案管理暂行办法》（2018 年修订），该法于 2018 年 6 月 30 日生效。该法主要规定了外商投资企业的设立与变更的相关事项，包括设立与变更过程中涉及的备案流程、所需提交文件、商务主管部门对外商投资企业设立与变更备案相关事项的监督与管理、法律责任等事项。该法主要涉及的关于外商投资企业备案流程、文件提交等方面的内容。

第 5 条规定："设立外商投资企业，属于本办法规定的备案范围的，全体投资者（或外商投资股份有限公司董事会）指定的代表或共同委托的代理人在向工商和市场监督管理部门办理设立登记时，应一并在线报送外商投资企业设立备案信息。由于并购、吸收合并等方式，非外商投资企业转变为外商投资企业，属于本办法规定的备案范围的，在向工商和市场监督管理部门办理变更登记时，应一并在线报送外商投资企业设立备案信息。

备案机构自取得工商和市场监督管理部门推送的备案信息时，开始办理备案手续，并应同时告知投资者。"第9条规定："经审批设立的外商投资企业发生变更，且变更后的外商投资企业不涉及国家规定实施准入特别管理措施的，应办理备案手续；完成备案的，其《外商投资企业批准证书》同时失效。"

第8条规定了备案时需要提交的文件，即"外商投资企业或其投资者办理外商投资企业设立或变更备案手续，需上传提交以下文件：（一）外商投资企业名称预先核准材料或外商投资企业营业执照；（二）外商投资企业全体投资者（或全体发起人）或其授权代表签署的《外商投资企业设立备案申报承诺书》，或外商投资企业法定代表人或其授权代表签署的《外商投资企业变更备案申报承诺书》；（三）全体投资者（或外商投资股份有限公司董事会）或外商投资企业指定代表或者共同委托代理人的证明，包括授权委托书及被委托人的身份证明；（四）外商投资企业投资者或法定代表人委托他人签署相关文件的证明，包括授权委托书及被委托人的身份证明（未委托他人签署相关文件的，无需提供）；（五）投资者主体资格证明或自然人身份证明（变更事项不涉及投资者基本信息变更的，无需提供）；（六）法定代表人自然人身份证明（变更事项不涉及法定代表人变更的，无需提供）；（七）外商投资企业最终实际控制人股权架构图（变更事项不涉及外商投资企业最终实际控制人变更的，无需提供）；（八）涉及外国投资者以符合规定的境外公司股权作为支付手段的，需提供获得境外公司股权的境内企业《企业境外投资证书》。前述文件原件为外文的，应同时上传提交中文翻译件，外商投资企业或其投资者应确保中文翻译件内容与外文原件内容保持一致。"

第24条规定了不履行备案义务的行政处罚规则："外商投资企业或其投资者违反本办法的规定，未能按期履行备案义务，或在进行备案时存在重大遗漏的，商务主管部门应责令限期改正；逾期不改正，或情节严重的，处3万元以下罚款。外商投资企业或其投资者违反本办法的规定，逃避履行备案义务，在进行备案时隐瞒真实情况、提供误导性或虚假信息，或伪造、变造、出租、出借、转让《备案回执》的，商务主管部门应责令限期改正，并处3万元以下罚款。违反其他法律法规的，由有关部门追究相应法律责任。"第25条、第26条规定涉及外商在限制性投资领域开展投资活动的处罚规则："外商投资企业或其投资者未经审批在国家规定实施准入特别管理措施所列的限制投资领域开展投资经营活动的，商务主管部门应责令限期改正，并处 3 万元以下罚款。违反其他法律法规的，由有关部门追究相应法律责任"外商投资企业或其投资者在国家规定实施准入特别管理措施所列的禁止投资领域开展投资经营活动的，商务主管部门应责令限期改正，并处 3 万元以下罚款。违反其他法律法规的，由有关部门追究相应法律责任。"

（三）外商独资企业审批、登记、外汇、税收、注册资本、投资总额等相关法律法规

1.《关于加强外商投资企业审批、登记、外汇及税收管理有关问题的通知》

2002 年 12 月 30 日，对外贸易经济合作部、国家税务总局、国家工商行政管理总局、国家外汇管理局共同颁布了《关于加强外商投资企业审批、登记、外汇及税收管理有关问题的通知》，该通知于 2003 年 1 月 1 日生效。该通知主要规定了外商投资企业审批、登记、外汇及税收管理的相关内容。

该通知规定，外国投资者收购境内各种性质、类型企业的股权，该境内企业应当按照国家有关法律、法规的规定，依现行的外商投资企业审批程序，经审批机关批准后变更设立为外商投资企业，并应符合外商投资产业政策。批准后，由审批机关颁发外商投资企业批准证书，工商行政管理机关颁发外商投资企业营业执照。外国投资者收购境内企业股权应自外商投资企业营业执照颁发之日起 3 个月内支付全部购买金。对特殊情况需延长支付者，经审批机关批准后，应自营业执照颁发之日起 6 个月内支付购买总金额的 60% 以上，在 1 年内付清全部购买金，并按实际已缴付出资额所占比例分配收益。控股投资者在付清全部购买金之前，不得取得企业决策权，不得将其在企业中的权益、资产以合并报表的方式纳入该投资者的财务报表。股权出让方所在地的外汇管理部门出具外资外汇登记证明是证明外国投资者购买金到位的有效文件。外国投资者收购境内企业股权，股权转让双方应在签定的股权转让协议中规定外国投资者支付股权购买金的期限。协议中未规定有关期限的，审批机关将不予批准。

2.《商务部关于改进外资审核管理工作的通知》

2014 年 6 月 17 日，商务部颁布了《商务部关于改进外资审核管理工作的通知》，该法于同日生效。该法取消了部分关于外商投资出资比例、注册资本方面的审核，《外资企业法实施细则》关于注册资本出资的内容被该通

知所修订。该通知主要涉及改进外资审核方面的规定。

在关于外资审核方面，首先取消对外商投资（含台、港、澳投资）的公司（以下简称公司）首次出资比例、货币出资比例和出资期限的限制或规定。认缴出资额、出资方式、出资期限由公司投资者（股东、发起人）自主约定，并在合营（合作）合同、公司章程中载明。各级商务主管部门应在批复中对上述内容予以明确。除法律、行政法规以及国务院决定对特定行业注册资本最低限额另有规定外，取消公司最低注册资本的限制。在该规定所列《暂不实行注册资本认缴登记制的行业》①的注册资本出资事项，在有关法律、行政法规以及国务院决定未修改前，暂按现行规定执行。除上述暂不实行注册资本认缴登记制的行业外，不再审核公司注册资本的缴付情况。

3.《关于中外合资经营企业注册资本与投资总额比例的暂行规定》

1987年3月1日，国家工商行政管理局颁布了《关于中外合资经营企业注册资本与投资总额比例的暂行规定》，该规定于同日生效，其中规定了中外合资经营企业注册资本与投资总额比例的相关规定，且外商独资企业参照执行。该规定中主要涉及外商投资企业注册资本与投资总额比例的规定。

该规定第3条明确了中外合资经营企业的注册资本与投资总额的比例，应当遵守如下规则：①中外合资经营企业的投资总额在300万美元以下（含300万美元）的，其注册资本至少应占投资总额的7/10；②中外合资经营企业的投资总额在300万美元以上至1000万美元（含1000万美元）的，其注册资本至少应占投资总额的1/2，其中投资总额在420万美元以下的，注册资本不得低于210万美元；③中外合资经营企业的投资总额在1000万美元以上至3000万美元（含3000万美元）的，其注册资本至少应占投资总额的2/5，其中投资总额在1250万美元以下的，注册资本不得低于500万美元；④中外合资经营企业的投资总额在3000万美元以上的，其注册资

---

① 国务院于2014年2月7日颁布的《国务院关于印发注册资本登记制度改革方案的通知》（国发〔2014〕7号）规定，暂不实行注册资本认缴登记制的行业包括采取募集方式设立的股份有限公司、商业银行、外资银行、金融资产管理公司、信托公司、财务公司、金融租赁公司、汽车金融公司、消费金融公司、货币经纪公司、村镇银行、贷款公司、农村信用合作联社、农村资金互助社、证券公司、期货公司、基金管理公司、保险公司、保险专业代理机构、保险经纪人、外资保险公司、直销企业、对外劳务合作企业、融资性担保公司、劳务派遣企业、典当行、保险资产管理公司、小额贷款公司。

本至少应占投资总额的1/3，其中投资总额在3600万美元以下的，注册资本不得低于1200万美元。第5条与第6条规定，中外合资经营企业增加投资的，其追加的注册资本与增加的投资额的比例，应按本规定执行；中外合作经营企业、外资企业的注册资本与投资总额比例，参照本规定执行。

（四）外商投资企业境内投资的相关法律法规

1.《关于外商投资企业境内投资的暂行规定》（2015年修正）

2015年10月28日，商务部颁布了《关于外商投资企业境内投资的暂行规定》（2015年修正），该规定于同日生效。该规定主要规定了外商投资企业在中国境内投资的相关事项。

该规定第2条定义了外商投资企业境内投资，"外商投资企业境内投资是指在中国境内依法设立，采取有限责任公司形式的中外合资经营企业、中外合作经营企业和外资企业以及外商投资股份有限公司，以本企业的名义，在中国境内投资设立企业或购买其他企业投资者股权的行为。外商投资举办的投资性公司境内投资，依照国家有关外商投资的法律、法规以及《关于外商投资举办投资性公司的暂行规定》办理。外国投资者与外商投资企业共同在中国境内投资，按照国家有关外商投资的法律、法规办理，其中外国投资者的出资比例一般不得低于被投资企业注册资本的百分之二十五"。

第5条规定了外商投资企业的投资条件，即开始盈利和依法经营，无违法经营记录。第6条规定了外商投资企业在鼓励类或允许类领域投资设立公司，应向被投资公司所在地公司登记机关提出申请并应提供的材料：①外商投资企业关于投资的一致通过的董事会决议；②外商投资企业的批准证书和营业执照（复印件）；③外商投资企业经审计的资产负债表；④外商投资企业缴纳所得税或减免所得税的证明材料；⑤法律、法规及规章规定的其他材料。第7条规定公司登记机关依《公司法》《公司登记管理条例》的有关规定，决定准予登记或不予登记。准予登记的，发给《企业法人营业执照》，并在企业类别栏目加注"外商投资企业投资"字样。

第8条规定了外商投资企业在限制类领域投资设立公司的，应向被投资公司所在地省级外经贸主管部门提出申请，在申请时应提交依照第7条规定提供的材料及被投资公司的章程。第14条规定："外商投资企业购买被投资公司投资者的股权，被投资公司经营范围属于鼓励类或允许类领域的，被投资公司应向原公司登记机关报送本规定第七条所列的材料，并按照

《公司登记管理条例》等有关规定，申请变更登记。被投资公司经营范围涉及限制类领域的，外商投资企业应按照本规定第九条、第十条规定的程序办理后，被投资公司凭省级审批机关的同意批复，按照《公司登记管理条例》等有关规定，向原公司登记机关申请变更登记。公司登记机关依《公司登记管理条例》的有关规定，决定予以登记或不予登记。准予登记的，发给'（加注）营业执照'。被投资公司属于外商投资企业的，按照《外商投资企业投资者股权变更的规定》办理。"

综上所述，倘若境外的汽车企业（外国投资者）于境内设立了外商独资企业，该等外商独资企业拟进行境内投资，则需要根据被投资公司的经营范围申请取得相应的许可，办理相应的登记。

2. 《关于外国投资者并购境内企业的规定》（2009年修订）

根据第19条规定："外国投资者股权并购的，除国家另有规定外，对并购后所设外商投资企业应按照以下比例确定投资总额的上限：（一）注册资本在210万美元以下的，投资总额不得超过注册资本的10/7；（二）注册资本在210万美元以上至500万美元的，投资总额不得超过注册资本的2倍；（三）注册资本在500万美元以上至1200万美元的，投资总额不得超过注册资本的2.5倍；（四）注册资本在1200万美元以上的，投资总额不得超过注册资本的3倍。"另根据第20条规定："外国投资者资产并购的，应根据购买资产的交易价格和实际生产经营规模确定拟设立的外商投资企业的投资总额。拟设立的外商投资企业的注册资本与投资总额的比例应符合有关规定。"

综上所述，倘若境外的汽车企业（外国投资者）拟于境内设立外商独资企业，且不涉及《暂不实行注册资本认缴登记制的行业》，根据上述通知，该等拟设立的外商独资企业不受最低注册资本的限制，相关主管部门不审核公司注册资本的缴付情况；拟设立的外商独资企业的注册资本与投资总额，应参照上述《关于中外合资经营企业注册资本与投资总额比例的暂行规定》执行，外国投资者通过股权并购或资产并购设立外商独资企业的，其注册资本与投资总额的比例参照上述《关于外国投资者并购境内企业的规定》（2009年修订）执行。

3. 《外商投资企业投资者股权变更的若干规定》

1997年5月28日，对外贸易经济合作部、国家工商行政管理局颁布了《外商投资企业投资者股权变更的若干规定》，该规定于同日生效。该规定主要规定了外商投资企业投资者股权变更的审批流程、申请文件等相关事项。该规定中主要涉及外商投资企业（包括外商独资企业）投资者股权变更的相关法律问题。

根据第 2 条规定："本规定所称的外商投资企业投资者股权变更，是指依照中国法律在中国境内设立的中外合资经营企业、中外合作经营企业、外资企业（以下统称为企业）的投资者或其在企业的出资（包括提供合作条件）份额（以下称为股权）发生变化。包括但不限于下列主要原因导致外商投资企业投资者股权变更：（一）企业投资者之间协议转让股权；（二）企业投资者经其他各方投资者同意向其关联企业或其他受让人转让股权；（三）企业投资者协议调整企业注册资本导致变更各方投资者股权；（四）企业投资者经其他各方投资者同意将其股权质押给债权人，质权人或受益人依照法律规定和合同约定取得该投资者股权；（五）企业投资者破产、解散、被撤销、被吊销或死亡，其继承人、债权人或其他受益人依法取得该投资者股权；（六）企业投资者合并或者分立，其合并或分立后的承继者依法承继原投资者股权；（七）企业投资者不履行企业合同、章程规定的出资义务，经原审批机关批准，更换投资者或变更股权。"

另根据第 4 条规定："企业投资者股权变更必须符合中国法律、法规对投资者资格的规定和产业政策要求。依照《外商投资产业指导目录》，不允许外商独资经营的产业，股权变更不得导致外国投资者持有企业的全部股权；因股权变更而使用企业变成外资企业的，还必须符合《中华人民共和国外资企业法实施细则》（以下简称《外资细则》）所规定的设立外资企业的条件。需由国有资产占控股或主导地位的产业，股权变更不得导致外国投资者或非中国国有企业占控股或主导地位。"

除此以外，第 7 条规定："企业投资者股权变更的审批机关为批准设立该企业的审批机关，如果中外合资、合作企业中方投资者的股权变更而使企业变成外资企业，且该企业从事《外资细则》第五条所规定的限制设立外资企业的行业，则该企业中方投资者的股权变更必须经中华人民共和国对外贸易经济合作部《以下简称外经贸部》批准。企业因增加注册资本而使投资者股权发生变化并且导致其投资总额已超过原审批机关的审批权限的，则企业投资者的股权变更应按照审批权限和有关规定报上级审批机关审批。企业投资者股权变更的登记机关为原登记机关，经外经贸部批准的股权变更，由国家工商行政管理局或其委托的原登记机关办理变更登记。"

三、外商独资企业设立的相关案例

受限于《汽车产业发展政策》关于整车生产企业的股比限制，在《外商投资准入特别管理措施（负面清单）（2018 年版）》取消新能源汽车股比限制之前，汽车行业的外商独资企业多是以零部件制造、进口整车的总经销商为业，直至《外商投资准入特别管理措施（负面清单）（2018 年版）》出台后，才有特斯拉（上海）有限公司作为第一个外商独资整车生产企业落户上海。

（一）丰田汽车公司于中国境内设立的外商独资企业

1. 天津丰田汽车锻造部件有限公司

丰田汽车公司于 1997 年 2 月 27 日在天津市设立了外商独资企业天津丰田汽车锻造部件有限公司。经查询国家企业信用信息公示系统（www.gsxt.gov.cn），天津丰田汽车锻造部件有限公司的注册资本为 24 500 万元人民币，注册地址为天津市东丽区先锋东路 79 号，股东为丰田汽车公司，法定代表人及董事长为北田裕宣，经营范围为"设计、生产、销售汽车用锻造部件及其他部件；相关的制造汽车部件用的模具；售后服务"。

2. 丰田汽车（中国）投资有限公司

经查询丰田汽车公司的官方网站（www.toyota.com.cn），丰田汽车株式会社于 2001 年 7 月 25 在北京市设立了外商独资企业丰田汽车（中国）投资有限公司。经查询国家企业信用信息公示系统（www.gsxt.gov.cn），丰田汽车（中国）投资有限公司的注册资本为 11 874 万美元，注册地址为北京市朝阳区光华东里 8 号院 3 号楼 2001 室，股东为丰田汽车株式会社，法定代表人及董事长为小林一弘，经营范围为"一、在国家允许外商投资的领域依法进行投资。二、在中国境内设立研发机构，从事新产品及高新技术的研究开发，转让其研究开发成果，并提供相应的技术服务。三、受所投资企业的书面委托（经董事会一致通过），向其所投资企业提供下列服务：1. 协助或代理所投资企业从国内外采购自用机器设备、办公设备和生产所需的原材料、计量仪器、元器件、零部件；2. 协助所投资企业招聘人员并提供包括下列业务在内的技术培训、市场开发及其他咨询服务：（1）与其销售站点和服务站点之间的联系和调整；（2）实施对其销售站点和服务站点的人员的教育、培训；（3）提供宣传策划筹备、促销和公关等品牌管理和市场开发所需的服务；3. 协助所投资企业寻求贷款并为其提供担保；4. 为所投资企业提供技术支持、员工培训、企业内部人事管理等服务；5. 在中国国内外市场以代理或经销的方式销售所投资企业的产品并提供售后服务；6. 在外汇管理部门的同意和监督下，在其所投资企业之间平衡外汇。四、为出资者及关联公司以及与出资者、关联公司、本公司存在业务关系的第三方提供咨询服务。五、依法以代理、经销或设立出口采购机构（包括内部机构）的方式出口中国境内的商品，并可按有关规定办理出口退税。六、购买所投资企业生产的产品进行系统集成后在国内外销售，如所投资企业生产的产品不能完全满足系统集成需要，允许其在国内外采购系统集成配套产品。七、为其所投资企业产品的国内经销商、代理商以及与本公司、出资者或其关联公司签有技术转让协议的国内企业提供相关的技术培训。八、为其所投资企业及关联公司提供经营性租赁服务，或依法设立经营性租赁公司。九、作为雷克萨斯品牌及丰田品牌进口整车在中国大陆地区的总经销商，进口并在国内销售（不含零售）以上品牌进口整车以及出资者及其控股关联公司的其他产品。但包括向外国使领馆、联合国机构等客户直接销售以上品牌进口整车。十、为本公司进口的产品提供售后服务。十一、进口并在国内销售为所投资企业、出资者及其控股的关联公司的产品提供维修服务所需的原辅材料及零、配件。十二、承接境内外企业的服务外包业务。十三、经银监会批准，设立财务公司，向本公司及其所投资企业提供相关财务服务。十四、经商务部批准，从事境外工程承包业务和境外投资，设立融资租赁公司并提供相关服务。十五、委托境内其他企业生产/加工本公司产品或出资者的产品并在国内外销售。十六、从事商品（国家有特别规定的商品应按特别规定办理）进口、国内采购、批发、零售（不含店铺）业务（依法须经批准的项目，经相关部门批准后依批准的内容开展经营活动）”。

（二）日产汽车公司在中国境内设立的外商独资企业

日产自动车株式会社于 2004 年 2 月 9 日在北京市设立了外商独资企业日产（中国）投资有限公司。经查询国家企业信用信息公示系统（www.gsxt.gov.cn），日产（中国）投资有限公司的注册资本为 102 432.3 万美元，注册地址为北京市朝阳区光华路 1 号嘉里中心办公楼北楼 8 层 801 室，股东为日产自动车株式会社，法定代表人及董事长为何塞·穆诺兹，经营范围为“一、在中国法律允许外商投资的领域进行投资。二、在中国境内设立科研开发中心或部门，从事新产品及高新技术的研究开发，转让其研究开发成果，并提供相应的技术服务。三、根据公司所投资企业的书面委托（经董事会一致通过），向公司所投资企业提供下列服务：1. 协助或代理公司所投资的企业从国内外采购该企业自用的机器设备、办公设备和生产所需的原材料、元器件、零部件；2. 协助公司所投资企业寻求贷款并为其提供担保；3. 为所投资企业提供产品生产、销售和市场开发过程中的技术支持、员工培训、企业内部人员管理等服务；4. 在国内外市场以代理或经销的方式销售公司所投资企业生产的产品，并提供售后服务；5. 在外汇管理部门的同意和监督下，在公司所投资企业之间平衡外汇；6. 为公司所投资企业提供仓储等综合服务。四、向公司投资者提供咨询服务，为公司关联公司提供与公司投资有关的市场信息、投资政策等咨询服务。五、依照国家有关规定，以代理、经销或设立出口采购机构（包括内部机构）的方式出口境内商品，并可按有关规定办理出口退税。六、购买公司所投资企业生产的产品进行系统集成后在国内外销售，如所投资企业生产的产品不能完全满足系统集成需要，允许其在国内外采购系统集成配套产品，但所购买的系统集成配套产品的价值不应超过系统集成所需全部产品价值的百分之五十。七、为公司所投资企业的产品的国内经销商、代理商以及与公司、公司的母公司或公司的关联公司签有技术转让协议的国内公司、企业提供相关的技术培训。八、为公司所投资企业提供机器和办公设备的经营性租赁服务，或依法设立经营性租赁公司；或经商务部批准，从事经营性租赁业务。九、为公司进口的产品提供售后服务。十、根据有关规定进口并在国内销售（不含零售）跨国公司及其控股的关联公司的产品。十一、委托境内其他企业生产/加工公司产品或公司母公司产品并在国内外销售。十二、进口为所投资企业、跨国公司的产品提供维修服务所需的原辅材料及零部件。十三、承接境内外企业的服务外包业务。十四、根据有关规定，从事物流配送服务。十五、经中国银行业监督管理委员会批准，设立财务公司，向公司及所投资企业提供相关财务服务。十六、经商务部批准，从事境外工程承包业务和境外投资，设立融资租赁公司并提供相关服务。十七、作为英菲尼迪品牌进口汽车在中国大陆地区的总经销商，进口并在国内批发上述品牌进口汽车及相关零部件、配件及装饰件，包括向政府部门、金融机构、外国使领馆、联合国机构以及其他集团客户直接销售以上品牌进口整车及相关零部件、配件及装饰件（依法须经批准的项目，经相关部门批准后依批准的内容开展经营活动）"。

（三）宝马集团于中国境内设立的外商独资企业

宝马奥地利控股有限公司于 2005 年 9 月 29 日在北京市设立了外商独资企业宝马（中国）汽车贸易有限公司。经查询国家企业信用信息公示系统（www. gsxt. gov. cn），宝马（中国）汽车贸易有限公司的注册资本为 2500 万欧元，注册地址为北京市朝阳区东三环北路霞光里 18 号佳程广场 B 座 28 层，股东为宝马奥地利控股有限公司，法定代表人及董事长为高乐（JOCHEN JOHANNES GOLLER），经营范围为"作为宝马集团 BMW（宝马）、MINI（迷你）和 Rolls - Royce（劳斯莱斯）品牌进口汽车在国内的总经销商，从事 BMW（宝马）、MINI（迷你）和 Rolls - Royce（劳斯莱斯）品牌非中国制造的汽车的进口、销售（不含零售）、市场营销及服务；从事摩托车的进口、批发、市场营销及服务；进出口及批发汽车和摩托车的零部件；进口并经营 BMW（宝马）、MINI（迷你）和 Rolls - Royce（劳斯莱斯）生活方式用品；其他相关配套业务（包括：存货管理、发送服务、存贮仓储服务、产品促销、营销、包括维修保养在内的售后服务、培训服务、经销商网络管理）以及商务咨询服务；销售 BMW（宝马）、MINI（迷你）和 Rolls - Royce（劳斯莱斯）品牌二手车；上述商品的检测；自有房屋（X 京房权证顺字第 221262 号规划用途为测试中心和 X 京房权证顺字第 221263 号规划用途为车库）的出租；汽车、计算机设施及办公设备租赁；机动车辆保险；企业财产保险；技术咨询、信息技术开发、技术支持与服务；承接境内外企业的服务外包业务；货物进出口；技术进出口（不涉及国营贸易管理商品；涉及配额、许可证管理商品的按国家有关规定办理申请手续）（依法须经批准的项目，经相关部门批准后依批准的内容开展经营活动）"。

（四）特斯拉（上海）有限公司——第一个外商独资整车生产企业

特斯拉汽车香港有限公司于 2018 年 5 月 10 日在上海市设立了外商独资企业特斯拉（上海）有限公司。经查询国家企业信用信息公示系统（www. gsxt. gov. cn），特斯拉（上海）有限公司的注册资本为 467 000 万人民币，注册地址为浦东新区南汇新城镇同汇路 168 号 D203A，股东为特斯拉汽车香港有限公司，法定代表人及董事长为 Xiaotong Zhu，经营范围为"从事电动汽车及零部件、电池、储能设备、光伏产品领域内的生产、销售、维修及其他售后服务以及技术开发、技术服务、技术咨询、技术转让，上述同类商品的批发、佣金代理（拍卖除外）、进出口业务、售后服务，并提供相关配套服务，电动汽车展示及产品推广，仓储，与上述业务相关的培训、咨询、研发和技术服务，企业管理咨询，商务信息咨询，为集团内部提供财务咨询，电池隔膜（厚度 $15 \sim 40\mu m$，孔隙率 $40\% \sim 60\%$）；电池管理系统，电机管理系统，电动汽车电控集成；电动汽车驱动电机（峰值功率密度 $\geqslant 2.5 kW/kg$，高效区：65% 工作区效率 $\geqslant 80\%$），车用 DC/DC（输入电压 $100V \sim 400V$），大功率电子器件（IGBT，电压等级 $\geqslant 600V$，电流 $\geqslant 300A$）等新能源汽车关键零部件制造（依法须经批准的项目，经相关部门批准后方可开展经营活动）"。

第二节 中外合资企业的设立

一、中外合资经营企业概述

（一）中外合资经营企业的概念

中外合资经营企业并没有法律上的明确定义。但是《中外合资经营企业法》关于中外合资经营企业有很多条文规定，据此推论出中外合资经营企业的概念：中外合资经营企业是外国公司、企业和其他经济组织或个人依据《中外合资经营企业法》与中国的公司、企业或其他经济组织，在中国境内经中国政府批准，共同投资、共同经营，并按注册资本比例分享利润和分担风险及亏损的有限责任公司。

（二）中外合资经营企业特点

中外合资经营企业是由中外各方共同投资和经营管理，共享收益并共同承担风险的一种企业组织形式。笔者认为，通过研究中外合资经营企业的特点有利于揭示中外合资经营企业公司僵局的原因。目前我国学者根据中外合资经营企业治理现状，将中外合资经营企业的特点主要归结为母公司主导以及更强烈的"人合"性质。此处将中外合资经营企业的特点进一步细分：

1. 既适用《中外合资经营企业法》又适用《公司法》

《中外合资经营企业法》第 4 条将中外合资经营企业确定为有限责任公司。这就使得中外合资经营企业不仅适用作为特别法的《中外合资经营企业法》，而且还在不冲突的情况下适用《公司法》。

2. 按注册资本比例分享利润和分担风险及亏损

根据《中外合资经营企业法》第 4 条的规定，表明合资各方分享利润和分担风险及亏损的比例不容合资各方协商。

3. 各方董事均由合资各方自己决定

《中外合资经营企业法》第 6 条规定，中外合资经营企业的所有董事都由合资各方委派和撤换，规定一方担任董事长的，则他方担任副董事长，并规定由合资公司董事会决定企业的一切重大问题。由于委派董事的合资方还掌握着撤换该董事的权利，甚至掌控着这些董事的薪酬考核，这就使得这些董事在决策合资企业事务时更明显的体现为委派董事的合资方的意志。

4. 董事会会议出席人数要求较高

《中外合资经营企业法实施条例》（以下简称《实施条例》）第 30 条规定了董事会是合资企业的最高权力机构。第 32 条规定了合资企业董事会应当有 2/3 以上董事出席方能举行。而《公司法》中同样是最高权力机构的股东会却没有如此要求。因此，合资企业董事会会议出席人数要求较高。《中外合资经营企业法》第 6 条第 2 款列举了众多需要董事会决策的事项。这使得合资企业的众多事项需要得到董事会会议的通过。由于合资企业的董事是合资各方各自委派的，所以，可以说，合资企业的众多事项的决策需要合资各方意志的高度统一。

5. 中外合资方的股权比例有规定

一般的有限责任公司，国家没有对股东的股权进行规定或者限制。而我国法律对中外合资企业的中外合资方的股权比例是有特殊规定和限制的。一方面，《中外合资经营企业法》第 4 条规定了外国合资者的投资比例一般不低于百分之二十五。另一方面，根据《外商投资产业指导目录（2017 年修订)》，我国很多行业规定了中方控股或者规定外方股份的上限。例如：对于特殊和稀缺煤类勘查、开采就要求中方控股。又如：规定单个境外金融机构及被其控制或共同控制的关联方作为发起人或战略投资者向单个中资商业银行投资入股比例不得超过 20% 等限制。针对汽车行业，《汽车产业发展政策》规定了外国汽车生产商在中外合资企业中不得拥有超过 50% 的股权，同时也规定外国汽车生产商在中国不得建立超过两家生产同类整车产品的合资企业。

6. 注册资本的转让需要得到全体股东的同意

根据《中外合资经营企业法》第 4 条的规定，如果合资一方转让注册资本必须经所有合资方的同意。《实施条例》更规定，合资一方向第三者转让注册资本的，也须经合资他方全部同意，并报备案机构备案，向登记管理机构办理变更登记手续。虽然《最高人民法院关于审理外商投资企业纠纷案件若干问题的规定（一)》第 11 条规定了视为其他股东同意的三种情形，但是由于股权转让需要报审查机关批准，并提交重新签订的合同和章程。

所以说，相对于一般公司向股东以外的第三人进行股权转让只需得到其他股东过半数同意的规定而言，合资企业注册资本的转让却需要得到全体合资者的同意，并且需要向备案机关办理申请备案手续。

7. 合资各方的权利义务由合资合同设定

《实施条例》第 7 条规定了申请设立合资企业，由中外合营者共同报送由合营各方授权代表签署的合营企业协议、合同和章程。第 10 条规定合营企业合同是合营各方为设立合营企业就相互权利、义务关系达成一致意见而订立的文件。也就是说，合资各方需要签署合营企业合同而设定合资各方的权利义务，并且该合营企业合同还是中外合资经营企业成立的前提。即合资各方之间存在合同法律关系。

（三）中外合资经营企业设立变更备案制

根据 2016 年 10 月商务部发布《外商投资企业设立及变更备案管理暂行办法》（以下简称《办法》），全国人大常委会修订的《中华人民共和国外资企业法》《中华人民共和国中外合资经营企业法》《中华人民共和国中外合作经营企业法》，不涉及国家规定实施准入特别管理措施的外商投资企业设立及变更事项，由审批改为备案管理。

适用备案管理的外商投资企业包括：中外合资经营企业、中外合作经营企业、外资企业以及外商投资的股份有限公司、投资类外商投资企业（包括投资性公司、创业投资企业）。此外，根据《办法》第 33 条规定，港澳台地区投资者投资不涉及国家规定实施准入特别管理措施的，参照适用备案管理。

1. 备案管理的适用范围

根据《关于外商投资企业设立及变更备案管理有关事项的公告》（商务部公告 2017 年第 37 号），国家规定实施准入特别管理措施的范围有两种，一是自由贸易试验区内，自 2017 年 7 月 10 日起，依照《自由贸易试验区外商投资准入特别管理措施（负面清单）（2017 年版）》中限制类和禁止类，以及鼓励类中有股权要求、高管要求的有关规定执行；二是自由贸易试验区外，自 2017 年 7 月 28 日起，依照《外商投资产业指导目录（2017 年修订）》中《外商投资准入特别管理措施（外商投资准入负面清单）》的规定执行。也就是说，如果一外商投资企业设立及变更不在上述特别管理措施范围内，则不再需要审批机关的批准，仅需备案即可。

2. 备案时间

《办法》第 5 条规定，外商投资企业的设立备案，既可以在营业执照签发前，也可以在营业执照签发后 30 日内；第 6 条规定，外商投资企业变更备案，可在变更事项发生后 30 日内办理，且设立和变更均是通过备案系统在线填报和提交备案申报材料，办理备案手续。

根据商务部条约法律司负责人就《办法》的解读，与行政许可不同，《办法》规定的备案管理属于告知性备案，不是企业办理其他手续的前置条件。外商投资企业或其投资者以承诺书形式对填报信息的真实性、准确性和完整性负责，备案机构在备案阶段仅对填报信息进行形式审查，领取备案回执也不是强制性要求。

3. 备案管理的申报范围

外商投资企业设立及变更适用备案管理的，应按照《外商投资企业设立及变更备案管理暂行办法》第 5 条、第 6 条、第 7 条的规定，通过外商投资综合管理系统在线填报《外商投资企业设立备案申报表》（以下简称《设立申报表》）或《外商投资企业变更备案申报表》（以下简称《变更申报表》）。其中，由于并购、吸收合并等方式，境内非外商投资企业变更为外商投资企业的，应当填报《设立申报表》。

发生以下变更事项的，应由外商投资企业指定的代表或委托的代理人在变更事项发生后 30 日内通过综合管理系统在线填报和提交《变更申报表》及相关文件，办理变更备案手续：（1）外商投资企业基本信息变更，包括名称、注册地址、企业类型、经营期限、投资行业、业务类型、经营范围、是否属于国家规定的进口设备减免税范围、注册资本、投资总额、组织机构构成、法定代表人、外商投资企业最终实际控制人信息、联系人及联系方式变更；（2）外商投资企业投资者基本信息变更，包括姓名（名称）、国籍/地区或地址（注册地或注册地址）、证照类型及号码、认缴出资额、出资方式、出资期限、资金来源地、投资者类型变更；（3）并购设立外商投资企业交易基本信息变更；（4）股权（股份）、合作权益变更；（5）合并、分立、终止；（6）外资企业财产权益对外抵押转让；（7）中外合作企业外国合作者先行回收投资；（8）中外合作企业委托经营管理。

4. 外商投资企业设立或变更备案在线申报材料

（1）外商投资企业名称预先核准材料或外商投资企业营业执照；（2）外商投资企业全体投资者（或全体发起人）或其授权代表签署的《外商投资企

业设立备案申报承诺书》，或外商投资企业法定代表人或其授权代表签署的《外商投资企业变更备案申报承诺书》；（3）全体投资者（或外商投资股份有限公司董事会）或外商投资企业指定代表或者共同委托代理人的证明，包括授权委托书及被委托人的身份证明；（4）外商投资企业投资者或法定代表人委托他人签署相关文件的证明，包括授权委托书及被委托人的身份证明（未委托他人签署相关文件的，无需提供）；（5）投资者主体资格证明或自然人身份证明（变更事项不涉及投资者基本信息变更的，无需提供）；（6）法定代表人自然人身份证明（变更事项不涉及法定代表人变更的，无需提供）；（7）外商投资企业最终实际控制人股权架构图（变更事项不涉及外商投资企业最终实际控制人变更的，无需提供）；（8）涉及外国投资者以符合规定的境外公司股权作为支付手段的，需提供获得境外公司股权的境内企业《企业境外投资证书》。

前述文件原件为外文的，应同时上传提交中文翻译件，外商投资企业或其投资者应确保中文翻译件内容与外文原件内容保持一致。

《办法》第11条规定，备案机构仅对外商投资企业或其投资者提交的备案信息和相关文件形式上的完整性和准确性进行核对，对申报事项是否属于备案范围进行甄别。属于备案范围的，在3个工作日内完成备案。《办法》第12条规定，备案完成后，外商投资企业或其投资者可自愿向备案机构领取备案回执。

5. 外商投资企业变更登记流程

（1）《外资公司登记（备案）申请书》/《非公司外资企业登记（备案）申请书》；（2）《指定代表或者共同委托代理人授权委托书》；（3）依法作出的决议或决定。指根据《中外合资经营企业法》《中外合作经营企业法》《外资企业法》规定以及企业章程作出的决议或决定，决议或决定的内容与所申请的事项应当一致。对于外商投资的公司，还应当符合《公司法》的有关规定；（4）法定代表人签署的章程修正案或修改后的章程（非公司的外商投资企业应提交合同、章程的修改协议）；（5）变更事项相关证明文件：①增加注册资本的，应提交审批机关的批准文件（批复和批准证书副本1，仅限涉及国家外商投资准入特别管理措施范围的企业提供）。股份有限公司以公开发行新股方式或者上市公司以非公开发行新股方式增加注册资本的，还应当提交国务院证券监督管理机构的核准文件。②变更股东的，应提交审批机关的批准文件（批复和批准证书副本1，仅限涉及国家外商投资准入特别管理措施范围的企业提供）、股权转让协议、依法经其他投资方同意转让的声明、股权受让方的主体资格证明以及外商投资企业法律文件送达授权委托书。如经人民法院依法裁定划转股权的，应当提交人民法院的裁定书。其中，中方投资者应提交由本单位加盖公章的营业执照/事业单位法人登记证书/社会团体法人登记证/民办非企业单位证书复印件作为主体资格证明；外国投资者的主体资格证明或身份证明应经其本国主管机关公证后送我国驻该国使（领）馆认证。如其本国与我国没有外交关系，则应当经与我国有外交关系的第三国驻该国使（领）馆认证，再由我国驻该第三国使（领）馆认证。某些国家的海外属地出具的文书，应先在该属地办妥公证，再经该国外交机构认证，最后由我国驻该国使（领）馆认证。香港、澳门和台湾地区投资者的主体资格证明或身份证明应当按照专项规定或协议依法提供当地公证机构的公证文件。③变更投资者名称或姓名的，应提交法定登记机关出具的准予投资者名称变更的证明文件。外方投资者的名称变更证明文件应经其本国主管机关公证送我国驻该国使（领）馆认证。如其本国与我国没有外交关系，则应当经与我国有外交关系的第三国驻该国使（领）馆认证，再由我国驻该第三国使（领）馆认证。某些国家的海外属地出具的文书，应先在该属地办妥公证，再经该国外交机构认证，最后由我国驻该国使（领）馆认证。香港、澳门和台湾地区投资者的名称变更应当按照专项规定或协议依法提供当地公证机构的公证文件。（6）其他有关文件；（7）营业执照复印件。

外商投资企业增资、股转等变更事项先提交上述材料办理工商变更登记，然后在外商投资综合管理系统办理变更备案，在线完成申报后带企业营业执照副本在工商行政管理部门完成变更登记备案流程。

二、中外合资经营企业存在的问题及成因

（一）中外合资经营企业权力机构的组成及职权

《中外合资经营企业法》没有设置股东会，按照《实施条例》第30条的规定，"董事会是合营企业的最高权力机构，决定合营企业的一切重大问题"。《中外合资经营企业法》及《实施条例》对合资企业权力机关的组成做了具体规定，合资企业的权力机构——董事会人数，由合营各方协商，在合同、章程中确定。但董事会成员不得少于3人，合资各方应协商确定各自委派的董事名额，具体人选由合资各方委派和撤换。董事任期为4年，任期届满后可以根据合资方的委派继续连任。合资企业的权力机构——董事会设董事长和副董事长。按照《中外合资经营企业法》的规定，合资企业的董事长和副董事长可以由合资各方协商决定，也可以由董事会选举产生。但是，合资企业中的一方合资方担任董事长的，由他方担任副董事长。合资企业董事会作为权力机构拥有决定一切事项的绝对权力，权力范围从经营方案、职工工资方案等日常经营活动直至合资企业中止解散等重大经营事项等。《中外合资经营企业法》第6条规定，董事会本着平等互利的原则，决定合资企业的重大问题。合资企业董事会职权由合资企业章程规定。董事会讨论并决定合资企业经营中的所有重大问题，包括合资企业的发展规划、生产经营方案、年度预算、利润分配、职工工资方案、停业，以及任命或聘请总经理、副总经理、总工程师、总会计师、审计师并确定其职权和薪酬福利等一切重大问题。对于合资企业经营过程中修改合资企业的章程、中止或解散合资企业、增加或减少合资企业注册资本以及合并或分立合资企业等特别重大事项，《实施条例》规定需要出席合资企业董事会会议的所有董事一致通过方可作出决议。对于其他事项，董事会根据合资企业章程确定的议事规则作出决议即可。

（二）中外合资经营企业权力机构存在的现实问题及原因分析

1. 合资企业股东意思无法有效表达

合资企业是由股东出资组建的拟制人——企业法人。以公司法律人格而言，公司法人人格独立的要素除了财产独立外，还要有独立的意思。合资企业作为公司的一种形式，同样为法律拟制物。合资企业无法表达公司的意思，需要通过股东表达，而股东表达自己的意思需要一个载体，需要借助特定的公司机关形成公司的独立意思，但合资企业的公司机构中恰恰缺失这一载体，没有这一特定的公司机关。合资企业独立意思的表达以维护股东利益为目的，确保股东财产保值升值，确保股东不断取得投资回报。

合资企业设有董事会，如果将董事会作为合资企业意思表达的机关，那么由于董事会与股东在合资企业最终利益上的不一致，导致董事会不可能代表合资企业表达公司的独立意思。董事会经营合资企业可能是为了董事的利益，董事会做出的一切决定、执行的一切决策都是为了使董事的利益最大化，是为了表达董事的意思，而不是从合资企业利益最大化出发，就可能损害公司利益。董事会由董事构成这一客观实事决定了董事会的职权和功能是有局限性的，不能决定关于合资企业经营管理的一切重大事项。例如，决定向合资企业董事进行股权激励的方案就无法通过董事会给予批准。董事通过召开董事会会议的形式表决通过激励自己、给予自己奖励的方案，这无异于监守自盗，在现代公司的公司治理结构、权利分配和内部控制中是绝对不允许出现的。此外，工商行政管理部门以及其他政府部门在实践中，只认可合资企业的董事会决议、纪要等文件，而不认可股东会决议、纪要等文件，这对合资企业而言，其实际涵义是合资企业不设股东会，公司治理结构中仅有董事会。

2. 合资企业股东利益无法得到有效保障

在董事会决议的表决方面，董事会会议对议案采取一位董事一票的表决方式，而非股东会的一股一票、按出资比例进行表决，极有可能造成一方股东无法通过董事会会议做出经营决策维护自身利益。合资企业董事会在重大事项的决策上往往受到外方股东的直接影响，中方股东即使是控股公司也往往不能有效控制合资企业。例如，美国克莱斯勒公司虽然在中美合资企业北京吉普汽车有限公司中不是控股股东，但其利用召开董事会会议的方式实现对合资企业的控制。而且，如果在合资企业中规定了一方股东委派的董事有一票否决权，就有可能最终影响表决结果，造成该股东实际控制合资企业。例如，某合资企业董事会有 8 位董事，中方 6 位，外方 2 位，章程规定每次董事会会议至少要有 1 名外方董事出席会议，并且规定董事会同意某决议的比例必须高于 80%，决议才算通过。如此一来，外方董事实际上具有一票否决权。外方股东委派的董事极有可能为了外方股东的利益，否决总经理提出的关于合资企业自主研发的议案，以避免合资企业在技术上摆脱外方股东的控制。另一方面，董事会的表决方式还可能造成承担最大风险的控股股东不能为自己的利益通过董事会来影响合资企业的经营决策。例如，章程可以规定合资企业董事会由 8 名董事组成，外方股东虽然不是控股股东，但可以委派 5 名董事，而作为控股股东的中方股东只可以委派 3 名股东，中方股东就无法通过董事人数上的优势主导合资企业的经营决策，维护自身利益。合资企业中的外方股东通常通过股权、组织和运营来控制合资企业，外方股东常常成为合资企业的控制股东。在外方股东控制合资企业的情况下，外方股东常常在合资企业成立初期以合资企业连续亏损为代价，以低价策略迅速扩大并占领国内市场，由于连年亏损，使得中方股东无力也无心再共同经营企业，只能转让部分或全部股份，合资企业转由外方股东绝对控股。外方股东最大限度地占有投资回报，而中方股东完全丧失了应有的利益。

合资企业中的主要矛盾是对公司利益的分享方式，即由中外股东分享，还是由外方股东独享。外方股东追求投资的资本利润最大化既是合资企业矛盾的实质根本所在，也是合资企业股东对于内部利益关系的焦点。虽然我国政府限制外方股东在某些行业内控股合资企业，但外方股东依然可以凭借其先进的关键技术，通过营销、品牌与管理实际控制合资企业。外方股东掌握了对合资企业生产发展所依赖的关键资源，就在合资企业中享有绝对的控制权和话语权，从而可能损害中方股东的利益。同时，垄断关键技术在外方股东实际控制合资企业中发挥着核心作用。合资企业一般只能使用外方股东或其关联公司的关键技术或核心零部件，且外方通过对合资企业研发技术部门的控制，零部件国产化以种种理由需要得到外方批准，以此对合资企业实施严格的技术封锁。例如，美国百事可乐公司在我国的合资企业必须向百事（中国）公司购买碳酸饮料的浓缩液，而且规定不允许合资企业利用该浓缩液研发有知识产权的国产饮料。

此外，合资企业不设监事会或监事，在公司治理结构上天然地缺少监督机构，无法实施监督权维护股东利益。合资企业董事会一会独大，缺少制约董事会或与之相抗衡的公司机关。

3. 关联交易不受有效制约和监督

合资企业日常经营中存在着大量的关联交易。这些关联交易主要发生在拥有先进技术和产品的外方股东及其关联公司与急需这些技术和产品的合资企业之间。不可否认，正常合理的关联交易有助于合资企业的发展，但不合理的关联交易就会极大地损害股东利益，影响公司的经营和发展，最终损害合资企业。

理论上，外方股东的技术应该是先进的，使用其技术生产的产品在国内应具有显著的社会经济效益或者在国际市场上具有竞争力。但实际上，绝大多数外方股东不是真正将其核心技术转让给合资企业，也不可能将其具有核心竞争力的先进技术转让给合资企业。由于合资企业使用外方的技术生产产品，则从设计、采购、制造、销售、售后等一系列环节均被外方控制，合资企业没有真正的自主经营权，采购、销售定价均由外方股东决定。外方股东通过技术转让费、提成费或许可费等形式从合资企业向国内的全资子公司或境外关联公司转移利润，外方股东最终取得大量利润，同时因使用其先进技术和品牌打开并占领中国市场。但合资企业和中方股东一无自有技术、二无自主品牌，成为合资中真正的失败者。在合资企业以技术许可形式取得技术的情况下，外方一般以有限的许可期限和使用区域限制合资企业使用技术。一旦超过许可或转让期限，则合资企业就丧失了技术的使用权。区域限制则进一步限制了合资企业走出国门，使得合资企业无法参与国际市场竞争。以相同产品而言，国内销售价格普遍低于国外销售价格，较高的海外项目利润只能由真正拥有技术的合资外方获得。

《实施条例》规定，合资企业除注册资本外还应当确定投资总额，《关于中外合资经营企业注册资本与投资总额比例的暂行规定》进一步规定了注册资本与投资总额的比例关系。投资总额仅反映合资企业的规模，与现代公司资本制度不相吻合，而由政府商务部门根据投资总额批准合资企业注册资本、规模、进口设备免税额度、贷款额度更是政府对合资企业自主经营的干涉。

此外，某些地方政府为了引进外资，在合资企业的设立过程中干预股东的权利，比如降低中方持股比例，违背中方股东意愿，通过政府行政手段放纵外方股东控制合资企业。

（三）中外合资经营企业执行机构的组成及其职权

根据《实施条例》第35条的规定，合资企业设经营管理机构，负责日常经营管理工作；经营管理机构设总经理一人，副总经理若干人；副总经理协助总经理工作。因此，《实施条例》明确总经理是合资企业的执行机构。作为执行机构的总经理，还应包括协助其工作的副总经理。对于合资企业总经理、副总经理的产生，《中外合资经营企业法》规定合资企业正副总经理由合资各方分别担任。《实施条例》进一步规定总经理、副总经理由合资企业董事会聘请，中国公民或外国公民均可担任。此外，《实施条例》还规定，经董事会聘请，董事长、副董事长、董事可以兼任合资企业的总经理或副总经理，但总经理或者副总经理不得兼任其他企业的总经理或者副总经理，不得参与其他企业对本合资企业的商业竞争。总经理、副总经理的工资待遇由董事会决定。《实施条例》还规定，总经理、副总经理有营私舞弊或者严重失职行为的，经董事会决议可以随时解聘。

总经理作为合资企业的执行机构，其职权比较笼统。根据《实施条例》第36条规定，合资企业总经理执行各项董事会决议，组织领导合资企业日常经营管理工作；在董事会授权范围内，总经理对外代表合资企业，对内任免下属人员，行使董事会授予的其他职权。总经理处理重要问题时，应当同副总经理协商。

合资企业董事会在行使相当于权力机构职权的同时也行使着公司法理论上董事会的执行职权。《中外合资经营企业法》第 6 条规定，合资企业董事会职权为讨论决定合营企业的一切重大问题，包括合资企业的发展规划、生产经营活动方案、收支预算、利润分配、劳动工资计划、停业以及任命或聘请合资企业总经理、副总经理、总工程师、总会计师、审计师并决定其职权和待遇等。显然，上述规定中制定合资企业生产经营活动方案、劳动工资计划以及任免正副总经理及其他高级管理人员等职权属于公司法中董事会作为执行机构必然承担的职权。

因此，合资企业董事会在一定程度上也是合资企业的执行机构。根据《实施条例》的规定，合资企业总经理需要得到董事会的授权，在其授权范围内行使职权。换言之，在董事会未授予总经理职权的情况下，合资企业董事会可以具有公司执行机构的一切权利。

（三）中外合资经营企业执行机构现实问题及成因

1. 董事会执行业务时缺乏独立性

通常合资企业的董事长和副董事长由股东协商确定，例如中方股东委派董事长，则外方股东委派副董事长或相反。《中外合资经营企业法》规定合资企业的董事由股东委派和撤换。从权力来源上看，受命于人就要受制于人。在这种情况下，合资企业董事会在制定并实施经营决策时必然需要得到股东的同意。股东委派的董事一般以股东利益为准，而非站在合资企业的角度做出经营决策。一些重要的经营决策，例如增加或减少注册资本、任免高级管理人员以及市场营销方案等事项基本均由股东决定，特别是由控制股东决定。股东是合资企业董事会的幕后决策者，是公司的实际控制者，董事只不过是按照他们的意愿和指令管理着合资企业，股东有权撤换"不称职"的董事，董事是股东的傀儡。合资企业的管理决策都是个别股东意志的体现和执行，董事会成为股东决定的消极、机械的执行者。董事会、董事不对股东会或全体股东负责，董事只对委派其担任董事的股东负责，这极有可能损害合资企业的利益，损害合资他方股东的利益。而且，董事会还承担着解决股东争议的职能，更使得董事会缺乏独立性。董事会沦为股东们谈判角力的场所，股东间的纷争被直接带入合资企业经营管理中。

实践中，因合资企业不设股东会，董事非经股东会选举产生，为确认董事资格，有的合资企业只能以董事会决议方式予以确认。因此，新任董事将在董事会决议中确认自己的董事资格。此外，因董事为股东委派，合资企业就无法聘任独立董事,无法以独立董事独立、公正的角度做出合资企业经营决策,也无法使独立董事发挥监督职能。

2. 总经理取代董事会成为执行机构

由于董事会为合资企业的权力机构,使得董事会不再承担全部的执行职责,迫使总经理成为合资企业的执行机构,但总经理的产生方式极大地影响了股东利益。《中外合资经营企业法》规定,合资企业的正副总经理由合资各方分别担任。一般情况下,控股一方担任总经理,非控股一方担任副总经理。总经理为合资企业最高管理者,是合资企业经营管理的实际决策者,其影响力甚至超过董事长。股东通过委派合资企业总经理达到控制合资企业的目的。外方股东一般要求委派总经理,而由中方股东委派董事长。在合资初期经营不佳的情况下,外方股东也不会谋求对合资企业的完全控制,但却会牢牢抓住总经理的职位。

实践中,中外方股东均掌握总经理等高级管理人员的任免权。股东委派的总经理、副总经理一般均为股东的副总经理、财务总监、运营总监等高级管理人员或中层员工,他们在合资企业中不对董事会负责,而向其真正任职的公司(即股东)负责,服从其指令,不可能完全根据合资企业的实际情况和根本利益做出管理决策。特别是在外方控股的合资企业,外方股东极可能是合资企业背后的实际控制者和管理者,即使是外方委派的总经理都可能没有实权,或仅有很小部分的决策审批权,中方股东更是毫无作为。即使由中方担任总经理,在大多数情况下,该总经理兼任中方股东的高层或中层管理人员,其所做出的管理决策也在一定程度上受到中方股东的影响。《实施条例》规定,总经理在经营决策时应当与副总经理协商。但在实践中,如果是由外方控股合资企业并担任总经理,外方股东委派的总经理在公司日常经营管理中占绝对主导地位,且在经营过程中往往不与中方副总经理协商,中方股东委派的副总经理很有可能成为摆设,在经营管理中没有起到任何作用,更不要说维护中方股东的利益了。而且,外方股东不但可以任命总经理,更通过其任命的总经理任命财务部、市场部、采购部、人力资源部等重要部门的负责人。外方股东通过掌控合资企业关键人员,确保掌握合资企业当前和未来最重要的信息,并限制中方股东获得这些信息,从而更进一步控制合资企业。为限制合资企业总经理或者副总经理参与同合资企业的同业竞争,《实施条例》规定总经理或者副总经理不得兼任其他经济组织的总经理或者副总经理。但实际情况恰如上文所述,合资企业的总经理或者副总经理极有可能是股东的副总经理甚至总经理，使得这一法律条文变成一纸空话。

3. 董事、经理缺乏合理报酬和有效监督

合资企业的董事由股东委派，并在股东公司中承担了一定的职务，甚至是股东公司的高级管理人员。实践中，如果董事不兼任合资企业的任何职务，则合资企业董事一般无偿为合资企业服务，不在合资企业支取任何报酬。股东聘用董事并支付其薪酬，导致董事在合资企业的经营决策和执行缺乏独立性。由于正副总经理为股东委派，其薪酬均由股东决定并支付，而非董事会决定、合资企业支付，这导致了正副总经理以股东利益为主，而非合资企业利益为主。即使正副总经理的薪酬由董事会决定，有的合资企业仍存在着名义工资与实际工资的情况。一般而言，董事会决定的薪酬（名义工资）远远高于股东真正支付给正副总经理的实际薪酬（实际工资），其中的差额实际就是合资企业提前上交股东的利润，但这对合资企业而言就是实际损失。

总经理、副总经理均非董事会任命，不对董事会负责，董事会与总经理之间不存在委托代理关系，董事会无法真正行使有效监督正副总经理的权利。董事会很少对正副总经理制定考核标准，对经理的考核通常以委派其的股东对其进行考核为主。合资企业可以不设监事会、监事，对董事、经理的监督大都依靠股东对其进行监督和考核。通常是通过股东对其委派的经理采取财务审计或内部控制审计的方式进行监督，但这种监督模式也只是为了维护一方股东的利益，而非全体股东或合资企业的利益。

三、中外合资企业案例解析——以上海大众为例

德国大众以合资的方式打入我国的汽车市场。德国大众与一汽集团建立合资关系，大众汽车的合资之路在国内打开了合资汽车的新篇章，我国汽车产业最终没有走上跨国公司的行业垄断之路。

（一）上海大众的基本情况介绍

1985 年 3 月上海大众汽车有限公司（以下简称上海大众）成立于我国经济的最前沿上海市，是由中国和德国建立的一家合资企业，也是中国最早的中外合资汽车企业之一。上海大众最初双方约定的合作年限为 30 年，最初合作的中德双方股权分配比例为各占 50%，中方有三个合作伙伴，它们分别是占股 25% 的上海拖拉机汽车总公司、占股 10% 的中国汽车工业联合会和中国汽车工业总公司、以及占股 15% 的中国银行。德国大众汽车集

团以占 40% 的股权、大众汽车（中国）有限公司以占 10% 的股权形势共同构成了 50% 的外资方。经历了与改革开放同时期的高速发展，在激烈的汽车行业市场竞争中上海大众取得了出色表现和巨大成功，中德合资双方已于 2002 年提前续签了合作合同，这是这一良好的发展势头让合资的双方有了续签合作的动力，借势将合作关系延长至 2030 年再创我国市场的辉煌。与最初的合资双方的股权分配也有些变化，目前的上海大众汽车有限公司股东分别是上海汽车集团股份有限公司、德国大众汽车集团和大众汽车（中国）投资有限公司，三方股权占比分别为 50%、40% 和 10%，从企业性质角度来看是属于股权五五分的中外合资企业，也是共同管理下的合资模式。

从德国大众汽车集团（以下简称德国大众）的历史可以发现其在汽车行业是非常有实力的大型公司。成立于 1937 年的德国大众是德国国内最大的企业，在世界汽车行业史上德国大众在 2010 年时通过击败劲敌日本丰田和美国 GM 后，顺利荣升世界最大的汽车公司。从企业的规模来看，德国大众在世界范围的很多国家都有合资生产企业，其生产能力和产品销量位列世界十大汽车公司之首，公司的发展势头相当足。

德国大众目前拥有雇员 35 万人，旗下主要的品牌有大众、奥迪、斯柯达、保时捷、兰博基尼等。德国大众与我国政府的接触可以追溯到 20 世纪 70 年代末，是最早一批在我国汽车市场开展业务的代表企业。以德国大众为代表的世界领先的汽车企业在我国的改革开放之时陆续进入，不论是政府还是国内的汽车市场，都期望着更多的资金和更好的技术能够被引进并且帮助到我国的汽车行业走向世界。德国大众于 1984 年正式进入我国市场，在我国范围内已有 14 家合资公司，其中企业类型包括轿车生产的合资公司，还有提供汽车零部件和汽车售后客户服务等各类企业。大众品牌下的系列整车生产量和销售量在我国汽车市场中较其他品牌都一直保持领先地位，并且收获了较好口碑，上海大众和一汽大众是中外合资企业中成功的典范。

截至 2013 年，上海汽车集团股份有限公司（以下简称上汽集团）总股本已达到 110 亿元，是我国 A 股市场里最大的汽车类上市企业。上汽集团的主要经营业务包括整车（包括乘用车、商用车）和零部件（包括发动机、变速箱、动力传动、底盘、内外饰、电子电器等）两个方面，涉及的产品过程包括产品研发、产品生产和产品销售三个环节，同时，提供汽车物流、车载信息和二手车市场等汽车服务贸易类业务，以及汽车金融业务等。业务领域涉及面广阔，业务量庞大，销售和服务对象非常之多。

历经改革开放四十年的风风雨雨，上海大众的发展可谓是我国汽车工业史中的一个缩影，见证了我国汽车产业由小到大的成长和壮大。上海大众是目前我国国内现代化轿车生产规模最大的基地之一，从公司的资本来看，与合资之初的注册资本 1.6 亿元人民币增加到了现在的 115 亿元人民币，发展可谓是风生水起；总投资额量从最初的 9.8 亿元人民币成长为了683.3 亿元人民币，实现了将近 70 倍的扩张。这样的合资历程无不让人感慨，中德合资之路是相当精彩的，而其中所付出的代价也是相当多的。

为了实现上海大众的健康、蓬勃发展之路，上海大众经历了一、二、三期技术改造工程以及资产收购，在生产的硬件方面基本形成了 4 个整车制造生产基地、1 个发动机生产厂、1 个技术研究和开发中心和 1 个模具制造中心的现代化生产布局。在合理的工业布局和中德双方的共同管理之下，上海大众于 2010 年末实现累计产销各类轿车 621 万辆，这一数字所承载的意义化作一句话是：上海大众成为我国国内首家累计生产突破 600 万辆轿车的企业。在我的轿车工业史上，上海大众所创造的多个第一是其他企业所不能企及的，而重要的是上海大众的这些历史是创造在一个跨越国界、共存不同文化、经历时代变迁、跨越技术障碍的大背景之下。上海大众的成绩来自克服上述阻碍和困难，更来自合资的中德双方精诚所至金石为开的合作，彼此信赖和依存的伙伴关系。

将上海大众作为我国中外合资企业的成功标榜一点也不为过。我国的汽车产业合资从改革开放开始，至今还在不断地发展。而在无数的对华直接投资的合资企业中，上海大众的案例只是第一批合资企业中的冰山一角，但却是中外双方合资经营的典型，更是少数的跨国公司在华的合资企业中能够长期持续经营、业绩势头良好的模范。

（二）上海大众合资下的控制权分配模式

1. 股权分配的合理性是合资健康发展的前提

跨国公司在合资中对企业控制权表现出了十足的重视，控制权的分配决定了双方在合资企业中的地位和母公司战略的可实施性，控制权分配模式受到合资双方优势资源和竞争能力影响，股权分配不仅是控制权的基础，更是合资企业健康发展的重要保障。在众多的中外合资企业所属的行业中，汽车工业是比较特殊的。其特殊性直接表现在我国关于汽车工业引入外资的政策规定方面：1994 年我国出台的《汽车工业产业政策》里明确要求，在我国建立合资、合作企业的外国（或地区）企业不能够在同一类型整车产品上有两家以上的合资子公司的情况；对于汽车、摩托车整车和发动机等生产的中外合资合作企业，我国法律明确规定了股权比例的分配，要求中方占股比例不得少于50%同时对于国产化率也有规定。伴随政策的不断完善和经济环境的不断改变，在2004年版的《汽车产业发展政策》里对于相关规定有了新的变化，其中关于中方占股比例不少于50%继续维持，而对于同类整车的合资企业数量在不多于两家的基础上，放开了对于与中方企业联合兼并国内其他汽车生产商的限制要求，这表明中外合资企业通过兼并收购国内企业的方式扩大外资的控制面；跨国公司存在通过相对控股方式控制的另一家外资企业的现象，则视这两家公司为同一家跨国公司。以上的政策的出台和不断完善为汽车工业的合资发展带来了福音，让越来越多的国际汽车生产商嗅到了我国市场的吸引力。

但在不断发展和进步的中外汽车合资企业进程历史中，还是发生了一些让我国企业遭遇失败和尴尬结局的事件发生。例如在1985年成立的广州标致合资项目，最终以法国标致用"1法郎"转让广标股份而以失败告终，中法的合资之路走得比较糟糕，也造成了合资阴影；再看中韩双方的合资经历，东风悦达起亚公司是由我国汽车企业东风集团和悦达集团与韩国现代起亚集团三方合资建立的，三方股权分配分别是东风集团25%、悦达集团25%、韩国现代起亚集团50%，形成了"中中外"股权模式，其实质是韩国企业已经取得了合资企业的实际控制权。类似以上案例的事件在中外合资企业中有很多，这给我国企业的合资经历提供了经验教训。

上海大众汽车有限公司是中国汽车工业最成功的企业之一，是中国轿车工业发展史上的里程碑，是众多汽车厂商学习的对象。因此，也就具有非常典型的研究价值。上海大众成立于1985年，中德合资股权分配以上汽集团50%、德国大众40%和大众汽车（中国）投资有限公司10%的结构分布，而这个股权结构一直延续到现在，甚至是更长的将来；双方合资期间只是因为合资公司或组织的变更，有过持股股东的更换，因此在股权控制方面双方完全是具有平等话语权的。对于中方来说，真正的控制权优势更多地体现在非股权控制方面，对于制造型的企业来说核心表现在关键管理岗位、技术、市场等。而对于上海大众汽车而言，不论从股权分配还是非股权控制来说，是一个成功的共同管理模式下的，分割管理控制的成功典范。

2. 董事长和总经理等关键岗位需制衡

从上海大众汽车有限公司成立至今,公司的产量、销量和销售额方面的成绩表现都是相当可观的,在国内的整车汽车行业可圈可点,也是合资汽车行业里的领头羊。可见,上海大众的合资发展是双方共同管理模式下的成功,是合作共赢的结果。在中德合资建立之初,关于董事长和总经理的职位安排上就会发现德方似乎没有明显的控制意愿,甚至独资意图。上海大众公司的董事长一职由原上海拖拉机汽车联营公司总经理仇克出任,最关键的总经理岗位也是中方指定的张昌谋出任。这为中方引导上海大众汽车的发展提供了前提和可能,为双方共同的经营管理提供了保障。据官方年报资料查阅发现,从可查到的最早年份 1988 年到最新的 2014 年期间,上海大众在中德合资的这 26 年期间公司的董事长一职都是由中方委派,而德方出任副董事长一职,董事会双方成员人数的构成比都基本维持在 1:1(仅有 2005 年和 2006 年,中方董事成员 7 人,德方 5 人);执行管理委员会人数一直保持在 4 人,中德双方各占 2 个席位,其中总经理职位始终是由中方人员担任,德方出任副总经理兼商务执行经理的职位,其中关键部门——技术执行经理由具有技术优势,并且为合资企业转移先进技术、提供技术支持的德方成员担当,2004 年以前的人事行政执行经理,2004 年及以后更换成的销售与市场执行经理岗位则是中方的人员出任。也就是意味着从事实上证明了中德双方合资选择了基于平分股权下的共同管理模式,而从上述的关键岗位分布来看,则明显的属于分割管理,由具有相关优势的优势方来管理对应的公司部门,以实现优势方管理的价值最大化,推动企业的发展和进步。

3. 跨国公司先进技术可分享,自身研发加强才是发展硬道理

从桑塔纳车型的技术引进和消化吸收、到桑塔纳 2000 型和帕萨特轿车的联合开发,从桑塔纳 3000 型开始对自主开发的探索,到新帕萨特、Lavi-da 家族的成功研发,上海大众汽车走出了一条从引进吸收、联合开发到自主研发的创新道路,开辟了合资企业技术研发的创新模式。上海大众汽车技术中心 1992 年 7 月成立,并于 1997 年 3 月被认定为上海市企业技术中。1999 年 11 月,技术中心扩建项目——试制试验基地落成启用;2003 年 8 月,技术中心扩建项目——试车场建成并投入使用。这是中国第一个达到国家标准的乘用车试车场地。经过摸索和实践,技术中心已形成了涵盖产品设计、工程分析、样车试制、整车试验等各个环节的开发体系。上海大

众汽车技术中心在 2012 年时获得了"国家认定企业技术中心"的称号，这是对上海大众在技术领域的一个肯定，更是鼓励上海大众的技术研发、投入的一个动力。

近年来，上海大众汽车的技术研发工作不断提速。投入的财力只是一个客观指标，而由此形成的硬件和软件成果不容小觑。经过三年的投入和成长，上海大众在技术领域培养了高能力、高效率、高素质的产品开发的人员团队，建立和完善了具有国际领先水平的技术研发中心，为人才团队的施展提供了良好的硬件氛围，上海大众的整车开发、设计能力至此初步形成。在研发技术中心之外，上海大众还建造了专业试验场，该场的主要功能用于各类特殊实验路面轿车的开发试验工作，试验场的建立为上海大众的新车型开发、实验和鉴定工作提供了可靠保证，这在我国国内尚属首家。上海大众经过内部的调整和规划，已形成了完整的产品开发流程和整车自主开发能力。公司的产品开发流程包括了市场调研、产品规划、造型、总布置、模拟计算、结构设计到产品试制、试验经过规划和调整九个环节，配合公司建造的实验场地配套使用，为上海大众的技术把关；在车身自主开发，发动机、底盘、电子电器匹配开发在内的整车自主开发能力则将上海大众的技术能多的依靠自身实力，减弱了对德国大众的技术依赖感，为我国汽车产业自主发展之路添砖加瓦。

上海大众是中德合作的成功之果，而在这一次合资中我国轿车国产化工作的阶段性战略目标已达成。上汽集团经过中德合资关系发展，调整了企业的战略重点，与美国通用汽车集团（以下简称美国通用）建立了整车合作关系，1997 年 6 月 12 日上海通用汽车有限公司（以下简称上海通用）正式成立。上海通用的成立标志着上汽集团想要形成产品从小到大的系列化目标，通过借助美国通用在整车，尤其是车身上的开发能力为上汽集团提供一定的帮助和技术援助，上汽集团在上海大众表现的技术依赖将得到减少，上海通用与上海大众间的相对竞争关系也就为上汽集团与德、美的可持续合资发展提供了保障。

上海大众和上海通用的两个合资案例在技术方面提供的经验有两个方面：一个方面，由于德国大众对于中国市场表示出极大的兴趣，既要实现新兴市场的市场占有量，同时还想要建立在东南亚市场的霸主地位，夺回曾经失去的亚洲市场，因此在与上汽集团的合资中德国大众的态度很积极，对于技术方面并未有严控死守，相反会帮助上海大众的技术研究和开发。

另一方面，则是作为技术承接的中方，在学习和自主发展中投入了大量的财力、物力和人力，端正了学习和自我吸收消化的态度，并没有浪费掉与德国大众合资的机会，的确得到了技术的发展和研发创新能力的提升。因此，技术成长的机会是合资双方相互配合的结果，以市场换技术的想法太过单纯，技术能力的进步但也不是不可能，就看中方如何有效利用合资的机会，获得一个好的合资伙伴，同时做到自己有资本，能够在合资中有主动权，而不是一味被动。

4. 保证产业链的完整性，防止细节导致被动局面

对汽车工业而言，零部件非常重要。事实上，不管什么行业都会有上下游供应链环节，往往这些环节也成为跨国公司下功夫的部分。以零部件为例，跨国公司为了实现对合资企业的控制，会采用与推行外方要求的标准，或者导致合资企业的零部件必须进口外方指定公司产品，或者外商直接在东道国市场建立配套的上下游供应产业公司，借此形成自己的产业势力范围。而在上海大众汽车的发展历史中恰恰相反，德国大众提出的零部件等产品要求，既有来自德方的配合，还有中方积极在周边建立自己的或是扶持其他企业建立的符合国际水平要求的配套产品公司，为实现企业的可持续发展提供了来自己方的动力，摆脱了被跨国公司控制的命运。可见，在共同管理模式下的中德合资企业，并未如前述被并购的中外合资企业从董事会、关键管理岗位、技术支持和发展、配套零部件供应等环节上完全被跨国公司方逐渐控制，甚至依赖其优势资源的保障进行发展。相反，上海大众实现了在具有平等控制权的前提下的独立发展，在合资双方优势资源的互补与推动下，从技术、管理、市场等环节形成了自己的竞争力，主宰了自己的发展前景。至此，上海大众汽车的合资双方续签了合作协议，再一次用行动证明了上海大众合资发展的蓬勃和健康，双方以相互信任、互利共赢的合作基础换回的是市场业绩的节节高，以及双方母公司战略意图的实现。

中外合资企业在采用平等（双方各自50%）股权或者较均匀比例分配共同管理模式有利于中外双方合资后的和谐共处，防范一方独大另一方觊觎的不良心态，而在非股权方面采取了管理、资金、技术、市场、品牌等资源的优势方分割控制更加有利于合资企业的长远发展。

（三）上海大众合资案例的启发

1. 合资企业的股权十分重要，共同管理模式是平衡发展的首选

股权不是企业唯一重要的部分，但却关系重大。从上海大众的案例中可以发现，股权是维系上海大众合资双方平衡发展的重要法宝。

上海大众从成立至今一直保持着五五均分的股权结构，双方都未出现增资扩股。德国大众和上汽集团在合资合作中一起推动企业进步，德方取得了中国市场的大蛋糕，中方被带进了世界市场，更为此双方还提前续签了合作合同，继续在平衡对等的股权基础上发展。可见，中外双方保持均分的股权占比能实现管理上的平衡，保持合资双方和谐共处的生存状态。在股权上的平等地位既保证了双方的心理平衡，不会因存在股权优势或劣势而争相竞逐，也不会因股权带来的地位高低居于管理高位，共同管理模式下的中外双方能够保持类似生态圈的平衡，推动企业的健康发展。

因此，结合案例分析可以发现股权控制对于合资企业而言很重要，中方一定要重视但不可无视除股权之外的其他因素。同时严防外方的增资扩股行为，从建立合资时主动寻求合资关系中的平衡状态，共同管理模式成为中外合资企业发展的有效管理方法。

2. 非股权中的关键因素决定合资走向，优势方分割控制保障合资

理论研究中强调着一句话：股权控制是合资企业的核心要素，但并不等于实际控制权。也就是说合资企业的实际控制权在非股权控制中，谁把握了非股权控制权谁就决定了合资企业的话语权。

上海大众的合资双方以自身优势资源为依靠，在各自优势的关键部门和岗位上各展所长，推动企业的发展。例如管理层分配上，中德双方保持了1:1的董事会人数比，经理岗设总经理和副总经理各一人，分别由中方、德方出任。德国大众以技术见长，则技术执行经理为德方人员担任，中方比德方更了解内地市场，则销售与市场执行经理岗是中方人员等一系列安排。可见，非股权控制结构决定了合资企业的合资或独资、解散或存续的发展命脉方向。

从技术角度来看，中方应当从技术领域提升自己的实力，而不是一味等待外商的技术输出。上海大众为此建立技术研究中心，通过自身人员和资金投入突破技术难关，跨国公司的技术输出毕竟是有限的，同时有限输出的技术也会是被其淘汰不用的，因此要壮大技术实力中方还是得靠自己。从品牌和市场来看，要把握主动权，不能在外商品牌的引进上以牺牲民族

品牌为代价，"雪藏""分割"都是外方在把握关键要素的前提下做出的动作，因此中方在合资后应当继续保证品牌的使用和宣传力度，切不可妄自菲薄。从产业链和市场的角度来看，上汽集团为保障自身发展建立了上下游供应链的分子公司，抑或是聚拢国内品牌成为产业链上的合作伙伴，避免了外商借用供应链转移利润，捆绑合资企业的行为，同时上汽集团不仅与德国大众建立合资企业，还与其他国际汽车企业建立中外合资企业，分散了对德国大众技术、资金、管理等各方面的依赖，拿到了主动权和话语权。

总之，非股权控制往往决定了合资企业的最终命运，合资企业能否继续发展关键的管理岗位、技术、市场、品牌等关键资源尤为重要。而学习上海大众案例做出的分割控制则成为保障合资企业的有效工具。

第三节 企业并购中的法律问题

自 20 世纪 90 年代起，跨越国境的企业并购已成为一种新兴的国际投资方式，外资并购成为企业产权交易和资产重组的重要方式。在我国，汽车行业企业外资并购表现更加集中，汽车行业作为国家重要产业部门，是我国经济增长中的支柱产业，汽车行业企业的外资并购一方面肩负促进汽车产业发展，提升国际竞争力的实际意义，而另一方面如何在其中规避和控制法律风险也具有深刻的法律意义。

纵观我国的外资并购立法，在为外资并购提供法律规制依据的同时，也尚有诸多不完善之处。主要表现为：有关外资并购法律规范的效力低下，大部分都不属于法律的层级；有关外资并购的立法散乱，缺乏体系性及协调性；有关外资并购立法的内容不完善，许多重要的内容没有规定；有关与外资并购配套的法律缺位，如社会保障法、资产评估法等，都给外资并购带来很大的障碍和法律风险。

汽车行业作为我国国民经济的支柱产业和带动上、下游经济产业链条升级的重点行业，改革开放 30 年来，外资并购的进程紧锣密鼓。而相对应汽车行业外资并购的汽车产业政策立法却迟迟未见踪影，这使得我国汽车行业企业长期以来在外资并购实务中，对法律风险的规避缺少立法的保证。

外资并购我国汽车行业企业发展大致经历了四个阶段：（1）1979 ~ 1985 年为起步阶段。以 1983 年 1 月美国 ANC 公司与北汽成立北京吉普汽车有限公司；1983 年 4 月大众与上汽公司成立上海大众汽车有限公司；1985 年 3 月法国标致等公司与广汽等单位成立广州标致汽车公司为起步标志。（2）1986 ~ 1995 年为发展阶段。1991 年 2 月大众和一汽成立合资企业；1992 年法国标致雪铁龙公司和东风成立神龙汽车有限公司；1995 年 8 月日本五十铃汽车公司和伊藤忠商事株式会社购买北旅法人股成为北旅的第一大股东；1995 年 8 月福特购买江铃汽车 B 股，成为江铃汽车第二大股东；1995 年股票市场并购是汽车市场的发力点。（3）1995 ~ 2000 年为调整阶段。1995 年底本田与东风建立合资企业；1997 年 6 月上海通用汽车有限公司在浦东新区成立；1998 年 5 月本田与广汽组成广州本田汽车有限公司。此阶段以零部件生产企业为重要内容。（4）2000 年以后为规范阶段。由于我国关于外资并购法规和外资企业投资政策的创新应用，形成利用外资改组国有企业的政策体系，成为此阶段的突出特点。

一、外资并购概述

并购的内涵非常广泛，一般是指兼并（Merger）和收购（Acquistion），简称 M&A。兼并又称吸收合并，指两家或者更多的独立企业，公司合并组成一家企业，通常由一家占优势的公司吸收一家或者多家公司。收购指一家企业用现金或者有价证券购买另一家企业的股票或者资产，以获得对该企业的全部资产或者某项资产的所有权，或对该企业的控制权。与并购意义相关的另一个概念是合并（Consolidation），指两个或两个以上的企业合并成为一个新的企业，合并完成后，多个法人变成一个法人。英美法中的《大不列颠百科全书》对并购一词的解释是："指两家或更多的独立企业或公司合并组成一家企业，通常由一家占优势的公司吸收一家或更多的公司。"而《布莱克法律大辞典》则将并购解释为："一个事物或权利被另一事物或权利混合或吸收，一般来说，其中一方没有另一方尊贵或重要，不重要的一方将不存在。在公司法中，它是指一个公司被另一个公司吸收，后者继续保存它的名称和地位，以及获得前者的财产、责任义务、特权、权力等。而被吸收的公司则不再以一个独立的商业实体存在。"

外资并购，是指外国企业为了某种目的，通过一定的渠道和支付手段，取得某国内企业的一部分甚至全部股份或资产，从而对某国内企业的经营管理实施实际或完全控制的行为。其跨国性或国际性体现在收购企业与目标企业的国籍不同，企业的股东国籍不同，并购行为发生在外国市场或企业的财产位于国外，一般涉及两个或两个以上国家的企业，是其本国企业并购的延伸，是企业间跨越国界的并购活动。

并购的实质是在企业控制权运动过程中，各权利主体依据企业产权作出的制度安排而进行的一种权利让渡行为。并购活动是在一定的财产权利制度和企业制度条件下进行的，在并购过程中，某一或某一部分权利主体通过出让所拥有的对企业的控制权而获得相应的受益，另一个部分权利主体则通过付出一定代价而获取这部分控制权。企业并购的过程实质上是企业权利主体不断变换的过程。

外资并购的核心是通过转让企业的资产所有权和股权来实现企业控制权的根本性转移。

（一）外资并购相关概念界定

外资并购也称之为并购投资，是指外资公司、企业、经济组织或个人直接通过购买股权或购买资产的方式并购中国境内企业。

商务部等六部委令 2006 年第 10 号公布的《关于外国投资者并购境内企业的规定》第 2 条明确了该概念："本规定所称外国投资者并购境内企业，系指外国投资者购买境内非外商投资企业股东的股权或认购境内公司增资，使该境内公司变更设立为外商投资企业；或者，外国投资者设立外商投资企业，并通过该企业协议购买境内企业资产且运营该资产，或，外国投资者协议购买境内企业资产，并以该资产投资设立外商投资企业运营该资产。"

（二）外资并购的法律特性

1. 外资并购中的主体

并购方一定是外国投资者，被并购方是国内企业。根据我国《中外合资经营企业法》，"外国投资者"的范畴包括外国公司、企业、其他经济组织、个人；香港、澳门、台湾地区的公司、企业、其他经济组织、个人以及在国外居住的中国公民等。理论上，外资并购的国内企业类型较多，但为了保护国民经济安全，在我国，外国投资者必须依据《中外合资经营企业法》，严格按照发改委、商务部联合发布并于 2007 年 12 月 1 日实施的《外商投资产业指导目录》的要求，并在获得国家批准的前提下，方能并购国内企业。

2. 外资并购中所涉及的法律关系

外资并购作为一种复杂的经济活动，其法律关系问题是一个庞大的系统工程。外资并购将涉及多种法律门类，外资法、竞争法、公司法、证券法、劳动法和税法等，而其中的法律关系也呈现出多样化的特征。

第一，外资并购发生在并购主体之间，这其中涉及民商法调整，即调整平等主体之间的法律关系。而同时，外国投资者与国内企业之间建立在并购协议基础之上的转让企业经营权的民事法律行为和外国投资者或国内企业各方内部在并购行为决策、准备、实施等过程中所形成的内部法律关系，这两层法律关系所涉及的法律部门是公司法和证券法。

第二，外资并购是在国家有关部门实施监管过程中发生的关系，属于经济法的范畴。主要是东道国在监管外资并购行为时所发生的法律关系，包括对外资的监管和对并购的监管两个层次。这主要由外资法、并购法、竞争法和反垄断法、劳动法和税法等经济法律部门来调整，在这个层面上，外资并购属于公法的范畴。

第三，在外资并购中，东道国与投资国的关系则属于国际经济法的范畴，一般是由东道国和投资国通过双边协议来解决，而在外资并购中产生的法律冲突，则可能涉及国际私法。

（三）外资并购的法律风险特征

1. 种类繁多、过于复杂

外资并购所涉及的法律风险种类繁多且内容复杂，主要可大致概括为十类。即资产不实、财务陷阱、人员劳动合同、优先购买权、税收、垄断、环保、交割、汇率、竞业限制、融资的法律风险等。

2. 双重调整、难度加大

外资并购，作为一种资本的外来性和控制权掌握在他国人手中的并购形式，其过程中，除了产生国内企业并购的一般效果外，还将涉及更多诸如保护民族工业发展、保障国民经济安全等更多、更大的政治风险和法律风险。其中涉及的法律部门包括经济法、公司法、税收法、知识产权法、反垄断法等一系列法律门类。同时外资并购属于跨国的直接投资行为，同时发生在投资者母国（即并购方所在国）和投资东道国（即目标企业所在国），因此外资并购行为受到并购方所在国和目标企业所在国法律政策的双重调整，与国内并购相比，其所面临的法律风险更为错综复杂。

3. 可延伸扩展性强

外资并购的重点往往是经济效益或发展前景较好的大中型生产企业，特别是一些行业、地区的龙头企业，并且外方在并购中多数都谋求绝对控股，极易形成垄断，严重威胁国内经济安全。因此，投资东道国出于对本国利益和经济安全的考虑，会在法律上对外资并购设置政策和法律上的障碍，而这些障碍又可能威胁到投资者母国的经济利益。因此，母国可能对投资东道国采取相应的反报措施。而这种情况的发生，即有可能将并购中的法律风险上升到国际争端，甚至引发为国家的风险。

（四）外资并购的途径

1. 直接并购

直接并购是指外国企业、经济组织或者个人直接对中国境内企业进行并购。可以先在海外成立一个投资的壳公司，然后通过该公司在境内进行投资。这种方式一般要受出资者本国法律和东道国法律的双重制约。

2. 间接并购

通过在中国境内举办投资性公司，对国内企业进行并购。外商通过成立独资经营、中外合资经营的投资性公司，来并购国内企业。由于这种公司与其投资的公司之间形成伞状状态，所以该种公司被形象称为伞型公司。根据 1989 年的资料，在国内已经注册的伞型公司有 9 家，例如：厦门经济特区联合发展有限公司（厦门）、国联实业有限公司（北京）、杜邦中国集团有限公司（深圳）等。

通过在中国境内设立外商投资企业，通过外商投资企业在境内再投资，实现对国内企业的并购，在中国境内依法设立的采取有限责任公司形式的中外合资经营企业、中外合作经营企业和外资企业以及外商投资的股份有限公司，可以本企业的名义，在中国境内投资设立企业或购买其他企业投资者的股权，从而实现外资对国内企业的并购。

（五）关于外资收购国内企业的限制

1. 行业限制

外商投资进行资产并购、重组，无论是采取何种并购方式，都必须严格遵守《指导外商投资方向暂行规定》及《外商投资产业指导目录》等法律、法规的规定，外国投资者不得在不允许外商独资、控股或占主导地位的产业中占主导地位。

1988 年国务院颁布了《指导外商投资方向暂行规定》，将我国对外投资项目分成鼓励、允许、限制、禁止四大类。不列入限制和禁止类，或虽属限制类，但某些产品出口达 70% 以上，外汇能自求平衡的中外合资、合作项目，国家准予外商投资。1997 年 12 月，有关部门对《外商投资产业指导目录》中外商投资产业的规定作了较大改变和较为细致的规定。为中西部开发，进一步推动中西部经济的发展，鼓励外商投资西部地区，2000 年 6 月，有关部门又根据西部各省自身条件，发布了《中西部地区外商投资优势产业目录》，具体内容参见有关文件。

2. 最低投资额限制

合并或收购国内企业，外国投资者的股权比例不得低于公司注册资本的 25%。但外商投资企业再投资设立的企业，登记为公司（有限责任公司、股份有限公司）股东或发起人时，如果投资的领域属于国家鼓励的行业的，外商投资企业所占股权比例不受限制（国家另有规定的除外）；如果投资的领域属于国家限制的行业的，外商投资企业所占股权比例不得超过注册资本的25％。另外，外商投资企业投资于中西部地区的，外国投资者的股权比例不低于25％的，该企业可以享受外商投资企业的优惠待遇。

3. 切实维护国有资产权益，防止国有资产流失

根据现行规定，凡是国有资产、国有股权转让或以国有资产出资入股的，必须要经过评估，以评估价格作为转让或出资的依据。涉及国有资产和国有股权转让的，必须按规定报经有权的国有资产管理部门审批，涉及大中型骨干企业资产、股权转让的，要报同级政府甚至上级政府批准。

4. 限制外资进入本国上市公司

为避免资本市场的波动和风险，中国政府对于上市公司法人股份转让给外国投资者的，特别是涉及绝对或相对控股的变化的，审批机关非常慎重。

5. 二级市场买壳的禁止

为避免金融风险，保证证券市场的稳定，目前 A 股市场尚不允许外资介入，因此外资不可能直接通过二级市场的收购控制国内企业。但是外商可以通过其在境内的合资或投资性公司通过购买法人股来借壳上市。

（六）并购的操作

企业的并购，由于涉及很多政策和法律问题，如国家的产业政策、公司法、会计法、劳动保障法等，可以说是一项极其复杂的交易过程。根据不同的并购方式，操作程序也有所不同，但主要应包括以下几个步骤：（1）并购方与目标企业的股东达成并购协议；（2）目标公司董事会作出同意并购的决议，如果目标公司有股东会，应当由股东会作出；（3）依上述协议和决议修改公司章程；（4）国有资产经过评估并取得相关文件或证明；（5）如果是合并，还应按照《公司法》规定，通知所有债权人，发布公告并应债权人的要求提供担保；由于上公司分为要约收购和协议收购，如果是协议收购，程序与上述情况基本相同，如果涉及要约收购，则必须：①向证监会提交符合法定要求的收购报告书；②发出符合《证券法》要求的收购要约。（6）报请批准。《关于外国投资者并购境内企业的规定》第 21 条第 1 款规定："外国投资者股权并购的，投资者应根据并购后所设外商投资企业的投资总额、企业类型及所从事的行业，依照设立外商投资企业的法律、行政法规和规章的规定，向具有相应审批权限的审批机关报送下列文件：（一）被并购境内有

限责任公司股东一致同意外国投资者股权并购的决议，或被并购境内股份有限公司同意外国投资者股权并购的股东大会决议；（二）被并购境内公司依法变更设立为外商投资企业的申请书；（三）并购后所设外商投资企业的合同、章程；（四）外国投资者购买境内公司股东股权或认购境内公司增资的协议；（五）被并购境内公司上一财务年度的财务审计报告；（六）经公证和依法认证的投资者的身份证明文件或注册登记证明及资信证明文件；（七）被并购境内公司所投资企业的情况说明；（八）被并购境内公司及其所投资企业的营业执照（副本）；（九）被并购境内公司职工安置计划；（十）《关于外国投资者并购境内企业的规定》第十三条、第十四条、第十五条要求报送的文件。"

《关于外国投资者并购境内企业的规定》第 14 条是涉及资产评估的相关规定："并购当事人应以资产评估机构对拟转让的股权价值或拟出售资产的评估结果作为确定交易价格的依据。并购当事人可以约定在中国境内依法设立的资产评估机构。资产评估应采用国际通行的评估方法。禁止以明显低于评估结果的价格转让股权或出售资产，变相向境外转移资本。外国投资者并购境内企业，导致以国有资产投资形成的股权变更或国有资产产权转移时，应当符合国有资产管理的有关规定。"

《关于外国投资者并购境内企业的规定》第 15 条是对涉及关联关系时的规定："并购当事人应对并购各方是否存在关联关系进行说明，如果有两方属于同一个实际控制人，则当事人应向审批机关披露其实际控制人，并就并购目的和评估结果是否符合市场公允价值进行解释。当事人不得以信托、代持或其他方式规避前述要求。"

另要注意，对于外国投资者并购境内非外商投资企业，适用《关于外国投资者并购境内企业的规定》（商务部令 2009 年第 6 号），其中涉及上市公司的，适用《外国投资者对上市公司战略投资管理办法》。对于外国投资者投资其他领域或采取其他方式投资的，一律实行备案管理。

（七）并购完成后的公司治理结构

并购后的企业，根据其是否直接含有外国资本和其组织形式，应分别受外商投资企业法、公司法的约束。其公司治理结构，应按公司性质，根据相关法规规定，设置和组建公司的股东会、董事会、监事会，并在合同和章程中加以明确。

二、外资并购中的法律风险识别

改革开放至今，外资并购一直伴随着我国汽车工业产业的发展。从某种意义上说，外资并购给我国汽车产业的初步发展提供了有力的支持和发展的时间与空间。2002年，随着中国政府进一步落实关于加入WTO的有关承诺，世界汽车工业巨头即世界汽车工业前15名汽车生产厂商已全部落户中国。外资并购的加速，在客观上促进了我国汽车工业重组的不断推进。2002~2003年，天津汽车公司并入一汽，使丰田与一汽携手；东风与日产成立"东风汽车有限公司"，成为中国汽车工业历史上最大规模的企业重组。外资并购加速的同时，在规模、投资、技术、市场、品质、产量等方面增加了力度；外资并购也使中国的汽车工业产业形成了新的产业格局，三大汽车集团（一汽、东风、上汽）的快速发展，为中国汽车工业产业整体水平的提升，起到了示范作用；促进了外资汽车零部件产品的迅速进入中国汽车业市场。以跨国公司和国内大集团为主的兼并重组，也使中国汽车工业产业的组织结构趋于合理。

同时，汽车产业作为公认的一个具有高度产业关联的产业，无可厚非的决定着一个国家的工业化程度。汽车产业是汽车工业强国的一个重要工业，彼得·德鲁克把汽车产业称为"工业中的工业"。外资并购下的我国汽车产业的飞速发展，更加充分的使汽车产业发挥出其极高的工业关联度和带动力。即可以创造大量的就业岗位机会，又可以安置大批剩余劳动力。这是汽车产业从资金、技术、劳动到生产、销售、使用、维修、服务所特有的商品属性。

外资并购对我国汽车行业量与质的发展，都起到了举足轻重的作用。总体上有利于产业结构的调整。过去我国的汽车行业厂商数目多，单个规模小，1982年全国生产的小轿车总量仅为1000多辆。通过外资并购，以市场换技术，2005年一年的产量是300多万辆，使我国汽车行业企业在获得先进技术、提高生产效率的同时，得到发展和壮大。这种发展已辐射到除汽车产业本身的更多相关的上下游产业，缩短了中国与世界主要国家和地区在利用外资方式上的差距，对推动我国经济体制改革和国民经济的发展，推动工业现代化进程和国民生活的提高，起到了至关重要的作用。

外资并购对促进我国汽车行业企业的发展和国际竞争力的提升，盘活存量资产、优化产业结构、促进技术进步、转变增长方式等均发挥了积极的作用。表现在有利于发展先进技术和研发能力；有利于促进经济结构调整和升级；有利于提高产业集中度和经济运行质量；有利于提高工业关联度和带动人力资源安置；有利于拉动潜在的巨大消费市场。但另一方面我国汽车行业企业在外资并购中仍暗含着许多风险危机。此前，我国很多知名品牌在外资的并购案中受损，如活力 28、扬子冰箱和孔雀电视机等中方品牌，在外资并购中被封存；大连电机厂、西北轴承厂和佳木斯联合收割机厂等外资并购案，都因为并购不当导致了民族品牌的消亡。

规避外资并购我国汽车行业企业的风险，趋利避害，机遇与风险并存。我国政府和汽车行业企业必须共同努力，保护我国汽车产业有效发展，发挥其比较优势和后发优势，需要我们从外资并购国内汽车行业企业所带来的负面影响，加以警示和进行认真的研究。

（一）中方（被并购方）面临的法律风险

1. 国有资产的流失

我国国有企业的生长环境相对封闭且受政府的长期保护和计划经济时代带来的惯性，企业对其自身的核心竞争力缺乏清晰的认识，在企业价值评估上的意识不强，只重视对实物资产的评估，往往忽略对商誉、创新能力等无形资产的评估，同时我国的资产评估缺乏制度保障，因而在评估和处置中难以做到规范化。在实践中，许多国有企业存在管理单一，地方政府又出于对其自身利益的考虑，没有严格按照防止国有资产流失政策法规提出的系统解决问题的办法办事，因此在外商并购国有企业时，有相当一部分企业未对国有资产进行评估，而有的则高值低估，导致国有资产流失，损害了国家的利益。"北旅案例"是外资并购汽车行业企业国有资产流失最具代表性的案例，造成约 5~6 亿元的国有资产流失。

2. 行业垄断

外资并购境内企业，往往表现出来的目的是控制企业，而其最终目标是在境内占有较大的市场份额，从而改变国内市场结构、支配市场，达到最终垄断该行业的目的。一旦控制市场就可能压抑竞争，降低市场效率，扭曲市场结构，同时过度的垄断会引起市场集中程度的提高，导致市场的不公平竞争和妨碍经济的发展，影响民族工业的独立性，进而威胁国家的经济安全。

在我国，改革开放 40 年来，跨国公司在国内合资合作企业的汽车产品已占据了 90% 以上的中国市场。2007 年至今，由美国次贷危机引发的金融风暴席卷全球且愈演愈烈。作为牵扯上下游众多产业的汽车行业也不可避免地受到严重的冲击。而放眼发达国家汽车市场，美国 2008 年市场的整体销量预计在 1400 万辆左右，而实际上到 2008 年的 1～11 月份，汽车销售仅为 1234.79 万辆，对比 2006、2007 年的 1600、1700 万辆已出现明显的下跌。通用、福特、克莱斯勒的销量同比分别下降 21.9%、19.5% 和 27.7%，高于整体市场 16.3% 的下降幅度。这种下滑在欧洲及日本同样不可幸免，整个欧洲 2008 年 1 月份下降 3.9%，2008 年 8 月当月销量下降了 15.7%。日本汽车上牌量 2008 年 8 月下降了 10.7%，危机态势逐步加深。2008 年全球出现的经济下滑，我国下滑的深度跟美、欧、日本相比，程度很浅，所以面对中国如此巨大的汽车消费市场和潜在购买力，跨国公司进一步加大在中国的投资力度，这就形成了其垄断中国车市的风险，若其再进而操纵汽车产品价格，则外资并购给我国汽车产业的行业垄断法律风险继而形成。

3. 威胁产业发展安全

对比发达国家的汽车工业发展，我国汽车工业总体发展水平还不高。存在着生产规模狭小、劳动生产率低、自主研发能力弱、市场占有率不高等问题。但经过多年的市场竞争和国家汽车产业政策的扶植，我国也已初步形成了一批有较强技术和产品研发能力，具有良好前景的优势企业。但正是这些迅猛发展的企业面对外资开放，国外汽车巨头的纷纷涌入，有相当一部分开始寻求外方的收购，这成为其求生存，促发展的途径。

国内汽车企业争相求外援而在国内市场展开激烈的低层次竞争，对我国汽车企业整体水平的提高必将造成不利影响；另外，国内企业被外资并购后，有可能打断国内运行已久的供应链，而转为跨国公司内部企业，对国内企业及相关联产业的企业产生挤出效应。而随着跨国公司对中国汽车产业的控制越来越强，中国汽车产业对跨国汽车公司在产品的研发、零部件配套、营销服务网络方面的依赖性增强。中国汽车产业资本的话语权越来越少，"有股权，没有决策权"的现象将越来越普遍。不仅如此，跨国公司为了进一步全面控制中国汽车产业，打压民族汽车资本政策不在少数。通用汽车公司对奇瑞汽车公司的产品侵权调查，丰田汽车公司对吉利汽车公司的商标诉讼，日产汽车公司对长城汽车公司的侵权指控等，这些实例都绝非偶然。而回顾多年来，外资并购、外资入驻我国汽车行业，从某种意义上说，中方企业的自主研发能力提高不多，仍停留在产品引进改型阶段，关键技术仍掌握在外方人员手中。而我国原有的民族汽车资本多数有沦为外资海外工厂的可能。这对培育、壮大中国汽车产业力量、提升竞争力相当不利，甚至有可能威胁中国国民经济的稳定发展和国家经济安全。

（二）外方（并购方）面临的宏观层面法律风险

外方在国内并购，若对被并购方所在国的法律、政治体制没有深入了解，也势必会对其并购行为产生影响，产生法律风险。

1. 法律冲突

在我国国内几乎所有的并购法律文件中都提出并购应当遵守中国的法律、行政法规和部门规章，同时据国际私法原理，由于外国投资者并购境内企业的法律行为主要发生在中国境内，并购一方当事人必然在中国境内，并购的标的也在中国境内，依国际私法最紧密联系的原则，外资并购应当适用中国法律。同时，投资者也应遵守其母国海外并购的法律。同西方国家成熟的并购法律体系相比，我国的并购法律还尚不健全，许多层面都依靠行政政策做指引，法律规范之间有缺乏协调统一之处，且由于我国特殊的形式，政策出自多门，相互衔接效率不高，有相互冲突的可能。这在一定程度上，给外方带来了适用法律时，可能遭遇法律冲突的风险。

2. 政治体制

外方应当充分预测并购活动在多大程度上和我国政府有关，我国政府是否干涉并购；中方企业的管理、盈利状况有多少依赖于政府行为；是否会在外资并购境内企业以后，由于新旧制度交汇在一起产生冲突。在实施并购以后，原有的企业实现了一定的经营突破，可能会导致并购方之外的其他方方面面的社会力量围攻并购后的新企业。其中政府是围攻的主要力量，政府围攻的主要方面是工商、税收、土地、环保等行政机关向新企业收取各种税费。由于对国有企业的并购都是政府主导型的，政府在其中有着非常重要的作用，因此，并购成功与否，政府的态度非常重要。

（三）外资并购汽车行业企业法律风险的成因

法律风险的成因是多方因素共同作用的可能结果，而外资并购汽车行业企业法律风险的成因，主要在于立法原则的缺失。立法原则往往为我们提供了价值评判的标准和取向，立法原则的缺失是造成企业法律风险形成的直接动因，而立法原则的最终确立，是我们系统构建立法体系的前提。作为发展中国家，我们必须在保护和扶持民族经济的过程中，不断吸取发达国家的先进生产技术。在外资并购我国汽车行业企业的法律实务中，确立吸引外资，遏制垄断；促进竞争，增长实力；自主研发，技术优先；打造品牌，树立国际核心竞争力的立法原则。

1. 经济安全原则

经济安全是国家主权安全和政治安全的保证，是国家独立自主的基本条件。国家经济安全的标准：一是国家的经济政策目标能否顺利完成；二是国家是否有能力控制关系国计民生的重要行业和国民经济的支柱产业。而汽车产业作为国家产业政策中明确提出的支柱产业，其经济安全具有举足轻重的作用。因此，必须立法保障国家经济安全。

2. 效率优先原则

外资并购，被并购企业必须以经济效益最大化作为市场定位的基点，政府需要在企业并购市场中进行科学的重新定位，以改革效益和经济效益最大化作为外资并购的基本原则。

3. 有效竞争原则

市场对社会资源进行分配，是市场经济的主体。资源配置过程就是市场机制发挥调控作用的过程，市场机制发挥调控作用的前提是市场良性有效竞争的存在。外资并购在积极意义上看，可以优化产品结构，提升企业效益，促进企业进步，提升核心竞争力；但另一方面外资并购容易造成垄断企业并操纵市场销售、原辅材料采购和产品价格。因此，必须保障有效竞争。

4. 限制垄断原则

外资并购我国汽车行业企业的直接目的是盈利，通过并购消除国内市场的竞争对手，占有市场优势，从而获得高额的垄断利润。我国允许外资并购汽车行业企业的目的是通过外资给汽车行业企业注入技术和资金，发挥各自的互补优势，共同发展。我国外资并购汽车行业企业的立法重点应是抑制垄断的形成。因此，必须注意限制垄断。

5. 债权人利益原则

外资并购我国汽车行业企业，必然影响国有企业债权人的利益，关系到其债权能否实现。国有企业是国有商业银行的最大债务人，外资并购必须保护被并购企业职工及债权人利益，不能影响我国金融体系的健康运作和企业职工的合法权益。因此，必须保障债权人利益。

6. 国民待遇原则

关于外国投资者的待遇，国际投资协定一般规定必须公平合理地对待，禁止实行差别对待。防止发生利用我国的"超国民待遇"和各地的"特殊政策"在并购我国汽车行业企业时，损害我国利益和有悖于世界贸易组织确定的"国民待遇"的基本原则。因此，必须保障国民待遇。

三、外资并购中的法律风险防范案例辨析

东风与日产的合资，是我国汽车行业企业以现有资产进行出资与外方进行合资的成功案例。此项目的合资合作成功，是对我国现有外资并购法律法规和汽车产业政策诸多领域进行突破的典范。

东风汽车公司前身是 1969 年 9 月始建于湖北省十堰市的"第二汽车制造厂"，是传统的三线军工企业。1992 年 9 月公告更名为东风汽车公司；2001 年 4 月东风汽车公司与中国华融、信达、东方、长城四家资产管理公司和国家开发银行共同组建成立东风汽车有限公司；2003 年 3 月东风汽车公司回购其他股东所持有的股权，将东风汽车有限公司变更为东风汽车工业投资有限公司，后变更为东风汽车集团股份有限公司，成为东风汽车公司主要的资本运作平台。经过四十年的不懈努力与建设，建成十堰以中、重型汽车商用车、零部件、汽车装备制造事业为主；襄樊以轻型商用车、乘用车为主；武汉和广州以乘用车为主的四大基地。业务范围涵盖全系列商用车、乘用车、汽车零部件和汽车装备制造业，与中国第一汽车集团公司和上海汽车工业（集团）总公司一起被视为中国综合实力最强的三大汽车企业集团之一。2008 年东风汽车公司实现汽车生产 132.05 万辆，同比增长 14.34%；销售汽车 132.06 万辆，同比增长 16.12%；销售收入 1969 亿元，同比增长 16.7%。目前，东风汽车公司正以大跨越发展的强劲势头，旨在建设一个永续发展的百年东风，开放中自主发展的东风，面向世界的国际化东风。

（一）东风汽车公司的合资合作过程

东风汽车公司自 1992 年与法国 PSA 雪铁龙公司成立神龙汽车有限公司以后，不断地寻求与国际知名汽车品牌的合资合作，按照开放合作、自主发展、"做强做大"、优先做强的发展战略，1994 年拓展与日本本田的合作领域，成立东风本田汽车零部件有限公司；2002 年 3 月与江苏悦达集团、韩国起亚组建东风悦达起亚汽车有限公司；2002 年 10 月扩大和提升与法国 PSA 集团的合作层次，实现雪铁龙、标志双品牌共线生产；2003 年 6 月 9 日与日产共同出资组建东风汽车有限公司；2003 年 7 月与日本本田改组武汉万通汽车公司，组建东风本田汽车有限公司；在消化吸收 80 年代中期引进的美国康明斯发动机技术并创新产品系列的基础上，2003 年 4 月与美国康明斯合资成立东风康明斯发动机有限公司；2003 年 4 月与美国伟世通公司合资成立东风伟世通汽车饰件有限公司等；通过参与国际、国内两个市场的竞争，提升了东风汽车品牌的核心竞争力，实现了国有资产的保值增值，使东风汽车公司发展成为投资与经营管控型的国际化汽车集团。东风汽车公司近期又发力将用 20 年的时间实现把自主品牌轿车"东风风神"打造成中国自主品牌中最好的品牌。

（二）东风与日产的合资亮点

东风与日产合资的东风汽车有限公司，成为中国汽车行业规模最大、合作层次最深、领域最广的合资项目和企业。被业界誉为中国汽车工业对外合作中最具有突破意义的一个项目、国企改革的东风模式，被视为跨国公司并购与国有企业重组的经典代表。其中在 13 个方面引人关注：

1. 资本规模大

东风汽车有限公司注册资本金为 167 亿元人民币，东风与日产股比为 1∶1。日产公司直接投入的资金额度超过了其他任何一家外资企业在中国的投资金额；是日产历史上仅次于美国投资项目的第二大海外投资。

2. 合作层次深

东风与日产的合作层次之深，在我国汽车行业是史无前例的。东风与日产在双方融入发展中，共同寻找切入点，从文化理念到管理、经营、团队，从社团到党派活动，乃至宏观的管控和发展愿景，开展了全方位的多领域的富有成效的融合及经验交流，有效推动了合资合作目标的实现。

3. 品牌价值高

东风品牌的保留成为中国汽车行业企业与外方合资谈判中取得的重大成果。东风汽车有限公司仍保留"东风"作为新公司名，东风商用车品牌仍沿用中国汽车行业第一个驰名商标——"东风"，此举捍卫了民族品牌和商标。体现了东风汽车公司开放合作、自主发展精神，为企业培育核心竞争力，提升品牌价值，奠定了坚实的基础。

4. 出资方式新

东风汽车公司以存量资产出资与日产进行合资是中国汽车行业企业的国内第一家。因此，东风汽车公司保障了以最小的投入获取最大程度的产出。同时，日产承诺在 2006 年之前再投资 200～300 亿日元专门用于中国汽车产品的开发，这一投资成效在 2008～2010 年的国内车市上看出佳绩。

5. 产品系列全

东风与日产的合资合作，代表了跨国公司并购国企重组的新模式。东风汽车公司摆脱了简单导入生产几个合同车型的传统模式，没有模仿福特、通用和大众模式，即推出几个车型为基础设立合资公司，而是采取既生产东风品牌，又生产日产品牌的全系列合作，成为国内第一家主营业务涵盖商用车（中、重、轻、微卡车）、乘用车（客、轿车）、新能源（纯电动、混合动力）全系列汽车产品和汽车零部件、汽车装备及水平事业在内的中外合资企业，也是日产公司在海外唯一的全系合资合作项目。

6. 坚持排他性

我国的汽车产业政策规定，允许外国汽车公司在中国业务中一手托两家。如德国大众公司可以分别与一汽集团公司、上汽集团公司两家汽车公司合资合作。而东风汽车有限公司在组建的谈判中，就明确提出排他性是唯一原则，由日产接受并写入合同规定，表明东风汽车有限公司是日产汽车有限公司唯一的合作伙伴，日产不再与国内任何第二家汽车企业合作生产汽车，从而使东风汽车有限公司成为日产汽车有限公司在全球发展战略中具有举足轻重的一部分。

7. 地域辐射宽

东风汽车有限公司的事业广阔，从地理位置上看，除包括十堰、襄樊、武汉、广州四大基地外，还囊括在沪、桂、苏、川、豫、新、辽、浙、云等地的公司项目。

8. 员工人数多

东风汽车有限公司是目前国内汽车行业企业中人数最多的合资公司。在外资并购中，10万东风职工中有6万多人进入合资公司，连同其关联公司，东风有限拥有74 000名员工。

9. 合规意识强

东风汽车有限公司维护7万多名员工的合法权益，保持国家各项法律法规政策的延续性并使员工依法享有休假休息、劳动报酬、安全卫生、技能培训、保险福利待遇等。近年来东风汽车有限公司出资数千万元为员工购买商业保险的做法，受到了员工的普遍欢迎。

10. 转岗分流稳

东风汽车公司对于未能进入合资公司的富余人员不是以买断工龄、下岗处理的方式解决，而是开展以开发性安置、岗位培训分流、发展新事业、创造上岗就业机会、帮扶主辅分离后的非核心业务建立竞争力，最大限度地保障职工的劳动权利和根本利益及减少对社会产生的震荡。

11. 文化融合快

东风汽车有限公司坚持继承东风汽车公司艰苦奋斗的创业精神，发挥改革创新的时代精神，构建讲究诚信、崇尚业绩、奉献社会的东风价值观体系、共同价值追求和行为准则，积极创新推进中日企业文化融合，学习合资方的先进管理理念和方法，及时发布实施《东风公司企业文化建设纲要》。

12. 责任意识重

东风汽车有限公司坚持制造优质汽车，提供完美服务的理念，不断提升对社会的贡献度。仅在 2008 年发生雨雪冰冻灾害和汶川地震救援中，东风汽车公司（含东风汽车有限公司）和全体员工累计向我国灾区捐款捐物达 6800 多万元。

（三）东风与日产合资中法律风险的成功规避

东风日产合资，能够成为业界的典范之作，这与它成功规避并购中的法律风险有着必然的联系，在我国现有的外资法律法规尚不健全的情况下，相伴而来的法律风险较为显著。

1. 资产评估中的法律风险

外资并购中必然涉及大量国有资产的评估和不良资产的处置，但中外会计制度的差异，使双方常为此发生分歧，而这种分歧中，也就暗含了国有资产流失的法律风险。东风与日产的合资也存在这样需要解决的问题，是较为突出的法律风险。比如按收益法评估，东风资产估值为 200 多亿；按重置成本法评估，东风资产估值仅为 50 亿；所产生的数字悬殊差异，是相当巨大的。东风与日产最终商定的资产评估方法是采取按收益法和成本法的结合，资产评估总额确定为 90 亿。

2. 不良资产处置的法律风险

外资并购谈判的最大难题之一是中方资产中的坏账处置问题。按照西方会计制度，3 年以上的应收账款将作为坏账处理。而东风公司在前几年的经营中有 30 多亿的应收账款，其中有 20 多亿属于 3 年以上的应收账款，对此我们没有现成的法规可依。东风与日产最终商定采取折中的办法处理，以日方支付中方一次性技术转让费（30 亿）的方式，使应收账款进入了合资企业。

3. 职工权益保障法律风险

我国社会保障制度起步较晚，尚不完善，国有企业承担了相关一部分的社会职能。在外资并购中，常常成为双方谈判的焦点和难点。反映出外资并购法律风险中的职工权利保护风险。东风与日产的合资,合资公司每年要从工资总额中提取10%用作补充职工养老保险,内退职工重组费用由合资公司承担。

4. 党组织设置的法律风险

东风汽车公司的建设和发展凝聚着数万中国共产党员带领职工群众艰苦创业的心血与汗水,党组织的设置尤为重要。但在外资并购中,令日方无法理解,因此出现较大分歧。为规避党组织在外资并购中设置问题的法律风险,东风和日产采取在并购协议上明确合资公司设立党组织,配备专职党务工作者和专门经费并单独列支的条款。此举为我国2005年《公司法》第19条修改做了有力补充,为上升到法律层面提供了实践基础的有力保障。

(四) 东风日产合资案折射出我国外资并购法规的缺陷

东风与日产的合资合作,给我国汽车行业其他企业在参与外资并购时,提供了良好的借鉴。这个借鉴具有开创性和实效性,因为在这场成功的并购案例中,涉及了诸多"无法可依"的谈判难题,而东风与日产的有效交锋与协议,为双方利益的共赢提供了保障。但在实务中,暴露出的我国外资并购立法上的缺陷却是不容我们忽视和放松的。

1. 外资并购中直接投资额的法规阻碍

2002年东风与日产的合资谈判中,东风集团将其在50多个专业厂和子公司里所占的股权,以存量资产的形式评估后拿到新合资公司中,而日产以现金出资的形式投入到新公司中,这种合资方式曾被认为是对现行合资模式的突破。但我国当时的法规规定,只有外资直接投资大于25%的企业,才能享受中外合资企业的税收等政策优惠,否则不能享受合资待遇。因日产没有直接投资到这些专业厂和子公司,所以,东风集团的50多个专业厂和子公司不能享受合资待遇(包括纳入新合资公司的东风汽车股份公司)。此规定不利于合资公司的快速发展和行业间的有序竞争,应当补充和完善。

2. 外资并购中党组织地位的法规缺位

2002年东风与日产的合资谈判中,在合资公司党组织及党务工作者的去留和待遇问题上,取得了开创性的成果。在"无法可依"的情况下,得到谈判成功是艰难的,而在另一个层面上反映了旧《公司法》在此问题上的缺位。正是东风与日产的成功案例催生了2005年《公司法》第19条对合资公司党组织问题的补充。

3. 外资并购中会计制度选用的法规盲区

在东风与日产的合资中，中日双方采用了不同的会计审计方法进行资产评估，产生的数据差距悬殊。往往只源于资产评估方法的不同，使中外双方在并购谈判中常常因没有权威的法规而争执不下，造成会计制度选用上法律法规的盲区。

4. 外资并购中不良资产处置的法规缺失

东风与日产采取以日方支付中方一次性技术转让费的方式处理不良资产，使东风公司的应收账款进入合资企业的做法，实属无奈。

（五）东风日产合资案对我国启示

东风日产并购案的阐述，为我们展示了我国汽车企业在实务中成功规避外资并购法律风险的赫赫战功。他们在立法缺失下保障企业利益、捍卫国有资产的艰难执着，令我们在立法层面上，研究外资并购法律风险的防范与控制，显得更加刻不容缓。在法律实务上，以中外双方的防范措施为基础，结合国际公约对并购的规定，架构我国外资并购汽车行业企业法律风险防范及控制体系。

1. 继续完善《外国投资者并购境内企业的规定》

2009 年 6 月 22 日商务部发布的《外国投资者并购境内企业的规定》（以下简称《规定》）在法规特点和内容上，较 2006 年 9 月 8 日由商务部等六部委联合发布的《外国投资者并购国内企业规定》有了新的修正，体现了我国在外资并购立法方向上的逐步完善。但其中留有的不足与疏漏之处，仍值得我们探讨和补充。

（1）已完善之处。

第一，结构合理、内容严谨。为保证《规定》与《反垄断法》和《国务院关于经营者集中申报标准的规定》相一致，《规定》全文用五章五十八条对并购的法律程序做了明确规定，包括外国投资者并购境内企业的基本制度、备案与登记、外国投资者以股权作为支付手段并购境内公司的以股权并购的条件、申报文件与程序、对于特殊目的公司的特别规定等内容。删除第五章"反垄断审查"，在"附则"中新增一条作为第 51 条，表述为："依据《反垄断法》的规定，外国投资者并购境内企业达到《国务院关于经营者集中申报标准的规定》规定的申报标准的，应当事先向商务部申报，未申报不得实施交易"，表达了我国政府依法维护国家经济安全和对《反垄断法》执行的决心。严格注册、确定资本。将第16条第4款中"外国投资者并购境内企业设立外商投资企业，如果外国投资者出资比例低于企业注册资本25%的，投资者以现金出资的"修改为"外国投资者并购境内企业设立外商投资企业，如果外国投资者出资比例低于企业注册资本25%，投资者以现金出资的"。一个"的"字之差，表达了我国政府维护外国投资者的权益和依法办事的严肃性。

第二，严肃时间、提升效率。将第36条第1款"自营业执照颁发之日起6个月内，如果境内外公司没有完成其股权变更手续，则加注的批准证书和中国企业境外投资批准证书自动失效，登记管理机关根据境内公司预先提交的股权变更登记申请文件核准变更登记，使境内公司股权结构恢复到股权并购之前的状态"，修改为"自营业执照颁发之日起6个月内，如果境内外公司没有完成其股权变更手续，则加注的批准证书和中国企业境外投资批准证书自动失效。登记管理机关根据境内公司预先提交的股权变更登记申请文件核准变更登记，使境内公司股权结构恢复到股权并购之前的状态"。一个标点之差，表达了我国政府对时间、效率规定的有效性。

第三，确认身份、保证税收。将第42条第1款第（1）项和第44条第1款第（3）项中的"最终控制人"修改为"实际控制人"。同第15条"并购当事人应对并购各方是否存在关联关系进行说明，如果有两方属于同一个实际控制人，则当事人应向审批机关披露其实际控制人，并就并购目的和评估结果是否符合市场公允价值进行解释。当事人不得以信托、代持或其他方式规避前述要求"相一致，在保证我国对外资投资税收优惠政策的同时，更大程度上保障了国家的税收安全。

第四，维护品牌、保驾护航。第12条"外国投资者并购境内企业并取得实际控制权，涉及重点行业、存在影响或可能影响国家经济安全因素或者导致拥有驰名商标或中华老字号的境内企业实际控制权转移的，当事人应就此向商务部进行申报。当事人未予申报，但其并购行为对国家经济安全造成或可能造成重大影响的，商务部可以会同相关部门要求当事人终止交易或采取转让相关股权、资产或其他有效措施，以消除并购行为对国家经济安全的影响"的法律规制，是对保护国家民族产业和民族品牌的体现。作为我国国民经济支柱的汽车产业，其中大多数都是我们历经几十年、几代人的艰苦卓绝，才建立起来的汽车企业，《规定》为其在外资并购中规避法律风险，维护民族品牌和民族利益，起到了保驾护航的作用。

（2）待完善之处。

第一，权威性不够。我国大量关于外资并购的相关法律文件的法律渊源都是行政性法规，《规定》也同样具有这个问题，由于法律渊源的位阶不高，使其缺乏延展性和权威性。制定系统化的外资并购基本法，才能从根本上为我国规制外资并购找到出路。

第二，保护性不明确。实体权利的保护依赖于程序性的规定。外资并购涉及的出资人、债权人利益以及职工的切身利益，法律法规应进一步具体规定。《规定》的明确性还没有集中体现，审批程序不明朗。《规定》在一定程度上给外商投资者进行外资并购时进行风险估计及时间预计都造成了不确定的因素。同时，外资并购牵涉审批机构繁多，各审批机构往往缺乏协调性，审批时间过长，由于审批部门存在不同的管理层级，审批需要层层上报，面对涉及审批机构多、层次多、程序规定模糊的问题，这无疑给外商投资者进行并购投资出了难题。

第三，汽车制造企业是以资本为纽带，以全球为资源利用和销售市场的综合产业。但我国汽车行业企业一般都与所在地方有着十分密切的关系，两者利益相辅相成。由于汽车生产企业带动了地方相关配套工业链的发展，地方一直通过制定地方产业政策、颁布地方性法规等方式确保地方汽车生产企业和相关行业得到实质的支持，以期达到发展一个带动一片的目的。许多汽车生产厂家也正是如此得以发展起来。地方政府通过制定地方车辆和交通管理政策，通过使用牌照审批、环保达标以及政府采购和更新出租等一系列手段促进本地生产汽车的销售，建立合理的法律制度体系规范地方保护主义，克服地方利益约束，创造相对平等自由的市场竞争环境也是汽车制造企业下一步发展在机制和市场上面临的重大问题。

第四，外资并购企业外方股东在合资合作中，曾出现过一是采取对设备投资转移定价，高估设备价值以冲抵投资；二是向中国输出的汽车制造技术缺乏先进性；三是忽视对合资企业自主开发能力的建设；四是一般由外方进行货币出资和主管财务等状况。这些状况不利于提高我国的汽车制造技术和自主开发能力的建设，原因在于缺乏熟悉和了解汽车生产技术的专业律师；同时，根据外方需要聘请有相应外资背景的律师作为企业法律顾问，使得中方利益很难在合资经营中得到始终如一的保护。

第五，在利用外资的同时，避免外商利用控股并购国有企业的机会实现对中国市场的垄断，需要政府加强对外资并购过程的监管，防范恶意并购。汽车行业企业要通过加强竞争意识、提升产品质量来提高企业的核心竞争力，竞争力的上升是国家经济安全上升的关键要素。国有企业、民营企业、外资企业的公平竞争与合作，有利于我国企业的进步和产业的升级，也有利于实现经济安全和可持续的发展。强化并购监管，兼顾各方利益，最终实现共赢。

 第二章
民事法律风险防范

第一节 合同纠纷

一、汽车买卖合同纠纷

（一）买卖合同概念的厘定

买卖是买卖双方经过协商约定，卖方向买方转移标的物所有权而买方向卖方支付价金的行为，是商品交换最普遍的形式。买卖合同则是商品生产和商品交换发展到一定历史阶段的产物，被广泛运用于社会经济生活的各个领域，在整个合同体系中数量最多，使用频率最高，被称为合同之王。英美法系中的买卖合同是指通过当事人的合意一致而将某物的所有权或某土地权益或某无形财产从一方当事人转移至另一方当事人，以取得金钱上价值的交易合同。① 大陆法系一般认为买卖合同是指当事人约定一方转移财产于他方，他方支付价金之契约。《法国民法典》第 1582 条规定："买卖，为一方承担交付标的物，而他方承担支付价金的义务的契约。"《德国民法典》第 433 条关于"物的买卖"的规定与《法国民法典》的相关规定大致相同。我国《合同法》第 130 条将买卖合同定义为出卖人转移标的物的所有权于买受人，买受人支付价款的合同，这条法律规定比较全面准确地揭示了买卖合同的概念。严格来说，两大法系关于买卖合同的定义并没有本质上的差别，都是通过对双方权利义务进行描述的方式对买卖合同作出的定义，且对双方权利义务内容的认识也都大致相同。若说有区别，那就是各国对于合同标的物的范围的规定有所差异，有的将"买卖"定义为广义上的实物买卖，例如《德国民法典》就在其第 433 条分别规定了"物"的买卖和"权利"的买卖，而我国《合同法》第 130 条则是将买卖合同定义为狭义上的实物买卖，② 其他例如工业产权的转让则由《合同法》第十八章技术合同及其他法律调整。

对汽车产品销售模式的研究是准确定位汽车买卖合同的前提。随着汽

---

① 参见《牛津法律大辞典》（中译本），光明日报出版社 1988 年版，第 794 页。
② 吴志忠：《买卖合同法研究》，武汉大学出版社 2009 年版，第 10 页。

车产品消费的持续增长，我国也在出台相关法律法规规范汽车产品品牌销售行为，促进汽车市场健康发展，保护消费者合法权益。

2017 年 7 月 1 日起实施的《汽车销售管理办法》破除了 4S 店和品牌授权经销商等经销渠道垄断行为，正式允许符合规定的各种汽车销售主体存在。这其中包括普通卖场、网上销售、实体店等，推动汽车流通模式的创新，从而给消费者在购车时得到更多的选择。

我国汽车品牌销售过程中涉及的主体主要有汽车生产企业、汽车总经销商、汽车品牌经销商。其中，汽车生产企业和汽车总经销商统称"汽车供应商"。汽车生产企业是指我国境内从事汽车生产的企业，汽车总经销商是指经境内外汽车生产企业授权、在境内建立汽车品牌销售和服务网络，从事汽车分销活动的企业。汽车品牌经销商是指经汽车供应商授权、按汽车品牌销售方式从事汽车销售和服务活动的企业。

那么在整个汽车销售过程中，不同主体的职责为何，他们之间又存在怎样的法律关系呢？

在我国，汽车供应商一般专司生产，汽车总经销商专司向汽车品牌销售商分销，他们不直接将自己生产的汽车出售给消费者，而是通过汽车品牌销售商，销售给终端用户。这是最常见的汽车产品销售模式。从合同角度来看，在这个模式下共存在三个合同，汽车生产企业和汽车总经销商为第一个合同的双方当事人，汽车总经销商和汽车品牌销售商为第二个合同的双方当事人，汽车品牌销售商和消费者是第三个合同的双方当事人，每个合同双方当事人之间互享合同权利，互负合同义务。这三个合同环环相扣，共同构成我国汽车产品销售链条。

买卖合同种类繁多，根据标的物、买卖方等不同标准对买卖合同有不同的分类，以标的物为分类标准，该链条下存在的三个合同均为汽车买卖合同。而基于主体特征和行为方式的不同又可将这三个合同分为民事买卖合同和商事买卖合同。商事合同，即发生在生产经营领域内，服务于生产经营目的的交易行为。商事合同的各方当事人同属商事主体。① 在整个汽车销售链条下，汽车生产商与汽车经销商之间对汽车进行交易而签订的就为商事合同。而民事买卖合同则指发生在生活消费领域内，服务于生活消费目的的交易行为，通常发生于经营者与消费者之间，汽车消费者与汽车销售

---

① 王轶：《民法原理与民法学方法》，法律出版社 2009 年版，第 253~254 页。

商签订的买卖合同就是典型的民事买卖合同。

另外，《汽车销售管理办法》第 5 条规定："在境内销售汽车的供应商、经销商，应当建立完善汽车销售和服务体系，保证相应的配件供应，提供及时、有效的售后服务，严格遵守家用汽车产品'三包'、召回等规定，确保消费者合法权益。"《汽车产业发展政策》①第 34 条规定："国内外汽车生产企业凡在境内市场销售自产汽车产品的，必须尽快建立起自产汽车品牌销售和服务体系。该体系可由国内外汽车生产企业以自行投资或授权汽车经销商投资方式建立。"但《汽车销售管理办法》第 26 条又规定："除双方合同另有约定外，供应商在经销商获得授权销售区域内不得向消费者直接销售汽车。"从以上法律规定来看，汽车供应商可以在对汽车品牌销售商授权的区域外直接向用户销售汽车或经授权合同约定在汽车品牌经销商授权销售区域内向用户直接销售汽车。这种汽车销售模式下，汽车生产商则有可能直接与消费者之间成立了汽车买卖合同关系，此种合同的法律定位则为消费者合同。

如上文所述，在整个汽车销售过程中，不同主体之间存在着不同的合同关系，且这些合同的法律性质也不尽相同，因而其所适用的法律也存在差异。汽车买卖合同纠纷涉及《民法总则》《合同法》《产品质量法》《消费者权益保护法》及相关司法解释和行政法规、部门规章的规定，请求权基础较为复杂，所以应对其的法律适用问题作出梳理与总结，以促进汽车买卖合同纠纷的更好解决。

1.《合同法》及其司法解释

汽车生产商与汽车经销商、汽车经销商与汽车销售商之间成立的汽车买卖合同属于《合同法》中规定的买卖合同。我国 1999 年出台的《合同法》是新中国成立以来颁布的第一部全面统一的合同法，也是调整买卖合同法律关系最基本的法律。该法第九章作出了关于买卖合同的详细规定，共 46 个条文，居《合同法》分则各章之首，是分则中条文最多、内容最丰富的一章，是买卖合同关系最直接的法律依据。随着司法实践中买卖合同纠纷的日益复杂化，最高人民法院于 2012 年 5 月出台了《关于审理买卖合同纠纷案件适用法律问题的解释》以为审理新形势下的买卖合同纠纷案件提供更详细的法律依据。同时，《民法总则》中关于民事行为的基本原则的

---

① 国家发展和改革委员会令第 8 号文。

规定在汽车买卖合同中也应得到遵守。

2.《消费者权益保护法》

除了以上传统意义上的买卖合同之外，汽车销售过程中还存在着消费者合同。消费者合同的制度研究传统上被纳入合同领域的研究范畴，合同制度的基本理论充实了消费者合同的基础。但缔约双方在谈判能力上的悬殊致使消费者合同与传统合同相比较有其自身独特的价值追求和制度形式。

消费者合同中的汽车买受人主体资格应仅限于《消费者保护法》所规定的"为生活消费购买、使用商品或接受服务"的自然人，若买受人为机关团体、公司、合伙企业或个体工商户等法人或非法人组织主体，或其购买汽车的目的应属于业务或经营活动，不属于生活消费的范畴。具体到汽车产品，因汽车产品是否是为个人生活需要而购买尚未可知，所以不能笼统地认为汽车产品购买使用者就是消费者，而应当区分情况，若是为个人或家庭所用，并且用于生活目的的，属于《消费者权益保护法》调整范围，用于生产、经营目的的，不受其调整，兼有家用和商用的，则应区分具体情况。除此以外，在目前的审判实务中普遍认为"职业打假人"不具有消费者身份，此种审判态度与过去有显著区别。

3.《产品质量法》

针对汽车产品买卖关系是否适用《产品质量法》，最为关键的是看汽车产品买卖合同关系是否属于《产品质量法》的调整范围。《产品质量法》第2条规定："在中华人民共和国境内从事产品生产、销售活动，必须遵守本法。本法所称产品是指经过加工、制作，用于销售的产品。建设工程不适用本法规定；但是，建设工程使用的建筑材料、建筑构配件和设备，属于前款规定的产品范围的，适用本法规定。"第73条规定："军工产品质量监督管理办法，由国务院、中央军事委员会另行制定。因核设施、核产品造成损害的赔偿责任，法律、行政法规另有规定的，依照其规定。"

可见，判断汽车销售过程中的法律关系是否属于《产品质量法》的调整范围的关键在于判断该法律关系中的标的物汽车是否属于《产品质量法》中所规定的"产品"。这里的"产品"指经加工、制作用于销售的产品。包括两个要件：一是须经加工、制作，加工、制作可认为包括采掘、提炼、组装；二是须用于销售，销售可认为是流通。对加工、制作、销售的扩大理解将煤气、电及某些出租物、赠送物也被列入《产品质量法》的调整范围。综上，汽车产品属于《产品质量法》规定的"产品"的范畴，受《产品质量法》调整，可适用其中规定的合同责任。

4.《家用汽车产品修理、更换、退货责任规定》

2012 年 12 月 29 日国家质检总局正式发布《家用汽车产品修理、更换、退货责任规定》，并于 2013 年 10 月 1 日起正式施行，是调整汽车产品质量合同责任承担的重要的规范性文件。《家用汽车产品修理、更换、退货责任规定》明确了生产者、销售者、修理者以及消费者的责任和义务；规定了汽车产品三包有效期（不低于 2 年或者是行驶里程 5 万公里；同时，包修期限是不低于 3 年或者行驶里程 6 万公里，均以先到者为准。核心精神是"为了保护家用汽车产品消费者的合法权益"）。在有效期内，因产品质量问题修理时间累积超过 35 天的，或因同一产品质量问题累积修理超过 5 次的，消费者可以凭借三包凭证和购车发票要求换车。对于消费者最关注的退换货条件问题，也列出了四种具体情形，其中包括，购 60 天或行驶 3000 公里内出现《家用汽车产品修理、更换、退货责任规定》所列举重大故障，或严重安全性能故障累计修理 2 次仍未排除等，消费者均可选择退换货。除此之外，在三包有效期内，如果汽车修理时间累计超过 35 天，或者同一个产品质量问题引发的修理累计超过 5 次，消费者可以换车。最后，如果符合更换条件，但销售者没有同品牌、同型号或配置不低于原车的汽车，消费者可以选择退货。

对消费者合同的制度研究传统上是纳入合同领域的研究范畴，但缔约双方在谈判能力上的悬殊致使消费者合同与传统合同相比较有其自身独特的价值追求和制度形式。世界各国相继颁布了一系列的有关消费者合同方面的特殊法律规范。我国也专门制定了《消费者权益保护法》对消费者的基本权利、经营者的基本义务作出了规定，《反不正当竞争法》《产品质量法》《广告法》等立法也都涉及了消费者权益的保护。《消费者权益保护法》是专门针对保护消费者权益的法律，属于民法特别法，按照特别法优于一般法的原则，在处理消费者合同纠纷时，作为消费领域特殊法的《消费者权益保护法》具有优先适用的效力。

（二）汽车买卖合同中常见的法律纠纷——消费者欺诈

1. 消费者买卖合同纠纷现状概述

在更多的市场主体进入汽车销售这个行业，特别是国家层面自 2014 年 8 月在自贸区开始了"平行进口车"的政策试点以来，汽车销售行业的竞争日趋激烈，但也有一些商家为了攫取利润，可能会采取一些违规手段进行销售，使得法院受理的涉机动车买卖合同纠纷呈现高发态势。据上海市闵行区法院 2016~2017 涉机动车买卖合同案件审判白皮书的数据显示，2017 年受理涉机动车买卖合同纠纷 123 件，同比增长 12%。且随着公众的法律意识和维权意识的增强，其对汽车交易的质疑也随之增多，使得汽车买卖合同纠纷的诉求呈现多元化趋势。纠纷类型主要分为逾期付款纠纷、定金纠纷、涉及欺诈的赔偿纠纷以及一般质量瑕疵纠纷。在这其中，一般质量瑕疵纠纷占比较小，而涉及欺诈赔偿的纠纷占比近 20%，占比较大。从车质网上搜集到的信息也显示，2017 年车质网共收到车主针对汽车产品及服务问题投诉 50 770 宗。在服务类问题投诉中，有关销售欺诈问题方面的投诉共有将近 1400 件，占 11%。在实践中，汽车买卖欺诈纠纷频发往往有以下几种原因。

第一，消费者忽视对合同格式条款的审查。汽车买卖与其他类型的买卖最显著的区别是其标的金额大，专业性强，且多使用格式合同。消费者在选购车辆时往往将精力投放于对车的品牌、型号的选择而忽视对购车合同具体条款的审查及购车后对车辆的验收，且由于其缺乏有关汽车的专业知识，其大多情况下会轻信汽车销售者的口头承诺，给一些不法商家以可乘之机。

第二，汽车销售者的相关义务履行不充分。汽车买卖过程中所涉事项较多，过程繁琐，汽车销售者对于汽车的质量、性能等重要信息负有向消费者告知的义务。但诸多销售者为了实现其自身利益最大化，经常利用其信息充足的优势地位来规避自身的告知义务，仅仅对车型外观、颜色等直观信息予以告知，而对车的性能、质量等重要信息予以隐瞒，以次充好，以旧充新。这种不诚信的行为一旦之后被消费者发现就极易引发欺诈纠纷。

第三，三倍赔偿的激励效果使然。对于汽车这种大件商品来说，价格远高于日常消费品，且 2013 年的《消费者权益保护法》加大了欺诈纠纷中对消费者的保护力度。若汽车销售者正在销售汽车时存在欺诈，消费者可主张三倍赔偿，这使得消费者往往倾向于认定自己受到了欺诈而主张"退一赔三"，且从案件审理结果上看。消费者胜诉具有一定的示范效应，使得汽车买卖合同中涉及欺诈赔偿的纠纷数量越发呈上升趋势。

从审判的角度讲，涉及汽车合同纠纷的案件通常会涉及行业操作、汽车工程学等专业问题，法官专业背景知识限制使得该类案件审理难度较大。司法实践中，各地法院就汽车销售商是否存在欺诈的裁判规则还未能统一，这就更加凸显出汽车而买卖合同纠纷中惩罚性赔偿法律适用上的困境。因而下文将着重对汽车买卖纠纷中的欺诈问题作出探讨，以期能为司法实务中汽车买卖的欺诈纠纷解决提供一定的思路。

2. 对消费者欺诈纠纷的法律规制

（1）"欺诈"的法律定义及后果。

对于欺诈的法律界定体现在《最高人民法院关于贯彻执行〈中华人民共和国民法通则〉若干问题的意见（试行）》第68条，该条规定："一方当事人故意告知对方虚假情况，或者故意隐瞒真实情况，诱使对方当事人作出错误意思表示的，可以认定为欺诈行为。"而关于其民事法律后果，《合同法》第54条作出了规定，该条规定了因重大误解订立的、在订立合同时显失公平的合同，当事人一方有权请求人民法院或者仲裁机构变更或者撤销；另外，一方以欺诈、胁迫的手段或者乘人之危，使对方在违背真实意思的情况下订立的合同，受损害方有权请求人民法院或者仲裁机构变更或者撤销。当事人请求变更的，人民法院或者仲裁机构不得撤销。而《合同法》第113条第2款规定了消费者合同中经营者存在欺诈行为时的法律适用问题，即"经营者对消费者提供商品或者服务有欺诈行为的，依照《中华人民共和国消费者权益保护法》的规定承担损害赔偿责任"。

《消费者权益保护法》中规定的经营者存在欺诈行为的法律后果主要体现在第55条："经营者提供商品或者服务有欺诈行为的，应当按照消费者的要求增加赔偿其受到的损失，增加赔偿的金额为消费者购买商品的价款或者接受服务的费用的三倍；增加赔偿的金额不足五百元的，为五百元。法律另有规定的，依照其规定。经营者明知商品或者服务存在缺陷，仍然向消费者提供，造成消费者或者其他受害人死亡或者健康严重损害的，受害人有权要求经营者依照本法第四十九条、第五十一条等法律规定赔偿损失，并有权要求所受损失二倍以下的惩罚性赔偿。"

由上述规定可知，构成"欺诈"需要满足一定的条件，经营者一旦被认定构成"欺诈"，需承担"退一赔三"的惩罚性赔偿的法律后果。具体而言，认定经营者行为构成"欺诈"，需满足如下条件：

①欺诈人故意实施欺诈行为。欺诈行为，是指欺诈人故意陈述错误事实或故意隐瞒真实情况使他人陷入错误认识的行为。故意陈述错误事实和故意隐瞒真实情况是构成欺诈行为的两个方面。而欺诈的故意是指明知自己的陈述是虚伪的，并会导致对方陷入错误认识，而希望或放纵这种结果

的发生。包括两方面：一是陈述虚伪事实或隐瞒真实情况的故意；二是诱使他人陷入错误认识的故意。例如在事故后的翻新车辆说成全新的车辆，诱使买受人购买的情况下，汽车销售者实施了隐瞒该车是翻新车的真实情况，陈述翻新车为全新车的虚假事实的欺诈行为，且明知该行为会使消费者陷入该车是全新车的错误认识而购买该车却希望这种结果发生，该情况就符合欺诈的第一个构成要件，即经营者主观上为了实现将车辆顺利出售而有欺诈的故意，客观上向消费者实施了欺诈行为。经营者的以次充好、以国产组装车充作全新进口车、隐瞒车辆有过事故或翻新的情况等均属于实施了欺诈行为。

②欺诈行为受害人因欺诈行为作出错误意思表示。被欺诈人因欺诈而陷入错误认识，所谓错误认识，是指对合同内容及其他重要情况的认识缺陷。例如上文所述，消费者认为翻新车是全新车就属于对合同内容中汽车重要情况存在认识缺陷，陷入了认识错误而签订了购车合同，该意思表示是在消费者不了解真实情况的前提下做出的，属于意思表示错误。

③错误意思表示与欺诈行为之间存在因果关系。构成欺诈，一般必须是被欺诈人的错误认识与欺诈人的欺诈行为之间具有因果关系，在汽车买卖欺诈纠纷中即指消费者签订购车协议、实施购车行为须因欺诈行为而作出，如果被欺诈人的意思表示并不是因欺诈行为而作出的，就不构成欺诈。例如，经营者向消费者推销带天窗版的车辆，而隐瞒该天窗系加装天窗的事实，但最终消费者购买了一辆不带天窗版的车辆，若最终双方因车辆质量产生争议，则消费者无权以经营者在天窗方面的欺诈为由主张"退一赔三"。

除以上要件以外，由于"退一赔三"是《消费者权益保护法》中的特别规定，因此经营者只能向"消费者"承担"退一赔三"的法律后果，汽车购买者必须具有"消费者"的身份。根据《消费者权益保护法》对"消费者"的界定，其所规定的"消费者"，其行为目的是为生活消费购买、使用商品或接受服务；若买受人为机关团体、公司、合伙企业或个体工商户等法人或非法人组织主体，则其购买汽车的目的应属于业务或经营活动，不属于生活消费的范畴，即便经营者的"欺诈"属实，非自然人主体的买受人主张的"退一赔三"诉求，也不会得到法院的支持。

最高人民法院在第 17 号指导案例"张莉诉北京合力华通汽车服务有限公司买卖合同纠纷案"中确认"为家庭生活消费需要购买汽车，发生欺诈纠纷的，可以按照《中华人民共和国消费者权益保护法》处理"。虽然这确立了购买个人或家用汽车的自然人的消费者身份，但现实中由于各类不同汽车购买者的存在，对不同汽车购买者的消费者身份认定仍有争议。

首先，关于"生活消费"的界定。生活消费是指人们使用和消耗各种生产要素、进行物资资料和劳务生产的行为和过程，是同"生产消费"相对应的一个范畴，是指人们日常的衣、食、住、行、用，也就是人们消耗生活资料或接受服务以满足生活需要的行为和过程。对《消费者权益保护法》中消费者定义中"生活消费"的界定，有不同的看法。第一种观点认为应当凭借社会一般人的生活经验来判断，如消费者一次购买一台电脑足矣，若一次性地购买多台电脑，依社会一般观念很难认为符合"生活消费"内涵；第二种观点认为，一个主体在不同的社会关系中可以进行不同的角色配置，如某甲在电视机买卖中是消费者，但在水果买卖中，却是销售商，判断一主体是否属于"消费者"就要适用此种方法，只要满足消费者——经营者的角色配置，不论其是为物质文化生活的直接消耗，还是为打假获得赔偿利益，均构成《消费者权益保护法》中的"消费者"。两种观点的根本不同在于前者将购买者的目的和动机作为识别其是否为"消费者"的标准要素之一，本文赞成第一种观点，即需购买者的目的和动机，职业打假人不构成"消费者"。①

2014年1月26日，最高人民法院经审委会讨论后发布的第23号指导性案例"孙银山诉南京欧尚超市有限公司江宁店买卖合同纠纷案"，在裁判要点中指出：知假买假是消费者主动行使监督权利的一种方式，职业打假人实际上也不过是时常、主动行使监督权利的消费者。职业打假人是自发的民间监督力量，客观上代表了消费者维权，有利于净化市场，应当给予支持。但是，职业打假组织是以营利为目的而进行有组织、职业化的活动，可能扰乱正常市场秩序，没有真正意义上的生活消费，不符合《消费者权益保护法》对消费者的界定，不能得到与消费者一样的支持。

在2015年6月，最高人民法院民一庭负责人就依法维护消费者权益答记者问时，记者明确提问"知假买假"是否受新消法的保护，最高人民法院回答："个人'知假买假'的，应受到新消法的保护。单位'知假买假'，因其不属于个人消费，不应认定其为消费者。因打假纠纷起诉的，人民法

---

① 参见王利明：《消费者的概念及消费者权益保护法的调整范围》，载《政治与法律》2002年第2期。

院应当受理，并依照合同法等相关法律规定处理，维护购买者的合法权益，但不应适用新消法关于惩罚性赔偿的规定。"

2017年5月19日，最高人民法院首次明确表态，适时借助司法解释、指导性案例等形式逐步遏制职业打假人的牟利性打假行为。最高人民法院办公厅在《对十二届全国人大五次会议第5990号建议的答复意见》（法办函〔2017〕181号）中明确指出："按照《消费者权益保护法》第五十五条的规定，在普通消费产品领域，消费者获得惩罚性赔偿的前提是经营者的欺诈行为。民法上的欺诈，按照《民法通则意见》第68条的解释，应为经营者故意告知虚假情况或故意隐瞒真实情况，使消费者作出了错误意思表示。而对于知假买假人而言，不存在其主观上受到欺诈的情形。"

其次，关于单位是否为消费者。"消费者"要求非以营利为目的，那么企业为产品运输而购买的车辆不符合该条件，因此，企业不能成为"消费者"。企业车辆的直接驾驶人虽然为自然人，但一方面其是代表企业进行活动的，另一方面其驾驶车辆的根本目的在于赚取工资，并且直接驾驶人由于有工作单位的支持，并不会面临消费者相对于经营者的那种实力悬殊的局面，所以直接驾驶车辆的自然人由于汽车产品质量遭受人身伤害和财产损失的，不宜适用《消费者权益保护法》的规定。

另外，国家机关购进一汽车作为公车用于执行国家公务，此时不存在营利目的，但也不是"为生活消费需要"，且此时的汽车购买者同经营者之间并不存在实力悬殊局面，因为即便国家机关工作人员因汽车产品质量缺陷造成人身损害或财产损失的，其损失也可由有关单位基于劳动合同事先进行补偿，补偿后再由该单位对经营者提出合同责任或者侵权责任请求。此种情况下是可以适用《产品质量法》的，国家机关工作人员可以基于《产品质量法》的规定直接对生产者或者销售者提出诉求。

由此可得结论：汽车产品的购买者是单位的，虽然最终使用者要落实到个人，但亦不适用《消费者权益保护法》的规定。汽车产品的购买者是个人的，若是为商业经营目的，不适用《消费者权益保护法》；若是为生活使用，则应受到《消费者权益保护法》的保护。

除了上述前提要件外，欺诈行为导致的后果需达到使消费者不能实现合同根本目的的程度，才能对经营者主张"退一赔三"。经营者的欺诈使得消费者购买了质量不符合约定的汽车产品，但是并不是只要具备欺诈行为，就能主张"退一赔三"并得到支持的。

《合同法》第54条第2款"一方以欺诈、胁迫的手段或者乘人之危，使对方在违背真实意思的情况下订立的合同，受损害方有权请求人民法院或者仲裁机构变更或者撤销"的规定是法院审理该类欺诈案件的依据，但实务中也须结合欺诈行为的具体事实和损害程度，作出是否支持撤销合同并三倍赔偿的判决。但该程度如何把握，各地法院的做法不一，缺乏统一的操作规范。实务中大部分法院是参照《合同法》第94条第4款"当事人一方迟延履行债务或者有其他违约行为致使不能实现合同目的，当事人可以解除合同"的规定，对因经营者的欺诈行为达到使消费者不能实现合同根本目的的损害程度后，才有可能会做出支持消费者"退一赔三"主张的判决。

根据《消费者权益保护法》第55条第1款的规定，经营者提供商品或者服务有欺诈行为的，应当按照消费者的要求增加赔偿其受到的损失，增加赔偿的金额为消费者购买商品的价款或者接受服务的费用的三倍。汽车买卖纠纷中涉及裸车费用、税费等费用，纠纷标的物涉及整车或汽车零部件等不同情况，更是有分期付款、二手车转卖等复杂情况。如何确定惩罚性赔偿数额的基数是正确适用惩罚性赔偿规则的重要前提。下文将针对汽车买卖实务中不同情况下的惩罚性赔偿数额基数的确定作出探讨。

在汽车买卖实务当中，惩罚性赔偿的基数主要有如下几种具体情况：

第一，在新车买卖合同纠纷中，惩罚性赔偿的基数均为车辆的含增值税的裸车价格。车辆的价格不包括保险费用、上牌费用、购置税等费用以及汽车装饰的附加费用等。法院通常以机动车统一销售发票上记载的含税金额来确定车辆的价款。

第二，消费者主张欺诈的理由是以汽车的某个部分或者零部件（比如空调、座椅），惩罚性赔偿的基数应根据实际情况确定。第一种情况，如果零部件属于汽车不可分割的一部分，比如发动机、变速器经过售前维修但未告知的情况，三倍赔偿的基数为整车价格。第二种情况，如果该零部件可以分割，则法院有可能确定赔偿基数为该零部件的价格（向客户的销售价格而非厂家进价）。第三种情况，即使零部件可以分割，在该零部件可能影响整车安全时（比如轮胎），法院也难以按照该零部件价格确定惩罚性赔偿的基数。

在时间上，经营者的欺诈行为应在消费者签订购车协议、实施购车行为之前实施。如果在消费者已签订购车协议之后，经营者为了推销汽车饰品、配件、提供改装服务而实施欺诈行为，则消费者无权就整车销售主张"退一赔三"，仅能就因欺诈而购买的部件、配件或加改装服务进行相关法律主张。

另外，关于喷漆未告知，少量判例认定：车辆和车辆油漆的价值、功能是可以分离的，且油漆存在瑕疵并不影响整车的安全性能及使用，因此，汽车喷漆属于"局部欺诈"，但不管是局部喷漆还是整车喷漆，赔偿的基数为整车喷漆的价格。但是在绝大多数情况下的喷漆，均以整车价格作为赔偿基数。

第三，在分期付款的情况下，即使原告还未足额支付全部的款项，仍然需要按照双方约定的购车价格来确定赔偿的基数。

第四，在二手车买卖的情况下，司法实务中的情况比较复杂。有的法院认定应当以二手车公司获利的三倍计算惩罚性赔偿的金额，也有法院认为应当综合被告隐瞒里程对于车辆价值的影响来确定惩罚性赔偿的金额。

（2）欺诈与虚假宣传、侵犯知情权的区别与联系。

根据以上对"欺诈"的定义，欺诈的一种行为表现方式是故意告知虚假情况，这与《反不正当竞争法》中规定的虚假宣传行为存在着一定的联系与区别。从概念定义的范畴来讲，某些行为既能构成"虚假宣传"，也能构成"欺诈"，如虚构产品的性能、质量，诱使合同相对方做出错误的意思表示，双方达成交易。但与此同时，还有部分行为只能构成虚假宣传，却无法构成欺诈，如网络平台雇人刷单、刷好评，虚造销售形势；还有一些行为只能构成欺诈，却无法构成虚假宣传，如汽车销售店在售车时对车辆的重要情况（如该车主要零部件非原厂配置）进行故意隐瞒，诱使消费者与销售店订立买卖合同。

而另一种行为表现方式"故意隐瞒真实情况"则极易与侵犯消费者知情权混淆。在客观行为上二者都表现为经营者未履行告知义务，未告知影响消费者安全权和选择权的重要信息。但根据《消费者权益保护法》第8条对消费者知情权的规定可知，消费者知情权是民事权利的一种，侵犯消费者知情权属于一般侵权责任，应当具备"行为""损害事实""因果关系"和"过错"四个构成要件。且在民事法律后果上，是依据《消费者权益保护法》第40条采取的填平式赔偿，即仅赔偿损失。

相较而言，"欺诈"构成欺诈必须具备以下条件：①欺诈人故意实施欺诈行为；②欺诈行为受害人因欺诈行为作出错误意思表示；③错误意思表示与欺诈行为之间存在因果关系。且欺诈的法律后果是依据《消费者权益保护法》第 55 条的惩罚性赔偿，即损失 + 商品/服务价款的三倍。

（3）举证责任分配。

举证责任分配对欺诈认定起到至关重要的作用。从统计的共计 171 件涉及举证责任的汽车类欺诈纠纷（2009 ～ 2017 年，关键词：汽车、欺诈、举证责任）的民事判例来看，共有 137 件案例的举证责任分配实行"谁主张，谁举证"，其中有 10 件经营者被认定为存在欺诈行为，比例大概为 7.3%；共有 34 件奉行"六个月内的举证责任倒置"，共有 11 件被认定为存在欺诈行为，比例高达 32.4%。可见举证责任的分配对于案件结果的重要性。

在民事纠纷领域，一般遵循"谁主张，谁举证"原则，但也存在举证责任倒置的情形。就欺诈类纠纷来看，作为消费者的原告应当就欺诈的三个构成要件承担责任即原告需要证明：行为人故意告知虚假情况或故意隐瞒真实情况；受害人因欺诈行为作出错误意思表示；错误意思表示与欺诈行为之间存在因果关系。

由于"欺诈"的特殊性，原告不仅要对"欺诈四要件"承担举证责任，还需满足法定的证明标准。根据《最高人民法院关于适用〈中华人民共和国民事诉讼法〉的解释》（以下简称《民事诉讼法司法解释》）第 109 条的规定："当事人对欺诈、胁迫、恶意串通事实的证明，以及对口头遗嘱或者赠与事实的证明，人民法院确信该待证事实存在的可能性能够排除合理怀疑的，应当认定该事实存在。"因此，按照《民事诉讼法司法解释》的规定，欺诈的证明标准较高，应当达到与刑事案件相同的"排除合理怀疑"的高度确然性的证明标准，所谓"排除合理怀疑"，仅需要被诉欺诈方，按照常人的理解，提出合理怀疑即可，并不需要举证证明该合理怀疑。但是由于《民事诉讼法司法解释》于 2015 年 2 月 4 日开始生效，颁布的时间尚不长，因此司法实务中法院依据该条认定欺诈案件原告的证明标准的案例也比较少。

在司法实践中，部分法院往往依据《消费者权益保护法》第 23 条第 3 款的规定，即"经营者提供的机动车、计算机、电视机、电冰箱、空调器、洗衣机等耐用商品或者装饰装修等服务，消费者自接受商品或者服务之日起六个月内发现瑕疵，发生争议的，由经营者承担有关瑕疵的举证责任"的规定，在欺诈类纠纷案件适用了举证责任倒置，由经营者承担举证责任。值得注意的是，《消费者权益保护法》第 23 条第 3 款规定的举证责任倒置并非是指欺诈的全部三个构成要件均由作为被告经营者承担举证责任，其仅是指在涉及汽车产品瑕疵的欺诈类案件中，由经营者就汽车产品不存在瑕疵承担举证责任，①而不是所有举证责任均由经营者承担。

（三）汽车买卖欺诈纠纷主要类型及相关案例辨析

1. PDI 检查未告知

在司法实务中，中国汽车流通协会将 PDI 进行了如下界定：Pre Delivery Inspection（简称 PDI），中文为"交车前检查"，指的是汽车供应商要求其授权经销商在将新车交付给购车者前，对新车进行全面检查和校正的一项必经检测程序。

【典型案例】

温州路虎 PDI 检查"欺诈"纠纷案

【基本案情】

2015 年 3 月 31 日，黄先生（原告）与温州某汽车经销商（被告）签订《汽车买卖合同》，约定：（1）黄某购买路虎揽胜越野汽车一辆，车辆销售价格为 1 048 000 元；（2）在该合同的使用说明一栏特别注明，该合同所称汽车是指由汽车销售企业出售的新车。4 月 1 日，原告向被告支付购车款，被告向原告交付涉案路虎车辆。

2015 年 6 月，原告在查找与保养有关的车辆资料时，突然发现了《领料单》《施工单》等材料。从上述材料中，原告发现：被告在 4 月 1 日向原告交付车辆前，即 3 月 29 日，因涉案车辆排挡杆破裂，被告通过 PDI 程序将排挡杆、变速箱模块及排挡杆周边线束更换。

原告以被告存在欺诈为由，要求被告退车并赔偿三倍购车价款。

【判决结果】

一审法院判决支持了原告退车并赔偿三倍购车价款的诉讼请求。

后被告不服，提起上诉，二审法院撤销了一审判决，改判被告赔偿原告 35 万元，驳回了原告的其他诉讼请求。

---

① 参见全国人民代表大会常务委员会法制工作委员会编写的《中华人民共和国消费者权益保护法释义》对第 23 条的释义："对于消费者发现的'瑕疵'，发生争议，由经营者承担有关瑕疵的举证责任，主要是指经营者应当举证证明该瑕疵的产生不是由于商品或者服务自身的质量问题，否则即承担败诉的风险。经营者可通过证明商品或者服务本身符合质量要求，或者该瑕疵是由于消费者使用不当或者外部环境因素所造成，或者该瑕疵是商品或者服务的政策损耗等，完成自身的举证责任。"

【案例分析】

本案的焦点问题为，PDI 检查未告知客户，是否构成欺诈。

经销商是否应将 PDI 操作的内容告知消费者，现行法律、法规没有明文规定，亦无成文的国家标准或行业标准予以规范；法院在审理 PDI 相关类型的欺诈案件中，就经销商是否应主动向消费者告知 PDI 信息观点不一，有一定比例的案件认为经销商未告知 PDI 检查的信息构成欺诈，但较为主流的观点认为：根据汽车行业惯例，经销商按照汽车生产厂家的要求进行 PDI 操作，适用原厂配件进行更换、修复等的行为，其性质等同于厂家在出厂前的生产装配行为，无需主动做特别的说明和提醒，从而认定经营者不具有欺诈的故意。但需注意的是，即便认定经营者未告知 PDI 检查不具有欺诈的故意，也会认为 PDI 检查属于经营者告知义务范畴，如前面司法裁判倾向部分所谈到，法院会退而求其次，认定经营者侵犯消费者的知情权。

在法律法规缺失的情况下，中国汽车流通协会 2017 年 3 月 10 日发布了《乘用车新车售前检查服务指引（施行）》，详细规定了 PDI 检查的定义、瑕疵判断与处理、检测人员资质、应向消费者告知信息的范围等，在一定程度上，为汽车厂家、经销商和消费者提供了一个较为清晰、合理且可执行的标准。主要确定了经销商的两种信息告知义务，如随车交付《乘用车新车 PDI 检查表》，还规定了 11 项经销商应当主动向消费者告知的事项。①

但需要注意的是，不是所有的售前维修都是 PDI 检查，经销商在出售车辆前，发现车辆存在剐蹭、碰撞、掉漆等问题，在未经过 PDI 检测程序或未向厂家报告的情况下，自行对车辆进行一定程度的维修，并且大多数情况下会降价出售，这样的情况就属于非 PDI 的售前维修。因此建议各经销商要将 PDI 检测信息如实录入供应商系统，至少做到向消费者告知《指引》中

---

① 《乘用车新车售前检查服务指引（试行）》第 8.2.2 条："乘用车新车交付消费者时，存在以下情形的，经销商应主动向消费者告知：a）发动机总成的主要零件：曲轴、主轴承、连杆、连杆轴承、活塞、活塞环、活塞销、气缸盖、凸轮轴、气门、气缸体的修复；b）变速器总成的主要零件：箱体、齿轮、轴类、轴承、箱内动力传动元件（含离合器、制动器）的修复；c）转向系统的主要零件：转向机总成、转向柱、转向万向节、转向拉杆（不含球头）、转向节的修复；d）制动系统的主要零件：制动主缸、轮缸、助力器、制动踏板及其支架的修复；e）悬架系统的主要零件：弹簧（螺旋弹簧、扭杆弹簧、钢板弹簧、空气弹簧、液压弹簧等）、控制臂、连杆的修复；f）前/后桥的主要零件：桥壳、主减速器、差速器、传动轴、半轴的修复；g）车身的主要零件：车身骨架、副车架、纵梁、横梁、前后车门本体钣金（不含喷漆）的修复；h）安全装置的被动安全系统：安全气囊、气帘、安全带装置、主动头枕、被动安全系统控制单元或传感器的修复；i）车身经过钣金修复后的喷漆；j）全车主线束的更换；k）不属于上述应当告知的项目，但是修复率超过乘用车新车整车市场指导价格 5% 的。"

列举的应告知事项。

2. 维修未告知

在维修未告知类汽车买卖欺诈纠纷案件中，根据维修部件以及维修时间的不同，法院通常会作出不同的判决。由于这类案件中，喷漆类案件较多，因此，下文将以喷漆为例对维修未告知的案例进行分析。

（1）确定维修产生于交付前还是交付后，是决定经营者是否存在未告知事项的重要一环。因此，在消费者能够举证喷漆维修产生于交付前，或者奉行举证责任倒置的情况下，经营者被认定为欺诈的可能性较大。

【典型案例】

李某与泰州富豪汽车销售服务有限公司买卖合同纠纷案

【基本案情】

2015 年 12 月 15 日，富豪公司（供方、甲方）与李某俊/李某（需方、乙方）签订了一份《销售订单》，双方约定由甲方向乙方销售沃尔沃牌水晶白色轿车一辆，车辆销售价格为 275 000 元，交货地点为富豪公司，交货时间为 2015 年 12 月 25 日前；乙方预付定金，双方签字或者盖章后生效，甲方在新车到店后做好新车检查工作，甲方将含合格证或者关单、质保说明书等的交车确认单证明文件交给乙方，经乙方核对无误后交车，视为甲方完全履行交付义务，甲方所售新车在交车后按产品质量保修手册内的内容执行；未尽事宜双方按照《合同法》及其他法律法规执行。富豪公司在上述订单供方处加盖车辆订购合同专用章，李某俊在需方处签字。上述订单签订后，李某支付购车款 275 000 元。富豪公司于 2015 年 12 月 24 日向其交付约定车辆。交车当日，李某在新车交付检查单"顾客签名"处签名，该检查单载明的内容为车厢外部（包括汽车油漆）、发动机、行李箱、车厢内部等内容的检查状况，除在备胎的位置和使用、千斤顶的位置和使用以及千斤顶在车身下的位置和使用三项检验项目前显示为"×"，其他项目前均显示为"√"；同日，李某在车辆交接验收单"客户签字"处签字，该验收单第二部分外观检查包括：刮伤、凹凸、斑点、掉漆、损坏等项目均标注为无。后原告在洗车时由专业人士发现部分漆面是后期修补形成，进而认定所购买的是一辆经过修补翻新的事故车辆，被告故意隐瞒车辆的实际情况，以事故车辆充当全新车辆，进而以被告存在欺诈为由提起诉讼，请求：（1）撤销李某与富豪公司于 2015 年 12 月 15 日签订的《销售订单》，由富豪公司向李某返还汽车购置款 226 900 元；（2）富豪公司向李某给付增加赔偿损失 825 000 元；（3）诉讼费由富豪公司承担。

【判决结果】

一审法院判决富豪公司的行为构成欺诈，应三倍赔偿李某的损失，富豪公司不服判决，提起上诉，二审法院认为一审判决认定事实清楚，适用法律正确，应予维持，因而驳回上诉，维持原判决。

【案例分析】

本案的焦点问题为：案涉车辆是否存在油漆修补瑕疵；富豪公司是否存在欺诈行为，如果存在，应承担何种民事责任。

（1）关于案涉车辆是否存在油漆修补瑕疵的争议，重点集中在关于案涉车辆瑕疵举证责任的分配上，关于举证责任倒置：上文提到，（购车6个月内）举证责任倒置不适用于车辆非产品质量方面的瑕疵，但油漆修补是否属于质量瑕疵，没有确切的法律依据，法院在这一问题上有很大的自由裁量权。

本案中，法院认为根据《民事诉讼法》及其司法解释的规定，当事人对自己提出的主张，有责任提供证据，当事人对自己提出的诉讼请求所依据的事实或者反驳对方诉讼请求所依据的事实，应当提供证据加以证明，但法律规定的除外。又根据《消费者权益保护法》第23条第3款的规定，经营者提供的机动车、计算机、电视机、电冰箱、空调器、洗衣机等耐用商品或者装饰装修等服务，消费者自接受商品或者服务之日起六个月内发现瑕疵，发生争议的，由经营者承担有关瑕疵的举证责任，即举证责任倒置。本案中，李某购买汽车系因生活需要自用，并非用于经营或者其他非生活消费，应当属于生活消费，故其与富豪公司之间并不仅仅是普通的买卖合同关系，还是消费者和经营者的关系，且发现瑕疵在法律规定的期限内，故本案举证责任的分配除适用《民事诉讼法》等法律外，还应当适用《消费者权益保障法》的特别规定，即应当由经营者富豪公司对案涉车辆不存在油漆修补瑕疵承担举证责任。

所以该案中尽管原告未提供任何证据证明车辆油箱盖及右后叶子板油漆修补痕迹是在交车前就存在的，但由于双方产生争议时尚在举证责任倒置的6个月内，一审、二审法院均以被告未完成"油漆修补痕迹是在交付车辆之后产生"的举证义务为由认定构成欺诈。

汽车销售商应如实履行告知义务，并且保留已履行告知义务的证据，针对维修车辆进行适当的价格优惠，以书面形式确定下来，并与消费者约定一定的免责条款。一些实务案例中会将销售者是否以优惠价格销售经维修车辆作为其向消费者履行了相关告知义务的辅助证据之一，因此销售店向消费者告知车辆存在售前维修后，按常理会适当降价，但应注意要保留相关书面证据。另外，鉴于欺诈属于违约责任，经销商可选择在告知维修事实之后与消费者约定一定的免责条款，以免在诉讼中处于不利地位。

（2）在能够认定确实存在售前喷漆的情况下，多数法院倾向于认为，在轻微油漆修补不影响车辆外观的情况下，该油漆修补不构成瑕疵，因而不存在欺诈。

【典型案例】

莫某与嘉善顺通汽车销售有限公司买卖合同纠纷案

【基本案情】

2014 年 3 月 23 日，原告经人介绍在支付了 152 692 元后，从被告处购买了一辆红色高尔夫 A61.4T 自动舒适性轿车。2014 年 3 月 25 日，被告向原告出具了聊城金运汽车销售有限公司开具的"机动车销售统一发票"。原告依法申领了车号牌。2014 年 4 月 9 日，原告进行汽车修理时，维修单位告知该汽车之前发生过喷漆维修。因此，莫某以被告故意隐瞒汽车已经发生过事故事实为由，起诉被告构成欺诈。

【判决结果】

关于车辆油漆有过修补的问题，目前尚无证据证明涉案车辆为事故车，本案原告提供的证据不足以证明其主张的事实。顺通公司对此所作解释也属合理，且该修补对车辆的损害极其轻微，并不影响车辆的外观、安全性能及使用功能。因此嘉兴市中级人民法院审理认为莫某主张的上述两项欺诈理由，均不能成立。在该案的再审程序中，浙江省高院同样对二审法院的观点进行了肯定。

【案例分析】

该案的售前喷漆事实已经能够确定，争议焦点在于该行为是否构成欺诈。从法院的判决结果可看出，涉案车辆仅涉及外部配件、外观维修，不涉及核心部件的情形时，法院通常不认定为欺诈。在尹某诉云南联致汽车服务有限公司买卖合同纠纷上诉案以及雷某诉郴州恒弛汽车贸易有限公司、东风本田公司买卖合同纠纷上诉案中，法院都作出了相同倾向的裁判。另外，上海闵行区法院主办的"汽车消费中的欺诈问题司法实务研讨"法学沙龙综述中也认为，"在机动车买卖合同中，针对外观瑕疵等轻微瑕疵，不能简单地认为只要合同履行存在瑕疵就一定构成欺诈，轻微瑕疵不宜对经营者课以增加三倍赔偿的重责，而最好从违约责任切入考虑赔偿责任的承担"。

3. 加装、改装车未告知

【典型案例】

美规卡宴"改装车"欺诈纠纷案

【基本案情】

2014 年 4 月 16 日，刘先生（原告）与湖南汇星名车贸易有限公司（被告）签订《汇星名车销售合同》，合同约定原告在被告处购买车辆一部美规保时捷车型：卡宴，车辆总价款为 970 800 元。合同对车辆品质保证约定为：甲方保证本合同所提供的车辆为"全新原装"，完全与出厂所规定的质量规格和性能相等。

2014 年 4 月 30 日，被告向原告交付车辆，新车交付时，原告在车辆交付单的提车人处签名确认，同时在交付的随车文件里，被告只向原告交付了车辆操作说明书，其他资料如货物进口证明书、商检单、车辆一致性证书、机动车发票、车辆保修卡/手册均未交付。后被告为原告代办车辆上牌，并将车辆行驶证于 2014 年 9 月 12 日向原告交付。

2015 年 12 月，原告使用车辆时发现大灯不亮送至 4S 店保养，4S 店发现大灯不是原装，并向原告告知线路有改动，双方因此就车辆是否是原装发生争议，因多次协商未果，后原告向法院起诉，认为被告将改装车冒充原装进行销售，且以代办车辆上户的方式不让原告接触到车辆进口证明、车辆检验证明等随车单证，故意向原告隐瞒车辆为改装车的事实，构成欺诈，要求被告"退一赔三"，赔偿原告合计 380 余万元。

【判决结果】

法院判决被告向原告退还车辆价款 27 万元。

【案例分析】

本案争议焦点在于被告向原告销售车辆时，其销售行为是否已构成欺诈？

对此，法院认为涉案车辆在进入中国关口之前，已进行改装，该改装可视为涉案美规保时捷车辆本身具备的性质，被告在向原告销售车辆时没有欺诈的故意，因此不构成欺诈。但法院同时指出，虽然被告不构成欺诈，但合同明确约定被告所提供的车辆为"全新原装"，作为普通消费者的原告，对全新原装，通常会理解为未经改装的原装出厂车辆，而对于载有涉案车辆关键信息的进出口证明、商检证明等单证，在交付车辆时被告未交付于原告，让原告知悉。因此，被告的行为侵犯了原告作为消费者的知情权。最终，法院综合考虑本案的实际情况，判决被告返还原告购车款 27 万元。

另外，在实务中，经营者在售车时在标的车辆上加装或改装的配件上进行欺诈时，法院通常不撤销合同，但判令经营者按欺诈部分的配件金额的三倍予以损失赔偿。在宋某与上海东萌汽车销售有限公司买卖合同纠纷一案中，法院认为，东萌公司向宋某出售的保时捷车辆系全进口车辆，双方在合同中约定的个性化配置，按常理应当是全进口整车出厂配置，除非在合同中特别注明某配件是出厂后由零售商作为售后配置。现根据查明的涉案车辆出厂配置信息，显然并没有东萌公司销售合同中载明的个性化配置，东萌公司在销售中存在欺诈，有事实依据和法律依据，现宋某主张要求东萌公司赔偿系争配件价款的三倍损失，符合法律规定，予以支持。

可以看出，针对加装改装车的欺诈纠纷主要集中于进口车的零件是否为原装的争议，对此争议，各地法院并未形成统一做法。但确定的是即使该类案件被定性为欺诈纠纷，其所涉及的赔偿数额基数是争议配件而不是整辆车的费用，这与上文所分析的汽车买卖欺诈纠纷中惩罚性赔偿基数确定规则是一致的。

4. 召回未告知

【典型案例】

韩某某"召回车辆"欺诈纠纷案

【基本案情】

2017 年 2 月 6 日，韩某某（原告）以人民币 403 200 元在销售店（被告）购买了一辆进口捷豹。2017 年 6 月原告将该车出售时，被二手车交易平台告知该车在 2017 年 2 月 6～7 日曾有维修记录，且该车车型于 2017 年 1 月 25 日曾在质监局网站上发布过召回公告，该车属于召回范围内的车辆。

原告认为被告明知车辆经过维修且属于召回范围车辆的事实，但在销售车辆过程中从未向原告告知，"故意隐瞒车辆的真实情况"属于"欺诈"，遂向法院起诉，要求被告赔偿三倍购车款，合计人民币 1 209 600 元。

【判决结果】

法院认为，被告的行为不构成欺诈，驳回原告的诉讼请求。

【案例分析】

本案的争议焦点为，未向原告告知车辆属于召回范围，是否构成欺诈？

在这个案件中，原告提供了涉案车辆保养记录、国家质检总局召回公告截图等证据来证明车辆召回的事实，其中保养记录显示：涉案车辆售前进行过"检查座椅安全带"召回处理操作，成为证明该涉案车辆车型前排座椅安全带存在缺陷的有利证据。

但具体分析被告的行为，因为召回公告属于公开可查询的范畴，所以被告在签订合同时并无隐瞒此情况之故意；在车辆销售前，并且在召回公告发布之前，被告已按照厂家要求，对涉案车辆缺陷进行了消除，确认涉案车辆不存在召回缺陷，因此被告并无故意隐瞒车辆缺陷的行为，不构成欺诈。

关于召回公告，《缺陷汽车产品召回管理条例》第3条第2款明确规定："本条例所称召回，是指汽车产品生产者对其已售出的汽车产品采取措施消除缺陷的活动。"被召回的车辆意味着其存在缺陷，汽车销售者应将该缺陷告知消费者。

一般实务中专业汽车经销商获取所销售的涉案车辆是否属于召回的车辆的信息的方式与途径更广，获取时间更及时，对此所售车辆是否属于召回车辆有审查义务，因此，法院一般不以经营者不知道召回公告事实而认定不具有欺诈的故意。因而经营者需时刻关注所售车辆的召回信息，及时排查有召回缺陷的车辆，对于已经知晓召回缺陷的车辆，立即停止销售或进行缺陷排查后再予以销售，避免自己陷入召回汽车销售欺诈纠纷。

5. 虚假宣传

如上文对欺诈的概念所述，因为欺诈行为中的一种表现方式是"故意告知对方虚假情况"，这极易与《反不正当竞争法》中规定的虚假宣传行为混淆。① 2017 年全国人大常委会对《反不正当竞争法》进行了修订，被修订部分包括了禁止虚假宣传条款。某些行为既能构成"虚假宣传"，也能构成"欺诈"，如虚构产品的性能、质量，诱使合同相对方做出错误的意思表示，双方达成交易；但与此同时，还有部分行为只能构成虚假宣传，却无法构成欺诈，如网络平台雇人刷单、刷好评，虚造销售形势；还有一些如

---

① 《反不正当竞争法》第8条规定："经营者不得对其商品的性能、功能、质量、销售状况、用户评价、曾获荣誉等作虚假或者引人误解的商业宣传，欺骗、误导消费者。经营者不得通过组织虚假交易等方式，帮助其他经营者进行虚假或者引人误解的商业宣传。"

汽车销售店在售车时对车辆的重要情况（如该车主要零部件非原厂配置）进行故意隐瞒，诱使消费者与销售店订立买卖合同，只能构成欺诈。对此进行区分的关键点主要在于对欺诈行为构成要件的把握。下文将通过具体案例对不同类型的虚假宣传行为作出辨析。

（1）车辆配置与宣传单、用户手册等不符。

【典型案例】

浙江真皮座椅案

【基本案情】

原告认为其购买的车辆的座椅并非是全真皮，还有合成皮（人造革）的成分。所以经销店使用"真皮（打孔）"来描述座椅材质，构成了欺诈，请求经销商赔偿原装座椅购买价值的三倍金额，共计30万元人民币。

【判决结果】

法院认为原告的行为不构成欺诈，不适用三倍赔偿规则。

【案例分析】

真皮座椅的投诉及纠纷较为常见，但由于很多法院的法官对于欺诈的构成要件并没有统一的认识，甚至有的法院直接采用"客观归责"的方法。① 因此这类案件中被告用"真皮（打孔）"来描述座椅材质的行为从客观行为角度来看极易被认定为欺诈。但依据"构成要件理论"的框架，欺诈不只是客观行为，还要有主观故意以及因果关系。

从主观方面看，我国没有关于"座椅材质"的构造成分、命名要求的相关强制性国家标准或行业标准，因此被告不存在欺诈的主观故意。从客观方面看，"真皮（打孔）"的标注具体、明确，不会使其产生"错误的意思表示"。且原告承认对这方面的知识比较懂，能够从肉眼、触摸、气味等方面判断出来。所以原告本人因为具备这一方面的专业知识和消费经验，他在购买车辆时，宣传彩页或官方网站上标注的"真皮（打孔）"根本没有导致他产生错误认识。从因果关系来看，被告涉案车辆"座椅材质"的标注与原告购买车辆没有因果关系。原告的合同目的是购买汽车，而非购买真皮沙发，同时，"座椅材质"既不是汽车的"基本功能"，也不是汽车的"主要性能"，更不是汽车的"关键技术指标"，消费者不可能基于"非基本

---

① "客观归责说"不要求严格的构成要件，只要客观行为符合法定表现形式即可认定"欺诈"。比如在欺诈的行政责任中提到的《侵害消费者权益行为处罚办法》，有的法院直接认为该法规已经详尽列举的形式明确了经营者实施"欺诈"的各种表现形式，直接按照上述法规认定欺诈。

功能"或"非主要性能"来产生"错误的意思表示"成立"消费品买卖合同",且"座椅"并非消费者购买消费品的根本的合同目的,被告的行为并未导致合同目的不能实现。因而从构成要件理论分析,被告的行为不构成欺诈,不适用惩罚性赔偿规则。

实务中,汽车销售商对汽车座椅材质的描述也应进行改善,用"真皮、合成皮"替代"真皮(打孔)",描述更加准确、清晰才能降低相关的法律风险。

(2)广告部分描述不够准确、清楚。

汽车广告是汽车销售商与消费者沟通信息的重要手段,是汽车企业提高汽车产品认知度、占领市场的重要形式。但在广告宣传的过程中,经常会因为广告宣传内容的用语不明确产生纠纷,汽车企业应谨慎对待这一问题,避免陷入欺诈纠纷。

【典型案例】

"公职人员补贴"欺诈纠纷案

【基本案情】

2017年5月,原告李某起诉称:在2016年8月其购车时发现某品牌车辆的A销售店店堂里的"公职人员享3000元补贴"的广告牌,并且因此购车;但是后来其提交购车材料时,厂家告知其为"事业编制",不符合此次活动的对象。因此原告李某将A销售店以及主机厂作为被告起诉至法院起诉至法院,要求其共同支付3000元补贴款,并且赔偿三倍补贴款,合计12 000元。

经查明,生产厂家"公职人员车改补贴活动"的政策中已经明确将"公职人员"细化到行政编制的公务员、军人,原告的"事业编人员"身份不符合此次活动的对象要求。并且,原告自身也存在提交材料不合格的情况(执法证过期、在职证明不规范),导致原告最终无法享受该补贴。

【案件结果】

该案件已和解。

【案例分析】

本案中,厂家政策中之所以使用"公职人员",是因为行政编制公务员和军人的共同上位概念即为"公职人员",厂家政策中也进行了明确说明和重点提示,但是在销售店自行制作的广告牌中,没有对上述信息进行提示,可能引人误解。销售店主张其实客户是在已经订车后才知道补贴活动,因为广告牌是在该客户订车之后才设立在店内的，因此不可能因为补贴活动而购车。但是销售店因无法提供广告牌到店内等证据会处于被动地位。

虽目前该案已顺利和解，但值得人警醒的是，广告语基于简洁和美观的考虑，一般不能全面传达信息。所以企业应谨慎选择广告用语，避免因其过于简洁遗漏重要信息而引起纠纷，另外也应当及时向消费者派发书面的活动细则，留存重要的书面证据，降低相关法律风险。

6. 二次销售

二次销售未告知顾客，将旧车当新车出售通常会被认定为欺诈。但汽车买卖实务中，虚拟销售、办过临时牌照等行为都会被消费者作为提起欺诈诉讼的依据，对"销售"一词概念的界定是汽车二次销售欺诈纠纷案件中的争议焦点。下文将通过对不同类型的二次销售纠纷案件的辨析对这一焦点作出探讨与分析。

（1）虚拟销售未告知。

【典型案例】

关某与青岛石大汽车销售服务有限公司买卖合同纠纷案

【基本案情】

2015 年 8 月 15 日，关某向石大汽车销售公司购买北汽轿车一辆，8 月 18 日，关某前往青岛中来汽车销售服务有限公司（以下简称中来公司）对其所购车辆进行维修保养时，中来公司给关某出具的维修结算单上显示车主信息为邱某。关某以该车存在二次销售为由起诉销售店构成欺诈。

实际上，之所以维修工单上会显示另一位车主，是销售商为了完成厂家的销售任务、获得返利，在车辆未销售出库的情况下，在上报给厂家的销售量中显示为出库的虚拟出库行为。

【判决结果】

本案上诉人所购车辆虽然存在被上诉人虚拟销售行为，但该虚拟出库系统只是被上诉人内部记录，并不对外显示，即使该种行为违规，但并未导致上诉人所购车辆首保期限及三保期限的缩短，也无证据证明被上诉人将车辆虚拟出库的行为侵害了其合法权益，给其造成了实际损失，故被上诉人主观上不存在欺诈故意，客观上也没有欺诈行为，依法不构成消费欺诈，不适用《消费者权益保护法》第 55 条"退一赔三"的规定。

【案例分析】

本案中，销售商为了完成厂家的销售任务、获得返利，在车辆未销售出库的情况下，在上报给厂家的销售量中将其显示为出库状态，该行为是虚拟销售。不能据此认定该车为二手车，更不能因此认定被告存在欺诈行为。该车辆在原告购买前未曾缴纳购置税和上牌注册登记，应认定为新车。

但虚拟销售行为未告知的行为都不会被认定为欺诈的前提在于销售商能够提出明确的证据证明将车辆销售给其他人的记录属于虚拟销售，否则仍极易陷入欺诈纠纷。在四川省高级人民法院审理的"成都宣池汽车贸易有限公司、陈某买卖合同纠纷再审"及浙江省高院审理的"凌某与浙江康润汽车销售服务有限公司买卖合同纠纷再审"中，被告均因未成功证明其行为属于虚拟销售被认定为二次销售，从而构成欺诈。因而各经销商谨慎采用虚拟销售，若确有必要，也最好在向消费者销售车辆时，向消费者说明实情，以免消费者误会，从而引起争讼。

（2）已办理临时牌照、保险未告知。

【典型案例】

赵某与天津市飞亚汽车销售有限公司买卖合同纠纷案

【基本案情】

赵某向天津市飞亚汽车销售有限公司购买新车一辆，提车后两三个月，在购买车辆的后座夹缝中发现车辆所有人为案外人陈某的保险单和临时牌照原件，因此以该车曾经销售过为由，诉销售店构成欺诈。

【判决结果】

原告所提供的其在涉案车辆内找到的临时牌照及机动车交通事故责任强制保险单不足以证明被告曾将涉案车辆销售给案外人陈某。因原告未提交被告存在销售欺诈行为的相关证据，故原告上述诉讼请求，依据不足。

【案例分析】

实务中，由于新车异地调拨办理临时牌照、投保责任险，或者第三人购车时办理临时牌照、保险后又因种种原因未实际购买该车，① 导致某些新车存在临时牌照、投保责任险的记录，这类现象目前比较多见，导致消费者频繁起诉欺诈。

在二次销售欺诈纠纷中，"销售过"并非一个特定的法律概念，需综合

---

① 公安部《机动车登记规定》第45条规定："机动车具有下列情形之一，需要临时上道路行驶的，机动车所有人应当向车辆管理所申领临时行驶车号牌：（一）未销售的；（二）购买、调拨、赠予等方式获得机动车后尚未注册登记的；……"第46条规定："机动车所有人申领临时行驶车号牌应当提交以下证明、凭证：……（二）机动车交通事故责任强制保险凭证；……"

考虑车辆在出卖前是否与他人签订过车辆买卖合同、是否开具过机动车销售发票、办理过临时车牌及车辆交付等因素,[①] 不能仅因虚拟销售, 存在临时牌照、投保记录不构成二次销售, 因而不构成欺诈。

但实务中, 未告知存在临时牌照、投保记录的行为会因侵犯消费者知情权或者因违反诚实信用原则而构成违约, 销售商会因此承担赔偿责任。所以汽车销售商交付车辆时应如实向消费者告知车辆存在临时牌照及投保记录的情况以及原因, 并且留存书面证据, 预防相关法律风险。

(四) 针对"欺诈"类纠纷的法律建议

从以上汽车买卖合同欺诈纠纷案件的分析不难看出, 纠纷的起因主要是经营者未充分履行告知义务和宣传时用语不到位造成的。所以汽车经营者应树立诚信经营的理念, 切实履行自己的告知义务, 避免陷入相关欺诈纠纷。

首先, 要增强法律意识, 诚信守法经营。一方面要明确汽车买卖中欺诈的惩罚性赔偿后果, 时刻为自己敲响警钟。另一方面要学会利用法律手段维护自己的合法权益, 在交易过程中注意留存好相关证据。

其次, 要规范汽车销售流程, 切实保障消费者知情权。其实多数欺诈纠纷总都会涉及消费者的知情权问题, 由于汽车买卖会涉及许多专业知识, 所以销售者在进项销售时应当将汽车参数、性能、是否维修等会影响消费者选择意向的重要事项一一告知, 避免日后引起纠纷。

再者, 要注意对汽车行业相关术语的阐明, 预防和纠纷的发生。例如, PDI 检查中, 使用原厂配件更换配件的行为等同于在汽车生产过程中的行为, 因而所涉车辆仍然是新车。若销售者能在销售过程中对此作出阐明, 则会很大程度上避免日后可能因该问题引发的纠纷。

最后, 要注意对合同的审查。汽车买卖合同通常是由经营者提供的格式合同, 拟定合同时要注意遵循相关法律法规规定, 明确与消费者间的约定内容并留存好相关书面证据以免在纠纷中处于被动地位。

二、汽车租赁合同纠纷

根据《汽车租赁服务规范》(GB/T 29911 - 2013) 3.7 条的规定, 汽车租赁服务, 指的是汽车租赁经营者按照合同约定将租赁汽车交给承租人使

---

① 《二手车流通管理办法》第 2 条第 2 款规定:"本办法所称二手车, 是指从办理完注册登记手续到达国家强制报废标准之前进行交易并转移所有权的汽车 (包括三轮汽车、低速载货汽车、即原农用运输车)、挂车和摩托车。"

用和保管，并收取相应费用的经营活动。汽车租赁的实质是在将汽车的产权与使用权分开的基础上，通过出租汽车的使用权而获取收益的一种经营行为，其出租标的除了实物汽车以外，还包含保证该车辆正常、合法上路行驶的所有手续与相关价值。汽车租赁最早起源于20世纪的美国，美国人雅可布1918年在芝加哥成立了第一家汽车租赁公司。1989年，出于筹办1990年亚运会公务、记者等工作用车需求，中国将此项业务引入北京。1992年我国成立了第一家汽车租赁公司。近年来，随着市场经济的快速发展和人民生活水平的不断提高，汽车逐渐成为当今人们不可或缺的生活必需品。但由于我国目前仍存在城市规划滞后、人口众多、交通拥堵和车辆存放等问题，政府对私家车采取限制性措施，使得居民的汽车需求和实际消费环境的矛盾越来越突出，在这一大背景下，分享汽车资源的汽车租赁业迅速发展，极大程度地解决了人们的用车烦恼。

随着汽车租赁业的发展，我国近年来相继出台了汽车租赁相关的法律法规，如《汽车租赁试点工作暂行管理办法》《商业特许经营管理办法（试行)》和《汽车租赁业管理暂行规定》等对汽车租赁行为进行管理和规范。但由于汽车租赁行业在中国处于早期发展阶段，目前国内暂无效力及于全国的关于汽车租赁的法律、法规及部门规章，仅有个别政策性文件和国家标准。且随着移动互联网的快速发展，大型传统租赁企业积极升级转型，互联网企业借助平台流量、创新租赁模式进入汽车租赁市场，逐渐从传统的线下模式向线上租赁转变，短租自驾和分时租赁市场逐渐兴起，汽车租赁市场开始整体呈现多元化发展特征，使得现有立法不足以对汽车租赁的营运和发展中存在的问题和法律风险进行全面规制。

（一）汽车租赁的模式

根据汽车租赁运营模式的不同，可将其分为三种模式，即B2C模式、P2P模式及平台模式。平台模式参与者主要是旅游、出行行业巨头，通过合作第三方租赁公司，综合平台自身服务能力，刺激平台内用户转化。目前携程、飞猪等平台皆提供此类租车服务。但该模式目前市场占有量较小。因此下文仅针对主要的B2C模式及P2P模式作出介绍。

1. B2C模式（传统汽车租赁公司）

（1）B2C模式简述。

B2C（business to customer）模式发展最早，以传统线下方式为主，是国内以及全世界范围内最主流的汽车短期租赁模式。这种模式下，传统汽车租赁公司和承租汽车的客户作为双方当事人在线下直接订立汽车租赁合同。B2C 模式下，汽车租赁公司将其自有车辆进行出租，成为租赁关系中的出租人，与租客直接订立汽车租赁合同，传统的租车公司都属于 B2C 的模式，租车公司自行够买车辆并建立线下门店完成租车服务。神州租车、首汽租车、一嗨、至尊等大型汽车租赁企业都属于传统的 B2C 模式。

B2C 模式属于重资产运营模式，汽车租赁公司需要投入大量资源自主采购车辆、自建线下服务门店以及招聘大量线下服务人员。其收入主要来自租车业务及二手车销售收入，而收入的提升依赖规模的扩张，但车队扩张需要投入大笔资金采购，因此传统的租车公司对融资贷款的需求很大。在这种模式下，传统租车公司普遍盈利困难，需要通过实现规模化效应后，依赖管理水平提高运营效率才能实现盈利。同时，由于对资金的依赖大，传统 B2C 模式扩张起来也相对较慢，且随着互联网的快速发展，尤其在移动互联网环境下出行方式的升级与变革，其以传统线下方式为主的模式的发展受到了一定冲击。

但 B2C 模式的优势在于对资产的管控力极强，大量资源的投入有效保证了其车辆资源的充足，以"神州租车"为例，截至 2014 年其已自有车辆超过 13 万台。另外，B2C 模式下，由于门店和车辆都是自己的，在服务品质上更容易有保证，汽车租赁公司可以为租客提供更高端更标准化的服务，发生纠纷时也更有保障。所以仍有大多数租客愿意通过支付相对高一些的租金，获得更加可靠的服务和后续保障。

（2）B2C 模式下各方的法律关系。

根据《合同法》第 212 条的规定，租赁合同是出租人将租赁物交付承租人使用、收益，承租人支付租金的合同。B2C 模式下涉及的当事人有汽车租赁方以及租客。汽车租赁方（一般是汽车租赁公司或 4S 店）将其自有车辆进行出租，交付由租客使用并收取租金，租客在使用汽车后向汽车租赁方支付租金，该过程中，双方成立汽车租赁关系，汽车租赁方与租客直接订立汽车租赁合同，汽车租赁方是租赁关系中的出租人，租客是该租赁合同中的承租人，双方具有租赁合同中出租人和承租人的权利义务。

另外，汽车租赁公司提供汽车租赁的服务，是从事汽车租赁服务经营活动的法人，若承租人是为了生活需要而购买汽车租赁服务，则属于《消费和权益保护法》规定的消费者，双方之间成立消费者合同，双方行为需符合《消费者权益保护法》的相关规定。

【典型案例】

谢某与重庆市华腾汽车租赁有限公司租赁合同纠纷案

【基本案情】

被告系从事对外汽车租赁业务的公司，为增加被告公司可出租车辆，被告法定代表人吴某与原告口头约定，由原告将自有的渝 CXXXXX 号现代牌小轿车出租给被告，被告每月收取原告 1000 元管理费，若该车经被告对外出租，被告应按每 24 小时 300 元的标准向原告支付租金。双方达成口头协议后，原告便将该车交付给被告，并由被告对外出租。随后，被告于2014 年 7 月 5 日将该车出租给朱某，朱某从被告处租车后又将该车交给周某使用，但由于周某在驾驶该车时并未取得驾驶证，在使用该车的过程中于 2014 年 7 月 7 日因操作不当致使该车撞上隔离带而发生车辆受损的交通事故。事故发生后，原告将该车送至重庆奥瑞汽车销售服务发展有限公司进行维修，共产生了维修费用 70 000 元，其中肇事人周某支付了 30 000 元维修费，余下 40 000 维修费由原告支付。

原告认为，被告从原告处租赁了渝 CXXXXX 号现代小轿车后，未尽到相应的保管义务，导致该车发生交通事故受损，应当向原告承担相应的违约责任，并赔偿原告因此而遭受的损失。

【判决结果】

驳回原告谢某的全部诉讼请求，被告重庆市华腾汽车租赁有限公司不承担赔偿责任。

【案例分析】

本案的争议焦点是被告重庆市华腾汽车租赁有限公司是否应对第三人造成的汽车损害承担赔偿责任。

根据《合同法》第 396 条的规定，委托合同是委托人和受托人约定，由受托人处理委托人事务的合同。本案中，原告谢某委托被告重庆市华腾汽车租赁有限公司对外出租其所有的小轿车，被告重庆市华腾汽车租赁有限公司以每 24 小时 300 元的租金代为收取租赁该汽车租金后等额转交给原告谢某，同时，双方口头约定处理委托事务的报酬为每月 1000 元。在该合同中，原告有明确的委托意思表示和行为，并希望通过受托人办理委托事务即出租自己汽车来实现自己作为委托人获取收益的结果。在原、被告达成有偿、诺成的委托协议后，原告将其所有的小轿车交由被告对外出租，被告以自己的名义对外出租。在此期间，因承租人以外的第三人过错发生了交通事故而造成了原告所有的小轿车受损。根据《合同法》第 406 条的规定："有偿的委托合同，因受托人的过错给委托人造成损失的，委托人可以要求赔偿损失。无偿的委托合同，因受托人的故意或者重大过失给委托人造成损失的，委托人可以要求赔偿损失。受托人超越权限给委托人造成损失的，应当赔偿损失。"

本案中，受托人即本案被告在接受原告委托事宜并按原告要求办理委托事宜过程中，无明显过错，也为超越权限，原告也未出示相应证据证明被告有相应过错，所以第三人对原告车辆造成的财产损失，与被告无关联，被告不应当承担赔偿责任。

2. P2P 模式（网络平台为居间人）

（1）P2P 模式简述。

P2P 是近年来兴起的新式汽车租赁商业模式，它瞄准个人车辆闲时资源，通过平台直接连接私家车主的闲置车辆和租车者的用车需求，以共享理念和价格优势进入市场，服务流程在线上完成。宝驾租车、start 租车、PP 租车、凹凸租车等企业采用此种运行模式。

这种模式下，相关的服务软件建立了一个租赁交易平台，私家车主可以在平台上将自己的车辆标价出租，租客寻找合适的车辆并正式租用车主的车辆、给付租金，当交易完成，车主向平台支付一笔佣金。在这种交易模式下，相关服务软件所起到的作用为搜集交易信息，为承租人与出租人创造缔约机会，但并不参与承租人与出租人之间的租赁关系。根据《合同法》第 424 条的规定："居间合同是居间人向委托人报告订立合同的机会或者提供订立合同的媒介服务，委托人支付报酬的合同。"此时的网络平台就为居间人，在其平台发布租赁信息、制定服务规则和提供格式化的租赁合同，而汽车租赁合同是在车主和租车的用户之间成立的。网络平台的利润则来源于租赁合同双方提供的报酬而不是汽车的租赁费用。

据以上分析可以看出，P2P 租车模式的优点是轻资产、盈利空间更大、扩张性强。因为从模式上说，P2P 租车与传统租车相比，最本质区别就是不用花一分钱去购置车辆，所以成本很低，扩张起来也很快。对于租车者来说，P2P 的模式下可以获得更低的租车价格。对于车主而言，可以通过闲置车辆带来收入。以 PP 租车为例，PP 租车在其平台上给出私家车主的出租指导价低于市场价的 30%，价格成为吸引租客的重要因素。

但 P2P 租车模式问题也很明显，如何保证车辆资源稳定性、下单的成功率和服务的标准化，都是现有的难点。另外，P2P 租车这种"车人分离"的模式在风险控制上面临着更多的问题，车主承担的潜在风险相对比较高，在违章、刮蹭、事故、加油各个环节上都可能出现纠纷，自己的利益如何保证，成为私家车主的主要担忧。

如上文所述，汽车租赁有不同模式，不同模式的运作方式不同，涉及的当事人也不同，当事人之间的法律关系更是有所差异。所以下文将在上文对汽车租赁不同模式介绍的基础上对汽车租赁不同模式中的当事人间的法律关系及汽车租赁合同双方的权利义务作出介绍与分析，以更好地防范决各方因此而产生的民事法律风险。

（2）P2P 模式下各方的法律关系。

P2P 模式下的当事人除了汽车出租人以及承租人外，还有汽车租赁平台运营者。与 B2C 模式相似的是，车主与客户之间成立汽车租赁合同，分别是出租人与承租人。而平台运营者不是租赁合同的当事人，没有与任何一方签订租赁合同，汽车承租人也并非向平台支付租金，而是向车辆的车主。

P2P 模式下，平台运营者对其平台上展示的租赁车辆不享有所有权，车辆真正的所有权人可能是自然人，也有可能是对车辆拥有所有权的单位。根据《合同法》第 424 条的规定，居间合同是居间人向委托人报告订立合同的机会或者提供订立合同的媒介服务，委托人支付报酬的合同。在 P2P 模式下的汽车租赁交易过程中，平台运营者的职责主要是负责审核车主、承租人的真实信息并在平台上发布，促成租赁双方达成交易，因此其在此种交易模式中是作为居间人的身份而存在，与车主之间存在居间合同关系。所以 P2P 模式下，平台方既没有参与订立汽车租赁合同，也没有接受租金，因此不是租赁合同的当事人，不是汽车租赁的出租方，而是为了促成车主与承租人间租赁合同成立的居间人，其与车主的法律关系适用《合同法》中有关居间合同的规定。

除此之外，平台还需与用户签订协议，车主、租客在正式使用 APP 前需先注册，在注册时需与平台签署《用户服务协议》，该协议的目的在于明确平台的角色定位、用户注册所需满足的资质、服务内容、服务规则、合同双方的权利与义务，并明确约定违约责任。除了《用户服务协议》，平台还需单独与用户签订一份《用户隐私协议》，APP 对用户个人信息承诺保密，同时约定免责条款。

【典型案例】

王某与爱车汇（北京）科技有限责任公司合同纠纷案

【基本案情】

2016年7月26日王某通过爱车汇公司的软件PP租车平台将自己所有的宝马轿车出租，租车平台将车辆租赁给了租户高某，租期两天。2016年7月27日高某驾驶租赁车辆行驶至北京市怀柔区境内通过一村庄时因村内下水沟堵塞造成路面积水，高某在没有确认安全的情况下强行通过积水路面，车辆熄火气缸进水，后车辆被拖至4S店维修，共花费修车费55 300元，对于此项费用爱车汇公司及高某均不同意赔偿，王某无奈只得垫付修理费将车提出。因车辆修理造成停驶54天，爱车汇公司的平台APP写明日停运费为257元，爱车汇公司应给付王某停运补助费13 878元。但经王某多次与爱车汇公司协商，爱车汇公司不同意赔偿，故诉至法院，要求爱车汇公司赔偿其相关损失。

【判决结果】

驳回原告王某的全部诉讼请求，爱车汇公司不承担赔偿责任。

【案例分析】

本案的争议焦点是作为租车平台的爱车汇公司与原告王某间签订的协议属于何种性质的合同，以及作为居间人的租车平台到底是否应承担赔偿责任。

王某向爱车汇公司运营的PP租车平台提出注册成为车主会员的申请，同意遵守《PP租车用户服务协议》及服务规则。《PP租车用户服务协议》是双方当事人真实意思表示，且不违反法律、行政法规的强制性规定，因此合法有效，对双方具有约束力。王某主张其与爱车汇公司系租赁合同关系。但首先，《PP租车用户服务协议》明确载明，"PP租车为PP租车会员提供会员间的车辆租赁居间服务"，"本协议为PP租车接受车主的委托，为其在PP租车平台上发布车辆出租信息并搜集租客信息，促成车主与租客双方达成车辆租赁协议的居间合同"。其次，根据王某实际出租车辆的流程，亦系租客与王某通过PP平台自行达成的协议，并非王某将车辆出租给爱车汇公司，爱车汇公司再将车辆出租给租客。所以爱车汇公司与王某之间系居间合同关系，其并未参与到原告与承租人的租赁关系中，也未收取租金，其只是为双方提供了一个订立汽车租赁合同的机会，并非租赁合同关系的当事人。所以王某坚持依据租赁合同关系的诉讼请求没有法律依据。

居间人在其中对事件发生没有直接的关联，其提供车辆租赁居间服务，从委托合同的角度来看，仅仅在特定情况下承担损害赔偿责任。根据《合同法》第406条的规定："有偿的委托合同，因受托人的过错给委托人造成损失的，委托人可以要求赔偿损失。无偿的委托合同，因受托人的故意或者重大过失给委托人造成损失的，委托人可以要求赔偿损失。受托人超越权限给委托人造成损失的，应当赔偿损失。"所以根据上述规定，平台运营者只有在存在过错或超越权限的情况下才应承担损害赔偿责任。

但本案中的损失是由于承租人在租赁驾驶王某的车辆时，在没有确认安全的情况下强行通过积水路面而造成的。按照我国《合同法》第219条的规定，承租人未按照约定的方法或者租赁物的性质使用租赁物，致使租赁物受到损失的，出租人可以要求赔偿损失。承租人因保管、使用不善造成租赁物毁损、灭失的，应承担损害赔偿责任。故应由承租人高某承担赔偿王某修车费、安检检测费、复印费等费用。爱车汇公司并没有过错，不承担赔偿责任。因此王某要求爱车汇公司就此承担共同赔偿责任，没有事实和法律依据。因而本案中作为居间人的爱车汇公司并不对此次事件的损失承担赔偿责任。

所以居间人作为发布信息的主体，需对自己与出租人以及承租人间签订的协议进行准确的法律定位，且需对待发布的信息进行审核，谨慎履行对承租人资质的审查义务，对租客的驾驶资质、信用状况等重要交易信息进行仔细审查，确保信息的真实性、有效性，以免因发布不实信息存在过错而卷入出租人与承租人间的赔偿纠纷，作为承租热也需妥善保管、使用租赁物，否则会因自己的过错而对相关损失承担赔偿责任。

【典型案例】
爱车汇（北京）科技有限责任公司与豆某、杨某租赁合同纠纷案
【基本案情】
×××号捷达小型轿车系杨某所有的车辆。PP租车平台系爱车汇公司运营。杨某、豆某均系PP租车平台注册会员。

2016年2月23日，豆某通过PP租车平台下单成功，承租杨某的×××号车辆至2016年3月21日，豆某将租车押金及违章押金共计9100元付至爱车汇公司，该笔订单豆某需支付租金2496元及平台服务费499.2元。

2016年3月15日5时45分，豆某在北京市海淀区京藏辅路由南向北行驶时，撞坏路边护栏，致使车辆受损。豆某及爱车汇公司将该车送至北京捷亚泰万兴汽车销售有限公司进行维修，该车于2016年4月9日修理完毕，

维修费共计 33 313 元。

2016 年 3 月 22 日杨某收到豆某该笔订单车辆租金 1996.8 元。但对于车辆维修费的负担及停运损失，杨某与爱车汇公司协商未达成一致意见，故起诉。

【判决结果】

一审法院判决，爱车汇（北京）科技有限责任公司、豆某支付杨某修车费、交通费、律师费，另外，爱车汇（北京）科技有限责任公司支付杨某停运费以及福利费。二审法院维持了原判决结果。

【案例分析】

本案争议的焦点问题之一是关于杨某车辆维修费的承担责任主体问题。

本案中，杨某、豆某通过 PP 租车平台达成租用车辆协议，系当事人双方真实意思表示，租赁事实客观存在，双方间成立租赁合同，依照《合同法》第 221 条，"承租人在租赁物需要维修时可以要求出租人在合理期限内维修。出租人未履行维修义务的，承租人可以自行维修，维修费用由出租人负担。此处的维修原因应是汽车自身机械所致，如果因承租方人为原因造成车辆损坏的维修费，该部分费用可依据合同约定而承担，如果合同约定不明，承租方应承担全部或部分。本案中的汽车损害是由于承租人撞坏路边护栏所致，所以维修费应按约定承担，约定不明则应由承租方豆某承担。爱车汇公司在租赁活动中提供的是居间服务，不应承担车辆事故产生的赔偿责任。

但法院认为，根据 PP 平台服务规则，车主需按平台给出的指导价浮动范围定价、租赁合同履行过程、费用支付方式等亦均由平台确定，这些约定乃是租赁合同的主要内容，其产生过程均非出租人和承租人双方依据合同自由原则协商产生，而主要由平台预先设定。由此说明爱车汇公司提供平台不仅有媒介作用，同时具有租赁期间经营管理职责，这与居间法律关系中居间人仅提供媒介服务或报告订立合同的机会，不参与委托人与第三人之间的合同关系有明显不同。爱车汇公司在车辆维修完毕后长达数月内，迟迟不能将修车费发票、提车单等材料交付杨昕光，怠于履行平台管理职责，就修车费及损失扩大部分应与豆某共同承担责任。所以对修车费、律师费、交通费负有赔偿责任。

可以看出，作为居间人的租车平台本不应承担车辆事故产生的赔偿责任，但若居间人超越权限，预先设定指导价格、租赁合同履行过程，制定出租赁合同的主要内容，参与到出租方与承租方的租赁关系中时，则需对车辆维修费承担相应的赔偿责任。

（二）汽车租赁合同所适用的法律依据

根据《合同法》第212条的规定，租赁合同是出租人将租赁物交付承租人使用、收益，承租人支付租金的合同。汽车租赁合同就是根据《汽车租赁业管理暂行规定》等法律法规的相关规定，为明确汽车出租方与承租方的权利义务关系经双方协商一致而订立的租赁合同。《合同法》及其司法解释是汽车租赁合同最直接的法律依据。同时，《民法总则》第2条规定："民法调整平等主体的自然人、法人和非法人组织之间的人身关系和财产关系。"汽车租赁双方属于平等主体，二者间因汽车租赁产生的人身与财产关系当然受《民法总则》的调整，《民法总则》中关于民事行为的基本原则的规定在汽车租赁合同中应得到遵守。

另外，根据《消费者权益保护法》第2条与第3条规定，消费者为生活消费需要购买、使用商品或者接受服务，经营者为消费者提供其生产、销售的商品或者提供服务的，受《消费者权益保护法》调整。汽车租赁公司提供汽车租赁的服务，是从事汽车租赁服务经营活动的法人。如果承租人是为生活消费需要而接受汽车租赁服务，那么该承租人与汽车租赁公司之间订立的合同属于消费者合同，除了需遵守《合同法》，还受《消费者权益保护法》调整，该承租者可享有包括安全保障权、知情权等权利，相应的，作为经营者的汽车租赁方需承担包括安全保障、提供真实全面信息等义务，在欺诈情况下还需承担惩罚性赔偿的民事责任。

再者，具体到汽车租赁，由于汽车租赁行业在中国处于早期发展阶段，目前国内暂无效力及于全国的关于汽车租赁的法律、法规及部门规章。由交通运输部提出，国家质量监督检验检疫总局以及国家标准化管理委员会发布的《汽车租赁服务规范》（GB/T29911－2013）是目前针对汽车租赁操作性最强、内容最完备的全国性规范文件。但该国家标准仅仅适用于传统的汽车租赁服务，不涉及自有车辆租赁。

目前汽车租赁行业主要受地方政府监管，从立法层面来讲，各地规定也不尽相同。有的地方，没有制定任何规范汽车租赁服务的具体地方法规及规范性文件。例如天津市、湖南省、内蒙古自治区、广西壮族自治区、安徽省、青海省、海南省、吉林省、河南省、山东省、贵州省、河北省、陕西省暂时就既无省级规定，也无市级规定。有的地方颁布了规范性文件，对汽车租赁的经营资质有一定要求，但没有进一步明确规定。例如广东省颁布了《广东省道路运输条例》，河南省颁布了《河南省道路运输条例》，但对汽车租赁经营者、租赁车辆没有特别的资质要求。《西藏自治区道路运输条例》第52条、《湖北省道路运输条例》第31条规定应对车辆办理租赁经营手续，但具体什么手续，没有进一步明示。《西安市汽车租赁业管理办法》第6条规定汽车租赁经营者应当办理相应的租赁经营手续，但具体什么手续，没有进一步明示。也有的地方颁布了地方性法规对汽车租赁经营者的备案以及租赁经营许可资质问题作出了规定。可以看出，这些地方的法规、规范性文件大部分规定的是租赁车辆的资质、备案等一些行政事项而很少涉及汽车租赁方与承租方权利义务及法律纠纷的民事规定。所以，汽车租赁中的民事纠纷最主要的法律依据依然是《民法总则》《合同法》以及《消费者权益保护法》中的相关规定。

由于目前缺乏全国效力的针对汽车租赁的法律、法规，对P2P等汽车租赁形式也没有明确的法律规定对此进行规范，因此有关部门也正在评估制定相关法律、法规的可行性。

1. 出租人的权利及义务

在B2C模式下，根据《合同法》关于租赁合同的规定，作为出租人的汽车租赁公司与4S店具有以下权利与义务：

主要权利有：（1）拥有租赁车辆所有权。出租人将汽车租赁给承租人，承租人所享有的只是使用权，而出租人仍是车辆的所有权人。（2）依合同向承租方计收租金及约定费用的权利。收取租金是汽车租人最主要的权利。出租方签订租赁合同最大的目的就是通过出租车辆而赚取收益，租金以及其他相关约定的费用构成其出租业务的收益。

主要义务有：（1）适租义务。《合同法》第216条规定："出租人应当按照约定将租赁物交付承租人，并在租赁期间保持租赁物符合约定的用途。"根据该规定，汽车租赁公司或4S店在出租汽车时应向承租人交付与合同约定一致的车辆，包括但不限于型号、车牌号、保险、安全性能等，否则车主将承担违约责任。（2）应如约履行维修义务。维修费用的承担可以依照当事人之间的合同约定，若约定不明，根据《合同法》第220条与第221条的规定进行处理。换言之，若合同约定不明，承租人在租赁物需要维修时可以要求出租人在合理期限内进行维修；若出租人怠于维修，承租人可以自行维修，维修费用由出租人负担；若因维修租赁物影响承租人使用，出租人应当相应减少租金或者延长租期。但如果因承租方人为原因造成车辆损坏的维修费，该部分费用可依据合同约定来承担，如果合同约定不明，承租方应承担全部或部分。（3）应承担权利瑕疵担保责任。《合同法》第228条第1款规定："因第三人主张权利，致使承租人不能对租赁物使用、收益的，承租人可以要求减少租金或者不支付租金。"因此，汽车租赁公司及4S店需确保其对所出租的车辆拥有完整的所有权，否则因权属问题产生纠纷造成损害，出租人需要承担违约责任。出于同样的考虑，许多地方性规定与国家标准、行业规范均要求租赁车辆的车主必须与经营者名称相符。（4）租赁物的瑕疵担保义务。《合同法》第233条规定："租赁物危及承租人的安全或者健康的，即使承租人订立合同时明知该租赁物质量不合格，承租人仍然可以随时解除合同。"所以出租人应定时对车辆进行维修、保养，保证所出租的汽车的安全性能，以免承租人因此陷入危险而引发相关法律纠纷。（5）对承租人信息的保密义务。因为汽车承租人在租车时一般需提供身份证、驾驶证等相关材料，这些材料涉及其身份信息，出租人需对相关信息保密，否则会因为泄露客户隐私而陷入侵犯隐私权纠纷。

2. 承租人的权利及义务

主要权利有：（1）按合同的约定拥有租赁车辆使用权。承租人因汽车租赁合同的订立而在约定的期限内享有对所租用的车辆的使用权。（2）要求出租人及时维修租赁物的规定。《合同法》第221条规定："承租人在租赁物需要维修时可以要求出租人在合理期限内维修。出租人未履行维修义务的，承租人可以自行维修，维修费用由出租人负担。因维修租赁物影响承租人使用的，应当相应减少租金或者延长租期。"（3）经出租人同意转租的权利。《合同法》第224条规定，承租人经出租人同意，可以将租赁物转租给第三人。所以汽车承租人在征得出租人的同意后，享有将所租赁的汽车转租给他人的权利。

主要义务有：（1）支付租金的义务。根据《合同法》第226条的规定，承租人应当按照约定的期限支付租金。所以汽车租赁合同生效后，汽车承租人应按约定向出租人给付相应的租金，若没有约定或者约定不明确，则应依据《合同法》第226条的规定履行给付义务。（2）按照约定的方法使用租赁物的义务。根据《合同法》第217条规定："租人应当按照约定的方法使用租赁物。对租赁物的使用方法没有约定或者约定不明确，依照本法第六十一条的规定仍不能确定的，应当按照租赁物的性质使用。"所以汽车承租人需按车辆性能、操作规程及相关法律、法规的规定使用租赁车辆，不得擅自改变其用途。（3）保持租赁物原状的义务。《合同法》第 223 条第 2 款规定："承租人未经出租人同意，对租赁物进行改善或者增设他物的，出租人可以要求承租人恢复原状或者赔偿损失。"所以汽车承租人应妥善保管租赁车辆，维持车辆原状。未经出租方允许，不得擅自修理车辆，不得擅自改装、更换、增设他物，否则需承担相应的法律责任。（4）妥善保管租赁物的义务。《合同法》第 222 条规定："承租人应当妥善保管租赁物，因保管不善造成租赁物毁损、灭失的，应当承担损害赔偿责任。"在汽车租赁中，承租人要按《车辆使用手册》操作及保养，妥善保管好、使用好所租用的汽车及其有关的证件，保持车身清洁直到归还租赁公司为止。如有遗失应即时通知租赁公司及有关部门。（5）租赁物的返还义务。根据《合同法》第 235 条的规定："租赁期间届满，承租人应当返还租赁物。返还的租赁物应当符合按照约定或者租赁物的性质使用后的状态。"所以租赁期满，租客应按时返还租赁车辆及有效证件。

可以看出，出租人与承租人的权利义务是相对应的，只有当双方都依法律规定或约定切实履行自己的义务之后，对方所享有的权利才能得到保障。另外，上述对出租人以及承租人的权利义务的探讨都是建立在双方之间的合同是普通租赁合同的前提下的。当承租人是为了生活需要而接受汽车租赁服务时，双方间成立的合同还属于消费者合同，那么作为经营者的汽车出租人还需履行《消费者权益保护法》第三章所规定的告知、安全保障等法定义务，同样地，作为消费者的汽车承租人也依法享有《消费者权益保护法》第二章规定的安全权、知情权、自主选择权、公平交易权等法定权利。

【典型案例】

睢宁县尚品汽车租赁有限公司与王某车辆租赁合同纠纷

【基本案情】

2017 年 10 月 8 日 14 时，被告王某租赁原告车牌号为苏 C×××××的雅阁牌汽车一辆。双方约定，租赁费为 300 元/天，被告已支付当日租赁费。被告在租赁期内行驶 108 公里后，因车辆高温，被告处置不当造成车辆损坏。后原告将车辆拖至宿迁苏驰永胜汽车销售服务有限公司就损失进行评估，评估损失为 24 681 元，原告多次与被告就损失给付协商未果，遂提起诉讼，要求被告支付车辆损失费及车辆租赁费。

【判决结果】

判决被告承担车辆损失费用的80%。

【案例分析】

根据我国《合同法》第219条的规定："承租人未按照约定的方法或者租赁物的性质使用租赁物，致使租赁物受到损失的，出租人可以解除合同并要求赔偿损失。"第222条规定："承租人应当妥善保管租赁物，因保管不善造成租赁物毁损、灭失的，应承担损害赔偿责任。"本案中，被告王行石租赁原告提供的车辆使用，在使用过程中发现车辆高温仍继续行驶，对车辆毁损存在过错，属于使用不善造成的汽车损失，应承担损害赔偿责任。被告辩称车辆在租赁时便存在固有质量问题，但未提供相应证据予以证明，且被告在接受车辆时应对车辆进行必要的检查，其接受车辆时未就租赁车辆存在质量问题向原告提出异议。

另外，《合同法》第119条第1款规定："当事人一方违约后，对方应当采取适当措施防止损失的扩大；没有采取适当措施致使损失扩大的，不得就扩大的损失要求赔偿。"本条明确规定了守约方的止损义务，本案中，被告在使用车辆时发现车辆高温故障，多次电话联系原告询问，原告未能及时有效的制止，并指示原告可以继续行驶，未尽到止损义务。

《合同法》第120条规定："当事人双方都违反合同的，应当各自承担相应的责任。"本案中车辆在使用过程中由被告实际控制，驾驶员系被告指定，被告作为已合法取得驾驶证的司机在车辆出现高温警报后理应及时停车检查，其未停车检查仍继续行驶，最终导致车辆毁损，对车辆毁损存在过错，应承担车辆毁损的主要责任。原告在被告询问车辆高温能否继续行驶时未明确告知被告停车检查并告知其车辆保养时间不长可以继续行驶，对车辆的损毁亦存在过错，对车辆的毁损应承担次要责任。因而法院判决被告承担损失费用的80%并无不当。

所以承租人在租车期内，发现车辆异常或故障时应马上停止驾驶，并通知租赁公司。同时，还应遵从租赁公司的指示。由于不可抗拒的灾害而造成租赁车辆的损失，承租人则应马上通知租赁公司并将汽车送到指定修理厂修理。出租人在接到承租人的通知之后应当立即采取措施，作出指示，避免损失的扩大。

（三）汽车租赁中的典型民事纠纷

汽车租赁中常常会因不同的原因发生不同的纠纷，不同纠纷涉及的当事人以及各自所应承担的法律责任都不相同。下文将对汽车租赁中的几种典型民事纠纷作出探讨，以预防相关法律纠纷的发生或为法律纠纷的解决提供有效的应对之策。

1. 机动车交通事故

在汽车租赁的情况下发生交通事故，往往会出现机动车所有人与使用人并非同一人的法律责任承担问题。汽车租赁后发生交通事故会引发一系列的问题，就赔偿责任主体实践中就有出租人即汽车租赁公司、承租人或是汽车租赁公司与承租人承担连带责任等不同观点。在出现承租人擅自变换驾驶员、临时雇用他人驾驶租赁车辆时，违法违规行为人或责任赔偿主体更是难以确定。可以看出，汽车租赁中机动车发生交通事故的法律责任承担不能一概而论，要根据不同情况作出判断。

（1）汽车租赁中，机动车所有人与使用人不是同一人时，机动车使用人应承担责任，机动车所有人对损害的发生有过错的，承担相应的赔偿责任。《侵权责任法》第 49 条规定："因租赁、借用等情形机动车所有人与使用人不是同一人时，发生交通事故后属于该机动车一方责任的，由保险公司在机动车强制保险责任限额范围内予以赔偿。不足部分，由机动车使用人承担赔偿责任；机动车所有人对损害发生有过错的，承担相应的赔偿责任"。该条规定明确了此类因租赁机动车，所有人与使用人不是同一人时的情形下，机动车使用人应承担责任，机动车所有人对损害的发生有过错的，承担相应的赔偿责任。

理由是：第一，从危险来源和危险控制的角度看，危险源主要产生于使用人的驾驶行为，而非机动车作为物本身的危险性，能够最有效的控制机动车所造成的危险的只能是机动车的使用人。此时再要求机动车所有人难以实现的危险控制和危险防范义务，显然与危险责任理论相悖。第二，从运行控制和运行利益的角度看，在发生交通事故时，能够控制机动车运行的是机动车的使用人而非出租人和出借人，运行利益一般是指因运行本身所产生的利益，主要体现为机动车的运行所带来的便利、甚至享受，因此，该利益显然由机动车的使用人获取，而机动车的所有人的出借利益（体现人有偿或无偿）或收取的租金是所有人所有权的体现，并非是对于机动车的运行享有的利益。因为机动车所有人虽然不是机动车运行的实际控制人，但其仍然负有一般的注意义务，在基于其意思移转机动车的占有使用场合，所有人应当预见到机动车由他人驾驶会产生危险，在此情况下所有人应当尽到必要的审查义务，例如，机动车的车况、租用人是否具备必要的驾驶能力等。从危险开启和危险来源的角度看，如果所有人未尽上述义务，则显然在一定程度上构成危险的来源。因此，所有人的过错主要体现在未对借用人、承租人是否具有相应的行为能力、驾驶能力等影响机动车驾驶安全驾驶因素的合理审查，或者体现为未对机动车适于运行状态进行合理维护等方面。

而关于具体的如何承担责任，需要把握以下三点：

第一，首先由保险公司在机动车强制保险责任限额范围内予以赔偿。根据《机动车交通事故责任强制保险条例》第2条的规定："在中华人民共和国境内道路上行驶的机动车的所有人或者管理人，应当依照《中华人民共和国道路交通安全法》的规定投保机动车交通事故责任强制保险。"作为机动车的所有人，应当为自己的机动车购买第三者责任强制保险。在发生交通事故后，首先由保险公司在机动车强制保险责任限额范围内予以赔偿。

第二，保险公司在机动车强制保险责任限额范围内予以赔偿后，不足的部分，由机动车使用人承担赔偿责任。作为机动车出租人的所有人，将机动车出租后，就丧失了对该机动车是否会给他人带来损害的直接控制力。机动车承租人和借用人作为机动车的使用人，具有直接的运行支配力并享有运行利益，成为承担责任的主体。因此，发生交通事故后，应由使用人承担赔偿责任。

第三，机动车所有人对损害的发生有过错的，承担相应的赔偿责任。机动车所有人在将机动车出租、出借时应当对承租人、借用人进行必要的审查，比如承租人、借用人是否有驾驶资格。同时，还应当保障机动车性能符合安全的要求，比如车辆制动是否灵敏等。机动车所有人没有尽到上述应有的注意义务，便有过错，该过错可能成为该机动车造成他人损害的一个因素，机动车所有人应当对因自己的过错造成的损害负相应的赔偿责任。

关于何为出租人的过错，《最高人民法院关于审理道路交通事故损害赔偿案件适用法律若干问题的解释》（法释〔2012〕19号）第1条作出了具体规定，车辆所有人在以下情况被认定为对损害结果的发生存在过错：①知道或者应当知道机动车存在缺陷，且该缺陷是交通事故发生原因之一的；②知道或者应当知道驾驶人无驾驶资格或者未取得相应驾驶资格的；③知道或者应当知道驾驶人因饮酒、服用国家管制的精神药品或者麻醉药品，或者患有妨碍安全驾驶机动车的疾病等依法不能驾驶机动车的；④其他应当认定机动车所有人或者管理人有过错的。根据该规定，出租人在出租车辆的时候存在上述情节的，在机动车交通事故发生之后，将承担相应的赔偿责任。所以汽车租赁公司应按规定和合同约定对车辆进行维护、保养和安全技术检查，保证车辆技术状况良好，以免在机动车交通事故中陷入纠纷。

另外，关于承租人在交通事故中应承担的责任，法律也有明确规定。《侵权责任法》第48条规定："机动车发生交通事故造成损害的，依照道路交通安全法的有关规定承担赔偿责任"；《道路交通安全法》第76条第1款规定："机动车发生交通事故造成人身伤亡、财产损失的，由保险公司在机动车第三者责任强制保险责任限额范围内予以赔偿；不足的部分，按照下列规定承担赔偿责任：（一）机动车之间发生交通事故的，由有过错的一方承担赔偿责任；双方都有过错的，按照各自过错的比例分担责任。（二）机动车与非机动车驾驶人、行人之间发生交通事故，非机动车驾驶人、行人没有过错的，由机动车一方承担赔偿责任；有证据证明非机动车驾驶人、行人有过错的，根据过错程度适当减轻机动车一方的赔偿责任；机动车一方没有过错的，承担不超过百分之十的赔偿责任。交通事故的损失是由非机动车驾驶人、行人故意碰撞机动车造成的，机动车一方不承担赔偿责任。"根据上述规定，在机动车交通事故中，若驾驶人存在过错，则应根据相关规定进行责任认定并承担赔偿责任。

（2）车辆挂靠出租，承租人驾驶时发生交通事故，应根据过错责任原则判定各责任主体的赔偿责任。以上情形探讨的是汽车出租公司将自有车辆进行出租的情形，现实中还存在车辆所有人将车辆挂靠在汽车租赁公司的情形。车辆的所有人将车辆挂靠在租赁公司，租赁公司将车辆出租给承租人使用，承租人驾驶时发生交通事故。车辆所有人将车辆挂靠在租车行出租，对外出租、审查承租人有无驾驶资格及其他禁驾情形的义务，已转移给租车行。对此，车辆所有人不存在过错的情况下不应当承担赔偿责任。总之，车主不会因自己是车辆的所有人就必须承担赔偿责任，而是要看其对损害的发生是否存在过错，没有过错则无须承担赔偿责任。

（3）作为居间人的网络运营平台。P2P模式下还存在网络平台运营者，其与车主之间存在一个居间合同，作为居间人存在。就机动车交通事故而言，居间人在其中对事件发生没有直接的关联，其提供车辆租赁居间服务，从委托合同的角度来看，仅仅在特定情况下承担损害赔偿责任。若对事故的发生并不存在过错，则不应承担赔偿责任。平台与车主之间存在一种委托关系，根据《合同法》第 406 条的规定："有偿的委托合同，因受托人的过错给委托人造成损失的，委托人可以要求赔偿损失。无偿的委托合同，因受托人的故意或者重大过失给委托人造成损失的，委托人可以要求赔偿损失。受托人超越权限给委托人造成损失的，应当赔偿损失。"平台作为商事居间人，向车主收取交易佣金，双方之间存在有偿的委托合同。所以根据上述规定，平台运营者只有在存在过错或超越权限的情况下才应承担损害赔偿责任。居间人作为发布信息的主体，平台需对待发布的信息进行审核，谨慎履行对承租人资质的审查义务，应对租客的驾驶资质、信用状况等重要交易信息进行仔细审查，确保信息的真实性、有效性，以免因发布不实信息而在机动车交通事故纠纷中承担法律责任。

【典型案例】

王某、刘某与孙某机动车交通事故纠纷案

【基本案情】

2012 年 4 月 4 日，刘某将其二轮摩托车（无证、未投保险）借给朋友王某外出游玩，王某没有驾照。在西双湖北堤，王某驾驶的额二轮摩托车与孙某驾驶的二轮摩托车相撞，导致孙某受伤。因事故原因无法查清，交警队没有进行责任认定。孙某伤好后将车主刘某、借车人（肇事者）王某告上法庭，索赔 6 万多元。

【判决结果】

法院认为，机动车辆之间因事故责任无法认定责任，双方各承担 50%，考虑到被告刘某作为车主将车辆借给无驾驶证的孙某具有一定的过错，酌情其承担 15% 的责任，王某承担 35%，孙某自己承担 55%。因刘某的车辆未投交强险，医疗费等损失由被告王某在交强险范围内承担 49 534 元，交强险之外的 20 156 元，刘某、王某、孙某按照上述责任比例承担。

【案例分析】

《道路交通安全法》第 119 条第 3 款规定："'机动车'是指以动力装置驱动或者牵引，上道路行驶的供人员乘用或者用于运送物品以及进行工程专项作业的轮式车辆。"本案的二轮摩托车属于机动车，该案属于借用机动车造成的交通事故纠纷。

首先，本案中刘某与王某驾驶的都是机动车，该事故属于机动车与机动车间的交通事故，根据《道路交通安全法》第 76 条的规定，机动车发生交通事故造成人身伤亡、财产损失的，由保险公司在机动车第三者责任强制保险责任限额范围内予以赔偿；不足的部分，由有过错的一方承担赔偿责任；双方都有过错的，按照各自过错的比例分担责任。本案中的摩托车并未投交强险，所以责任只能在机动车双方之间分配。关于机动车双方的过错，交警队没有进行责任认定，所以法院判定双方各承担50%的责任并无不当。

另外具体到王某这一方的责任，王某并非摩托车所有人，而是借用人，摩托车所有人为刘某，根据《侵权责任法》第49条的规定："因租赁、借用等情形机动车所有人与使用人不是同一人时，发生交通事故后属于该机动车一方责任的，由保险公司在机动车强制保险责任限额范围内予以赔偿。不足部分，由机动车使用人承担赔偿责任；机动车所有人对损害发生有过错的，承担相应的赔偿责任。"作为机动车使用人的王某承担50%的责任符合法律规定，而作为机动车所有人的刘某是否应承担相应责任需视其过错状态而定。

《最高人民法院关于审理道路交通事故损害赔偿案件适用法律若干问题的解释》第1条对何为机动车所有人的过错作出了具体规定，车辆所有人在以下情况被认定为对损害结果的发生存在过错：①知道或者应当知道机动车存在缺陷，且该缺陷是交通事故发生原因之一的；②知道或者应当知道驾驶人无驾驶资格或者未取得相应驾驶资格的；③知道或者应当知道驾驶人因饮酒、服用国家管制的精神药品或者麻醉药品，或者患有妨碍安全驾驶机动车的疾病等依法不能驾驶机动车的；④其他应当认定机动车所有人或者管理人有过错的。该案中，刘某和王某是朋友，其应当知道王某无摩托车驾驶证，却仍将摩托车借给王某使用，具有一定的过错，所以法院判决酌情其承担15%的责任，具有法律依据。

2. 维修费用承担

依照《合同法》第221条的规定："承租人在租赁物需要维修时可以要求出租人在合理期限内维修。出租人未履行维修义务的，承租人可以自行维修，维修费用由出租人负担。因维修租赁物影响承租人使用的，应当相应减少租金或者延长租期。"的规定，出租人应当履行租赁物的维修义务，经承租人催告，出租人在合理期间仍不履行维修义务的，承租人自行修理而由出租人负担维修费用。但维修费用的承担可以依照当事人之间的合同约定，若约定不明，才根据《合同法》第220条与第221条的规定进行处理。当法定与约定不一致时，除非法律规定不准许当事人另行约定或格式条款对此约定被认定无效，否则约定优先于法定得到适用的法律适用规则。所以《汽车租赁行业行规行约》第16条也规定："《汽车租赁合同》应对租赁期间租赁车辆发生的费用予以确认。"

租赁汽车出现故障，原因既有汽车自身机械所致，也有驾驶人操作不当造成或存有别的原因。在租车期间汽车发生故障，租车人维修后主张汽车租赁公司支付修理费，前提条件是汽车的故障是汽车本身机械方面造成的，排除了其他原因。按照"谁主张谁举证"的举证责任原则，承租人需证明汽车需修理的原因是汽车本身故障而不是承租人自身原因造成。如果因承租方人为原因造成车辆损坏的维修费，该部分费用可依据合同约定而承担，如果合同约定不明，承租方应承担全部或部分。

所以承租人在租车期内，发现车辆异常或故障时应马上停止驾驶，并通知租赁公司。同时，还应遵从租赁公司的指示。由于不可抗拒的灾害而造成租赁车辆的损失，承租人则应马上通知租赁公司并将汽车送到指定修理厂修理。

第二节　侵权纠纷

一、产品责任侵权纠纷

产品责任是指产品生产者、销售者因生产、销售缺陷产品造成或者可能造成他人人身、财产损害而应当承担的特殊侵权责任。

实践中，产品责任侵权纠纷界定繁多，诸如产品质量不合格致害责任、产品质量责任、缺陷产品责任，但上述产品责任均指《侵权责任法》第五章中的"产品责任"，即属于特殊侵权责任。

《民法通则》第122条规定："因产品质量不合格造成他人财产、人身损害的，产品制造者、销售者应当依法承担民事责任。运输者、仓储者对此负有责任的，产品制造者、销售者有权要求赔偿损失。"这是我国第一次对产品责任作出规定，而后修订的《产品质量法》较为全面地规定了产品责任的规则。《侵权责任法》第五章，也对产品责任纠纷做出规定。

（一）产品责任的主要法律依据

《民法通则》与《民法总则》是我国对民事活动中一些共同性问题所做的法律规定，是民法体系中的一般法，对汽车产品质量责任的展开具有基础性、指导性的作用。《合同法》作为合同领域的基本法，对处理合同争议具有重要的指引、规范和指导意义，具体到汽车产品质量损害赔偿，则主要涉及汽车产品瑕疵的违约损害赔偿问题。当然，在汽车产品有缺陷的场合，可能导致违约责任与侵权责任的竞合，而因为侵权责任总体而言相较违约责任的赔偿范围更强、力度更大，因此实践中原告多请求使用侵权责任处理。如果说《合同法》是保护民事主体交易利益或相对利益的法律，那么《侵权责任法》则是保护民事主体绝对利益的法律，对现实中侵犯他人人身及财产权益的行为科以责任，从而实现加害人对受害人的合理赔偿和利益补偿。其中《侵权责任法》专门规定了产品责任，是调整汽车产品责任侵权纠纷行为的一般法和基本法。

《产品质量法》是专门解决产品质量问题的特别法，故在处理产品质量纠纷时，该法规定与其他一般法如《合同法》《侵权责任法》规定相左时，应优先适用该法，该法无规定的，再寻求其他救济渠道。《产品质量法》赋予了相关监督管理机构监管职责，强化了产品生产者、销售者的产品质量义务和责任，明确了损害赔偿的责任主体，为消费者合理合法保护自身合法权益，营造我国市场诚信氛围提供了法律依据。《产品质量法》对明确汽车生产商、销售商的义务和责任，明辨诉讼参与主体，正确高效解决汽车产品质量纠纷具有十分重要的意义。《产品质量法》第二章规定了产品质量监督管理体制，确定统一管理和分工管理、层次管理和地域管理相结合的管理体制，县级以上地方人民政府有关部门在各自职责权限范围内开展产品质量监督管理工作，省以下垂直管理加强了产品质量监管的统一和效率，同时明确规定了产品质量监督管理机构的职责、权限、程序，保证有法可依、有法必依、执法必严、违法必究。同时，该法又规定了产品质量检验制度、产品质量标准制度、企业质量体系认证制度、产品质量认证制度等配套制度，建立起了全方位、多层次的产品质量监管制度，为产品的安全生产销售提供了切实的制度保障。《产品质量法》第三章分别对生产者、销售者的相关责任和义务作了规定。生产者应当保证产品内在质量、外部标识、包装质量合乎要求，不得生产明令淘汰的产品，不得伪造产地，伪造或者冒用他人的厂名、厂址，不得伪造或者冒用认证标志等质量标志，不得掺杂、掺假、以假充真、以次充好，不得以不合格产品冒充合格产品。销售者应建立并执行进货检查验收制度，对产品进行合理存放和储存，对产品进行合理标识，不得销售国家明令淘汰并停止销售的产品和失效、变质的产品，不得伪造产地，伪造或者冒用他人的厂名、厂址，不得伪造或者冒用认证标志等质量标志，销售产品不得掺杂掺假，以假充真、以次充好以不合格产品冒充合格产品。第四章产品质量责任，对生产者、销售者承担产品责任的条件、形式、免责情形、赔偿程序、诉讼时效等作了规定，明确区分产品瑕疵责任和产品缺陷责任，对产品质量损害赔偿诉讼实务指导意义颇大。

　　《消费者权益保护法》较之《产品责任法》更多是从消费者角度强化消费者在日常消费中的各项权益。两者的目的都是同一的，都是为了保障产品质量，规制生产者、销售者的生产销售行为，进而保护消费者的权益。《消费者权益保护法》适用的前提是"消费者"，即为生活消费需要购买、使用商品或者接受服务的个人，故非为生活消费购买使用商品接受服务的行为不适用该法，但农民购买、使用直接用于农业生产的生产资料，应参照该法执行；非为个人购买使用商品或者接受服务的也不适用该法；需要注意的是，此处的"消费者"不限于与经营者直接订立合同的当事人，还包括未直接订立合同的商品的使用者。第二章规定了消费者的安全保障权、知情权、自主选择权、公平交易权、依法求偿权、依法结社权、接受教育权、获得尊重权、监督批评权等9项权利。相应的，第三章规定了经营者依法定和约定履行义务、听取意见和接受监督、保障人身和财产安全、不做虚假宣传、出具相应的凭证和单据、提供符合要求的商品和服务、不得从事不公平不合理的交易、不得侵犯消费者的人身权等多项义务，从正反两方面对保障消费者合法权益作了规定。第三章、第四章对消费者权益保护的组织作了规定，形成了国家、政府部门（工商管理部门、价格管理部门等）、消费者协会和其他消费者组织共同监管的横跨官方和民间的三位一体的监管体系。第五章、第六章对消费者权益争议的解决、法律责任作了规定，确立了合理的争议解决途径，明确了承担（包括直接承担和最终承担）损害赔偿责任的主体，承担责任的性质（补偿性责任和惩罚性责任）、形式（如停止侵害、赔偿损失等），等等。

《产品质量监督试行办法》是为加强对产品的质量监督，促使企业贯彻执行产品技术标准，提高产品质量和经济效益，以适应社会主义现代化建设和人民生活的需要而根据《标准化管理条例》（1979年7月31日由国务院发布，后为《标准化法》取代）的有关规定制定的行政法规。其于1985年3月7日经国务院批准，在1985年3月15日由国家标准局发布，共18条。主要内容包括：第一，设立了我国的产品质量监督管理机构，明确了原国家标准局主管全国的产品质量监督管理工作；第二，规定了企业的产品质量义务和责任；第三，规定的产品质量检验机构的设置及其工作职责；第四，规定了法律责任。

《工业产品质量责任条例》是为明确工业产品质量责任，维护消费者的合法权益而制定的。其于1986年4月5日由国务院发布，共八章31条。主要内容有：第一，进一步明确产品质量责任概念，规定了产品质量监督机构的职责；第二，具体设定了生产者、销售者、仓储者、运输者的产品质量义务和责任；第三，规定了产品质量监督管理制度，包括产品监督检查、质量行业管理、社会监督等多方面的内容；第四，明确了解决产品质量责任的途径，包括协商、调解、仲裁、诉讼四种方式；第五，规定了承担行政责任和刑事责任的条款。不难看出，之后制定的《产品质量法》《消费者权益保护法》中关于产品质量责任主体、纠纷解决途径等的规定是承袭了该条例的合理内容。

（二）产品质量纠纷与因产品质量引起的合同纠纷的区别

1. 责任类型不同

产品质量纠纷是指产品生产者、销售者因生产、销售缺陷产品造成或者可能造成他人人身、财产损害而应当承担的特殊侵权责任的侵权之债；《侵权责任法》第45条明确规定："因产品缺陷危及他人人身、财产安全的，被侵权人有权请求生产者、销售者承担排除妨碍、消除危险等侵权责任。"

汽车产品侵权责任在民事侵权责任的分类中，属于产品责任的一种，属于侵权法特别规定。汽车产品侵权责任是行为人因汽车产品存在质量缺陷、并对除汽车买卖合同标的物外的财产或者人身权益造成的损失而产生的责任。须特别注意的是，必须对除合同标的物之外的人身或者财产权益造成损失，才承担侵权责任。若仅仅是由于合同履行不全面、不适当而导致合同标的物本身价值减损的，承担合同责任即可。

除此以外，汽车产品侵权责任的责任承担主体多元，涉及产品生产者、销售者、仓储者、运输者。同时，因产品责任是特殊侵权责任，其适用规则原则多元。主要包括过错原则、无过错原则、公平原则。其中过错原则包括一般过错原则和过错推定原则，在《侵权责任法》与《产品质量法》中均有体现。因归责原则的多元，致使权利人在人身、财产权利遭受侵害后请求赔偿时承担的举证责任较小，面对实力强大的侵权人能更易得到公平的损害赔偿。

因产品质量引起的合同纠纷（以下简称产品质量合同纠纷）则是包括因产品自身质量问题造成产品自身的价值损失以及其所引起的其他间接损失，应当承担违约责任的合同之债。其适用的前提条件是合同履行不适当或不履行。合同履行不适当，常表现为汽车产品本身存在瑕疵或销售者未适当履行《消费者权益保护法》《产品质量法》中规定的义务，如"三包"义务等。

2. 责任主体不同

根据《侵权责任法》第41条、第42条以及第44条的规定，产品质量侵权责任的承担主体主要为生产者、销售者及运输者、仓储者等第三人。生产者、销售者和第三人均可以作为共同被告。关于产品的生产者，最高人民法院在《关于产品侵权案件的受害人能否以产品的商标所有人为被告提起民事诉讼的批复》中称："任何将自己的姓名、名称、商标或者可资识别的其他标识体现在产品上，表示其为产品制造者的企业或个人，均属于《中华人民共和国民法通则》第一百二十二条规定的'产品制造者'和《中华人民共和国产品质量法》规定的'生产者'。"该批复说明，生产者不是狭义的，而应当具有一定的外延。如汽车的商标所有企业或个人、汽车零件商、汽车上表明的制造商等。

生产者、销售者、服务提供者、仓储人、运输人均可能成为最终责任承担主体。当生产者证明生产出的汽车产品本无缺陷，而是因这些中间环节的主体的过错造成产品缺陷的，生产者可向相应主体追偿。当这些中间环节的主体均无过错时，生产者是最终责任承担者。

违约责任是不履行或者不适当履行合同义务所产生的法律后果，违约责任具有的相对性，守约方只能向合同相对人主张违约责任。其具有以下三层含义：第一，违约当事人应对自己的行为负责，不能推卸责任而由其他人承担违约责任，但是对于违约导致的违约当事人的损害赔偿义务，可由第三人代为向对方当事人给付赔偿，但此时事实上承担违约责任的仍是合同当事人。第二，因第三人原因造成违约的，债务人仍应对该违约行为向对方当事人负责，在向其赔偿后可向该第三人追偿。这就是第三人侵害债权的情况。《合同法》第 121 条规定："当事人一方因第三人的原因造成违约的，应当向对方承担违约责任。当事人一方和第三人之间的纠纷，依照法律规定或者按照约定解决。"第三，债务人应当向对方当事人承担违约责任而不能向第三人承担。

3. 责任的承担形式不同

《侵权责任法》第 15 条规定："承担侵权责任的方式主要有：（一）停止侵害；（二）排除妨碍；（三）消除危险；（四）返还财产；（五）恢复原状；（六）赔偿损失；（七）赔礼道歉；（八）消除影响、恢复名誉。以上承担侵权责任的方式，可以单独适用，也可以合并适用。"该规定系侵权责任的一般承担形式。另根据《产品质量法》第 44 条第 2 款的规定："因产品存在缺陷造成受害人财产损失的，侵害人应当恢复原状或者折价赔偿。受害人因此遭受其他重大损失的，侵害人应当赔偿损失。"该规定为侵权责任的特别承担形式，即折价赔偿。折价赔偿是指将侵权中的被损害的物品等在无法予以修复时依一定的标准折算成价格进行赔偿的方式。折价赔偿仅适用于物品等可以用价格加以衡量的实物。

根据《合同法》第111条的规定："质量不符合约定的，应当按照当事人的约定承担违约责任。对违约责任没有约定或者约定不明确，依照本法第六十一条的规定仍不能确定的，受损害方根据标的的性质以及损失的大小，可以合理选择要求对方承担修理、更换、重作、退货、减少价款或者报酬等违约责任。"另根据《消费者权益保护法》第52条的规定："经营者提供商品或者服务，造成消费者财产损害的，应当依照法律规定或者当事人约定承担修理、重作、更换、退货、补足商品数量、退还货款和服务费用或者赔偿损失等民事责任。"由此可知，产品质量合同责任的承担形式有修理、更换、退货。

一般认为，"修理—更换—退货"的三种责任承担方式应是"层次递进式"的，即"能够修理，则不更换，更不退货；不能修理的，则能够更换就更换，不能够更换的再退货"。若汽车产品发生的自损状况是完全可以"修理"并修复之后完全不影响车辆的正常使用和各项性能的，销售者没有义务对车辆进行"更换"，也无需"退货"。

需要注意的是《消费者权益保护法》第55条均规定了"惩罚性赔偿原则"，即经营者提供商品或者服务有欺诈行为的，应当按照消费者的要求增加赔偿其受到的损失，增加赔偿的金额为消费者购买商品的价款或者接受服务的费用的三倍。此类纠纷在实践中呈日趋增多的态势，是汽车生产商及其经销商最常遭遇的纠纷类型之一。该问题于本书"合同纠纷"中详细阐述，此处不再赘述。

4. 举证责任不同

因产品责任是特殊侵权纠纷，根据《最高人民法院关于民事诉讼证据的若干规定》第4条"下列侵权诉讼，按照以下规定承担举证责任：……（六）因缺陷产品致人损害的侵权诉讼，由产品的生产者就法律规定的免责事由承担举证责任"的规定可知，产品责任侵权适用举证责任倒置。

对权利人而言，权利人对损害事实的发生、损害结果与损害行为的因果关系负举证责任。由于"缺陷"的证明，取证难度大且原告对车辆内部缺陷论证存在知识障碍等因素，权利人只负表面的证明责任，而实质的证明责任，均由生产者承担。需注意的是，此处权利人的举证是为查明事实所履行的举证义务，如果权利人无法举证，即便销售者、生产者等义务主体无法证明存在免责事由，仍然由权利人承担诉讼的不利后果。

对销售者而言，根据《产品质量法》第42条"由于销售者的过错使产品存在缺陷，造成人身、他人财产损害的，销售者应当承担赔偿责任。销售者不能指明缺陷产品的生产者也不能指明缺陷产品的供货者的，销售者应当承担赔偿责任"的规定，销售者适用过错推定原则，销售者应当证明自己无过错。如果销售者或生产者主张受害人系自己的过错致损，应当负举证责任。根据《侵权责任法》第42条第2款的规定："销售者不能指明缺陷产品的生产者也不能指明缺陷产品的供货者的，销售者应当承担侵权责任。"因此，只要销售者能够指明缺陷产品的生产者或供货者，销售者将免于承担责任。

对生产者而言，因产品侵权责任归则原则适用无过错原则，因此生产者被推定有过错。根据《产品质量法》第41条第2款规定："生产者能够证明有下列情形之一的，不承担赔偿责任：（一）未将产品投入流通的；（二）产品投入流通时，引起损害的缺陷尚不存在的；（三）将产品投入流通时的科学技术水平尚不能发现缺陷的存在的。"由此可知，只有生产者能对上述免责事由进行举证，才能免除其法律责任。

根据《最高人民法院关于民事诉讼证据的若干规定》第5条第2款的规定："对合同是否履行发生争议的，由负有履行义务的当事人承担举证责任。"汽车产品质量合同纠纷属于合同之债，应当适用"谁主张，谁举证"的原则，由合同之诉讼权利人举证证明汽车产品存在瑕疵，不能证明瑕疵存在的，应当承担败诉的不利后果。在合同之诉讼权利人提出证据时，责任主体可以提供反证来否定或者推翻对方当事人的所主张的事实。

5. 产品责任侵权责任与违约责任的竞合

民事责任竞合，是指同一违法行为符合多个民事责任的构成要件，从而导致法律上多种民事责任形式的出现和冲突的现象。侵权责任与违约责任的竞合，是指同一违反义务的行为满足了违约责任和侵权责任的构成要件，从而导致侵权责任和违约责任同时出现并互相冲突的情形。比如，在加害给付的情形下，义务人的给付不符合合同约定构成违约，同时因其给付侵害了权利人的固有利益，同时又构成侵权责任，而该侵权责任和违约责任不能同时而只能择一适用，这就是侵权责任和违约责任的竞合。

我国《合同法》第122条规定了侵权责任和违约责任竞合的处理："因当事人一方的违约行为，侵害对方人身、财产权益的，受损害方有权选择依照本法要求其承担违约责任或者依照其他法律要求其承担侵权责任。"另外，根据《最高人民法院关于适用〈中华人民共和国合同法〉若干问题的解释（一）》第 30 条第 1 句："债权人依照合同法第一百二十二条的规定向人民法院起诉时作出选择后，在一审开庭以前又变更诉讼请求的，人民法院应当准许。"该规定意味着，在一审开庭前债权人不变更诉讼请求的，在接下来的诉讼过程中其将不再享有变更诉讼请求的权利。在法院对该诉讼请求作出判决后，基于同一事实、同一理由的另一个诉讼也不会被法院受理。在一审开庭审理后，权利人的另一个请求权在实质上已经不复存在了。所以，在违约责任和侵权责任竞合的情况下，受害人只能选择一种诉由向人民法院提起一个诉讼。若当事人选择了违约责任，在追究行为人违约责任后，相较侵权损害赔偿额度没有得到补偿的部分，受害者不能在另行提起一个赔偿该部分的侵权诉讼，因在诉讼之初，法律已经给了当事人选择权，应当相信当事人能够选择最大程度保护自己利益的诉讼请求。

（三）汽车产品质量问题的类型

汽车产品质量是指汽车产品应当具有的，能够满足人们购买该产品所需的能力和特性。随着经济的发展，汽车产品在人们日常生活中扮演了越来越重要的角色，汽车产品市场逐渐多样化。各种各样的汽车生产企业，眼花缭乱的汽车品牌，一方面给消费者提供了广阔的选择余地，另一方面也增加了消费者透过各色各样的汽车的外在质量看清内在质量的难度。

1. 汽车产品的范畴

汽车产品属于工业产品的范畴，由于工业产品关系国计民生和高技术性、高危险性的特性，国家设立了一系列产品质量检验标准，如国际标准（如 ISO 标准、IEC 标准等）、国家标准、行业标准、企业标准等。要保证汽车产品质量外在和内在质量的双重优越性，必须对汽车产品的质量特性有所认识。

汽车产品一般由发动机、底盘、车身和电气设备等四个基本部分组成，不过，从保障产品购买者、使用者人身、财产安全的角度考虑，对汽车的一些特殊构件如安全气囊、电气系统等也有探讨的必要。

（1）发动机。

发动机两大机构、五大系包括：曲柄连杆机构；配气机构；燃料供给系；冷却系；润滑系；点火系；起动系。

①两大机构：曲柄连杆机构是往复式内燃机的主要工作机构，曲柄连杆机构是发动机实现工作循环，完成能量转换的主要运动零件。配气机构

的功用是按照发动机每一气缸内所进行的工作循环和发火次序的要求，定时开启和关闭各气缸的进、排气门，使新鲜充量得以及时进入气缸，废气得以及时从气缸排出的工作机构。

②五大系：冷却系是将高温机件的热量散到大气层中去，以保持发动机在正常温度下工作的零件系统，一般由水箱、水泵、散热器、风扇、节温器、水温表和放水开关组成，汽车发动机采用两种冷却方式，即空气冷却和水冷却，一般汽车发动机多采用水冷却；润滑系是不间断地把机油送到各运动部件及摩擦表面，清除掉摩擦面上的磨屑，并加以冷却的零件系统，一般由机油泵、集滤器、机油滤清器、油道、限压阀、机油表、感压塞及油尺等组成；燃料系是为汽车提供燃料，保证汽车基本能量来源的零件体系，由汽油箱、汽油表、汽油管、汽油滤清器、汽油泵、化油器、空气滤清器、进排气歧管等组成；点火系是在压缩行程终了，向火花塞提供点火高压，点燃汽缸内的可燃混合气的系统，主要由电源、点火线圈、分电器、点火开关、火花塞、附加电阻及其短接装置、高低压导线等组成；起动系是实现曲轴在外力作用下开始转动到发动机开始自动地怠速运转的全过程即发动机启动过程的系统，主要由起动机和起动控制电路所组成。

（2）底盘。

底盘作用是支承、安装汽车发动机及其各部件、总成，形成汽车的整体造型，并接受发动机的动力，使汽车产生运动，保证正常行驶。底盘由传动系、行驶系、转向系和制动系四部分组成。

①传动系：汽车发动机所发出的动力靠传动系传递到驱动车轮。传动系具有减速、变速、倒车、中断动力、轮间差速和轴间差速等功能，与发动机配合工作，能保证汽车在各种工况条件下的正常行驶，并具有良好的动力性和经济性。主要是由离合器、变速器、万向节、传动轴和驱动桥等组成。离合器的作用是使发动机的动力与传动装置平稳地接合或暂时地分离，以便于驾驶员进行汽车的起步、停车、换档等操作。变速器由变速器壳、变速器盖、第一轴、第二轴、中间轴、倒档轴、齿轮、轴承、操纵机构等机件构成，用于汽车变速、改变输出扭矩。

②行驶系：由车架、车桥、悬架和车轮等部分组成。行驶系能接受传动系的动力，通过驱动轮与路面的作用产生牵引力，使汽车正常行驶；承受汽车的总重量和地面的反力；缓和不平路面对车身造成的冲击，衰减汽车行驶中的振动，保持行驶的平顺性；与转向系配合，保证汽车操纵稳定性。

③转向系：汽车上用来改变或恢复其行驶方向的专设机构称为汽车转向系统。转向操纵机构主要由转向盘、转向轴、转向管柱等组成。转向器将转向盘的转动变为转向摇臂的摆动或齿条轴的直线往复运动，并对转向操纵力进行放大的机构。转向器一般固定在汽车车架或车身上，转向操纵力通过转向器后一般还会改变传动方向。转向传动机构将转向器输出的力和运动传给车轮（转向节），并使左右车轮按一定关系进行偏转的机构。

④制动系：汽车上用以使外界（主要是路面）在汽车某些部分（主要是车轮）施加一定的力，从而对其进行一定程度的强制制动的一系列专门装置统称为制动系统。其作用主要在于使行驶中的汽车按照驾驶员的要求进行强制减速甚至停车，使已停驶的汽车在各种道路条件下（包括在坡道上）稳定驻车，使下坡行驶的汽车速度保持稳定等。

（3）汽车车身。

车身安装在底盘的车架上，用于驾驶员、旅客乘坐或装载货物。轿车、客车的车身一般是整体结构，货车车身一般是由驾驶室和货箱两部分组成。汽车车身结构主要包括：车身壳体（白车身）、车门、车窗、车前钣制件、车身内外装饰件和车身附件、座椅以及通风、暖气、冷气、空气调节装置等等。在货车和专用汽车上还包括车箱和其他装备。

①车身壳体（白车身）是一切车身部件的安装基础，通常是指纵、横梁和支柱等主要承力元件以及与它们相连接的钣件共同组成的刚性空间结构。客车车身多数具有明显的骨架，而轿车车身和货车驾驶室则没有明显的骨架。车身壳体通常还包括在其上敷设的隔音、隔热、防振、防腐、密封等材料及涂层。

②车门通过铰链安装在车身壳体上，其结构较复杂，是保证车身的使用性能的重要部件。

③钣件，这些钣制制件形成了容纳发动机、车轮等部件的空间。

④车身外部装饰件主要是指装饰条、车轮装饰罩、标志、浮雕式文字等。散热器面罩、保险杠、灯具以及后视镜等附件亦有明显的装饰性。

⑤车内部装饰件包括仪表板、顶篷、侧壁、座椅等表面覆饰物，以及窗帘和地毯。在轿车上广泛采用天然纤维或合成纤维的纺织品、人造革或多层复合材料、连皮泡沫塑料等表面覆饰材料；在客车上则大量采用纤维板、纸板、工程塑料板、铝板、花纹橡胶板以及复合装饰板等覆饰材料。

⑥车身附件有：门锁、门铰链、玻璃升降器、各种密封件、风窗刮水

器、风窗洗涤器、遮阳板、后视镜、拉手、点烟器、烟灰盒等。在现代汽车上常常装有无线电收放音机和杆式天线，在有的汽车车身上还装有无线电话机、电视机或加热食品的微小炉和小型电冰箱等附属设备。

⑦车身内部的通风、暖气、冷气以及空气调节装置是维持车内正常环境、保证驾驶员和乘客安全舒适的重要装置。座椅也是车身内部重要装置之一。座椅由骨架、座垫、靠背和调节机构等组成。座垫和靠背应具有一定的弹性。调节机构可使座位前后或上下移动以及调节座垫和靠背的倾斜角度。某些座椅还有弹性悬架和减振器，可对其弹性悬架加以调节以便在驾驶员们不同的体重作用下仍能保证座垫离地板的高度适当。在某些货车驾驶室和客车车厢中还设置适应夜间长途行车需要的卧铺。

⑧为保证行车安全，在现代汽车上广泛采用对乘员施加约束的安全带、头枕、气囊以及汽车碰撞时防止乘员受伤的各种缓冲和包垫装置。按照运载货物的不同种类，货车车箱可以是普通栏板式结构、平台式结构、倾卸式结构、闭式车箱、气、液罐以及运输散粒货物（谷物、粉状物等）所采用的气力吹卸专用容罐或者是适于公路、铁路、水路、航空联运和国际联运的各种标准规格的集装箱。

（4）电气设备。

电气设备由电源和用电设备两大部分组成。电源包括蓄电池和发电机；用电设备包括发动机的起动系、汽油机的点火系和其他用电装置。

①蓄电池：蓄电池的作用是供给起动机用电，在发动机起动或低速运转时向发动机点火系及其他用电设备供电。当发动机高速运转时发电机发电充足，蓄电池可以储存多余的电能。蓄电池上每个单电池都有正、负极柱。

②起动机：其作用是将电能转变成机械能，带动曲轴旋转，起动发动机。起动机使用时，应注意每次起动时间不得超过 5 秒，每次使用间隔不小于 10～15 秒，连续使用不得超过 3 次。若连续起动时间过长，将造成蓄电池大量放电和起动机线圈过热冒烟，极易损坏机件。

（5）安全气囊。

安全气囊系统，全称辅助防护系统或辅助防护安全气囊系统（英文缩写 SRS）。主要由触碰传感器、安全气囊系统报警灯、带防护碰撞传感器的 SRS 控制单元和气囊组件四部分构成。

①触碰传感器是 SRS 电控系统中的传感器，功能是检测车辆发生碰撞

时的惯性力和减速度值，并把信号传输给 SRS 控制单元。按其功能可以分为碰撞强度传感器和防护碰撞传感器，前者是用来检测车辆发生碰撞时所受碰撞的激烈程度，其信号是供系统的控制单元判断是否引爆点火剂而是气体发生剂给气囊充气，后者则是防止碰撞强度传感器短路而导致安全气囊错误膨开，其信号是供控制单元判断是否发生碰撞。

②SRS 控制单元。SRS 控制单元是一独立安装的控制系统，它不与其他系统的控制单元合用，功能是接受各传感器发来的信号并判定是否引爆使气囊膨开。

③气囊组件。包括驾驶员及前、后座乘员在内的正面安装气囊，功能在于保护驾驶员和成员的面部和胸部，以防转向盘、风窗玻璃、仪表盘以及前排座椅伤害人身；侧面安全气囊的功能是保护驾驶员和乘员的头部和腰部，以防止车门和车身对人体的伤害。

④SRS 报警灯。位于仪表盘上的 SRS 报警灯，功能是指示 SRS 工作是否正常。正常情况下，当把点火开关置于 ON 或 ACC 位置时，报警灯会立即点亮并在约六秒后熄灭，若报警灯一直点亮，则说明 SRS 有故障。

以上基本构件是保证汽车产品基本性能，保证内在价值，保证购买者和使用者人身和财产安全的根本。在汽车产品损害赔偿案件中，多数涉及汽车产品基本构件瑕疵或者缺陷。因此深入了解汽车基本构件的性能、质量参数及瑕疵或缺陷的表现等对正确有效处理汽车产品质量损害赔偿诉讼至关重要。

此外，汽车产品质量还有其他需要注意的方面：

首先，时间和经济方面质量特性方面，包括耐用性、精度保持性和可靠性等等。耐用性是指汽车产品质量保持其正常的功能和效用所能维持的时长；精度保持性是指汽车产品保持其较高品质的时长；可靠性，已如上述，是指产品在规定条件和时间内，完成规定功能的能力。经济方面的质量特性主要表现在效率、制造成本、使用费用（油耗、电耗、煤耗）等方面。汽车产品时间和经济方面的这些特性与其基本构件的性能如制作材料的好坏、设计的合理性、工艺的先进性等都有密切的关系，可以说，汽车产品的基本构件属性是根本，时间和经济方面的特性是表现。

其次，外观、心理生理方面质量特性方面，如汽车产品设计的人性化程度、车身色系的多样性程度、汽车靠背的舒适程度、发动机的噪声大小、车窗的隔音能力等。当然，这些特性与产品损害赔偿关联不大，更多的可能体现在产品瑕疵所致的违约损害赔偿上，并且相关方面的诉讼数量目前相对而言还是比较少的。

再次，汽车产品质量应当满足前述产品质量良好的使用性能，能够满足消费者购买产品的预定目的；具有安全性，不能对消费者人身或者财产产生不合理的危险；具有可靠性，能够保证合理的使用年限、功率效用，不会发生不应有的故障；具有可维修性，作为不可消耗物，在合理的折旧期内，发生故障后经过有效维修即可恢复原有性能；具有经济型，即产品符合环保要求，能效高，浪费少。

我国当前对汽车产品实行标准化管理。如在工业和信息化部门户网站上，公示了由其负责的工矿企业开发、设计、生产等多方面的标准，如《汽车底盘产品质量检验评定办法》［QC/T 584－1999（2009）］、《汽车信号闪光器技术条件》［QC/T 501－1999（2009）］、《汽车发动机冷却水泵技术条件》［QC/T 288.1－2001（2009）］，等等，对汽车产品的质量做了全方位、细致的规定，对汽车产品质量纠纷的产生起到了事前预防的作用，有效地保证了汽车产品的质量。

2. 汽车产品缺陷

对于产品缺陷，《产品质量法》第46条规定："本法所称缺陷，是指产品存在危及人身、他人财产安全的不合理的危险；产品有保障人体健康和人身、财产安全的国家标准、行业标准的，是指不符合该标准。"《侵权责任法》第43条第1款规定："因产品存在缺陷造成损害的，被侵权人可以向产品的生产者请求赔偿，也可以向产品的销售者请求赔偿。"《消费者权益保护法》第19条规定："经营者发现其提供的商品或者服务存在缺陷，有危及人身、财产安全危险的，应当立即向有关行政部门报告和告知消费者，并采取停止销售、警示、召回、无害化处理、销毁、停止生产或者服务等措施。采取召回措施的，经营者应当承担消费者因商品被召回支出的必要费用。"另外，《缺陷汽车产品召回管理条例》第3条第1款规定："本条例所称缺陷，是指由于设计、制造、标识等原因导致的在同一批次、型号或者类别的汽车产品中普遍存在的不符合保障人身、财产安全的国家标准、行业标准的情形或者其他危及人身、财产安全的不合理的危险。"因此，法律、行政法规关于缺陷的概念规定较为明确、具体，学理上对缺陷相关问题的探讨也相对成熟，因产品质量不符合标准依不符合的程度的大小可分为产品瑕疵和产品缺陷，产品瑕疵和产品缺陷是非此即彼的关系，若能明确地确定产品缺陷的范围，对产品瑕疵的界定也就不会那么难了，所以正确而具体的确定产品缺陷的内涵和外延具有十分重要的意义。

我国对产品缺陷的界定包括两个标准：事实标准和法律标准，并且，以法律标准为主，以事实标准为辅。当有相关的国家标准或行业标准时，只有符合上述标准的才能被认定为没有产品缺陷，此时单纯的符合事实标准即认为产品就没有缺陷。但是，在现实生活中，首先，某些国家标准或者行业标准可能存在滞后性，其规定的标准甚至落后于事实标准，国家的本意是通过国家标准或者行业标准来进一步特别明确相关的产品质量监督，体现了国家的重视，却可能因为上述标准的滞后性起到适得其反的效果。其次，国家标准和行业标准的规定具有一定的不周延性，国家很难穷尽社会生活中所有必须有国家标准或行业标准的领域，在相关领域确定国家标准或者行业标准后，这系列的法律关系即都归于国家标准或者行业标准调整，自然也就适用《产品质量法》第46条第2句的规定："产品有保障人体健康和人身、财产安全的国家标准、行业标准的，是指不符合该标准。"但这可能造成对某些应规定而未规定国家标准或行业标准的产品质量的监管缺失，不免"挂一漏万"。在该方面合理的处理方式是将事实标准和法律标准两种标准置于相同的地位，即只要符合两个标准的其中之一，即可认为不是缺陷产品。没有相关法律标准，符合事实标准的，认定该产品为不是缺陷产品。既有事实标准，又有法律标准，符合事实标准不符合法律标准的，适用事实标准，认定为不是缺陷产品；不符合事实标准符合法律标准的，适用法律标准，认定为缺陷产品（虽然在实务中某法律标准可能滞后于社会发展和国际社会相关方面的先进标准，但亦应做到有法必依）。

具体到汽车产品质量缺陷，《缺陷汽车产品召回管理条例》第3条第1款规定："本条例所称缺陷，是指由于设计、制造、标识等原因导致的在同一批次、型号或者类别的汽车产品中普遍存在的不符合保障人身、财产安全的国家标准、行业标准的情形或者其他危及人身、财产安全的不合理的危险。"第12条："生产者获知汽车产品可能存在缺陷的，应当立即组织调查分析，并如实向国务院产品质量监督部门报告调查分析结果。生产者确认汽车产品存在缺陷的，应当立即停止生产、销售、进口缺陷汽车产品，并实施召回。"由此可见，前述"缺陷"概念是为实施汽车产品召回所作的特别规定，所以才对产品缺陷作出了"在某一批次、型号或类别的汽车产品中普遍存在"的限定，实际上，《缺陷汽车产品召回管理条例》对缺陷汽车产品的定义也采纳了用"不合理危险"的事实标准和"有关保障人身、财产安全的国家标准、行业标准"的法律标准来界定汽车产品缺陷的做法。

（1）制造缺陷的判定。

在制造缺陷的判定上，美国有两种判定方法：消费者预期标准和不同于正常法则标准，前者指若生产商制造出的产品不符合消费者的合理预期即被认为存在缺陷。后者是指生产商所生产的产品不符合自己制定的规格，或者不同于同批制造的绝大多数产品，即相比同批的其他产品而言，该产品不同于正常的产品法则，即被认为存在缺陷。

消费者预期标准起源于《美国合同法重述》（第二版）402A，该条规定，产品是否具有不合理危险，是以普通消费者具有的常识所能预见的程度为标准，如果该产品的危险程度超过了消费者所能预见的程度，则其具有危险性，该产品即为缺陷产品。第 G 条释义规定："产品离开销售者控制时对最终消费者具有不合理危险，并且最终消费者对此状况并无预期。"第 I 条释义将"不合理危险"定义为"被销售的产品的危险程度超出了购买该产品的普通消费者的预期，且该消费者必须具有为社会所共识的有关该产品性能的通常知识。"消费者标准是一个"一般消费者"的客观标准。

（2）设计缺陷的判定。

设计缺陷的判定主要采取两种标准：消费者预期标准和风险—收益分析标准。消费者预期标准是指若产品的设计不具备消费者合理预期的安全性该产品即被认为存在缺陷；风险—收益分析标准是认定产品设计存在缺陷的常用方法，它首先考察该产品对社会的效益是否要超过它所造成的风险，进而考察该产品所具有的风险是否被降到最低。

风险—收益分析标准是汉德法官在"美国诉卡洛尔拖船牵引公司"一案中用以确定某人在一事故中是否具有过失时首先采用的，这种过失判定标准最终形成了著名的汉德公式。汉德公式将 P 作为损失发生的可能性，L 作为损失，而预防损失的成本以 B 来表示，PL 可以视为预防事故所获得的收益，通过付出预防事故的成本 B，达到预防事故发生的目的，于是就获得了收益 PL，因为预防了损失的发生是间接收益。将 B 同 PL 进行比较，实质上是将成本和效益进行比较，当 B > PL 时，行为人没有过错，因为此时预防事故的成本将大于预防事故发生所带来的收益，行为人不采取预防措施是比较好的选择，当 B < PL 时，行为人存在过错。在汉德公式的基础上，法学家威德提过了对风险和效益进行衡量的一个因素：①产品的实用性和

合意性；②产品的安全性方面，即导致伤害的可能性及伤害的严重性；③一种符合同样需要，并且安全更高的替代产品的可能性；④生产者消除该产品的不安全性且不损害其实用性或者为维持其功用而不过于昂贵的能力；⑤使用者在使用产品时给予注意以避免危险的能力；⑥由于公众对产品的显而易见的状况或合适的警告或者指示存在的一般认识，使用者对产品内在危险及其可避免性的预感；⑦生产者以确定产品价格或投保责任险来分散损失的可行性。

风险—收益分析标准追求的价值是"效率"，以最小的成本实现最大的收益，实现社会整体效益的最大化和资源的最优化配置，即经济学上的帕累托最优或者帕累托次优。

衡量风险是否最低的标准有很多，如产品不同设计的安全性、所能达到的效用、成本、市场需求、市场对象等。无论采用以上两个标准中的哪种标准，"可替代的设计"已成为决定设计缺陷存在与否的重要制度。《美国侵权法重述》（第三版）规定原告在起诉设计缺陷时承担提供合理的可替代设计的举证责任，可替代设计的提供是为了证明被告本可以使用更为安全的设计来替代原有设计将产品的风险降到最低，但由于生产商自己的原因而未予采取该合理设计。在具体诉讼中，还要证明替代设计的可行性，因为替代设计具有较强的专业性，将证明替代设计可行的举证责任完全由原告承担不免负担过重，所以在具体实践中可使原告承担证明替代设计方案存在的可能性的责任，被告则要从相反的方面证明该方案不可行，包括在成本上，对产品寿命、保养、维修和美观上，替代设计的可被消费者接受性等的影响。

（3）指示和警告缺陷的判定。

关于产品的指示和警告缺陷，在警告对象上，包括生产者能够预见的所有因产品的使用而受到伤害的人，如产品的最初购买者、最终使用者、购买者或者使用者的雇员、第三人等。在警告内容上，警告必须是有效的和充分的，要求形式上必须能够引起合理谨慎的使用者注意，必须满足"醒目"和"易于理解"的要求，内容方面要求必须仔细描述相关危险的性质和范围，明确表明危险的性质和严重程度或者是告知使用者安全的使用方法。在警示时间上，《美国侵权法重述》（第二版）认为在产品销售后只要生产者发现产品的危险缺陷，即有责任去纠正该缺陷，若不可行，则应当给予使用者充分的警告和指示；《美国侵权法重述》（第三版）认为，警示时间取决于一个正常的理智的人的预期，并且警示的对象可以确定，警示可以被有效传递给最终的使用者并起作用、危险性超过提供警示的所要付出的成本。

我国《产品质量法》第 27 条、第 28 条对生产者的指示和警示义务作了规定，"产品或者其包装上的标识必须真实，并符合下列要求：（一）有产品质量检验合格证明；（二）有中文标明的产品名称、生产厂厂名和厂址；（三）根据产品的特点和使用要求，需要标明产品规格、等级、所含主要成份的名称和含量的，用中文相应予以标明；需要事先让消费者知晓的，应当在外包装上标明，或者预先向消费者提供有关资料；（四）限期使用的产品，应当在显著位置清晰地标明生产日期和安全使用期或者失效日期；（五）使用不当，容易造成产品本身损坏或者可能危及人身、财产安全的产品，应当有警示标志或者中文警示说明。裸装的食品和其他根据产品的特点难以附加标识的裸装产品，可以不附加产品标识"，"易碎、易燃、易爆、有毒、有腐蚀性、有放射性等危险物品以及储运中不能倒置和其他有特殊要求的产品，其包装质量必须符合相应要求，依照国家有关规定作出警示标志或者中文警示说明，标明储运注意事项"。

在对产品进行指示和警示时，所运用的文字要尽量通俗易懂、具体明确，使具有一般认知能力甚至较低认知能力的消费者也能充分了解警告所传递的信息，尤其在一些专业性比较强的领域；警告应当采取能吸引消费者注意的方式，如位置显著、字体较大、颜色显眼等。当然，对产品的指示或警示说明也不能做苛刻或不适当的要求，比如有些产品使用行为本身是法律法规明确禁止、消费者知道或应当知道不得采取的行为时，产品生产者或销售者就不应当也没有义务和必要再单独就此作出指示和警示。

在产品缺陷案件判定标准中，消费者期望标准和风险—收益分析标准在实际适用中各有优点，也有不足，如消费者期望标准并不能适用于所有案件，随着社会的发展科技的进步，再加上广告宣传等因素的影响，导致在一些特殊领域缺乏产品专业知识的普通消费者根本不能形成合理期望；另外在受害者是购买人、使用人之外的第三人时，消费者标准也难以适用。成本—效益分析法完全运用经济模型对现实生活中的消费行为进行判定，对人本身所具有的非理性的一面未予充分考虑，并且随着经济分析方法的复杂性、相关因素作用的复合性等影响，该分析方法也难以形成系统确定的分析结果，"对司法决策或其他决策而言，成本与收益方法本身存在着很大的精确性困难，因为只有将同等的事物平衡才可能进行精确的权衡比较"。

针对现实生活中各色各样的具体产品缺陷认定案件，单纯地适用一种标准在某种程度上难以满足现实复杂性的需要，美国在司法实践中将消费者期望标准和风险—收益分析标准综合考虑、灵活运用，克服了单个标准运用的局限性，创造了贝克两分分析法。贝克两分法是由美国加州法院在贝克诉吕尔工程有限公司案中确立的。该案原告是一建筑工人，在使用被告制造的装卸机作业时发生了事故受伤，被告在诉讼中主张装卸机致伤的危险是明显的，因此要求免责。加州法院认为，在下列两种情况下产品均有缺陷：①产品按照设计或可以合理预见的方式被普通消费者使用时，其安全性不能达到普通消费者预期的标准。②设计缺陷是损害的近因，且产品设计的内含危险要超过其对社会的效益。可以看出贝克两分法实际上是将消费者预期标准和成本效益标准结合考虑，只有不仅符合消费者预期标准而且符合成本效益标准的产品才能认为是无缺陷的产品。针对消费者期待标准面临所谓公开危险时的局限性，加州法院进一步提出，消费者期待标准不应是生产者责任的上限，而应是其下限。贝克两分法标准的作用是，在判断产品缺陷时，同时考虑消费者标准和成本效益标准，允许原告在消费者标准和成本效益标准之间进行选择使用，以使得原告的主张更易于证明。这一方法已得到公认。1987 年《英国消费者保护法》第 3 条关于缺陷的定义也给予法院充分的自由来选择适用消费者预期标准、成本效益标准或者是贝克两分法标准。

对产品的发展缺陷进行判断时，在依现有科学技术水平不能发现缺陷存在的时间段内，自不存在《产品质量法》上的"缺陷"，当然也不存在缺陷的认定问题。随着科学技术水平的进步，产品缺陷体现出来，可能会表现为制造缺陷、设计缺陷或者指示和警告缺陷，对不同的缺陷种类，应当依各自的判断标准进行认定。

需要注意的是，司法实践中，在对汽车缺陷的判定过程中，有人可能会运用错误的"三段论"演绎推理，得出"似是而非"的结论。大前提：发生的道路交通事故中造成了人员伤亡；小前提：不存在质量缺陷的汽车应该在事故中确保人身安全；从而得出结论：事故车辆是存在质量缺陷的。事实上，该"三段论"推理中的"小前提"是存在问题的，汽车产品质量哪怕不存在任何缺陷，在某些因素如驾乘人员过错、行人过错、天气、路况等诸多原因引起的交通事故中，也是不可能保证汽车驾乘人员、行人的人身和财产安全的，因为"小前提"本身就是个伪命题，所以该"三段论"的结论自然站不住脚。判断汽车产品是否存在质量缺陷应当是从相关法律、法规、质量标准、司法鉴定意见、常识等方面进行综合判断，才能判定缺陷存在与否，至于交通事故的责任判断，则应当适用一般的侵权行为的判断标准，即违法行为存在、损害存在、行为和损害之间有因果关系、当事人的过错（无过错责任原则下除外）。

另外，发生了交通事故，即便通过权威司法鉴定意见认定事故车辆有质量缺陷，也不能当然认定事故车辆同事故发生之间因果关系的存在。这句话的大前提：发生交通事故不必然是由于汽车产品有缺陷；小前提：交通事故发生了；结论自然也就不能当然认为是该汽车产品缺陷导致了交通事故的发生。

3. 汽车产品瑕疵

《合同法》中关于"瑕疵"的法律规定有 4 条，其中，第 169 条规定："凭样品买卖的买受人不知道样品有隐蔽瑕疵的，即使交付的标的物与样品相同，出卖人交付的标的物的质量仍然应当符合同种物的通常标准。"第 191 条规定："赠与的财产有瑕疵的，赠与人不承担责任。附义务的赠与，赠与的财产有瑕疵的，赠与人在附义务的限度内承担与出卖人相同的责任。赠与人故意不告知瑕疵或者保证无瑕疵，造成受赠人损失的，应当承担损害赔偿责任。"第 370 条第 1 句规定："寄存人交付的保管物有瑕疵或者按照保管物的性质需要采取特殊保管措施的，寄存人应当将有关情况告知保管人。"第 417 条："委托物交付给行纪人时有瑕疵或者容易腐烂、变质的，经委托人同意，行纪人可以处分该物；和委托人不能及时取得联系的，行纪人可以合理处分。"

另外，《产品质量法》第 26 条第 2 款第（2）项、第（3）项规定："（二）具备产品应当具备的使用性能，但是，对产品存在使用性能的瑕疵作出说明的除外；（三）符合在产品或者其包装上注明采用的产品标准，符合以产品说明、实物样品等方式表明的质量状况。"《消费者权益保护法》第 23 条第 1 款、第 2 款规定："经营者应当保证在正常使用商品或者接受服务的情况下其提供的商品或者服务应当具有的质量、性能、用途和有效期限；但消费者在购买该商品或者接受该服务前已经知道其存在瑕疵的除外。经营者以广告、产品说明、实物样品或者其他方式表明商品或者服务的质量状况的，应当保证其提供的商品或者服务的实际质量与表明的质量状况相符。"这些对产品质量瑕疵的体现都是间接的，并未直接对产品质量瑕疵的具体内涵作出明确规定。

瑕疵一般可以分为权利瑕疵和物之瑕疵，产品瑕疵属于物之瑕疵的范畴。关于物之瑕疵的概念，学说上有三种观点，一是客观说，认为当所交付的物不具有该种物所应当具有的通常性质及客观上应有的特征时，即认为有瑕疵；二是主观说，认为所交付的物不具备当事人之间所约定的品质致使其价值或者效用减损时即认为有瑕疵；三是主客观说，认为一个物是否有瑕疵，应当以该物是否符合当事人的特别约定并在当事人的意思表示范围内依一般应当具有的客观特征加以判断。

在具体立法上，我国的法律规定已经做了探讨。

立足我国法律规定，结合相关学说和国外相关的立法经验，可将产品质量瑕疵界定如下：产品质量瑕疵是指出卖人所交付的产品在品质上不符合合同的约定或者法律规定的标准，致使该标的物的用途和价值降低或者消失的情形。产品质量瑕疵是一种一般性的产品的质量问题或非危险性的质量问题，指产品不具备应有的价值、效用或合同约定效用或出卖人保证的品质。原则上产品瑕疵会导致产品使用价值或者交换价值的削弱，但并不存在危及人身及产品之外的其他财产的安全的不合理危险。

一般认为，产品瑕疵包括四种情形：（1）产品不具备应有的使用性能而未事先说明，事先说明的，因该合同当事人已明知该瑕疵的存在，不认为是瑕疵责任承担意义上的瑕疵。（2）产品不符合在产品或者其包装上注明采用的产品标准。因产品瑕疵责任从根本上说属于违约责任，出卖人在产品或者其包装上注明产品标准的，构成其意思表示一部分，从而成为产品买卖合同一部分，在交付的产品不符合明示的标准之时自然要承担相应的违约责任，这种违约责任即为产品瑕疵责任。（3）产品不符合以产品说明、实物样品等方式表明的质量状况。（4）产品不符合合同约定的效用或出卖人保证的品质。后两种情形承担产品瑕疵责任的缘由同第二种。其实，从根本上说，产品出卖人在产品或者产品包装上注明采用的产品标准或者产品说明、实物样品表明的产品质量状况都是出卖人保证品质的具体情形。

关于产品瑕疵的判断标准，要构成产品质量瑕疵，需要同时满足以下条件：第一，产品出现除缺陷以外的产品质量问题或非危险性的质量问题，产品质量问题可以分为产品缺陷和产品瑕疵，两者内涵、外延绝不相同，是彼此不容并且非此即彼的关系。第二，产品不具备应当具备的使用价值或交换价值，或者约定的效用，或者出卖人保证的品质。该不符合法定或者约定标准的瑕疵可以是主要效用的减损或者丧失，也可以是次要效用的减损或者丧失，因为主要效用的不符合构成根本违约，次要效用的不符合构成部分违约，但却不能是其本身效用减损或者丧失之外的不合理危险。第三，产品在价值上有所削弱或者丧失。在生活中，常有"残次品""等外品"的产品类型，在价格上相对便宜，出卖人可以明示商品瑕疵的方式出售该商品并且无需负产品瑕疵责任，但这种"残次品"等不能是产品的使用价值或者交换价值完全丧失的产品，因为此种产品对消费者而言没有任何意义。第四，产品本身不存在危及人身、他人财产安全的不合理危险。不合理危险存在与否是产品缺陷和产品瑕疵的根本区别。

4. 汽车产品质量不合格

"产品不合格"的表述最早出现在《民法通则》中，《民法通则》第122条规定："因产品质量不合格造成他人财产、人身损害的，产品制造者、销售者应当依法承担民事责任。运输者、仓储者对此负有责任的，产品制造者、销售者有权要求赔偿损失。"第136条第（2）项规定："出售质量不合格的商品未声明的。"《产品质量法》第17条第1款规定："依照本法规定进行监督抽查的产品质量不合格的，由实施监督抽查的产品质量监督部门责令其生产者、销售者限期改正。逾期不改正的，由省级以上人民政府产品质量监督部门予以公告；公告后经复查仍不合格的，责令停业，限期整顿；整顿期满后经复查产品质量仍不合格的，吊销营业执照。"《消费者权益保护法》第54条规定："依法经有关行政部门认定为不合格的商品，消费者要求退货的，经营者应当负责退货。"但对不合格产品的具体所指，法律并未有明确规定。

我国《民法通则》同《产品质量法》《消费者权益保护法》中的"不合格"的意义事实上是不同的。因我国《产品质量法》针对产品缺陷导致的损害适用2年的诉讼时效，而《民法通则》第136条规定产品质量不合格的诉讼时效期间是1年。① 由此可见《民法通则》中的"不合格"的外延较窄，至少不包括产品瑕疵情形。在学界，对产品不合格，有的学者认为，

---

① 2017年3月15日通过的《民法总则》第188条规定："向人民法院请求保护民事权利的诉讼时效期间为三年。法律另有规定的，依照其规定。诉讼时效期间自权利人知道或者应当知道权利受到损害以及义务人之日起计算。法律另有规定的，依照其规定。但是自权利受到损害之日起超过二十年的，人民法院不予保护；有特殊情况的，人民法院可以根据权利人的申请决定延长。"

合格产品，有国家强制性标准的，是指该产品符合国家的强制性标准，没有国家强制性标准的，是指产品符合生产者在产品上明确表明的所采用的标准；有的学者将产品存在缺陷同产品不合格混同，认为两者是同一事物；还有学者认为，不合格产品是指不符合强制性标准或者不符合采用的推荐性标准的产品。

要认定一种产品合格与否，首先要确定"合格"之"格"为何，质量不合格是指产品质量不符合质量要求的标准，如果某项产品没有规定质量标准，就不存在不合格的问题，但仍可存在缺陷。例如，在前述学者的见解中，第一种的"格"是国家的强制性标准或生产者在产品上注明采用的标准，第二种的"格"实质上是法定标准，第三种的"格"是强制性标准或者推荐性标准。那么究竟以何种"格"为判断产品合格与否的标准呢？依我国《标准化法》，标准包括国家标准、行业标准、地方标准、企业标准等，其中国家标准包括强制性标准和推荐性标准。依我国《产品质量法》和《消费者权益保护法》对"不合格"规定的情形，可以认为这种"格"是一种宽泛的准则，违背该准则的即可认定为"不合格"。"不合格"包括不符合国家标准、行业标准、地方标准、企业标准等，而不论是强制性标准还是推荐性标准，但需要注意的是，这里的各种标准只能是国家或者企业自己制定的一种具有一定强制意义的规范批量生产过程中产品质量的基准，而不能是生产者同消费者之间的约定内容，当事人之间的约定只能作为规范缔约双方之间行为的标准，而并不能成为第三人客观、中立地评价生产商产品质量的标准。进而，我国《民法通则》第122条中的"不合格"仅指产品存在缺陷的情形；第136条的"不合格"指的是除产品有缺陷之外的其他情形。

产品质量不合格适用一种宽泛的标准，最终会导致多重的结果。生产产品质量不符合国家相应的具有一定强制意义的标准的，生产企业可能会承担行政责任；交付的标的物不符合产品买卖合同约定的，可能会承担违约责任，构成加害给付的，构成违约责任和侵权责任的竞合；不合格产品数量十分巨大，后果特别严重的，可能会承担刑事责任。即产品质量不合格会导致责任竞合的情形。所谓责任竞合，亦称请求权竞合，是指同一法律事实基于法律的规定以及损害后果的多重性，而应当使责任人向权利人承担多种内容不同的法律责任的形态。可以表现为民事责任与行政责任聚合，民事责任与刑事责任聚合和民事责任、刑事责任与行政责任竞合三种情况，此处竞合即为第三种。

（四）汽车产品质量的鉴定

1. 产品质量鉴定概述

汽车产品质量司法鉴定是指依法取得汽车产品质量司法鉴定资格的鉴定机构和鉴定人受司法机关或当事人委托，依据产品质量法律法规和有关国家、部门、行业标准以及相关科学技术知识，对汽车产品的质量进行检验、鉴别和判断，并提供鉴定结论的活动。在实践中，曾存在产品质量仲裁检验与产品质量鉴定。根据国家质量技术监督局 1999 年颁布的《产品质量仲裁检验和产品质量鉴定管理办法》（本法规被《国家质量监督检验检疫总局关于废止和修改部分规章的决定（2018）》于 2018 年 3 月 6 日废止）第 2 条规定："产品质量仲裁检验和产品质量鉴定是在处理产品质量争议时判定产品质量状况的重要方式。"第 3 条规定："产品质量仲裁检验（以下简称仲裁检验）是指经省级以上产品质量技术监督部门或者其授权的部门考核合格的产品质量检验机构（以下简称质检机构），在考核部门授权其检验的产品范围内根据申请人的委托要求，对质量争议的产品进行检验，出具仲裁检验报告的过程。"第 4 条规定："产品质量鉴定（以下简称质量鉴定）是指省级以上质量技术监督部门指定的鉴定组织单位，根据申请人的委托要求，组织专家对质量争议的产品进行调查、分析、判定，出具质量鉴定报告的过程。"

《产品质量仲裁检验和产品质量鉴定管理办法》第 6 条规定："处理产品质量争议以按照本办法出具的仲裁检验报告和质量鉴定报告为准。"该条款指明处理产品质量争议的鉴定问题主要以本办法规定为准。而办法又细分出两种解决质量争议问题的方法，即仲裁检验或质量鉴定。两种方法作为办法的主要叙述内容，有诸多不同，具体如下：

（1）接受申请方式不同。

《产品质量仲裁检验和产品质量鉴定管理办法》第 8 条在对有权申请仲裁检验的申请人的范围做出具体规定时，同时提到，申请人可以直接向质检机构提出申请，也可以通过质量技术监督部门向质检机构提出申请。《产品质量仲裁检验和产品质量鉴定管理办法》第 20 条规定："省级以上质量技术监督部门负责指定质量鉴定组织单位承担质量鉴定工作。质量鉴定组织单位可以是质检机构，也可以是科研机构、大专院校或者社会团体。"

（2）质量判断依据不同。

《产品质量仲裁检验和产品质量鉴定管理办法》第 11 条规定："仲裁检验的质量判定依据：（一）法律、法规规定或者国家强制性标准规定的质量要求；（二）法律、法规或者国家强制性标准未作规定的，执行争议双方当事人约定的产品标准或者有关质量要求；（三）法律、法规或者国家强制性标准未作规定，争议双方当事人也未作约定的，执行提供产品一方所明示的质量要求。"《产品质量仲裁检验和产品质量鉴定管理办法》第 30 条规定："专家组负责出具质量鉴定报告。质量鉴定报告包括以下有关事项和内容：……（五）质量鉴定检验、试验报告；（六）分析说明；（七）质量鉴定结论……"根据以上条款分析可知，质量鉴定由专家组负责，而质量鉴定报告包含质量鉴定结论，多由专家组成员根据鉴定的具体情况采取具体的认定标准，没有固定的标准。

（3）采取的检验或者鉴定的技术方法和规范不同。

《产品质量仲裁检验和产品质量鉴定管理办法》第 14 条规定："仲裁检验的检验方法：（一）国家强制性标准有检验方法规定的，按规定执行；（二）国家强制性标准没有检验方法规定的，执行生产方出厂检验方法；（三）生产方没有出厂检验方法的或者提供不出检验方法的，执行申请人征求争议双方当事人同意的检验方法或者申请人确认的质检机构提供的检验方法。"

质量鉴定的检验方法或标准应当依下列顺序的该专业领域的技术标准和技术规范：①国家标准和技术规范；②司法鉴定主管部门、司法鉴定行业组织或者相关行业主管部门制定的行业标准和技术规范；③该专业领域多数专家认可的技术标准和技术规范；④不具备前述技术标准和技术规范的，可以采用所属司法鉴定机构自行制定的有关技术规范。

（4）采取的检验或鉴定手段不同。

根据《产品质量仲裁检验和产品质量鉴定管理办法》第 12 条的规定："批量产品仲裁检验的，抽样按照下列要求进行：（一）国家强制性标准对抽样有规定的，按规定进行；（二）国家强制性标准对抽样没有规定的，按争议双方当事人约定进行；（三）争议双方当事人不能协商一致时，由质检机构提出抽样方案，经申请人确认后抽取样品。"换言之，仲裁检验采取的检查或鉴定是抽样调查，将样品的质量状况与同一的标准相比对。

另《产品质量仲裁检验和产品质量鉴定管理办法》第 30 条规定："专家

组负责出具质量鉴定报告。质量鉴定报告包括以下有关事项和内容：……（四）现场勘验情况；（五）质量鉴定检验、试验报告……。"根据质量鉴定报告的内容，可以推知，质量鉴定主要采取的是现场勘验、检验、试验的方法。而采用的技术也由相应的专家人员决定。

（5）检验或鉴定的程度不同。

仲裁检验侧重于将现有的产品质量状况同既定的标准进行对比，进而找出两者之间质量不一致的情形。质量鉴定则侧重专家运用科学技术对产品质量本身状况进行检验或者试验，从而找出产品的质量缺陷。

2. 产品质量司法鉴定与产品质量鉴定及其竞合

司法鉴定，指在诉讼活动中鉴定人运用科学技术或者专门知识对诉讼涉及的专门性问题进行鉴别和判断并提供鉴定意见的活动。

2005 年 2 月全国人民代表大会常务委员会通过的《全国人民代表大会常务委员会关于司法鉴定管理问题的决定》第 2 条规定："国家对从事下列司法鉴定业务的鉴定人和鉴定机构实行登记管理制度：①法医类鉴定；②物证类鉴定；③声像资料鉴定；④根据诉讼需要由国务院司法行政部门商最高人民法院、最高人民检察院确定的其他应当对鉴定人和鉴定机构实行登记管理的鉴定事项。法律对前款规定事项的鉴定人和鉴定机构的管理另有规定的，从其规定。"第 3 条规定"国务院司法行政部门主管全国鉴定人和鉴定机构的登记管理工作。省级人民政府司法行政部门依照本决定的规定，负责对鉴定人和鉴定机构的登记、名册编制和公告。"

以上两条规定说明国家制定了与诉讼有关的产品质量鉴定机构目录，要求接受法院委托开展产品质量鉴定工作的机构必须为进入法院确定的名录的单位。质检部门在开展与诉讼有关的产品质量鉴定工作时可以委托的鉴定机构也可以在该名录内。

《司法鉴定程序通则》《全国人民代表大会常务委员会关于司法鉴定管理问题的决定》应当为汽车产品质量司法鉴定应当遵循的上位法。

3. 产品质量鉴定的法律依据

我国《民事诉讼法》《刑事诉讼法》《行政诉讼法》和相关配套规定如《最高人民法院关于民事诉讼证据的若干规定》等是产品质量司法鉴定的基本法律依据，当然也是汽车产品质量司法鉴定的法律依据。关于汽车产品质量司法鉴定的主要的规范性法律文件还有：

（1）《司法鉴定程序通则》。该通则 2007 年 7 月 18 日由司法部部务会议通过，于 2007 年 8 月 7 日公布，2007 年 10 月 1 日开始实施，并于 2016 年进行修订。其从宏观上对司法鉴定的委托与受理、实施程序、司法鉴定文书的出具等相关事项作了规定。《司法鉴定程序通则》是司法鉴定机构和司法鉴定人进行司法鉴定活动应当遵循和采用的一般程序规则，不同专业领域的鉴定事项对其程序有特殊要求的，可以另行制定或者从其规定。

（2）《汽车质量监督检验和新产品鉴定试验机构暂行管理办法》。该办法由原机械工业部于 1994 年 8 月 24 日通过并发布，是为提高汽车质量监督检验和新产品鉴定试验机构的素质，保证汽车质量监督检验工作和新产品鉴定试验工作的质量而制定的。其对汽车质量监督检验和新产品鉴定试验机构的设置与命名、职责、计量认证与审查认可、管理流程等作了规定，构成汽车产品质量检验鉴定的基本规定。

（3）《全国人民代表大会常务委员会关于司法鉴定管理问题的决定》。为使鉴定机构和鉴定人的素质能够较好地适应司法机关和公民、组织进行诉讼的需要，查清案件事实，保证诉讼活动的顺利进行，作出正确裁判，全国人民代表大会常务委员会 2005 年 2 月 28 日通过了《关于司法鉴定管理问题的决定》，并于 2015 年进行了修订。该决定对鉴定机构的设立、鉴定人员的任职条件、两类主体的登记管理、鉴定程序、监督事项等作了规定，对司法鉴定工作具有较强的指导意义。

（4）其他。除上述主要法规之外，其他关于鉴定的规范性文件还包括 2007 年 8 月 20 日由国家认证认可监督管理委员会审议通过的《国家产品质量监督检验中心授权管理办法》、2005 年 9 月 29 日由司法部发布的《司法鉴定机构登记管理办法》和《司法鉴定人登记管理办法》、2007 年 1 月 24 日由国家质量监督检验检疫总局发布的《关于加强产品质量检验机构监督管理的若干意见》、各省司法行政机关发布的《国家司法鉴定人和司法鉴定机构名册》等，上述法律、法规等共同构成了产品质量司法鉴定方面的法律体系。

4. 汽车产品质量民事责任领域的鉴定问题

（1）交通事故车辆安全性能鉴定意见书。

车辆安全性能鉴定意见书，是相关的检验鉴定机构通过使用一定的技术设备和技术手段，对车辆的技术性能、安全性能以及对车辆价值有直接影响的重要部件进行检测，并对车辆的技术状况进行等级评估或缺陷描述，从而得出的与车辆安全性能有关的鉴定意见的书面形式。

根据《道路交通安全法》第 72 条第 3 款："对当事人的生理、精神状况等专业性较强的检验，公安机关交通管理部门应当委托专门机构进行鉴定。鉴定结论应当由鉴定人签名。"因为当事人的行为控制认识与生理、精神状况等有直接关联，而当事人的行为控制和认识能力不仅对违法性的认定具有决定性的作用，并且具有极强的专业性，因此法律规定应当委托专门机构进行鉴定。同理，在交通事故中，事故车辆的安全性能鉴定也极具专业性。该条规定是交通事故车辆安全性能鉴定意见书具有法律效力的佐证。从另一个角度来说，该条规定仅规定了生理、精神状况应当由专门机构鉴定，并非否认车辆安全性能的鉴定可以由一般性鉴定机构出具的情况。

《道路交通事故处理程序规定》第 100 条第 1 款第 3 句规定："需要检验、鉴定车辆的，公安机关交通管理部门应当征得其同意，并在检验、鉴定后立即发还。"该条规定明确提到车辆鉴定的问题，故此更加证明了交通事故车辆安全性能鉴定意见书的法律依据。

交通事故车辆安全性能鉴定意见书虽有法律依据，但并不能认为该鉴定意见即具有同司法鉴定文书一样的法律效力。

首先，从权威性角度而言，根据前文所述，车辆安全性能鉴定的机构不一定是汽车产品质量司法鉴定程序中制定的专业性机构，所以其权威性低于具备相应资质的汽车产品质量司法鉴定机构所出具的鉴定报告。

其次，从鉴定内容而言，车辆安全鉴定意见书的主要用途是为认定交通事故提供证据，其鉴定范围和事项可能同认定汽车产品质量缺陷不一致。

最后，从因果关系角度而言，即便认定该车辆安全性能存在问题，也很难当然认为该质量安全性能问题即是导致交通事故的主要原因。如汽车前照灯存在问题，但交通事故却是因汽车驾驶人醉酒驾驶导致，这就很难认为汽车质量缺陷或者瑕疵同交通事故之间存在因果关系。

（2）交通事故认定书。

《道路交通安全法》第 73 条规定："公安机关交通管理部门应当根据交通事故现场勘验、检查、调查情况和有关的检验、鉴定结论，及时制作交通事故认定书，作为处理交通事故的证据。交通事故认定书应当载明交通事故的基本事实、成因和当事人的责任，并送达当事人。"

《道路交通事故处理程序规定》第 24 条第 2 款规定："撤离现场后，交通警察应当根据现场固定的证据和当事人、证人陈述等，认定并记录道路交通事故发生的时间、地点、天气、当事人姓名、驾驶证号或者身份证号、联系方式、机动车种类和号牌号码、保险公司、保险凭证号、道路交通事故形态、碰撞部位等，并根据本规定第六十条确定当事人的责任，当场制作道路交通事故认定书。不具备当场制作条件的，交通警察应当在三日内制作道路交通事故认定书。"

可见，交通事故认定书是公安机关交通管理部门依照交通法规对交通事故当事人有无违章行为，以及对违章行为与交通事故损害后果之间的因果关系进行定性、定量评断时所形成的具有法律效力的技术文书。其目的是分清事故责任，依照交通法规和其他规定对肇事者作出正确恰当的处分。除此之外，交通事故认定书往往作为《刑法》中规定的交通肇事罪、危险驾驶罪等罪名认定的重要证据，因其所载明的内容由公安机关制作又具有书证的特性，所以具有较高的证明效力。

交通事故认定书具有一定的证明力。但其证明内容与汽车产品质量司法鉴定结论的证明内容有本质区别。

首先，从内容角度来看，交通事故认定书是综合交通事故案件责任分配情况，做出的一种综合性认定，而汽车产品质量司法鉴定结论是单纯的对产品质量做出鉴定。

其次，从证据种类角度来看，交通事故认定书属于国家机关依职权制作的公文，属于证据种类中的书证。而汽车产品质量司法鉴定结论性质是鉴定结论。

最后，从证明力角度来看，在认定交通事故责任上，前者证明力要比后者更强；在认定汽车产品质量问题上，后者要比前者证明力更强。

（五）汽车产品质量典型案例分析

【典型案例】

某测量有限公司与某汽车销售服务有限公司等财产损害赔偿纠纷上诉案

【基本案情】

上诉人某测量公司于 2004 年 11 月 11 日在被上诉人某汽车销售公司购入一台箱式货车，而后测量公司驾驶员张某于 2006 年 7 月 11 日下午载着租借的英国进口的 200 道 IT 地政数据采集系统及配套设施行驶至物探公司工地时发生自燃。测量公司诉至原审法院，要求判令某销售公司、某集团公司赔偿因系争车辆自燃造成该车所载地震数据采集系统及匹配设备烧毁的损失 1 312 410 元；赔偿测量公司因处理事故发生工资、生活补助、差旅、鉴定费计 57 716.40 元；赔偿测量公司因采集系统及配套设施烧毁而不能继续履行与案外人合同的经济损失 60 000 元。

【判决结果】

上诉法院认为当事人应对自己提出的诉讼请求所依据的事实或者反驳对方诉讼请求所依据的事实有责任提供证据加以证明；没有证据或者证据不足以证明当事人的事实主张的，由负有举证责任的当事人承担不利后果。

由于在用户没有改装并正常维修、保养、使用车辆的前提下，生产者应对法定免责事由承担举证责任。但本案中，测量公司曾将涉案车辆送至涉案汽车的特约维修站之外的其他维修站，且无法排除车辆原始内在设计结构有所变动导致缺陷的合理怀疑。故由测量公司对车辆存在质量缺陷的承担举证责任。

现因测量公司提供的火灾原因认定书等证据未能向本院充分举证证明线路燃烧是车辆本身质量缺陷所致，故其要求赔偿损失的请求，依据不足，上诉法院不予支持。原审法院认定事实清楚，适用法律正确，所作判决并无不当。据此，依照《民事诉讼法》第 153 条第 1 款第（1）项之规定，判决：驳回上诉，维持原判。二审案件受理费人民币 17 160.6 元，由上诉人测量有限公司负担。

【案例分析】

上诉法院在认定本案时总结出两个争议焦点：第一，关于涉案车辆是否存在加装空调的改装情况问题。该问题系被上诉人提出的主张，应当适用"谁主张，谁举证"原则，若上诉人不能提供充分证据证明其主张，则承担诉讼中的不利后果。法院认为从现场车辆烧毁照片和日常生活经验法则推出另一事实，即因通常情况下空调室外机的使用须与外界大气交换冷却，故从位置安装上判断，该空调不可能是安装固定在车辆上封闭的后车厢内使用的。故对于销售公司提出的测量公司对涉案车辆改装的主张，法院不予采纳。第二，是关于产品责任的举证责任问题。《产品质量法》第 41 条规定："因产品存在缺陷造成人身、缺陷产品以外的其他财产损害的，生产者应当承担赔偿责任。生产者能够证明有下列情形之一的，不承担赔偿责任：（一）未将产品投入流通的；（二）产品投入流通时，引起损害的缺陷尚不存在的；（三）将产品投入流通时的科学技术水平尚不能发现缺陷的存在的。"该条规定，旨在说明产品缺陷质量纠纷中以生产者对法定免责事由承担举证责任。法院认为，测量公司曾将涉案车辆送至上海浦东新区某中汽车修理厂维修保养，而该修理厂并非涉案汽车的特约维修站，故不能排除车辆原始内在设计和结构有所变动的可能。且本案中德州市公安消防分局出具的火灾原因重新认定决定书仅认定该起火灾系汽车电器线路故障引起，而并未认定电器线路故障系车辆内在质量缺陷所致，故测量公司应对车辆存在质量缺陷承担举证责任。

根据《最高人民法院关于民事诉讼证据的若干规定》第 4 条第（6）项的规定："因缺陷产品致人损害的侵权诉讼，由产品的生产者就法律规定的免责事由承担举证责任。"即，仅需就免责事由承担举证责任。实践中，许多原告都会依据以上条款在诉讼中主张，在汽车产品质量责任纠纷中应当适用举证责任倒置规定。这种错误的认识，实则是混淆了举证责任倒置与侵权责任免责事由二者的内容。举证责任倒置是对侵权行为构成要件事实证明责任的倒置，免责事由是指免除或减轻行为人侵权责任的合法事由。举证责任倒置证明不能的结果，是被告要承担侵权行为成立的不利后果，是侵权责任成立与否的质的差别；免责事由证明不能的后果是自己侵权责任不能减免，是侵权责任承担多少的量的差别。在产品质量侵权直接责任承担中，生产者、销售者、服务提供者承担的都是无过错责任；在最终责任承担中，生产者、销售者、仓储者、运输者、服务提供者承担的都是过错责任，

本案中，被上诉人汽车销售公司因销售车辆电机故障引发的汽车自燃为由，被请求损害赔偿，俨然是销售者承担了直接责任。而且，《最高人民法院关于民事诉讼证据的若干规定》第 4 条对需要倒置证明责任的侵权诉讼做出了规定，该规定涉及真正实行证明责任倒置的只有五类，而其中不包括产品缺陷致人损害的侵权诉讼。换言之，产品缺陷致人损害的侵权诉讼，并未实行证明责任倒置。因此，在诉讼中，测量公司欲实现其损害赔偿请求权，须对产品是否存在缺陷，以及缺陷与损害后果之间的因果关系，按照"谁主张，谁举证"的原则，承担举证责任。而销售公司欲免责，应对损害为测量公司故意引起等抗辩事由和免责事由进行证明。因此，对于产品缺陷的证明，必须是确定的，而不能想当然的直接推定。

本案中，测量公司提交公安消防分局出具的《火灾原因认定决定书》，认定该起火灾系由汽车电器线路故障引起，以推定产品存在缺陷。销售公司提出抗辩，电器线路故障的原因，有产品质量缺陷，也有维护及使用不当，不能简单将其他人为因素全部排出，只认同产品质量缺陷这一单一因素。即，电气线路故障与损害结果发生的原因之间，是多因一果的关系。

法院认为，"结合事发地派出所、消防大队和公安消防分局的相关证明、火灾原因认定书，均认定车辆驾驶室自燃及电器线路故障这一事实，并未直接认定电器线路故障原因系车辆内在质量缺陷，而测量公司将故障原因直接推定为车辆质量问题，无任何依据加以证明。由此，在无证据证明涉案车辆存在内在质量缺陷的前提下，适用民法通则及证据规则规定的举证责任倒置，显属不当"，法院认定测量公司未就汽车存在质量缺陷完成举证责任，即使汽车销售公司未举证证明免责事由存在，也应当承担败诉的不利后果。

【典型案例】

郑某诉陈某以 F 公司出售的瑕疵配件修理汽车致车损成立不真正连带债务案

【基本案情】

被告陈某系保养厂个体业主，对外承揽汽车保养、修理将业务，核准的经营范围为二类机动车保养。某日，原告郑某将轿车交由陈某检修后认为应更换部分配件，郑某即自被告 F 公司购买汽车配件，供陈某修理汽车用。对于配件的具体情况，F 公司未做说明。陈某收到上述配件后，未经检查就安装在原告的汽车上。8 月 8 日，因故障原告又将车送到被告保养厂修理。经当事人三方分解、检查，初步认定因油泵阀体中的泵轮装反，导致此次车损。原告向二被告索赔未果，向人民法院提起诉讼，要求二被告赔偿经济损失 3 万元。

【判决结果】

法院认为，原告郑某与被告陈某之间汽车修理关系属实。但因无承修原告汽车的相应资质，故修理汽车的民事行为无效，被告陈某承担过错责任，收取的修理费 2000 元系非法所得，应予收缴。

原告郑某与被告 F 公司之间购销关系属实。但因其未尽妥善说明义务，存有过错。被告陈某未对该总成进行检查即予装配，安装后又未经调试合格即准许车辆出厂使用，其未尽妥善维修义务，存有过错。二者的过错行为，造成了原告车辆损坏的后果，应共同承担民事责任。

上述被告就基于不同发生原因而产生的同一内容的给付，应各负全部履行的义务，二被告之间成立不真正连带债务。原告要求二被告赔偿经济损失的请求合理有据，应予支持。

【案例分析】

我国《侵权责任法》第 43 条规定："因产品存在缺陷造成损害的，被侵权人可以向产品的生产者请求赔偿，也可以向产品的销售者请求赔偿。产品缺陷由生产者造成的，销售者赔偿后，有权向生产者追偿。因销售者的过错使产品存在缺陷的，生产者赔偿后，有权向销售者追偿。"即属于数个独立的侵权行为因偶然竞合而产生不真正连带债务。不真正连带债务，是指债权人就其单一法益而发生的对数个不同的债务人之请求权，而数个不同的债务人基于不同的发生原因而偶然的对于债权人负以同一给付为标的的数个债务，依其中一个债务人之完全履行，其他债务因债权人法益实现而全部消灭之一种法律关系。请求权竞合是指同一债权人与债务人之间对于同一法律后果享有数个请求权，而债权人只能择一行使的情形。此二者之间的区别：第一，产生原因不同，连带债务基于同一原因发生，不真正连带债务基于不同原因产生；第二，债务产生的目的不同，连带债务具有共同目的，不真正连带债务无共同目的，如有，也是偶然相同；第三年，法律要求不同，连带债务实行法定主义，不真正连带债务由法官自由裁量；第四，对内效力不同，连带债务人之间存在内部追偿权，不真正连带债务人之间存在求偿权。实践中常见不真正连带债务类型包括：数个独立的侵权行为因偶然竞合而产生，一人的债务不履行行为与他人的债务不履行行为发生竞合而产生，一人的债务不履行行为与他人的侵权行为发生竞合而产生和因合同上约定的债务与其他债务不履行行为或侵权行为发生竞合而产生的情况。

本案中，F 公司在销售汽车配件时未尽妥善说明义务。陈某也未对该配件进行检查即予以装配，安装后又未经调试合格即准许车辆出厂使用，未尽妥善维修的义务。因二被告的过错行为导致原告轿车中配件装反并进，造成汽车本身损坏。二被告均因合同关系对原告产生义务。由于陈某并未有资质承揽该合同中约定的修理工作，其与原告之间订立的合同无效，并且在实际修理中未尽妥善修理义务，其过错行为造成被告财产损失，被告陈某承担侵权损害赔偿的法律后果。换言之，办案中的不真正连带债务是因合同上约定的债务与其他债务不履行行为或侵权行为发生竞合而产生。

【典型案例】

林某与河南某汽车销售服务有限公司等产品质量损害赔偿纠纷上诉案

【基本案情】

上诉人林某与被上诉人河南某汽车销售服务有限公司签订《汽车销售协议》一份，约定原告以 41 万元的价格从被告河南某公司处购买美国进口车一辆。2008 年某日，王某驾驶原告林某的车辆与货车尾部相撞，经交警部门认定，王某负该事故全部责任，事故中，车辆配备的 6 个安全气囊均未打开。后经上海某公司质量部检测分析认为，车辆气囊系统不存在故障且能实际正常工作。

另查明，原告与被告河南新凯迪公司签订《车辆转让协议》一份，约定将事故车辆的残骸及保险索赔 24.5 万元转让给被告河南新凯迪公司，而原告向被告河南新凯迪公司订购一辆新款轿车，其支付价款为新车价格减去事故车残值及保险赔款，原告向被告河南新凯迪公司在支付 14.8 万元，原告即可提走所定新车。

原告质证认为对检测结论有异议，认为撞击速度高还未打开气囊，对事实数据有异议，不准确，对车辆状态的描述有异议，对鉴定不认可。且在说明中写有"上海通用生产的"与事实不符。原告请求二被告就原告更换车辆所受损失 190 267.06 元（原告购买新车的花费和保险赔偿额之间的差额）予以赔偿。

【判决结果】

法院认为，上诉人所主张的受损损失系因发生交通事故及更换车辆所致，本案证据证明交通事故系由驾驶上诉人车辆的人员负全部责任，并非因上诉人所购车辆自身原因所致。

本案事故车辆发生事故非"事故车辆气囊设计缺陷"引起，上诉人所主张的因发生交通事故及更换车辆的受损损失也非"事故车辆气囊设计缺陷"造成，故原告车辆所受损失与本案无关；原告车辆受损后，更换车辆并非唯一选择，其仍可以修理后继续使用该车辆，故原告所产生的更换车辆的损失并非必然产生的损失。且上述任一损失与涉案车厢是否存在缺陷均不存在因果关系。

根据法律规定，销售者存在过错使产品存在缺陷是其赔偿损失的前提条件，现原告无证据证明二被告存在过错，故原告请求二被告就原告的损失 190 267.06 元（原告购买新车的花费和保险赔偿额之间的差额）向原告承担连带赔偿责任，证据不足，该院不予支持。

【案例分析】

上诉法院在认定本案时总结出两个争议焦点。第一，损害发生与涉案车辆质量问题是否存在因果关系。上诉人主张购买新车的花费和保险赔偿额之间的差额损失系因发生交通事故及更换车辆所致。经上诉法院认定，根据交警部门出具的《交通事故责任鉴定书》，王某负该事故全责。即上诉人林某因交通事故造成自身财产损失，与涉案车辆的安全气囊运作状况并无因果关系。根据被上诉人举证，该车由上海某公司从外国进口，并进过出入境检验，检验情况为：一般项目检验合格，安全性能检验合格。且根据上诉人自己授权上海某公司对涉案车辆模块中数据进行技术分析，其质量部门检测分析认定车辆气囊系统不存在故障，并且能实际正常工作。换言之，车辆并不存在质量缺陷。因此并不能适用《产品质量法》第43条向销售者和生产者请求损害赔偿。第二，汽车产品侵权责任的损害赔偿项目与额度问题。上诉人车辆受损后，更换车辆并非其唯一选择，其仍可以选择维修后继续使用该车辆，故原告所产生的更换车辆的损失并非其必然产生的损失。因此上诉法院不予支持。

本案中，上诉人欲主张汽车产品质量侵权责任，即需要举证证明其所购车辆具有缺陷，损害事实的存在并且缺陷车辆同损害事实之间有因果关系。

第一，关于质量缺陷的举证。被上诉人上海某公司（涉案车辆生产制造商）对轿车的气囊模块中数据进行技术分析，根据车辆的气囊感应及诊断模块所下载的信息，认定车辆气囊系统不存在故障，能实际正常工作，并进一步证明事故发生时碰撞的程度并未使气囊达到起爆状态。虽然上诉人质证认为撞击速度高还未打开气囊，对其事实数据存有异议，对鉴定不认可。但实际上，上诉人应当对产品是否存在质量缺陷负有举证责任，而上诉人并未另外提起汽车质量鉴定，也未提供其他证据证明汽车产品质量缺陷的存在，故此上诉人承担举证责任，可以确定该汽车不存在质量缺陷。

第二，关于因果关系的证明。本案中证据交通事故系由驾驶上诉人车辆的人员负全部责任，其证明对象仅是交通事故中的责任分配，并不能证明损害发生是由上诉人所购车辆的自身原因所致，故涉案车辆同损失之间无因果关系。

第三，关于损害赔偿项目和数额的确定。本案中上诉人主张由销售者和生产者承担因产品质量缺陷引起的侵权责任。侵权责任的承担形式由

《侵权责任法》第15条明确规定，而本案中上诉人请求以赔偿损失的形式承担责任。侵权责任发上的赔偿损失包括财产损害赔偿、人身损害赔偿和精神损害赔偿。显然，本案中上诉人主张的赔偿仅限于财产损害赔偿。而实际中，财产损害赔偿具有以下几个特点：（1）以赔偿直接损失为原则。所谓"直接损失"，是指因遭受不法侵害而使现有财产直接减少或消灭，其中不包括间接损失，即不考虑受害人的可得利益或可期待性利益。（2）体现公平合理原则。财产损害赔偿的目的在于弥补受害人受到的财产损害，因此受害人因损害得到的赔偿应当以受损害的财产为限，不得使加害人负担过重的赔偿责任

本案中上诉人在交通事故发生后，本可以通过对车辆进行修理来实现损害赔偿的目的，但其选择用事故车辆的残值和保险赔款，弥补差价后向销售商"以旧换新"，购买新车。这本是不必要的负担，但上诉人林某却将其差价作为损害赔偿额提起诉讼。显然，法院不支持该项不合理支出，是合理合法的。

【典型案例】

梁某等与李某产品责任纠纷上诉案

【基本案情】

原审判决查明：原告梁某在被告李某开办的南海市某摩托车配件经销部购买某品牌某品牌摩托车，该车生产商为被告某摩托车公司。2002年9月16日18时35分，原告驾驶该摩托车发生倒地的事故造成梁某受伤。原告驾驶的摩托车后轮轮毂爆裂，并出现外侧翻卷的现象。经公安交通管理机关补充侦查，认为梁某驾车在公路上行驶，没有违反《道路交通管理条例》。原告受伤后，支出医疗费用共250 851.69元。原告遂向法院提起诉讼要求两被告赔偿上述医疗费及返还所购摩托车款7000元。

原审判决认为：被告某摩托车公司生产的某品牌摩托车是经注册合法生产、销售的商品。原告梁某驾驶该车没有违章行为，而倒地造成梁某特重型颅脑外伤伴深度昏迷的原因是该摩托车后轮轮毂内圈爆裂，而后轮轮毂内圈爆裂的原因可能是轮毂受外界超强度力量撞击产生翻卷并致轮毂内圈爆裂，或轮毂本身存在质量上的瑕疵，而现有的科学技术又不能对上述因素作出唯一性确定。被告李某作为销售商，并无证据显示其在保管、仓储销售商品的过程中存在过错，故销售者李某对原告的损害不承担责任。鉴于原告受伤的事实客观存在，而双方均不能举证证明对方有过错。原告

所受人身损害依法应由原告及被告某摩托车公司共同承担。原告所受的财产损害因不能确定摩托车质量是否合格，故对原告要求被告返还摩托车购车款的主张，法院不予采纳。

【判决结果】

二审法院认为，梁某因使用某摩托车公司生产的轮毂有缺陷的摩托车而导致人身受损，某摩托车公司依法应当承担赔偿责任。原审判决判令梁某与某摩托车公司共担损害后果不当，应予改判。

梁某在一审期间要求退回摩托车款 7000 元。由于讼争摩托车在本案中并未整体受损，破裂的后轮轮毂不会影响讼争摩托车其他部分今后的正常使用，所以，梁某的该项请求缺乏事实和法律依据，原审判决没有支持其请求正确。

【案例分析】

上诉法院在认定本案时总结出两个争议焦点：

1. 本案是产品质量纠纷还是人身损害赔偿纠纷

本案中，原审法院将案由确定为"人身损害赔偿纠纷"，作为一般侵权案件处理，一般侵权案件适用过错责任原则，原告未能对被告的过错举证，并且，根据案件事实，法院认为被告某摩托车公司生产的某品牌摩托车是经注册合法生产、销售的商品，原告驾驶该车没有违章行为，而倒地造成梁某特重型颅脑外伤伴深度昏迷的原因是该摩托车后轮轮毂内圈爆裂，而后轮轮毂内圈爆裂的原因可能是轮毂受外界超强度力量撞击产生翻卷并致轮毂内圈爆裂，或轮毂本身存在质量上的瑕疵，而现有的科学技术又不能对上述因素作出唯一性确定，故对原告的主张未予肯定态度，判决时衡量双方利益给予原告一定补偿。

二审法院将案由改为"机动车产品质量侵权纠纷"，运用了一定的逻辑推理完成了责任的论证过程。根据上海机动车检测中心出具的《测试报告》等证据认为某摩托车公司没有举证证明本案讼争摩托车轮毂的疏松程度处于国家标准允许的范围内，所以认定摩托车轮毂存在质量缺陷。根据上诉人提供的医院证明、医疗费收据以及交警部门所作的事故结论书认定损害事实的存在。上海机动车检测中心和司法部司法鉴定中心出具的鉴定结论均提到轮毂破裂变形是外力作用所致，不是自然破裂。摩托车轮毂因材质疏松而不具备经受合理外力冲击的应有硬度，其在受外力冲击下出现破裂，导致梁某人身受损，被上诉人某摩托车公司也不能举证证明冲击讼争摩托车轮毂的外力大小超出合理范围，故二审法院也认定摩托车轮毂缺陷与受害人人身受损之间因果关系的存在。

2. 机动车产品质量侵权责任中免责事由的认定和适用

《产品质量法》第41条规定："因产品存在缺陷造成人身、缺陷产品以外的其他财产损害的，生产者应当承担赔偿责任。生产者能够证明有下列情形之一的，不承担赔偿责任：（一）未将产品投入流通的；（二）产品投入流通时，引起损害的缺陷尚不存在的；（三）将产品投入流通时的科学技术水平尚不能发现缺陷的存在的。"该条款规定了产品质量侵权者的免责事由。

《最高人民法院关于民事诉讼证据的若干规定》第4条第（6）项规定："因缺陷产品致人损害的侵权诉讼，由产品的生产者就法律规定的免责事由承担举证责任。"

根据上述规定，受害人首先需举证证明其使用的产品存在缺陷，使用缺陷产品所导致的死亡、人身伤害和缺陷产品以外的其他财产损害的结果存在、产品缺陷与受害人所受损害之间存在因果关系等，而产品的生产者主张免责，就应举证证明产品不存在缺陷或者即使产品有缺陷，其存在法律规定的免责事由。

而通过案情了解到，某摩托车生产公司并未就产品质量责任的免责事由做出举证，而是由原审法院直接认定"倒地造成梁某特重型颅脑外伤伴深度昏迷的原因是该摩托车后轮轮毂内圈爆裂，而后轮轮毂内圈爆裂的原因可能是轮毂受外界超强度力量撞击产生翻卷并致轮毂内圈爆裂，或轮毂本身存在质量上的瑕疵，而现有的科学技术又不能对上述因素作出唯一性确定"。显然，原审法庭不能代替生产者做出免责事由的推定。

【典型案例】

郑某诉某汽车公司等产品质量损害赔偿纠纷案

【基本案情】

人民法院可以确认以下案件事实：2008年4月11日，原告郑某在被告T公司购买了被告R公司生产的一辆SQR7161×××型黑色轿车，价款为64 000元，该车合格证号为WEU0507000××××，发动机号码为SQR481F.FFPCO×××，车架号为LVVDC11A67D×××××、车牌号为豫KAY××R。2008年9月16日，郑某购买的车辆豫KAY××R在被告T公司指定的保养处被告Z公司进行了正常的车辆保养，更换机油及机油滤芯、空气滤芯。2008 年 10 月 1 日 15 时 57 分，郑某购买的豫 KAY×××R 轿车行至陈化店镇赵寨学校前的操场上掉头时发生自燃，行驶过程中车内无人吸烟，也没有其他物品发生摩擦，15 时 58 分，鄢陵县公安消防大队接警到现场扑救。2008 年 12 月 1 日，鄢陵县公安消防大队作出鄢公消认字（2008）第×号火灾原因认定书，认定起火轿车不排除该车因人吸烟引起火灾，不排除机械摩擦引起火灾，不排除电器线路引起火灾。2009 年 4 月 6 日，河南省天衡机动车鉴定评估有限公司对豫 KAY×××R 车的损失价值作出评天衡评估（2009）损估鉴字第 F0××号鉴定书，结论为豫 KAY×××R 车因燃烧事故无修复价值达到报废，损失价值为 53 000 元。原告支付鉴定费 2500 元。

【判决结果】

一、被告某瑞汽车股份有限公司于本判决生效之日赔偿原告郑某车辆损失费 53 000 元、鉴定费 2500 元，共计 55 500 元；

二、被告许昌某通汽车销售股份有限公司承担连带赔偿责任；

三、驳回原告要求被告许昌某众汽车贸易有限公司承担赔偿责任的诉讼请求。

【案例分析】

本案意在说明汽车产品质量侵权纠纷中的司法鉴定问题。《司法鉴定程序通则》等法律法规对司法鉴定机构和鉴定人的资质管理、司法鉴定的委托与受理、实施过程、司法鉴定文书的出具等内容做了规定。具体到机动车质量的检验鉴定，《汽车产品监督检验和新产品鉴定试验机构管理暂行办法》做了较为详细的规定，其内容包括汽车质量监督检验和新产品鉴定试验机构的设置与命名、职责、计量认证与审查认可、管理流程等，构成了对汽车产品质量检验鉴定机构及人员的专门性规定。汽车产品质量侵权纠纷中的司法鉴定需要委托专门机构和人员进行，依合法程序得出的鉴定结论在没有相反证据证明其为不实的情况下具有极强的证明效力，一般来说可以直接作为定案的依据。

本案中，鄢陵县公安消防大队作出的《火灾原因认定书》对争系汽车的火灾原因作了认定：起火轿车不排除该车因人吸烟引起火灾，不排除机械摩擦引起火灾，不排除电器线路引起火灾。该认定书是由公安消防大队出具，因不是汽车产品质量检验鉴定的专门机构，故其证明效力远不如法定机构和人员出具的鉴定结论。原告方证人证明该车是从车后部起火，车内无人吸烟，行驶过程中没有与其他物品发生摩擦。被告未对以上事实提出反驳，《火灾原因认定书》虽不能直接作为定案的依据，并且证人证言乃原告方证人所作出，两者的证据效力显然有所欠缺，但根据优势证据原则，法院作出"该车的起火原因应是在行驶过程中由于车辆内部机械摩擦或电器线路问题引起，属于产品质量方面的问题"的认定，从而完成了对汽车质量缺陷同损害事实之间因果关系的证明。

但是，法院判决在举证责任的表述上有一定问题。依据立法文本、相关法理及司法实践，汽车产品责任无疑不能适用举证责任倒置，当由原告承担提供证据证明被告所生产或销售车辆存在缺陷、其自身有损害、自身损害与车辆缺陷之间有因果关系的事实，若不能，原告即应承担举证不能的法律后果——败诉。判决中所称"基于上述作为车辆的生产者、销售者，被告某瑞公司、某通公司即负有提供证据证明该车不存在上述质量方面问题的责任，否则就应承担举证不能的法律后果"，显然是将"举证责任"和"提供证据的责任"相混淆（举证责任不仅包括提供证据证明所主张事实的义务，更有若未能提供证据就应承担败诉责任的深刻内涵；而提供证据责任，单单包括前者，即就己方所主张事实提供证据的义务）。事实上，本案中被告只是未能完成免责事由的证据提供而已，被告若无法证明自己有免责事由，法院自可衡量双方当事人的证据优势，依自由心证作出公正判决。

需要补充的是，在本案中，《火灾原因认定书》对火灾原因的认定属于"尚未对起火原因已经查清"的情形。根据《火灾事故调查规定》（公安部令第121号）第30条的规定："对起火原因已经查清的，应当认定起火时间、起火部位、起火点和起火原因；对起火原因无法查清的，应当认定起火时间、起火点或者起火部位以及有证据能够排除和不能排除的起火原因。"因此《火灾事故认定书》中的"不排除"的表述属于火灾原因不明的情形。具体的火灾原因是否为汽车质量问题仍需由专门机构进行鉴定。法院根据鄂公消认字（2008）第×号火灾原因认定书即认定该车发生火灾的原因有3个"一是车内因人吸烟引起，二是机械摩擦引起，三是电器线路引起"是错误的做法。

二、侵犯知识产权纠纷

（一）著作权纠纷

1. 我国著作权制度概述

著作权是指著作权人对文学、艺术、科学领域的知识产品依法享有的专有权利，是基本的民事权利，在知识产权领域具有十分重要的地位。著作权过去被称为版权，最初的含义是 copyright，也就是复制权。但随着时代演进及科技的进步，著作的种类逐渐增加。版权一词已渐渐不能包括所有作品相关的权利内容。世界上第一部版权法——《英国安娜法令》开始保护作者的权利，而不仅仅是出版者的权利。19 世纪后半叶，日本融合大陆法系的著作权法中的作者权，以及英美法系中的版权，制定了《日本著作权法》，采用了"著作权"的称呼。著作权制度对中国来说是舶来品，在我国晚清改良运动中被引入，我国第一部的著作权法律《大清著作权律》中使用了"著作权"一词。此后中国著作权法律都沿用这个称呼。

新中国成立后至 1990 年 8 月，我国没有颁布系统的著作权法律法规，只是在《宪法》和《民法通则》等其他法律中关于公民言论出版自由权利等方面的规定涉及了一些与著作权相关的内容以及制定了一些与著作权相关的行政法规和部委规章，如 1981 年 8 月 5 日颁布的《国家出版局加强对外合作出版管理暂行规定》，1982 年广播电影电视部颁布的《录音录像制品管理暂行规定》，1983 年 3 月 16 日文化部颁布的《关于处理中美双方互相翻译翻译出版书刊版权问题的意见》，1984 年 6 月文化部颁布了内部执行的《图书期刊版权保护试行条例》，1985 年 9 月广播电影电视部颁布的《录音录像出版物版权保护暂行条例》，这些法律行政法规和规章等的制定标志着我国的著作权法律制度进入初创阶段。

1990 年 9 月 7 日第七届全国人大常委会第 15 次会议正式通过了《中华人民共和国著作权法》，该法于 1991 年 6 月 1 日起正式施行，共 6 章，56个条文，对著作权的权利内容、归属、保护期限，权利的限制，著作权许可使用合同以及出版、表演、录音录像、播放和违反法律的相关法律责任作出了规定，这是新中国成立以来第一部保护著作权的法律，也是著作权领域最主要的法律依据。

《著作权法》颁布后，国务院相继颁布了《著作权法实施条例》《计算机软件保护条例》《实施国际著作权条约的规定》调整新形势下出现的各种著作权纠纷，并且先后加入了《保护文学艺术作品伯尔尼公约》《世界版权公约》《录音制品公约》使得中国的著作权保护与国际接轨。

2001 年我国加入世界贸易组织，这意味着我国也必须遵守世界贸易组织中与贸易有关的知识产权协定，但是我国 1991 年制定的《著作权法》中诸多内容与上述国际条约内容不一致，为了履行我国的国际条约义务，进入21世纪以来，我国的著作权立法工作又迈出了新的步伐。

我国在2001年10月27日修改了《著作权法》，细化了著作财产权的内容，将其具体分为13项权利，另外，新增加了出租权和信息网络传播权，扩大了表演权的内涵，以"广播权"取代了"播放权"，重新界定了其含义，引入了《伯尔尼公约》中的重要著作权术语"汇编"，修订后的《著作权法》在著作权保护客体上也有所调整与扩大，将杂技艺术作品以及建筑作品和汇编作品纳入了著作权保护范围，且确立了著作权人与邻接权人的权利义务关系，修改了合理使用和法定许可的相关规定，最重要的是以"网络信息传播权"加强了网络环境下的著作权保护。该次修改幅度较大，修正后的《著作权法》由原来的六章56条变更为六章60条。该次修订的主要目的主要是为了和国际接轨。

在这之后的2002年10月，最高人民法院颁布了《关于审理著作权民事纠纷案件适用法律若干问题的解释》（法释〔2002〕31号），对著作权纠纷案件的受案范围以及管辖，民事责任等事项作出了更为具体的规定，为著作权纠纷的解决提供了更详细的法律依据。

为了履行世界贸易组织有关中美知识产权争端专家组裁定，2010年2月26日全国人大常务委员会第13次会议通过了修改《著作权法》的决定，对著作权法进行了第二次修正。该次修订幅度较小，涉及两个条款，修订后的《著作权法》共六章61条，将第4条修改为："著作权人行使著作权，不得违反宪法和法律，不得损害公共利益。国家对作品的出版、传播依法进行监督管理。"同时又增加了著作权质押规定条款。

《著作权法》颁布实施近三十年以来，我国成功实现了经济转型和社会转轨，确立了市场经济的制度，利益格局发生了根本变化。全球科学技术也在迅猛发展，特别是数字、网络技术的快速发展和广泛运用，使作品的创作、传播和保护方式都要发生了深刻变化，强烈冲击和挑战了传统的著作权保护制度。因此，著作权保护制度需要进行及时的调整。但我国没有针对《著作权法》颁布实施以来的发展变化情况进行主动的变化。因而我国国家版权局在2011年开始启动了著作权法第三次修改工作，2012年3月31日，国家版权局于官网发布了关于《中华人民共和国著作权法（修改草案）》公开征求意见的通知，目前正在征集法律界专家、学者的意见。

2. 我国著作权人所享有的权利

与其他民事权利相比，著作权的权利内容更加丰富，包含了人身权

（又称精神权利）和财产权（又称经济权利）。根据我国《著作权法》第10条的规定，著作权包含了发表权、署名权、修改权、保护作品完整权、复制权、发行权、出租权、展览权、表演权、放映权、广播权、信息网络传播权、摄制权、改编权、翻译权、汇编权十六项权利以及兜底条款所规定的应当由著作权人享有的其他权利。

根据《著作权法》的规定：发表权，即决定作品是否公之于众的权利；修改权，即修改或者授权他人修改作品的权利；保护作品完整权，即保护作品不受歪曲、篡改的权利；发行权，即以出售或者赠与方式向公众提供作品的原件或者复制件的权利；出租权，即有偿许可他人临时使用电影作品和以类似摄制电影的方法创作的作品、计算机软件的权利，计算机软件不是出租的主要标的的除外；展览权，即公开陈列美术作品、摄影作品的原件或者复制件的权利；表演权，即公开表演作品，以及用各种手段公开播送作品的表演的权利；放映权，即通过放映机、幻灯机等技术设备公开再现美术、摄影、电影和以类似摄制电影的方法创作的作品等的权利；广播权，即以无线方式公开广播或者传播作品，以有线传播或者转播的方式向公众传播广播的作品，以及通过扩音器或者其他传送符号、声音、图像的类似工具向公众传播广播的作品的权利；摄制权，即以摄制电影或者以类似摄制电影的方法将作品固定在载体上的权利；改编权，即改变作品，创作出具有独创性的新作品的权利；翻译权，即将作品从一种语言文字转换成另一种语言文字的权利；汇编权，即将作品或者作品的片段通过选择或者编排，汇集成新作品的权利。

而关于署名权，《著作权法》将其解释为"表明作者身份，在作品上署名的权利"，但其具体内容却比此表述要复杂。署名权也称姓名表示权，是指决定作品是否署名以及如何署名，表明作者身份的权利，《伯尔尼公约》第6条第2款规定，作者有要求确认其为作品作者身份的权利，确认作者身份即为署名权。《伯尔尼公约》将署名权列为其成员国必须的著作人身权，署名权是著作人身权的核心内容，署名权是指对署名权的各种具体运用的总和，主要包括以下内容：

第一，决定署名或不署名以及如何署名的权利。作者有权决定在其作品上署名的方式，包括署名或不署名的决定权，也包括署其本名、笔名、别名或假名的选择决定权，如自然人作者署其真名或假名、大名、艺名、笔名、别号等，法人、非法人单位署其名称、商号等。因为署名权是作者公开其作者身份与作品关系的权利，所以作者可以选择公开其作者身份或不公开作者身份。作者不署名即匿名，匿名不是作者放弃署名权或没有署名权，匿名也是行使署名的一种方式，不能理解为署名权的放弃。署名权本质上是作者身份权的外部表现形式，部分隐瞒或完全隐瞒自己作者的身份，作者仍然有权要求确认其作者身份。

第二，署名排列方式决定权。在作者为多数人的情况下，署名的方式还包括对作者署名顺序的安排，这种安排通常由合作者协商确定其顺序。安排可能包含相应合作者在创作作品中的地位和作用，是合作者创作身份的进一步体现。一般情况而言排名靠前的作者往往会获得人们较高的评价，如有的单位在评定职称时对合作作品只承认排在首位的作者以其著作成果来参评职称。

第三，署名指示权。作者有权在有关演绎作品上署名，演绎作品为原作的派生作品，是在原作基础上的再创作，仍包含原作作者的创作劳动和人格，因此对原作的改变，翻译置等产生的演绎作品，原作者有权要求演绎作者在演绎作品上署名原作作者。

第四，禁止未参加创作作品的人在作品上署名的权利。作者有权禁止他人在自己作品和合作作品上署名。署名权是基于作者的创作而产生的具有人身属性的权利，未参加创作的人无权在相关作品上署名。

另外，著作权制度产生之初被称为"copyright"，即复制权，在经过多年发展之后，复制权又具有了怎样的含义呢？我国《著作权法》对其作出了以下定义："复制权，即以印刷、复印、拓印、录音、录像、翻录、翻拍等方式将作品制作一份或者多份的权利。"

它是著作权财产权中最重要、最基本和最普遍的权利，是著作权人决定实施或不实施上述复制行为或者禁止他人复制其受保护作品的权利。该权利的关键就在于对复制行为的界定。学理上有许多关于复制概念的阐述，有学者认为，复制行为应满足两个条件：第一，在有形的物质载体上再现作品；第二，该行为使得作品被相对持久和稳定地固定在有形物质载体之上，形成作品的有形复印件。

复制是指以静态的文字、图像或动态的声音、图像等物质形式将作品原样再现出来。但并非任何作品再现行为都是复制，例如表演、播放、改编、翻译或再创作就不属于复制。另外，复制可以是一份也可以是多份，且对作品复制件的再复制仍然属于复制。最后，复制并不要求现场即使复制凭借大脑记忆，事后再现作品仍然属于复制行为。

需注意的是，对于适用于工业生产领域的工程设计图等图形作品，将平面的图形作品制作成产品，该实施的生产行为属于视为"生产工业产品的行为"，该行为只是利用了图形著作所表现出来的概念或构思，而非表达，属于专利保护范畴。对于日常生活中大家所熟悉的抄袭行为（也称剽窃），多数国家的著作权法是把抄袭作为一种特殊的复制来理解的，因而没有单独提及抄袭问题。但在许多承认精神权利的国家，抄袭首先是对作者署名权的侵犯。

这是一种侵犯他人著作权的行为，同时也是在著作权审判实践中较难认定的行为。抄袭与合理引用的区别主要集中在两点：一是照搬他人作品的量是否超过必要的限度。例如，照搬部分是否构成照搬者自己作品的主要部分或实质部分等。二是有无注明原作者。例如，抄袭者不但不注明原作者，而且还把抄袭部分当作自己的创作而署名。

随着信息技术的迅速发展，通过网络方式公开传播作品的方式日益普及，我国2001年《著作权法》新增加信息网络传播权后，2006年国务院又颁布了《信息网络传播权保护条例》（2013年进行了修订）对著作权领域的网络传播行为进行规制，信息网络传播权成为网络时代下著作权领域最重要的权利之一。它是指通过有线或者无线方式向公众提供作品，使公众可以在其个人选定的时间和地点获得作品的权利。可以看出，信息网络传播权调整的范围不仅限于互联网络，还包含电视、电话、手机等作品点播系统。

《著作权法》还规定，除了著作权人享有对其作品的信息网络传播权以外，邻接权人也享有这项权利。《著作权法》第38条第（6）项规定，表演者有权许可他人通过信息网络向公众传播其表演，并获得报酬。第42条规定，录音录像制作者有权许可他人通过信息网络向公众传播其制作的录音录像制品。

而关于侵犯信息网络传播权的标准，司法实践中出现了不同标准。一种是用户感知，另外一种是服务器。用户感知是指在判定被诉行为是否是信息网络传播的时候，网络用户的感知因素要考虑到；服务器标准是指涉案内容是否传到了服务器上。这其中涉及一定的专业技术问题，还需法官结合具体案件进行判断。

3. 著作权许可协议的有关规范

著作权许可使用，又称著作权"用益权授予"或"授权使用"，是指著作权人保留其著作权所有者身份的前提下，在著作权保护期内许可他人在一定期限、范围，以一定方式使用其作品，并获得报酬的一种法律行为。著作权许可使用的对象通常仅限于著作财产权，但著作人身权中的发表权、修改权在一定条件下也可以授权他人行使。

著作权许可协议是指作为许可人的著作权人与被许可人之间就作品使用的期间、地域、方式等而达成的协议。著作权人利用许可使用合同可以将著作财产权的一项或多项内容许可他人使用，同时向被许可人收取一定数额的著作权使用费，以保障实现著作财产权益。

著作权许可使用是著作权利用的最重要方式。它既能够维持著作权主体的不变，又可以借助社会的力量来开发、利用自己的作品，因而是著作权人最为普遍采用的利用方式。绝大多数国家的著作权法都确立了著作权许可使用制度。我国《著作权法》第 10 条第 2 款规定："著作权人可以许可他人行使前款第（五）项至第（十七）项规定的权利，并依照约定或者本法有关规定获得报酬。"更是在第三章对著作权许可使用合同作出了专门规定。

《著作权法》第 24 条第 1 款明确规定："使用他人作品应当同著作权人订立许可使用合同，本法规定可以不经许可的除外。"且许可使用合同包括许可使用的权利种类、许可使用的权利是专有使用权或者非专有使用权、许可使用的地域范围、期间、付酬标准和办法、违约责任、以及双方认为需要约定的其他内容如纠纷的解决方式等。

（1）许可使用的权利种类。

我国《著作权法》规定了复制权、发行权、出租权、展览权、表演权、放映权、广播权、信息网络传播权、摄制权、改编权、翻译权、汇编权等著作财产权，著作权人均可以许可他人使用。因此，著作权许可使用合同必须明确授权被许可人以何种方式使用其作品，比如授权改编，则应明确许可改编人将作品改为何种形式。当事人在签订合同时必须明确许可使用的权利种类。《著作权法》第 27 条规定："许可使用合同和转让合同中著作权人未明确许可、转让的权利，未经著作权人同意，另一方当事人不得行使。"

（2）许可使用的种类。

这一条款是明确许可使用的权利的性质。因著作权许可使用既可以是专有许可使用，也可以是排他许可使用，还可以是普通许可使用。不同性质的许可使用合同，双方当事人享有的权利义务也大不相同，许可使用费也有很大差别，因此合同中许可使用权的性质必须明确。我国《著作权法实施条例》第 24 条规定，专有使用权的内容由合同约定，合同没有约定或者约定不明的，视为被许可人有权排除包括著作权人在内的任何人以同样的方式使用作品。

（3）许可使用的地域范围、期间。

著作权许可使用合同就是著作权人许可他人在一定期限、地域范围内以特定方式使用其作品的行为，因此，许可使用的地域范围、期间也是著作权许可使用合同的重要条款。其中地域范围指的是被许可使用的著作权在地域上的效力，通常表现为作品的复制发行范围、播放范围等。许可使用的期间指的是被许可使用的著作权在时间上的效力。

（4）付酬标准和办法。

《著作权法》第 28 条规定："使用作品的付酬标准可以由当事人约定，也可以按照国务院著作权行政管理部门会同有关部门制定的付酬标准支付报酬。当事人约定不明确的，按照国务院著作权行政管理部门会同有关部门制定的付酬标准支付报酬。"著作权人许可他人使用其作品的目的除了传播优秀作品、丰富社会精神文化生活，更重要的是实现著作财产权的经济价值。此外，明确了付酬标准和办法也有助于合同的准确履行，减少纠纷的产生。

（5）违约责任。

著作权许可使用合同是对双方具有约束力的法律文件，双方在合同中确立的权利义务关系受法律保护。

当事人本应全面、及时地履行合同规定的权利义务，然而由于一方当事人缺乏诚心或者由于客观情况变化，常常出现一方或者双方当事人不能依照合同约定履行义务的情况。合同中的违约条款则是解决此类纠纷的法律依据。当事人应该在著作权许可使用合同中约定好可能出现违约的情形、违约行为致损的计算、风险分担等条款。

（6）双方认为需要约定的其他内容。

除去上述五项条款外，当事人还可以列入其他一些内容，例如就著作权许可使用合同纠纷的解决办法，双方可以约定仲裁条款。

4. 汽车企业在著作权领域常见的纠纷

现代汽车行业竞争日益激烈，各企业为了占领市场份额，扩大品牌影响力，需借助电视，手机，网络等各种媒介对自己的企业，品牌，产品进行宣传，这其中包括广告，宣传手册等多种形式，为了能吸引大众注意，这些广告，宣传手册中需运用各种美观、有创意的图片文字等，这个过程就极易因疏忽侵犯相关著作权人的利益而陷入著作权侵权纠纷。汽车企业在日常运营中常见的著作权侵权纠纷主要有以下几种：

（1）使用网络图片进行商业宣传。

根据《著作权法》第 3 条规定，摄影作品以及工程设计图、产品设计图、地图、示意图等图形作品是其保护的客体，因而著作权人对其已发表的图片享有著作权，若汽车企业将网络图片用于商业宣传，也很有可能侵犯他人著作权。具体有以下几种情形。

第一，使用权利不明的图片，很可能涉嫌侵犯他人的复制权或信息网络传播权，要承担侵权的赔偿责任。复制是指以静态的文字、图像或动态的声音、图像等物质形式将作品原样再现出来。若汽车企业在其广告或宣传图册中使用他人在网络上发布的图片，并将广告通过网络，电视等媒介播出，则侵犯了该图片著作权人的利益。因为著作权人有权选择对自己的作品以匿名形式发表，但这并不意味着其对于著作权的放弃，所以汽车企业使用网络上权利主体不明的图片进行商业宣传的，仍需承担侵权责任。

第二，使用未经著作权人许可的图片，如上文所述，利用著作权的最主要的一种方式是著作权许可使用，如果汽车企业在其经营网站上向公众提供了权利人的摄影作品（如汽车图片），未给著作权人署名，侵犯了原权利人对摄影作品所享有的署名权和信息网络传播权，需承担相应的法律责任。

第三，使用人如果仅仅是为了个人学习、研究，或为了评论某一作品、说明某一问题，或者为了报道时事新闻，引用已经发表的图片作品，那么就属于合理使用的范畴，可以不经图片作者的许可使用图片，但是需要说明图片作者以及作品名称。但这种情形在汽车企业中很少见，因为汽车企业引用图片一般是为了商业宣传，所以无法受到合理使用规则的保护。

但根据《著作权法》第 16 条第 1 款的规定："公民为完成法人或者其他组织工作任务所创作的作品是职务作品，除本条第二款的规定以外，著作权由作者享有，但法人或者其他组织有权在其业务范围内优先使用。作品完成两年内，未经单位同意，作者不得许可第三人以与单位使用的相同方式使用该作品。"所以若该图片的作者是为了完成汽车企业工作任务所创作的，则属于职务作品，该汽车企业可依照法律规定优先使用。除此之外，网络图片如果被汽车企业作为商业性宣传使用，需要取得图片作者的许可，并依照约定或者《著作权法》有关规定支付原作者一定费用，才可以予以使用，否则将构成著作权侵权。因此，汽车企业以盈利为目的使用网络图片进行宣传时应经著作权人的许可并依法律规定支付相关费用，否则将会陷入著作权纠纷。

（2）使用非授权字体进行商业宣传。

新颖、引人注目的字体在汽车企业的宣传中也是必不可少的，"字体著作权"尚无确定的、严谨的司法领域概念，在常规认识里，操作系统、软件自带的字体在使用上没有限制，但其实这其中存在着法律隐患。

例如，"微软雅黑"是由"北大方正电子有限公司"设计开发的字体作品，方正公司通过协议的形式授权微软公司使用，微软用户个人使用并没有太多限制，比如写作、办公、通信等。但若进行商业使用，则需要版权方授权，并支付费用。例如汽车企业以直接营利或者间接营利为目的，将字体作为视觉设计要素，在其宣传图册、网页信息、注册商标中进行复制、发行、展览或在其广告中进行放映、信息网络传播，则需要取得著作权人的授权。

虽然司法实践中对"字体著作权"的界定还有分歧，有学者认为部分具有高度独创性的字体享有著作权，而在利用公有领域的资源如隶书、楷书等基础开发的字体是不受著作权保护的。也有学者认为字库整体具有版权，单字不具有著作权。但就司法实践来看，南京中院和江苏高院等地对于单字是否作为美术作品受著作权保护持肯定态度，

所以汽车企业在商业宣传中对于未授权的字体的商业性使用面临着巨大的法律风险。一旦侵权，侵权赔偿数额的确定需要综合考虑字体的商业用途、使用数量、使用范围等因素，目前，法院对这类侵权的判决一般为一个字 3000～10000 元。如果字体设计在产品营利方面起到关键作用，赔偿金额还会更多。

（3）应对建议。

随着我国对知识产权的执法力度越来越大，民间保护知识产权的意识也越来越强，因此在如今的环境下擅自使用他人作品的难度越来越大。其

至目前市场上出现了若干图片公司，收集大量的图片并进行著作权登记，随时在全网进行检索，遇到实力雄厚的公司便发函警告索要许可费，或直接起诉，以撤诉为条件要求侵权方与其签订合作合同，要求侵权方购买图片库，目前已有个别汽车企业由于自己或委托广告公司的疏漏而发生了如上纠纷。鉴于以上情况，我们提出以下几点建议：

第一，明确商用的范畴。在普通人的观念中，广告往往局限于户外宣传物料及电视投放的视频，但在国内自媒体十分发达的当下，企业运营的微博、微信公众号等自媒体账号发布的消息也会被视为广告，其对著作权作品的使用无法被视为合理使用，系为典型的商用，此环节也是纠纷高发的领域。因此，企业在运营自己的账号时仍需慎用网络图片，尽量使用本公司享有著作权的作品，避免使用来源不明的网络图片，以防被"钓鱼"。

第二，委托正规的广告公司。汽车企业本身难以辨别素材的权利来源，对于广告、宣传物料的制作可委托专业的广告设计公司，此类公司有熟悉的正版数据库，版权意识较强，有时候会出于设计目的直接向权利人购买素材。在与广告公司合作时，企业应与广告公司签署完备的服务协议，明确、重点约定有关第三人权利的条款，应明确在第三人对素材主张权利时，广告公司应对纠纷的一切损失承担赔偿责任，可以有效降低企业的法律风险。

（二）专利权纠纷

"专利"源自英文的"Letters Patent"，原意为公开的文件。而专利法则是指国家制定的，用以调整因专利权确认和实施而产生的各种法律规范的总称。一般认为，专利制度起源于中世纪的西欧国家。随着商品经济的发展，科技创造的财富在社会总财富中所占的比例逐渐提高。13世纪前期，英国皇家开始以特许令的方式，授予技术发明者或引进者在一定期限内的垄断权。这种钦赐特权制度便是专利制度的萌芽。此后的1474年，威尼斯会议通过了《专利法》；1623年，英国国会通过了《垄断法》，规定了专利权的取得条件，主体客体等内容。此后，世界各国纷纷效仿英国，美国在1790年、法国在1791年、荷兰在1809年、瑞典在1819年、西班牙在1826年、日本在1885年相继制定和颁布了本国的专利法，专利制度开始在世界范围内确立与推广，各种国际条约的签订更是推进了专利制度的国际化进程。

新中国成立之初，我国经历了从注重"发明奖励制度"，到注重"专利保护制度"的曲折历程。中央人民政府颁布了一系列暂行条例，用单一的发明奖励制度暂时取代专利制度，批准了一系列获奖发明。1957 年 8 月 11 日，政务院财政经济委员会公布了《保障发明权与专利权暂行条例》（1963 年《发明奖励条例》颁布后，该暂行条例即被废止）。此暂行条例规定简单，仅 22 条，采用"发明权"和"专利权"并行，与苏联当时实行的发明人证书和专利证书的双轨制相似。

改革开放后，我国从 1978 年开始筹建专利制度。1984 年 3 月 12 日，第六届全国人民代表大会第四次会议审议通过了《中华人民共和国专利法》，于同年 4 月 1 日起实施。1985 年 1 月 19 日，国务院颁发了《专利法实施细则》。这对我国专利制度的建立与发展具有里程碑式的意义，标志着我国专利制度与发明奖励制度并存的法律保护体系正式形成。

《专利法》实施以来，为了适应国内外社会实践的变化，已经进行了三次修订。1992 年，由于与国际专利制度接轨的客观需要，第七届全国人民代表大会常务委员会第二十七次会议通过了《关于修改〈中华人民共和国专利法〉的决定》，对《专利法》进行了第一次修订，将专利保护范围扩大至食品、调味晶、药品及其他用化学方法获得的物质，并将发明专利的保护期限延长至 20 年，进一步完善了专利权审批程序，强化了对专利权的保护。2002 年对《专利法》的第二次修订是实施科教兴国战略的一项重要举措，主要修改内容包括：对职务发明的界定更为合理；增加了有关许诺销售的规定；规定制止非法产品的"合法"使用；增加诉前临时措施；增加关于侵权赔偿额计算的规定；明确省、自治区、直辖市人民政府管理专利作的职能；发挥行政执法优势，简化、完善了专利审批和维权程序等。此次的诸多修改内容旨在更有利地推进科技创新。加入世界贸易组织多年后，国内科技、经济迅猛发展，知识产权的国际国内形势发生了深刻变化，为实施国家知识产权战略，实现建设创新型国家的目标，改变生产力水平总体上还不高、缺乏自主创新能力、长期形成的结构性矛盾和粗放型增长状况，2008 年 12 月 27 日，第十一届全国人大常委会第六次会议通过了《关于修改〈中华人民共和国专利法〉的决定》，对《专利法》做进一步的修改，并于 2009 年 10 月开始施行。此次修改突出创新能力，强化对专利权的保护，注重专利质量的提升，促进技术的推广与应用，这是与现实相适应的，且已经取得了巨大成效。自此，我国已经形成了较为完备和适应社会实践的专利制度法律体系，保护了专利权人的利益，同时鼓励促进了科技的发展与创新。

1. 我国专利的种类及授予条件

专利种类又称为专利权客体，即可以受专利法保护的对象。对于专利保护的对象各国的选择有差异，多数国家把发明纳入保护范围，但对实用新型和外观设计的选择有所不同。我国《专利法》第 2 条第 1 款规定："本法所称的发明创造是指发明、实用新型和外观设计。"因此，我国专利的种类包括发明、实用新型和外观设计三种。不同类型的专利的内容不同，授予条件也具有差异。

（1）发明和实用新型的授予条件。

根据我国《专利法》第 2 条第 2 款和第 3 款的规定："发明，是指对产品、方法或者其改进所提出的新的技术方案。实用新型，是指对产品的形状、构造或者其结合所提出的适于实用的新的技术方案。"而关于其授予条件，《专利法》第 22 条第 1 款规定："授予专利权的发明和实用新型，应当具备新颖性、创造性和实用性。"

①新颖性，是指该发明或者实用新型不属于现有技术；也没有任何单位或者个人就同样的发明或者实用新型在申请日以前向国务院专利行政部门提出过申请，并记载在申请日以后公布的专利申请文件或者公告的专利文件中。所以申请专利的发明和实用新型应当满足新颖性的要求且不得出现抵触申请。

而如何判断一项技术是否属于现有技术，《专利法》将其界定为"申请日以前在国内外为公众所知的技术"。具体应把握地域性标准和时间性标准。

我国 1984 年《专利法》、1992 年《专利法》和 2000 年《专利法》均采用的是混合新颖性标准，2008 年修改后的我国《专利法》将判断新颖性的地域标准修改为绝对新颖性标准，即该项技术需在全世界范围内都未公开过才符合新颖性要求。关于时间标准，我国《专利法》在规定以申请日为判断新颖性的时间标准的同时，作出了必要的特别规定，根据《专利法》第 24 条的规定，申请专利的发明创造在申请日以前六个月内，在中国政府主办或者承认的国际展览会上首次展出的，在规定的学术会议或者技术会议上首次发表的，他人未经申请人同意而泄露其内容的，不丧失新颖性。

②创造性，是指与现有技术相比，该发明具有突出的实质性特点和显著的进步，该实用新型具有实质性特点和进步。

可以看出，发明的创造性比实用新型的创造性要求更高，即其实质性特点需突出，进步需显著。关于创造性的判断，首先，应以所属领域普通技术人员的知识和判断能力为准；其次，应用相同技术领域的普通技术人员是否显而易见来判断。"普通技术人员"是为统一审查标准而虚拟的人，其具备该技术领域已有技术的一般知识，即不是该技术领域的专家。再次，判断创造性应遵循客观标准，以突出的实质性特点和显著进步（实用新型以实质性特点和进步）为标准。

③实用性，是指该发明或者实用新型能够制造或者使用，并且能够产生积极效果。即应具有可实施性、有益性以及再现性。可实施性是指申请的专利或实用新型是已经完成的、具体的、符合自然规律的技术方案，能够应用于工业实践。而有益性则是指发明或实用新型的实施能够产生积极地经济、社会效益，侧重于积极效果的产生。再现性则是指具有实用性的发明或者实用新型的主题应当是能够重复实施的。

（2）外观设计专利权的授予条件。

发明和实用新型一般比较注重产品或方法本身的技术特征和技术效果，而不涉及产品的外观。外观设计属于新设计，其目的在于使产品外形新颖而富有美感，因而它比较注重外表装饰效果，而不涉及产品本身的功能与技术构造。我国《专利法》规定外观设计的授予条件包括新颖性、区别性以及不得与他人已取得的合法权利相冲突。

①新颖性。我国《专利法》第 23 条第 1 款规定："授予专利权的外观设计，应当不属于现有设计；也没有任何单位或者个人就同样的外观设计在申请日以前向国务院专利行政部门提出过申请，并记载在申请日以后公告的专利文件中。"对外观设计中的新颖性判断同发明与实用新型中的类似，应当遵循时间标准以及低于标准，且发明、实用新型中抵触申请对新颖性的影响以及对新颖性的例外规定也适用于外观设计。

②区别性。我国《专利法》第 23 条第 2 款规定："授予专利权的外观设计与现有设计或者现有设计特征的组合相比，应当具有明显区别。"若某一外观设计与现有设计或现有设计特征的组合相比没有明显区别，则该设计就属于现有设计。明显区别就是指授予专利权的外观设计与现有设计相比在视觉效果上具有明显特征，如外观设计的产品不同、产品形状、图案或其结合以及色彩、形状、图案或其结合存在不同。

③不得与他人已取得的合法权利相冲突。我国《专利法》第 23 条第 3

款规定："授予专利权的外观设计不得与他人在申请日以前已经取得的合法权利相冲突。"在先取得，是指在先权利人的权利取得之日是在外观设计的申请日或优先权日之前。其中，需要注册登记产生的权利，注册登记之日即为权利取得之日。而在先权利则是包括了商标权、著作权、企业名称权、肖像权、知名商品特有包装装潢使用权等。冲突的表现形式通常表现为不同权利的彼此重复、交叉，多个权利人可以就相同内容的权利客体主张自己的权利。

2. 专利的申请、无效及终止

专利权具有授权性特点，不能自动取得，需权利人提出申请。我国《专利法》第三章专门针对专利申请所需的文件，申请日期，限制条件等事项作出了具体规定。总结来看，我国专利申请遵循着形式法定原则、单一性原则以及先申请原则。形式法定原则是指在申请专利时，需采用《专利法》规定的形式提交相关资料。《专利法》第 26 条第 1 款规定："申请发明或者实用新型专利的，应当提交请求书、说明书及其摘要和权利要求书等文件。"《专利法》第 27 条第 1 款规定："申请外观设计专利的，应当提交请求书、该外观设计的图片或者照片以及对该外观设计的简要说明等文件。"除此之外，《专利法》还对各个文件的形式以及具体内容作出了规定，申请人需依照法律的规定准备、提交相关书面材料，不得以口头形式申请。另外，《专利法》第 31 条规定："一件发明或者实用新型专利申请应当限于一项发明或者实用新型。属于一个总的发明构思的两项以上的发明或者实用新型，可以作为一件申请提出。一件外观设计专利申请应当限于一项外观设计。同一产品两项以上的相似外观设计，或者用于同一类别并且成套出售或者使用的产品的两项以上外观设计，可以作为一件申请提出。"这体现了专利申请的单一性原则。先申请原则体现在《专利法》第 9 条第 2 款："两个以上的申请人分别就同样的发明创造申请专利的，专利权授予最先申请的人。"因此，两个以上的申请人分别就同样的发明创造申请专利时，专利权授予最先申请的人。如果是在同一天申请的，申请人应当在收到国务院专利行政部门通知后自行协商确定申请人。"先申请原则"对于专利审查来说可以节约时间和成本，但对商业竞争却是一个很残酷的竞争制度。它不考虑发明人的利益，只保护在先申请人的利益，由于没有及时申请专利，企业很可能为此付出很大代价。

专利申请人按要求提出申请后，由国务院专利行政部门进行审查，审查合格后才可授予专利权。专利权被授予之后仍存在被宣布无效的可能。《专利法》第 45 条规定："自国务院专利行政部门公告授予专利权之日起，任何单位或者个人认为该专利权的授予不符合本法有关规定的，可以请求专利复审委员会宣告该专利权无效。"请求宣告专利无效，需依法向专利复审委员会提交申请书和相应文件，专利复审委员会对宣告专利权无效的请求应当及时审查和作出决定，并通知请求人和专利权人。宣告专利权无效的决定，由国务院专利行政部门登记和公告。对专利复审委员会宣告专利权无效或者维持专利权的决定不服的，可以自收到通知之日起 3 个月内向人民法院起诉。人民法院应当通知无效宣告请求程序的对方当事人作为第三人参加诉讼。

专利权被宣告无效后，专利权视为自始不存在。宣告专利权无效的决定，对在宣告专利权无效前人民法院作出并已执行的专利侵权的判决、裁定，已经履行或强制执行的专利侵权纠纷处理决定，以及已经履行的专利实施许可合同和专利权转让合同都不具有追溯力。但因专利权人主观过错给他人造成的损害，应当予以适当赔偿。

专利权终止，是指专利权法律效力的消灭。专利权终止的情况主要有下列两类：

第一，期限届满终止。《专利法》第 42 条规定："发明专利权的期限为二十年，实用新型专利权和外观设计专利权的期限为十年，均自申请日起计算。"所以，发明专利权自申请日起算维持满 20 年，实用新型或者外观设计专利权自申请日起维持满 10 年，依法终止。

第二，因其他原因终止。《专利法》第 44 条规定："有下列情形之一的，专利权在期限届满前终止：（一）没有按照规定缴纳年费的；（二）专利权人以书面声明放弃其专利权的。专利权在期限届满前终止的，由国务院专利行政部门登记和公告。"

专利权终止与专利无效具有不同的法律效果，专利终止后，受该项专利权保护的发明创造便成为全社会的共同财富，任何人都可以自由而无偿地使用。

3. 专利权的内容及限制

《专利法》第 11 条规定："发明和实用新型专利权被授予后，除本法另有规定的以外，任何单位或者个人未经专利权人许可，都不得实施其专利，即不得为生产经营目的制造、使用、许诺销售、销售、进口其专利产品，或者使用其专利方法以及使用、许诺销售、销售、进口依照该专利方法直接获得的产品。外观设计专利权被授予后，任何单位或者个人未经专利权人许可，都不得实施其专利，即不得为生产经营目的制造、许诺销售、销售、进口其外观设计专利产品。"可以看出，专利权的内容主要包括制造权，使用权，许诺销售权，销售权以及进口权。

制造权，是指专利权人享有垄断制造专利产品，禁止他人未经许可而制造相同或类似产品的排他性权利。制造权是一种经济权利，专利权人可以自己制造专利产品，也可以允许他人制造，并收取相应的使用费。专利权人不仅可以禁止他人未经许可而制造相同的产品，还可以禁止他人未经许可而制造类似的产品；这里的"类似"，是指产品的主要技术特征与专利产品相近。

使用权，是指专利权人依法享有使用专利产品、专利方法或依照专利方法直接获得的产品的专有权利。这是发明和实用新型中的权利人享有的权利，在任何情况下使用外观设计专利产品的行为不构成侵权。其中"使用"包括一次使用、多次使用、产品一种用途的使用、产品多种用途的使用等。使用权包括两方面，一是专有权人自己可以自由使用；二是专有权人有权禁止他人未经许可而擅自使用。

许诺销售权也称为"提供销售权"，是指专利权人在实际销售之前，明确表示愿意出售具有权利要求书所述技术特征的专利产品以及禁止他人未经专利权人许诺销售专利产品的权利。许诺销售行为包括发送商业广告、在商店橱窗中陈列、在展销会上展出、上门推销、举行产品推介会等方式的推销或促销行为。

销售权是专利权人享有的独自销售专利产品或依照专利方法直接获得产品的权利。这种独占销售权通常禁止专利产品所有权的首次转移。在销售过程中，专利产品的销售方只能是专利权人或经专利权人许可的其他人，除法律另有规定外，任何人未经专利权人许可都不得首先销售其专利产品利产品投入市场。

进口权是专利权人享有独占地进口专利产品的权利，除法律另有规定的以外，专利权人享有为商业目的自己进口或禁止他人未经其许可而进口专利产品的权利。一方面，专利权人可以自己进口专利产品，特别是在法律规定专利权人必须实施专利的情况下，专利权人可以通过进口专利产品履行其在本国实施专利的义务；另一方面，专利权人有权禁止他人未经许可，为生产经营目的进口专利产品。

除此之外，专利权人还享有署名权、转让权等其他权利。《专利法》第17条规定："发明人或者设计人有权在专利文件中写明自己是发明人或者设计人。专利权人有权在其专利产品或者该产品的包装上标明专利标识。"《专利法》第10条规定："专利申请权和专利权可以转让。中国单位或者个人向外国人、外国企业或者外国其他组织转让专利申请权或者专利权的，应当依照有关法律、行政法规的规定办理手续。转让专利申请权或者专利权的，当事人应当订立书面合同，并向国务院专利行政部门登记，由国务院专利行政部门予以公告。专利申请权或者专利权的转让自登记之日起生效。"

虽然专利权人享有内容如此丰富的权利，但为了平衡专利权人、专利使用人与社会公众之间的利益，各国专利法对专利权人的权利作出了不同程度的限制。专利权的限制是指《专利法》规定的，允许第三人在某些特殊情况下可以不经专利权人许可而实施其专利，且其实施行为不视为侵犯专利权的行为的一种法律制度。

我国《专利法》第69条规定了五种不视为侵犯专利权的行为：（1）专利产品或者依照专利方法直接获得的产品，由专利权人或者经其许可的单位、个人售出后，使用、许诺销售、销售、进口该产品的。该项行为被称为"首次销售行为"，又称为权利用尽原则。当专利权人自己制造、进口或者经专利权人许可而制造、进口的专利产品或者依照专利方法直接获得的产品售出后，即认为其专利权已经"用尽"，他人对该产品再次进行分销、转卖或零售，都无须征得专利权人的许可。（2）在专利申请日前已经制造相同产品、使用相同方法或者已经作好制造、使用的必要准备，并且仅在原有范围内继续制造、使用的。该行为属于在先使用，是指在专利申请日前已经实施专利或者已经做好实施必要的其他人，有权在原有范围内继续使用这一技术。但需要说明的是，先用权人不视为侵犯专利权的行为，只限于在原有的范围内继续制造和使用。超过原有的范围内制造和使用的，则属于侵犯专利权的行为。（3）临时通过中国领陆、领水、领空的外国运输工具，依照其所属国同中国签订的协议或者共同参加的国际条约，或者依照互惠原则，为运输工具自身需要而在其装置和设备中使用有关专利的。（4）专为科学研究和实验而使用有关专利的。（5）为提供行政审批所需要的信息，制造、使用、进口专利药品或者专利医疗器械的，以及专门为其制造、进口专利药品或专利医疗器械的。

除此之外,《专利法》还规定了强制许可对专利权进行限制,包括合理条件的强制许可,防止垄断的强制许可,国家的强制许可以及交叉强制许可。专利权人在行使自己的专利权的同时,也要遵循这些法律规定,受到一定的限制。

4. 专利权侵权认定

专利侵权行为是指在专利权有效期内,行为人未经专利权人许可,擅自实施他人专利以牟取利益的非法行为。具体说来,专利侵权行为应同时满足以下要件:

(1) 有违法行为存在。即行为人未经专利权人许可,有以营利为目的实施专利的行为。需要注意的是,《专利法》第 69 条规定了 5 种不认为是侵权的行为,是专利侵权责任的例外规定。另外,凡是经过专利权人同意的实施行为,如签订了专利权转让合同、专利实施许可合同等,均属于合法的权利行使,不构成侵权。

(2) 行为人主观上有过错。侵权人主观上的过错包括故意和过失。此处需注意的是,过错要件是承担赔偿责任的要件,无过错时,只要存在客观侵权行为,仍要承担停止销售等其他法律责任。

(3) 行为侵害了有效专利。若行为所实施专利的专利权有效期已满、被专利权人放弃或被宣告无效等,则该行为不属于侵权行为。

除此判断标准外,《专利法》还规定了侵犯专利权的具体表现形式。根据我国《专利法》第 11 条、第 63 条的规定,直接侵犯专利权的具体表现如下 (1) 制造专利产品的行为;(2) 使用专利产品或者使用其专利方法以及使用依该方法直接获得的产品的行为;(3) 许诺销售专利产品或许诺销售依照该专利方法直接获得的产品的行为;(4) 销售专利产品或销售依照该专利方法直接获得的产品的行为;(5) 进口专利产品或进口依该专利方法直接获得的产品的行为;(6) 假冒他人专利的行为;(7) 以非专利产品或方法冒充专利产品或方法的行为。

另外,实践中还存在间接的专利侵权行为,即行为人本身行为并不构成对专利权的侵害,但其诱导、怂恿或教唆别人实施侵害专利权的行为,此时该行为人可能构成对专利权的间接侵权。常见的间接侵犯专利权的行为有:行为人销售专利产品的零部件或者专门用于实施专利产品的模具,或者用于实施专利方法的机器设备;或者行为人未经专利权人授权而许可或者委托他人实施专利。

还需注意的是，专利侵权行为的判断还需依据发明、实用新型、外观设计的具体保护范围以及各自领域内的行业技术标准进行具体判断。一旦行为人的行为被认定为专利侵权行为，则需依照法律规定承担相应的民事、行政以及刑事责任。

（三）商标权纠纷

商标法是指调整商标关系的法律规范，属于知识产权法范围，是民法的重要组成部分。商标法的内容包括商标的注册、使用、管理、专用权的保护，其核心是商标专用权。1804年法国颁布的《拿破仑法典》第一次肯定了商标权应与其他财产权一样受到法律保护。随后，法国于1857年制定了世界上第一部《商标法》。1992年法国颁布了世界上第一部知识产权法典——《知识产权法典》，在法典的第2部分第7卷规定了"制造、商业及服务商标和其他显著性标记"。随后，世界上其他国家纷纷借鉴法国的做法，制订了本国的商标法。对保护商标、促进商品经济的发展起到了十分积极的作用。

一般认为我国最早并且具有现代商标意义的标识是北宋时期山东济南刘家功夫针铺所采用的"白兔"标识。该针铺的门前有一尊石兔，制造者借此就以"白兔"作为其细针商品的标记，在针的包装纸上用铜版印有白兔的图案，刻有"认门前白兔儿为记"的字样，使消费者认"白兔"标记选购商品。但由于封建制度的束缚以及重农抑商政策的实行，商标并没有因此而得到普遍应用。

中国真正意义上的商标制度始于清末。1902年中英签订的《续义通商行船条约》涉及了商标的问题。1904年8月4日，清光绪皇帝钦定颁布《商标注册试办章程》，这是中国历史上第一部商标法规。1904年11月23日，清政府海关总税务司在津沪两地正式受理商标挂号，即商标注册。

"中华民国"时期，北洋政府于1923年颁布了《商标法》和《商标法施行细则》，较为系统地规定了商标注册和商标管理方面的内容，《细则》第36条还规定了65个商品分类。随后，"中华民国"南京政府于1930年颁布了《商标法》以及实施细则，并于1931年1月1日起施行。

新中国成立后，1950年7月28日，中央人民政府政务院颁布新中国第一个商标法规——《商标注册暂行条例》。随后，1963年国务院颁布《商标管理条例》以及实施细则，这是"文化大革命"前最重要的两部商标法规。

但受当时经济体制和政治思潮的影响，上述规范成为行政管理的一种工具，并未将商标视为私人财产权的客体予以保护，对商标专用权的保护也只是流于形式。

之后随着改革开放政策的实施，商标保护成为商品经济以及出口贸易发展的一道屏障，这时商标管理、注册和使用才逐渐规范化和制度化起来。1978年国家工商行政管理总局建立，并下设商标局。同年，国家工商行政管理总局成立了起草商标法小组。1982年8月23日，全国人民代表大会常务委员会通过了《中华人民共和国商标法》，并于1983年3月起施行，这是新中国第一部真正意义上的《商标法》。该部法律适应了我国改革开放的新需求，以保护注册商标专用权为宗旨，并以此为重心规定了商标注册、商标管理、商标侵权等各项制度。此后1983年3月10日国务院发布《商标法实施条例》与《商标法》同时实施。

《商标法》颁布后的第十年，即1993年，全国人大常委会对《商标法》进行了第一次修订，修订内容包括将商标保护范围扩大到服务商标，对商标的注册申请、许可使用等做出补充规定，禁止以欺骗手段或者其他不正当手段取得商标注册，增加了惩处假冒注册商标和对注册不当商标的撤销之规定，使《商标法》在实践中得到了充实与发展。2001年由于申请加入世界贸易组织的需要，我国的商标法律必须同《与贸易有关的知识产权协议》的规定接轨。2001年10月27日根据第九届全国人民代表大会常务委员会第24次会议《关于修改〈中华人民共和国商标法〉的决定》，对《商标法》进行了第二次修改。由于这次修改所处的背景，再加之进一步完善市场经济机制的需要和进一步完善社会主义市场经济体制的需要，此次修改幅度较大。主要内容包括：（1）扩大商标权主体和客体的范围；（2）明确将地理标识纳入商标权保护体系；（3）明确保护驰名商标；（4）引入对商标确权程序的司法审查；（5）禁止恶意抢注行为及增加工商机关的查处手段。

2013年，国内实践对《商标法》提出了新的要求，因而，全国人大常委会对《商标法》进行了第三次修改。所增加的修改内容有：（1）增加申请注册和使用商标应遵循诚实信用原则的规定；（2）取消申请商标注册的标识应为可视性标识的规定，增加声音可作为商标注册的规定；（3）对商标禁用条款作出修改；（4）增加驰名商标认定机关和程序，并增加驰名商标字样不得作为商业标识使用以及用于商业活动的规定；（5）增加商标代理机构的法律规定；（6）商标注册申请由"一标一类"改为"一标多类"，同时对数据电文方式申请的法律效力进行确认；（7）商标异议申请的事由区分为绝对事由和相对事由，并对异议裁定的法律效力作出区分规定；（8）注册商标续展期由期满前 6 个月延长至 12 个月；（9）将"注册商标争议的裁定"修改为"注册商标的无效宣告"，并对无效宣告的程序和法律效力作出相应修改；（10）增加有关商标侵权行为的列举式规定；（11）对侵犯商标专用权损害赔偿的计算方法进行修改，提高法定赔偿数额。

随着国际贸易的发展，商品在国家之间的流通越来越频繁，商标的国际保护问题也显得越发重要。中国也参加了许多保护商标的国际条约以加强对商标的国际保护，促进中国的国际贸易发展。1883 年缔结的《保护工业产权巴黎公约》明确规定了对商标权的保护，中国于 1985 年 3 月 19 日成为该条约的第 96 个成员国。另外，中国于 1989 年 10 月 4 日正式加入了《商标国际注册马德里协定》，其宗旨为在协定成员国间建立商标国际注册的体系，但由于该协定的一些缺憾，许多国家未能参加，因而在世界知识产权组织的推动下，《商标国际注册马德里协定有关议定书》在 1989 年 6 月 27 日问世，于 1995 年 12 月 1 日生效，中国为第四个加入国，中国对商标的保护逐渐与国际接轨。

1. 我国注册商标的取得与撤销

我国对于商标权原始取得采取注册原则，即商标使用人为取得商标专用权，需将其使用的商标依照法定的注册条件和程序，向商标主管机关提出注册申请，商标主管机关经过审核，准予注册后才能取得该权利。《商标法》第 22 条第 1 款规定："商标注册申请人应当按规定的商品分类表填报使用商标的商品类别和商品名称，提出注册申请。"但我国对于商标注册采取的是自愿原则，《商标法》第 6 条规定："法律、行政法规规定必须使用注册商标的商品，必须申请商标注册，未经核准注册的，不得在市场销售。"可以看出，我国目前只对部分商品要求必须使用注册商标。

而关于注册商标的取得，我国遵循申请在先原则以及优先权原则。申请在先原则又称为先申请原则或者注册在先原则，是指两个或者两个以上的商标注册申请人，在同一种商品或者类似商品上，以相同或者近似的商标申请注册的，由先申请的申请人获得商标专用权，对其后的商标注册申请予以驳回。我国《商标法》第 31 条规定："两个或者两个以上的商标注册申请人，在同一种商品或者类似商品上，以相同或者近似的商标申请注册的，初步审定并公告申请在先的商标；同一天申请的，初步审定并公告使用在先的商标，驳回其他人的申请，不予公告。"

商标注册中的优先权是指申请人在一个缔约国第一次提出申请后，如果在一定期限内就同一商标向其他缔约国申请注册，则此时可以主张优先权，即以该申请人的第一次申请日作为后来向其他缔约国申请时的申请日，该第一次申请日又被称为优先权日。我国商标注册的优先权包括两种：申请优先权和展览优先权。我国《商标法》第25条第1款规定："商标注册申请人自其商标在外国第一次提出商标注册申请之日起六个月内，又在中国就相同商品以同一商标提出商标注册申请的，依照该外国同中国签订的协议或者共同参加的国际条约，或者按照相互承认优先权的原则，可以享有优先权。"这就是申请优先权。我国《商标法》第26条第1款规定："商标在中国政府主办的或者承认的国际展览会展出的商品上首次使用的，自该商品展出之日起六个月内，该商标的注册申请人可以享有优先权。"此即展览优先权。

另外，我国《商标法》在第二章和第三章对商标注册的申请、审查、核准的三个阶段作出了明文规定，申请人按照法律的规定准备相关材料，按照法定的程序提出申请，经相关机关审查核准之后才能取得注册商标的使用权。

权利人取得商标使用权之后需依法律规定行使，否则将会出现注册商标被撤销的情形。我国《商标法》第49条规定："商标注册人在使用注册商标的过程中，自行改变注册商标、注册人名义、地址或者其他注册事项的，由地方工商行政管理部门责令限期改正；期满不改正的，由商标局撤销其注册商标。注册商标成为其核定使用的商品的通用名称或者没有正当理由连续三年不使用的，任何单位或者个人可以向商标局申请撤销该注册商标。商标局应当自收到申请之日起九个月内做出决定。有特殊情况需要延长的，经国务院工商行政管理部门批准，可以延长三个月。"这其中包含了商标局依职权的撤销以及任何单位或者个人的申请撤销。

当然，注册商标使用不当被商标局作出撤销决定后当事人可以申请复审。《商标法》第54条规定："对商标局撤销或者不予撤销注册商标的决定，当事人不服的，可以自收到通知之日起十五日内向商标评审委员会申请复审。商标评审委员会应当自收到申请之日起九个月内做出决定，并书面通知当事人。有特殊情况需要延长的，经国务院工商行政管理部门批准，可以延长三个月。当事人对商标评审委员会的决定不服的，可以自收到通知之日起三十日内向人民法院起诉。"

在商标法领域还存在一种特殊商标，即驰名商标。

驰名商标在英文中的表述为"Well - known Mark"，最早出现在《巴黎公约》1925 年修订的海牙文本中，之后的《与贸易有关的知识产权协议》也规定了对驰名商标的保护。我国工商总局 2003 年颁布的《驰名商标认定和保护规定》第 2 条第 1 款规定："本规定中的驰名商标是指在中国为相关公众广为知晓并享有较高声誉的商标"。可以看出，驰名商标具有较高的知名度和较强的标识功能，拥有极大的商业价值，因而各个国际条约以及各个国家都对其进行了特殊的保护，美国、德国、日本也都通过相关法律对驰名商标进行了保护。

但我国 1982 年颁布的《商标法》及《商标法实施细则》都没有涉及驰名商标保护的问题。1985 年加入《巴黎公约》以后，国家工商总局于 1996 年颁布了《驰名商标认定和保护暂行规定》，在驰名商标的保护方面，首次将保护范围从类似的商品和服务扩展到非类似的商品和服务，但该暂行规定将驰名商标仅定位于注册商标。加入世贸组织后，我国在 2001 年 10 月第二次对《商标法》进行修订时结合《与贸易有关的知识产权协议》的要求及我国对驰名商标保护的实践，增加了几项保护驰名商标的内容：（1）对驰名商标的保护不限于已注册商标，未在我国注册的也包括在内；（2）驰名商标的认定并不要求以必须在我国领域内使用且获得相当知名度为前提。同时，2002 年 10 月最高人民法院通过《关于审理商标民事纠纷案件适用法律若干问题的解释》，规定人民法院在审理商标纠纷案件时，可以对注册商标是否驰名做出认定。2003 年国家工商总局颁布了《驰名商标认定与保护规定》（2014 年已修订），上述关于驰名商标法律法规的颁布实施，构建起了我国现阶段对驰名商标的法律保护体系。

总结起来，我国对驰名商标的特殊保护主要包括以下几个方面的内容：（1）商标包括注册商标和非注册商标。2013 年修订的《商标法》第 13 条第 1 款规定："为相关公众所熟知的商标，持有人认为其权利受到侵害时，可以依照本法规定请求驰名商标保护。"这延续了原来的规定，对未注册的驰名商标同样给予保护，既符合有关国际通行做法，又能有效地加强对驰名商标的保护。（2）扩大已注册驰名商标的保护范围。2013 年新修订的《商标法》第 13 条第 2 款规定："就相同或者类似商品申请注册的商标是复制、摹仿或者翻译他人未在中国注册的驰名商标，容易导致混淆的，不予注册并禁止使用。"这赋予了注册驰名商标权人绝对禁止他人在不相同或不相类似的商品和服务上注册和使用驰名商标的权利，超出了一般商标权的保护范围，实现了对已注册商标的"跨类"保护。（3）放宽对驰名商标注册的显著性要求。2013 年修订的《商标法》第 14 条规定，作为商标案件的事实认定，必须考虑该商标的知晓程度，该商标使用的持续时间以及该商标作为驰名商标受保护的记录等因素，不能以其不具备显著性特征否定其存在。

2. 注册商标专用权的内容及使用限制

商标人的权利主要有注册商标的专用权、禁止权、转让权等。注册商标的专用权是其中最基本核心的权利，《商标法》第七章专门对注册商标专用权的保护作出了规定。注册商标的专用权是指商标权利人在核定使用的商品上专有使用核准注册的商标的权利，《商标法》第 56 条规定："注册商标的专用权，以核准注册的商标和核定使用的商品为限。"可以看出，只有经过核准注册的商标才享有专用权，且使用权只在特定的范围内行使，即只能对核准注册的商标和核定使用的商品行使该权利，只能由商标权人专有使用。因此，只要在法律规定的权利效力范围内，商标权人就有权使用该注册商标，并自行决定使用商标的方式。而关于使用，《商标法》第 48 条规定："本法所称商标的使用，是指将商标用于商品、商品包装或者容器以及商品交易文书上，或者将商标用于广告宣传、展览以及其他商业活动中，用于识别商品来源的行为。"注册商标的专用权除了自己使用之外，还可以依照法律进行质押。

此外，《商标法》还规定了对专有使用权的一定限制，商标权人不得擅自改变构成注册商标的标识以及使用范围，否则，不仅这种改变行为无效，而且还可能导致其注册商标被撤销的后果。商标权人如果无妨碍使用的有效理由而连续 3 年停止使用注册商标，经商标局责令限期改正而未改正的其注册商标将被撤销。

需注意的是，禁止权与专用权实则是相对应的两个方面，专用权是积极权利，而禁止权是消极权利。但二者范围是不同的，禁止权的效力范围及于"同种商品"和"类似商品"，"相同商标"和"类似商标"，而商标专用权的范围仅仅针对"核准注册的商标"和"核定使用的商品"。

3. 侵害商标权的行为

侵害商标权的行为是指非法侵害注册商标专用权并依法应当承担法律责任的行为。其构成要件与一般民事侵权行为有区别。在损害结果方面，商标侵权并不以损害结果的实际发生作为构成要件，从《商标法》的规定来看，只要该行为有可能造成商标权人的合法权益受到侵害，即使损害后果未发生，侵权人仍应承担责任。且商标侵权行为实行严格责任，《商标法》第60条规定，"销售不知道是侵犯注册商标专用权的商品，能证明该商品是自己合法取得并说明提供者的，由工商行政管理部门责令停止销售"。可以看出，侵权人没有过错，只是不需承担赔偿责任，但仍需承担停止侵权、销毁侵权产品、消除影响等侵权责任。

关于侵害商标权的行为的具体表现形式，《商标法》第57条作出了具体规定，主要有以下几种：

（1）未经商标注册人的许可，在同一种商品上使用与其注册商标相同的商标的。该行为是比较典型的侵犯注册商标专用权的行为，也就是通常所说的"假冒"行为，使用侵权行为，常发生于商标使用过程中。会导致消费者混淆商品出处，损害商标注册人的合法权益和消费者的利益。

（2）未经商标注册人的许可，在同一种商品上使用与其注册商标近似的商标，或者在类似商品上使用与其注册商标相同或者近似的商标，容易导致混淆的。关于商标的相同或近似，《最高人民法院关于审理商标民事纠纷案件适用法律若干问题的解释》第9条明确规定："商标法第五十二条第（一）项规定的商标相同，是指被控侵权的商标与原告的注册商标相比较，二者在视觉上基本无差别。商标法第五十二条第（一）项规定的商标近似，是指被控侵权的商标与原告的注册商标相比较，其文字的字形、读音、含义或者图形的构图及颜色，或者其各要素组合后的整体结构相似，或者其立体形状、颜色组合近似，易使相关公众对商品的来源产生误认或者认为其来源与原告注册商标的商品有特定的联系。"

（3）销售侵犯注册商标专用权的商品的。该行为是销售侵权行为，通常发生在流通环节，也是一种较为常见的商标侵权行为。需注意的是，在此环节，只要行为人客观上实施了销售侵犯注册商标专用权的商品的行为，其就需承担"停止销售"的侵权责任，而主观过错决定的是行为人是否需承担赔偿责任。

（4）伪造、擅自制造他人注册商标标识或者销售伪造、擅自制造的注册商标标识的。此处的伪造，是指没有经过他人同意或者许可，模仿他人注册商标的图样或者实物，制作出与他人注册商标标识相同的商标标识。擅自制造是指未经他人同意，在商标印制合同约定的印数之外，又私自加印商标标识的行为。销售伪造、擅自制造注册商标标识的行为，是指采用零售、批发、内部销售等方式，出售伪造或者擅自制造的他人注册商标标识。这几类行为都直接侵犯了商标注册人的商标专用权。

（5）未经商标注册人同意，更换其注册商标并将该更换商标的商品又投入市场的。该行为又称"反向假冒"，是指未经商标权人同意，更换其注册商标并将该更换商标的商品又投入市场的行为。这种行为既侵犯了商标注册人的合法权益，也侵犯了消费者的知情权，会导致消费者对商品的来源产生误认。

（6）故意为侵犯他人商标专用权行为提供便利条件，帮助他人实施侵犯商标专用权行为的。这种行为是指故意为侵犯他人注册商标专用权的行为提供诸如仓储、运输、邮寄、隐匿等方面的条件，从而帮助他人完成实施侵犯商标专用权的行为。

（7）给他人的注册商标专用权造成其他损害的。这是一项兜底性条款，是指上述6类行为以外的其他侵犯注册商标专用权的行为。

对于商标侵权行为，我国《商标法》规定了相应的民事、行政以及刑事责任，构成商标侵权的行为人根据法律规定承担相应的法律责任。

4. 商标权的利用

商标权的利用是商标权私权属性的集中体现，除了权利人自己使用之外，还包括商标权的许可使用、转让、转移以及质押。

商标权的使用许可是指商标权人通过签订许可合同的方式，许可他人在一定期限和一定范围内以约定的方式使用其注册商标的行为。《商标法》第43条规定："商标注册人可以通过签订商标使用许可合同，许可他人使用其注册商标。许可人应当监督被许可人使用其注册商标的商品质量。被许可人应当保证使用该注册商标的商品质量。经许可使用他人注册商标的，必须在使用该注册商标的商品上标明被许可人的名称和商品产地。许可他人使用其注册商标的，许可人应当将其商标使用许可报商标局备案，由商标局公告。商标使用许可未经备案不得对抗善意第三人。"应当注意的是，根据被许可人享有的使用权的排他程度，可以将商标权的许可使用分为独占使用许可、排他使用许可以及普通使用许可，双方应按照合同的约定行使自己的权利，履行自己的义务。当然，无论是何种许可方式，被许可人都负有商品质量控制的义务。

商标权的转让是指商标权人在注册商标的有效期内，通过法定程序将商标权全部转让给他人的行为，转让以后受让人成为新的商标权人，原商标权人丧失商标权。这也是其区别于变更注册人名义的重要之处。变更注册人名义时，仅仅是注册人的名称发生变化，注册商标的主体通常保持不变。而转让注册商标则使商标权主体发生了更替，受让人将成为新的商标权人。

在我国，商标的转让必须履行法定手续，我国《商标法》第42条第1款规定："转让注册商标的，转让人和受让人应当签订转让协议，并共同向商标局提出申请。受让人应当保证使用该注册商标的商品质量。"另外，商标转让还受到法律的一些限制，例如，《商标法》第42条第2款和第3款规定："转让注册商标的，商标注册人对其在同一种商品上注册的近似的商标，或者在类似商品上注册的相同或者近似的商标，应当一并转让。对容易导致混淆或者有其他不良影响的转让，商标局不予核准，书面通知申请人并说明理由。"

商标的转移是指因转让以外的其他事项引起的商标权主体的变更，其他事项主要包括两种情形。第一，继承。即作为商标权人的自然人死亡，依照《继承法》的规定该商标权由继承人继承。此时商标权出现了在不同主体间的转移，但是这一法律后果的发生不是基于当事人的法律行为，而是直接基于法律的规定。第二，公司、企业的合并（兼并）。两个以上的公司、企业合并的，根据《公司法》的规定，包括商标权在内的所有财产及债权债务由合并后的公司企业承受。

商标的移转同样需要办理法定手续，同样会受到法律的限制。我国《商标法实施条例》第32条第1款、第2款规定："注册商标专用权因转让以外的继承等其他事由发生移转的，接受该注册商标专用权的当事人应当凭有关证明文件或者法律文书到商标局办理注册商标专用权移转手续。注册商标专用权移转的，注册商标专用权人在同一种或者类似商品上注册的相同或者近似的商标，应当一并移转；未一并移转的，由商标局通知其限期改正；期满未改正的，视为放弃该移转注册商标的申请，商标局应当书面通知申请人。"

近年来，随着全国社会商标法律意识的提高，商标作为一项无形资产其价值为越来越多的债权人所认可，商标专用权质押登记数量逐年上升。根据《担保法》第79条的规定，以依法可以转让的商标专用权出质的，出质人与质权人应当订立书面合同，并向其管理部门即国家工商行政管理局办理出质登记。可以看出，出质的商标专用权应当是依法可以转让的商标专用权，且须签订书面合同并向有关部门登记。需注意的是，可以依法转让是商标出质的前提，按照《商标法》第42条第2~3款规定："转让注册商标的，商标注册人对其在同一种商品上注册的近似的商标，或者在类似商品上注册的相同或者近似的商标，应当一并转让。"因此在办理质押登记申请时，同一注册人在与质押商标相同或类似商品上注册的相同近似商标应一并办理质押登记，以保证质押商标可以依法转让，从而保证质权人在债务人不履行债务时可以将质押物变现以优先受偿。

(四) 商业秘密纠纷

商业秘密是一种无形的信息财产。在商业秘密的国际保护领域，目前最主要的给予其以产权法律保护。早在20世纪60年代，国际商会 (ICC) 就率先将商业秘密视为知识产权，世界知识产权组织在其成立公约中亦暗示商业秘密可以包含在知识产权内。至20世纪90年代，《知识产权协定》专门规定了"未公开信息"问题，明确其属于知识产权范畴。大陆法系国家曾长期依据合同法或侵权法理论保护商业秘密，目前也在一定程度上承认商业秘密的产权性质。例如，日本新商业秘密保护制度，即依照民法物权救济方法，给予商业秘密的合法控制人以排除妨害的请求权。这意味着上述国家虽未完全接受产权理论，但已承认商业秘密包含有财产利益，给予其类似物权的法律保护。

我国《反不正当竞争法》确认了商业秘密的财产属性，并规定侵权人负有赔偿责任。这说明，商业秘密是一种财产权，即商业秘密的合法控制人采取保密措施，依法对其经营信息和技术信息的专有使用权。与有形财产权不同，商业秘密权的对象是一种无形的信息，不占据一定的空间，不发生有形的损耗，因此其权利是一种无形财产权。就权利内容而言，商业秘密的权利人与有形财产所有权人一样，依法享有占有、使用、收益和处分的权利，即有权对商业秘密进行控制与管理，防止他人采取不正当手段获取与使用商业秘密；有权依法使用自己的商业秘密，不受他人的干涉；有权通过自己使用或许可他人使用商业秘密，从而取得相应的经济利益；有权处分自己的商业秘密，包括放弃占有、无偿赠与或转让等。

1. 商业秘密的构成要件

根据我国《反不正当竞争法》第 9 条的规定，商业秘密，是指不为公众所知悉、具有商业价值并经权利人采取相应保密措施的技术信息和经营信息。根据该规定，构成商业秘密需要满足以下三要件。

（1）不为公众知悉。根据《最高人民法院关于审理不正当竞争民事案件应用法律若干问题的解释》（法释〔2007〕第 2 号），有关信息不为其所属领域的相关人员普遍知悉和容易获得，应当认定为"不为公众所知悉"。具有下列情形之一的，可以认定有关信息不构成不为公众所知悉：①该信息为其所属技术或者经济领域的人的一般常识或者行业惯例；②该信息仅涉及产品的尺寸、结构、材料、部件的简单组合等内容，进入市场后相关公众通过观察产品即可直接获得；③该信息已经在公开出版物或者其他媒体上公开披露；④该信息已通过公开的报告会、展览等方式公开；⑤该信息从其他公开渠道可以获得；⑥该信息无需付出一定的代价而容易获得。

（2）具有商业价值。"商业价值"指的是该商业秘密必须具有相当经济价值，使秘密持有人得以获得较不知或不使用更具优势的竞争地位。同时，该经济价值不以实际产生为限，还包括潜在经济价值。

（3）采取保密措施。即权利人采取了"合理保护措施"且能体现秘密持有人保密的主观意愿。根据《最高人民法院关于审理不正当竞争民事案件应用法律若干问题的解释》（法释〔2007〕第 2 号）第 11 条的规定，权利人为防止信息泄漏所采取的与其商业价值等具体情况相适应的合理保护措施，应当认定为"保密措施"。法院应当根据所涉信息载体的特性、权利人保密的意愿、保密措施的可识别程度、他人通过正当方式获得的难易程度等因素，认定权利人是否采取了保密措施，具有下列情形之一，在正常情况下足以防止涉密信息泄漏的，应当认定权利人采取了保密措施：①限定涉密信息的知悉范围，只对必须知悉的相关人员告知其内容；②对于涉密信息载体采取加锁等防范措施；③在涉密信息的载体上标有保密标志；④对于涉密信息采用密码或者代码等；⑤签订保密协议；⑥对于涉密的机器、厂房、车间等场所限制来访者或者提出保密要求；⑦确保信息秘密的其他合理措施。

2. 侵犯商业秘密的行为

侵犯商业秘密，是指行为人未经权利人（商业秘密的合法控制人）的许可，以非法手段获取商业秘密并加以利用的行为，这里的行为人包括：

负有约定的保密义务的合同当事人，实施侵权行为的第三人，侵犯本单位商业秘密的行为人。

侵犯商业秘密的具体表现形式有以下几种：（1）以盗窃、利诱、胁迫或其他不正当手段获取权利人的商业秘密。所谓盗窃商业秘密，包括单位内部人员盗窃、外部人员盗窃、内外勾结盗窃等手段；所谓以利诱手段获取商业秘密，通常指行为人向掌握商业秘密的人员提供财物或其他优惠条件，诱使其向行为人提供商业秘密；所谓以胁迫手段获取商业秘密，是指行为人采取威胁、强迫手段，使他人在受强制的情况下提供商业秘密；所谓以其他不正当手段获取商业秘密，是指上述行为以外的其他非法手段，例如通过商业洽谈、合作开发研究、参观学习等机会套取、刺探他人的商业秘密等。（2）披露、使用或允许他人使用以不正当手段获取的商业秘密。所谓披露，是指将权利人的商业秘密向第三人透露或向不特定的其他人公开，使其失去秘密价值；所谓使用或允许他人使用，是指非法使用他人商业秘密的具体情形。需要指出的是，以非法手段获取商业秘密的行为人，如果将该秘密再行披露或是使用，则构成双重侵权；倘若第三人从侵权人那里获悉了商业秘密而将秘密披露或使用，同样构成侵权。（3）违反约定或违反权利人有关保守商业秘密的要求，披露、使用或允许他人使用其所掌握的商业秘密。合法掌握商业秘密的人，可能是与权利人有合同关系的对方当事人，也可能是权利人单位的工作人员或其他知情人，上述行为人违反合同约定或单位规定的保密义务，将其所掌握的商业秘密擅自公开，或自己使用，或许可他人使用，即构成对商业秘密的侵犯。（4）第三人在明知或应知前述违法行为的情况下，仍然从侵权人那里获取、使用或披露他人的商业秘密。这是一种间接侵权行为。行为人知悉其为他人的商业秘密，并明知或应知系侵犯商业秘密的情形，依然获取、使用、披露该秘密，所以法律将这种行为也作为侵犯商业秘密行为来对待。

第三节　劳资纠纷

一、我国的劳动法制度概述

经过改革开放以来这么多年的发展，中国特色社会主义法律体系已经形成。劳动领域的法律、法规以及司法解释相互配套施行，形成了一个较为高效的保护运转体系。

基本法律方面，我国制定了《劳动法》《劳动合同法》《劳动争议调解仲裁法》，从大的制度框架方面规定了劳动者和用人单位的权利和义务以及劳动纠纷的解决方式。

行政法规方面，国务院及相关部门制定了《劳动合同法实施条例》《劳动部关于贯彻执行〈中华人民共和国劳动法〉若干问题的意见》《违反〈劳动法〉有关劳动合同规定的赔偿办法》《企业劳动争议协商调解规定》《未成年工特殊保护规定》《女职工劳动保护特别规定》《禁止使用童工规定》《职工带薪年休假条例》《企业职工带薪年休假实施办法》等，对基本法律的执行做了细化规定，对基本法律的执行起到明确的指引作用。对于外籍劳动者，人力资源和社会保障部在 2011 年颁布了《在中国境内就业的外国人参加社会保险暂行办法》，规范外籍员工的社保问题。除此以外，社保部于 2017 年颁布了《外国人在中国就业管理规定》，专门规范外籍劳动者在我国务工的若干问题。

司法解释方面，最高人民法院先后发布了《最高人民法院关于审理劳动争议案件适用法律若干问题的解释（一）》《最高人民法院关于审理劳动争议案件适用法律若干问题的解释（二）》《最高人民法院关于审理劳动争议案件适用法律若干问题的解释（三）》《最高人民法院关于审理劳动争议案件适用法律若干问题的解释（四）》《最高人民法院关于审理拒不支付劳动报酬刑事案件适用法律若干问题的解释》，对劳动纠纷的解决有着至关重要的作用。同时，《最高人民法院关于审理劳动争议案件适用法律若干问题的解释（五）》的征求意见稿已经发出，其中对劳动争议的仲裁、诉讼程序、劳动合同的订立以及履行、变更、解除等方面进行了更加细致的规定，预计不久之后也会正式的颁布施行。

除此之外，各省市还有专门的实施意见等更加细化的地方性规章，如《四川省贯彻执行〈中华人民共和国劳动法〉若干问题的实施意见》。从合规的角度而言，无论是外资汽车企业还是中外合资企业，均应全方位遵循中国的劳动法及相关规定，不仅应严格按照基本法律合法用工，还应了解企业所在地省市的具体规定，以免遭受行政处罚或劳动纠纷。

（一）劳动者与用人单位的权利与义务

企业的正常运行，离不开劳动者的劳动。因此，用人单位支付一定的报酬用来购买的劳动者的劳动。劳动者在用人单位享有一定的权利和承担一定的义务。

1. 劳动者的权利

总的来说，员工的权利主要涵盖以下几种：

（1）平等就业和选择职业的权利。

在我国，平等就业具体可以分为三个层次：一是任何公民都平等地享有就业的权利和资格，不因民族、种族、性别、年龄、文化、宗教信仰、经济能力等而受到限制；二是在应聘某一职位时，任何公民都需平等地参与竞争，任何人不得享有特权，也不得对任何人予以歧视；三是平等不等于同等，平等是指对于符合要求、符合特殊职位条件的人，应给予他们平等的机会，而不是不论条件如何都同等对待。选择职业的权利是指任何公民都有选择自己喜欢的、具备相关技能的职业，不得强迫劳动者从事某种其不具备相关知识或者反感的职业。

（2）取得劳动报酬的权利。

劳动报酬权是指劳动者依照劳动法律关系，履行劳动义务，由用人单位根据按劳分配的原则及劳动力价值支付报酬的权利。一般情况下，劳动者一方只要在用人单位的安排下按照约定完成一定的工作量，劳动者就有权要求按劳动取得报酬。劳动者通过自己的劳动获得劳动报酬，再用其所获得的劳动报酬来购买自己和家人所需要的消费，从而才能维持和发展自己的劳动力和供养自己的家人，从而实现劳动力的再生产。劳动报酬权是劳动权利的核心，它不仅是劳动者及其家属有力的生活保障，也是社会对其劳动的承认和评价。从目前的劳动争议来看，有关劳动报酬的争议是劳动者与用人单位发生纠纷的高危区。因此，用人单位在与劳动者订立劳动合同时，应当与劳动者就劳动报酬进行充分的协商、讨论，达成一致意见后写入劳动合同，以期避免日后的纠纷。

（3）休息休假的权利。

按照《劳动法》和国务院《关于职工工作时间的规定》的有关规定，我国实行劳动者每日工作 8 小时，每周工作 40 小时这一标准工时制度。但是，有些企业因工作性质和生产特点不能实行标准工时制度的，在保证劳动者每日工作时间不超过 8 小时，平均每周工作时间不超过 40 小时的基础上，实行每周 6 天工作制。此外，用人单位还应当注意：由于生产经营需要，经与工会和劳动者协商后可以延长工作时间，一般每日不得超过 1 小时；因特殊原因需要延长工作时间的，在保障劳动者身体健康的条件下延长工作时间每日不得超过 3 小时，但是每月不得超过 36 小时。

与休息、休假紧密联系的就是带薪年休假的问题。用人单位应该了解，法律规定年休假在 1 个年度内可以集中安排，也可以分段安排，一般不跨年度安排。单位因生产、工作特点确有必要跨年度安排职工年休假的，可以跨 1 个年度安排。用人单位经职工同意，不安排年休假或者安排职工年休假天数少于应休年休假天数，应当在本年度内对职工应休未休年休假天数，按照其日工资收入的 300% 支付未休年休假工资报酬，其中包含用人单位支付职工正常工作期间的工资收入。

（4）获得劳动安全卫生保护的权利。

劳动安全卫生保护具体含义是指保护劳动者的生命安全和身体健康，是对享受劳动权利的主体切身利益最直接的保护。鉴于劳动的多样性和复杂性，在生产中势必存在着各种不安全、不卫生的因素，一旦没有不采取防护措施，就会造成工伤事故或者引起相关职业疾病，危害劳动者的安全和健康。劳动保护工作的欠缺，所导致的不仅是企业财产、声誉上的损失以及生产经营的正常运行，而且可能会对劳动者的生命和健康造成难以挽回的灾难性后果。对任何一个劳动者而言，生命是行使劳动权利的前提，没有生命，享受任何权利都是一句空话。目前我国已制定了大量的关于劳动安全保护方面的法规，形成了安全技术法律制度，职业安全卫生行政管理制度，及劳动保护监督制度，但有些用人单位对于劳动安全保护的重要性还认识不够，有些则无视对劳动者劳动安全保护的责任，尤其在一些乡镇企业和汽车企业出现为追求利润，降低劳动条件的标准，以致发生恶性事故的现象。《劳动法》规定，用人单位必须建立、健全劳动安全卫生制度，严格执行国家安全卫生规程和标准，为劳动者提供符合国家规定的劳动安全制度，严格执行国家安全卫生规程和标准，为劳动者提供符合国家规定的劳动安全卫生条件和必要的劳动防护用品，对从事特种作业的人员进行专门培训，防止劳动过程中的事故，减少职业危害。

（5）接受职业技能培训的权利。

职业技能培训权是劳动者有要求接受职业技能的教育和训练的权利，并可根据这一权利享受相应的待遇的权利。我国劳动者的职业技能培训权利主要涵盖：①获得参加各种职业培训资格的权利。劳动者依法要求参加规定的各种技能职业培训，用工单位不得拒绝；②在职工培训中，有权获得规定的学习时间的权利。对于按规定必须安排一定工作时间从事学习的，用人单位应当积极安排；③在职业培训中，按规定由用人单位负担的费用，用人单位应当支付，已经由劳动者代付的，用人单位必须依法返还；④获得职业培训证书或资格证书的权利。

（6）享受社会保险和福利的权利。

用人单位和劳动者必须依法参加社会保险，缴纳社会保险费。社会保险是劳动者应当享有的权利，企业必须实行的义务。社会保险是国家强制性购买的。用人单位没有购买，那就违反了《劳动法》《社会保险法》等法律中的相关规定。劳动者在退休、患病、因工伤残或者患职业病、失业、生育时依法享受社会保险待遇。职工福利是指企业为职工举办的集体福利以及建立的某些补助和补贴。其目的在于保证职工身体健康，便利职工生产和生活，解决职工生活的特殊困难。职工福利不同于工资和奖金。用人单位应当明确，职工享受集体福利待遇的高低，并不取决于职工劳动的数量和质量，而是根据他们的实际需要与生活困难程度，以及社会劳动生产率和企业的经营成果。

（7）依法参加和组织工会的权利。

劳动者可以按照有关法律规定组织建立工会，用人单位不可以恣意干涉，我国《工会法》规定，"阻挠职工依法参加和组织工会或者阻挠上级工会帮助、指导职工筹建工会的，由劳动行政部门责令其改正；拒不改正的，由劳动行政部门提请县级以上人民政府处理；以暴力、威胁等手段阻挠造成严重后果，构成犯罪的，依法追究刑事责任"。

（8）提请劳动争议处理的权利。

当劳动者与用人单位就劳动报酬、休息休假、劳动安全卫生保护等方面发生争议且不能协商一致时，劳动者可以申请调解、仲裁、提起诉讼，用人单位不得干涉。

2. 劳动者的义务

总的来说，员工的义务主要包括以下几种：

（1）完成劳动任务，提高劳动技能。

用人单位与劳动者确立劳动关系，提供劳动报酬的终极目的，就是为了能够通过劳动者的劳动进行产品的生产和销售，以获取商业利润，所以根据权利义务的一致性原理，劳动者有义务完成用人单位所交付的劳动任务。与此同时，劳动者有提高劳动技能的义务，该义务是为了完成用人单位所交付的劳动任务，在相同的工作时间内，提高劳动效率，增加商品价值量，以便用人单位获得更大的生产效益。

（2）执行劳动安全卫生规程，遵守劳动纪律和职业道德。

上面已经提到劳动者有获得安全卫生保护的权利，这是《劳动法》中明定的劳动者的权利，但是劳动者也应履行劳动安全卫生规程的义务，遵守劳动纪律和职业道德。用人单位应当注意：劳动者在劳动过程中即使劳动者不遵守安全规范，也可以享受工伤待遇。但是根据《工伤保险条例》在以下情形下不能被认定为工伤：故意犯罪；酗酒或者吸毒的；自残或者自杀的。

（3）竞业限制的义务。

《劳动合同法》第23条规定："用人单位与劳动者可以在劳动合同中约定保守用人单位的商业秘密和与知识产权相关的保密事项。对负有保密义务的劳动者，用人单位可以在劳动合同或者保密协议中与劳动者约定竞业限制条款，并约定在解除或者终止劳动合同后，在竞业限制期限内按月给予劳动者经济补偿。劳动者违反竞业限制约定的，应当按照约定向用人单位支付违约金。"第24条规定："竞业限制的人员限于用人单位的高级管理人员、高级技术人员和其他负有保密义务的人员。竞业限制的范围、地域、期限由用人单位与劳动者约定，竞业限制的约定不得违反法律、法规的规定。在解除或者终止劳动合同后，前款规定的人员到与本单位生产或者经营同类产品、从事同类业务的有竞争关系的其他用人单位，或者自己开业生产或者经营同类产品、从事同类业务的竞业限制期限，不得超过二年。"对于汽车企业这类型的高新技术产业，在与劳动者特别是高科技的劳动者订立劳动合同时，应当在劳动合同中约定竞业限制条款，这对于保护用人单位的商业秘密和核心利益起着至关重要的作用。

如果接收从其他用人单位离职的劳动者，或者"挖来"的高科技劳动者。劳动者离职之后违反竞业禁止协议，新用人单位的责任区分三种情况：第一，劳动者仅违反竞业禁止约定，新用人单位如果不知道劳动者与原单位签订有竞业禁止协议的，新用人单位因无过错不应承担竞业禁止责任。第二，新用人单位若应知或明知劳动者与原用人单位签有竞业禁止协议而仍然与劳动者建立劳动关系的，新用人单位应当承担有关竞业禁止的连带责任。第三，劳动者因违反竞业禁止约定侵犯原用人单位商业秘密的情况。这种情况新用人单位不论是否知道劳动者违反了与原单位的竞业禁止约定，都已经构成了侵权，新用人单位和劳动者应连带承担包括竞业禁止责任在内的侵权责任。

3. 用人单位的权利

总的来说，用人单位的权利主要涵盖以下几种：

（1）录用职工方面的权利。

具体来说是指，用人单位有权按国家规定和本单位需要择优录用职工，可以自主决定招工的时间、条件、数量、用工形式等。

（2）依法建立和完善规章制度的权利。

依法建立和完善规章制度的权利源于用人单位享有的生产指挥权，通过员工的劳动获取商业利润。既然用人单位享有生产指挥权，所有用人单位有权根据本单位的实际情况，在符合国家法律、法规的前提下制定各项规章制度，要求劳动者遵守。

（3）根据实际情况制定合理劳动定额的权利。

用人单位帮劳动者签订劳动合同后，就获得了一定范围劳动者的劳动使用权，并有权根据实际情况给劳动者制定合理的劳动定额。对于用人单位规定的合理的劳动定额，在没有出现特殊情况时，劳动者应当予以完成。当然劳动定额的制定应当符合用人单位的技术条件、劳动者的知识和技能水平，用人单位切莫急功近利，制定不符合实际的目标，这样既损害了劳动者的利益，也不利于企业的长期发展。

（4）劳动报酬分配方面的权利。

主要是指用人单位可以按国家规定确定工资分配办法，自主决定晋级增薪、降级减薪的条件和时间等。

（5）对劳动者进行职业技能考核的权利。

用人单位有权对劳动者进行职业技能考核，并根据劳动者劳动技能的考核结果安排其适合的工作岗位和奖金薪酬。因为企业正常的盈利是建立在劳动者具有相关职业技能之上的，如果劳动者不具备相关的职业技能，用人单位的生产经营活动将无法正常有序地开展，所以用人单位享有对劳动者进行职业技能考核的权利。

（6）制定劳动安全操作规程的权利。

用人单位有权利根据劳动法上劳动安全卫生标准，在法律、法规允许的范围内制定本单位的劳动保护制度，要求劳动者在劳动过程中必须严格遵守操作规程。用人单位制定劳动安全操作规程在一定程度上也是为了更好地维护劳动者的生命健康权利。

（7）制定合法作息时间的权利。

用人单位享有根据本单位具体情况和对员工工作时间的要求，合法安排劳动者作息时间的权利。

（8）决定劳动法律关系存续方面的权利。

在符合法律规定的前提下，用人单位有权与劳动者以签订协议方式，续订、变更、暂停或解除劳动合同；有权在具备法定或约定条件时单方解除劳动合同。根据《劳动合同法》第39条规定，用人单位可以在以下情况解除劳动合同：①劳动者在试用期间被证明不符合录用条件的；②劳动者严重违反用人单位的规章制度的；③劳动者严重失职，营私舞弊，给用人单位造成重大损害的；④劳动者同时与其他用人单位建立劳动关系，对完成本单位的工作任务造成严重影响，或者经用人单位提出，拒不改正的；⑤劳动者以欺诈、胁迫的手段或者乘人之危，使用人单位在违背真实意思的情况下订立或者变更劳动合同，致使劳动合同无效的；⑥劳动者被依法追究刑事责任的。

4. 用人单位的义务

总的来说，用人单位的义务对应着劳动者的权利。换句话说，劳动者的权利就是用人单位的义务，在此不再赘述，只是简单的罗列，详细内容请参考前述劳动者的权利，包括：支付劳动报酬的义务；保护职工的义务；帮助职工的义务；合理使用职工的义务；培训职工的义务；必须执行劳动法规、劳动政策和劳动标准的义务；接受国家劳动计划的指导，服从劳动行政部门以及其他有关国家机关的管理和监督的义务。

除以上义务以外，《劳动合同法》对用人单位解除劳动合同也进行了一定的限制。

根据《劳动合同法》第 40 条的规定,用人单位可以解除劳动合同,但需提前 30 日以书面形式通知劳动者本人或者额外支付劳动者 1 个月工资:①劳动者患病或者非因工负伤,在规定的医疗期满后不能从事原工作,也不能从事由用人单位另行安排的工作的;②劳动者不能胜任工作,经过培训或者调整工作岗位,仍不能胜任工作的;③劳动合同订立时所依据的客观情况发生重大变化,致使劳动合同无法履行,经用人单位与劳动者协商,未能就变更劳动合同内容达成协议的。

　　另根据《劳动合同法》第 42 条的规定,用人单位在下列情况下不得解除劳动合同:①劳动者从事接触职业病危害作业未进行离岗前职业健康检查,或者疑似职业病病人在诊断或者医学观察期间的;②劳动者在本单位患职业病或者因工负伤并被确认丧失或者部分丧失劳动能力的;③劳动者患病或者非因工负伤,在规定的医疗期内的;④女职工在孕期、产期、哺乳期的;⑤在本单位连续工作满 15 年,且距法定退休年龄不足 5 年的。

　　实践中,部分企业还涉及经济性裁员的情况,根据《劳动合同法》第 41 条的规定,若企业需要裁减人员 20 人以上或者裁减不足 20 人但占企业职工总数 10% 以上,用人单位提前 30 日向工会或者全体职工说明情况,听取工会或者职工的意见后,裁减人员方案经向劳动行政部门报告,可以裁减人员。但企业裁员同样有严格的情形限制:①依照《企业破产法》规定进行重整的;②企业生产经营发生严重困难的;③企业转产、重大技术革新或者经营方式调整,经变更劳动合同后,仍需裁减人员的;④其他因劳动合同订立时所依据的客观经济情况发生重大变化,致使劳动合同无法履行的。需要特别说明的是,如果有《劳动合同法》第 42 条所规定的情况,用人单位不得依据《劳动合同法》第 41 条裁员。

　　(二) 劳动争议的解决方式

　　用人单位在运用存续期间,难免会与劳动者发生纠纷。一旦发生争议,用人单位,特别是在中国的外商独资企业,首先考虑的就是争议解决方式和适用的法律。

　　《劳动法》第 79 条规定:"劳动争议发生后,当事人可以向本单位劳动争议调解委员会申请调解;调解不成,当事人一方要求仲裁的,可以向劳动争议仲裁委员会申请仲裁。当事人一方也可以直接向劳动争议仲裁委员会申请仲裁。对仲裁裁决不服的,可以向人民法院提起诉讼。"通过该条可知,在劳动争议发生后,当事人可以申请调解,调解不成可以向劳动争议仲裁委员会申请仲裁，也可以直接申请仲裁而不必经过调解；若经仲裁后对仲裁结果不服，当事人可以向法院提起民事诉讼。需要注意的是，劳动者解决劳动争议时，调解不是必经程序，然而劳动者无法直接向法院提起诉讼，而必须经过劳动仲裁程序。

一般而言，协商是指劳动者与用人单位就争议的问题直接进行协商，寻求解决纠纷的具体方案。协商程序一般在纠纷发生的初期进行，劳动者和用人单位都可以提出协商。这种解决方式高效、便捷、节约成本，尤其适合对中国法律不甚了解的外商独资企业。

调解程序是指用人单位与劳动者发生劳动争议后，任何一方就已经发生的劳动争议向劳动争议调解委员会申请调解的程序。调解程序一般在双方协商未能达成协议之后，提起仲裁之前进行。我国《劳动法》第80条明确规定："在用人单位内，可以设立劳动争议调解委员会。劳动争议调解委员会由职工代表、用人单位代表和工会代表组成。劳动争议调解委员会主任由工会代表担任。劳动争议经调解达成协议的，当事人应当履行。"调解委员会委员一般兼备法律知识、政策水平和实际工作能力，又了解本单位和职工的具体情况，有利于纠纷的解决。因此如果当事人经协商后未能解决纠纷，可以申请调解委员会来调解。根据规定，除因签订、履行集体劳动合同发生的争议外，劳动者与用人单位发生的其他劳动争议均可由本单位劳动争议调解委员会调解。调解这种方式可以将争议、矛盾在用人单位内部解决，极大地节约了用人单位的成本。以在与中国的外商独资企业为例，其雇佣中国的劳动者，在纠纷发生后如果采用调解方式，就可以促使争议极快的解决，使得企业能够高效地运转。

劳动仲裁是指用人单位与劳动者在发生劳动争议后，由劳动争议仲裁委员会对当事人申请仲裁的劳动争议进行裁决。该程序既具有劳动争议调解的灵活、快捷的特点，又具有强制执行的效力，是解决劳动争议的重要手段。值得注意的是，在劳动争议领域，仲裁具有极大的特殊性，外国车企应予重视。我国法律规定，劳动仲裁是劳动争议当事人向人民法院提起诉讼的前置程序，即如果想提起诉讼，必须经过仲裁程序，否则人民法院将不予受理。

诉讼程序即劳动争议经过仲裁后，不服劳动争议仲裁委员会裁决的当事人向人民法院提起诉讼后启动的程序。诉讼程序是劳动争议解决的最后一道闸门，其判决结果具有强制执行力。

（三）外籍劳动者法律适用问题

在中国的三资企业难免会有外籍员工，当其与用人单位发生劳动争议时，其不必然使用中华人民共和国法律。根据《涉外民事关系法律适用法》第43条的规定："劳动合同，适用劳动者工作地法律；难以确定劳动者工作地的，适用用人单位主营业地法律。劳务派遣，可以适用劳务派出地法律。"因此，当外籍在华工作的员工与用人单位发生劳动合同争议应当适用中国的法律；如果该外籍员工的工作地不确定，那么就适用用人单位主营业地所在的法律，一般来说也是中国的法律；如果该外籍员工是劳务派遣到中国的，可以适用劳务派出地的法律。

从实务的角度上，外籍劳动者在华就业需要注意以下几个问题。

1. 外国人被母公司派遣至中国工作

这里"派遣"指的是跨国公司的境外总部与外籍员工直接建立劳动关系，该外籍员工的劳动关系在境外建立，与中国公司不产生劳动合同关系，且在劳动合同中约定管辖及适用法律都是外国法，不涉及中国劳动法下所规定的任何权利或义务，再将其"派遣"到中国、为其中国公司工作。这种情况多发生在跨国公司的高层管理岗位和高级技术岗位。实践中，在这种"派遣"模式下的薪金支付往往通过境外银行在境外支付，而不是在国内支付。但很多公司为便利财务运作，直接由中国公司账户支付外籍人士薪金。依据国家税务总局对在中国境内工作的外籍人士的纳税申报问题的有关规定，在这种派遣模式中，如果由境外公司支付薪金，而不是由中国公司负担，且一个纳税年度内在中国境内连续或累计工作不超过90日或在税收协定规定的期间在中国境内连续或累计居住不超过183日，该外籍人士不需要申报及缴纳个人所得税。除此之外，则均须申报及缴纳个人所得税。

2. 外籍员工在华就业需办理合法就业手续

外国人如果在国内与外企直接建立劳动关系，需要向有关主管部门进行申报，在经核准后办理相关手续。在外国人在华就业管理实务中，有三张证书是必要的，即《外国人就业许可证书》《外国人就业证》《外国人居留证》。很多来华的外籍员工并未办理这些证件，或者持非就业签证来华后进行工作，或者在跳槽过程中未顺利办理这些证件的转移接续。此外，一些外企也并未严格为其雇佣的外籍员工办理就业手续，致使在出现劳动争议时外籍员工与外企的劳动关系无法判定，同时也会导致外企承担相应法律责任。

3. 禁止劳务派遣外籍员工

《外国人在中国就业管理规定》第23条第1款规定："外国人在中国就业的，用人单位必须与其就业证所注明的单位相一致。"基于上述规定，用人单位无法通过劳务派遣方式招用外籍员工。而用人单位招用中国籍员工，可以依法采用劳务派遣用工方式，仅需满足相应的规定即可。

4. 外籍员工不适用无固定期限劳动合同

根据《外国人在中国就业管理规定》第17条的规定，外籍员工劳动合同的期限最长不得超过五年。劳动合同到期前，经所在地劳动行政部门批准，可办理就业证延期手续。因此在司法实践中，《劳动合同法》第14条关于无固定期限劳动合同的规定无法适用外籍员工。

5. 外籍员工缴纳社保允许"双边互免"

根据《在中国境内就业的外国人参加社会保险暂行办法》规定，在境内合法就业的外国人（包括直接雇佣和境外派遣）均应当由境内雇主缴纳社会保险，但是对于与中国签署社会保险双边互免协定的国家，其所在国公民在中国就业，社会保险费的缴纳按照有关协定办理（通常可免缴养老保险和失业保险），中国与韩国、德国、芬兰、加拿大、丹麦、瑞士六个国家签订有社保双边互免协议。相较而言，中国籍员工的社会保险缴纳须以建立劳动关系为前提，单位和员工不得协议免缴社会保险。

6. 司法实践允许与外籍员工约定劳动合同的解除条件

合法就业的外籍员工应执行中国的劳动基准，包括最低工资、工作时间、休息休假和社会保险等。但对于解除条件，部分地区允许用人单位与外籍员工"意思自治"。如2013年《上海市高级人民法院劳动争议案件审理要件指南（一）》规定，在保障外国人最低工资、工作时间、休息休假、劳动安全卫生等基本劳动权利的原则下，结合平等自愿、意思自治以及诚实信用、公平合理等原则确定其他权利义务，其中包括解除条件。但中国籍员工解除条件只得"从法定"，而不能"从约定"。

7. 外籍员工不绝对执行中国退休年龄

尽管外国人就业证办理通常会有年龄的限制，但我国法律并未禁止超过中国法定退休年龄的外国人在境内就业，在外籍员工已届退休年龄但就业证未到期的情况，用人单位以达到中国退休年龄为由终止劳动合同具有较大法律风险。但中国籍员工达到退休年龄，用人单位可根据《劳动合同法实施条例》第21条规定终止合同。

因此，一般而言外商投资企业在中国劳动法律下与国内企业并无待遇上的差别。但是基于外企运营的一些特点，如聘用外国人比内资企业更为常见、员工薪资较高等，外企在遵守中国劳动法时还有部分特殊规定，与员工意思自治的范围也更大。

二、劳动争议主要类型及相关案例辨析

（一）竞业限制纠纷

在用人单位与劳动者的劳动关系存续期间以及结束后的一定期间，用人单位往往采用竞业限制的手段来维护自己的合法权益。用人单位竞业限制是通过对劳动者自由择业权利进行一定程度的制约来保护商业秘密的一种手段，制约的对象包括在职职工和离职职工。对在职职工而言，竞业限制属于默示的法律义务；对离职职工而言，则必须来源于竞业限制协议的设定，而竞业限制协议的签订一般要以用人单位支付一定的补偿金为代价。司法实践中，竞业限制条款无效、用人单位未按照约定支付竞业限制补偿金以及劳动者未按照约定履行竞业限制的相关义务是常见的竞业限制纠纷的三种类型。

1. 竞业限制条款无效

竞业限制协议或条款无效是一种比较长常见的劳动争议类型。竞业限制协议或者条款的签订目的就是期待能在劳动合同解除或者终止后发挥其效力，防止用人单位的商业秘密或者知识产权被侵犯，如果竞业限制协议或者条款无效，用人单位的利益将会很难得到有效的保障。根据对过往案例的分析，司法实践中竞业限制协议或者条款的无效情形主要包括：（1）协议主体错误。签订竞业禁止协议的企业一方，应是拥有商业秘密的权利人，即必须要有商业秘密的存在，这是实行竞业限制的一个非常重要的前提条件。并且协议的另一方必须是符合竞业限制适用条件的人员，如果不满足协议签订的主体条件很可能导致协议无效。（2）超过竞业限制的期限。根据《劳动合同法》第24条的规定，竞业限制协议的限制期限不得超过2年。也就是说，如果双方在协议中约定的期限超过两年，则超出部分应当认定为无效。（3）未约定竞业限制补偿金。用人单位让劳动者签订竞业限制协议，就必须给予劳动者相应的补偿。如果该竞业限制协议未约定补偿数额或者给付标准，允许用人单位与劳动者就此事项协商，如果用人单位不同意给付补偿金，则该协议不对劳动者产生效力。

【典型案例】

马某诉绍兴华润丰田汽车销售服务有限公司劳动争议纠纷案

【基本案情】

马某（原告）原系绍兴华润丰田汽车销售服务有限公司（被告）员工。2011年4月1日原告与被告签订全日制劳动合同及补充条款，约定原告承诺保守被告的商业机密和技术机密被告商业机密和技术机密的范围包括维修技术、客户信息资料、人事机密和财务机密等。原告在合同期内或合同期满离开后二年内不得从事或经营同类产品或业务，否则应当支付甲方违约金为人民币五十万元。2011年5月23日，原告离职，原、被告解除劳动关系。原告一直遵守合同关于竞业限制的条款约定。同年8月1日，原告申请劳动仲裁，要求被告支付竞业限制经济补偿金176 040元。绍兴县劳动争议仲裁委员会裁定驳回马某的仲裁请求。原告不服，向法院提起诉讼。

【判决结果】

绍兴市柯桥区人民法院判决被告绍兴华润丰田汽车销售服务有限公司应支付给原告马某竞业限制的损失45 696.21元，限判决生效后十日内付；驳回原告马某的其他诉讼请求。

【案例分析】

本案双方当事人争议的焦点有二：第一，双方签订的竞业限制条款是否有效。对负有保密义务的劳动者，用人单位可以在劳动合同或者保密协议中与劳动者约定竞业限制条款，并约定解除或者终止劳动合同后，在竞业限制期限内按月给予劳动者经济补偿。第二，被告应否支付原告竞业限制的损失。原、被告在补充协议第四条中约定"乙方在合同期内或合同期满离开后二年内不得从事或经营同类产品或业务，否则应当支付甲方违约金为人民币五十万元"的内容，属于竞业限制条款，原告马某与被告绍兴华润丰田汽车销售服务有限公司约定了竞业限制内容但未同时约定经济补偿，违反了法律规定，属于《劳动合同法》第26条第（2）项规定的"用人单位免除自己的法定责任、排除劳动者权利的"的情形。法院认为因劳动关系的本质特点系隶属性，被告在竞业限制条款的约定中仅设定了原告所应履行的竞业限制义务，未对己方所应承担的义务予以明确，被告就此存在一定的过错，现原告因遵守竞业限制的约定造成了一定的损失，故被告应向原告支付相应竞业限制的损失作为承担造成条款无效的过错责任方式。

上述案例极具启示，用人单位在与劳动者签订竞业限制条款或者协议时，应当确保该协议或者条款应当符合相关法律、法规或者部门规章的规定。切忌像上述案例中的用人单位在竞业限制条款中只约定劳动者竞业限制的内容，而不约定对劳动者的经济补偿的有关事项；也要避免约定的竞业限制期限超过法律规定的期限。《劳动合同法》的第 23 条第 2 款规定："对负有保密义务的劳动者，用人单位可以在劳动合同或者保密协议中与劳动者约定竞业限制条款，并约定在解除或者终止劳动合同后，在竞业限制期限内按月给予劳动者经济补偿……。"第 24 条第 2 款规定："在解除或者终止劳动合同后，前款规定的人员到与本单位生产或者经营同类产品、从事同类业务的有竞争关系的其他用人单位，或者自己开业生产或者经营同类产品、从事同类业务的竞业限制期限，不得超过二年。"

用人单位应该确立竞业限制的主体的范围，一般来讲，应当包括：（1）高级管理人员：公司经理、副经理、财务负责人、上市公司董事会秘书和公司章程规定的其他人员；（2）高级技术人员：高级研究开发人员、技术人员、关键岗位的技术工人等容易接触到商业秘密的人员；（3）其他负有保密义务的人员：其他可能知悉企业商业秘密的人员，如市场销售人员、财会人员、秘书等。此外，建议用人单位在劳动者入职时就签订竞业限制协议，避免员工离职时不签或拒签。之所以将竞业限制的主体作上述限制，是由于立法对竞业限制的主体问题没有规定，可能出现竞业限制的主体范围过宽的现象。从而导致用人单位不论员工从事何种岗位、是何种文化程度以及是否接触到商业秘密，均一律签订竞业限制协议，那么这种做法就明显不妥。这使得用人单位对其利益不会造成威胁和损害的人员也给予了竞业限制，损害了他们的劳动权利，支付了不必要的经济补偿，增加企业的成本。

此外，与之密切相关的一个问题也值得重视，那就是公司董事、经理竞业禁止制度和竞业限制的区别。

第一，二者义务的性质不同。前者是法定义务，已有法律明文规定在先，只要是董事、经理，就必须履行竞业禁止的义务；后者是约定义务，只以约定为前提，如事先无约定，择业就不受限制。

第二，二者承担义务的主体不同。前者是公司法中规定的董事、经理，部门经理而普通员工无需承担义务；后者是公司的员工都可以成为竞业限制的对象，其中是包括董事、经理，部门经理的。

第三，二者承担义务的时间不同。前者是董事经理任职期间，后者是与原单位解除劳动关系以后的若干时间。

第四，二者承担责任的形式不同。前者是侵权责任，后者可能是违约责任，也可能是违约责任与侵权责任的竞合。

最后，关于竞业限制的经济补偿的标准问题也值得用人单位重视，我国对支付标准仅有司法解释，法律尚无明确规定。根据我国审理劳动争议案件的相关司法解释，当事人在劳动合同或者保密协议中约定了竞业限制，但未约定解除或者终止劳动合同后给予劳动者经济补偿，劳动者履行了竞业限制义务，要求用人单位按照劳动者在劳动合同解除或者终止前 12 个月平均工资的 30% 按月支付经济补偿。如果用人单位按照劳动者在劳动合同解除或者终止前 12 个月平均工资的 30% 按月支付经济补偿，月平均工资的 30% 低于劳动合同履行地最低工资标准的，按照劳动合同履行地最低工资标准支付。

2. 用人单位未支付竞业限制补偿金

在司法实践当中，用人单位对负有保守用人单位商业秘密的劳动者，在劳动合同、知识产权权利归属协议或技术保密协议中约定竞业限制条款。用人单位和知悉本单位商业秘密或者其他对本单位经营有重大影响的劳动者在终止或解除劳动合同后的，一定期限内不得在生产同类产品、经营同类业务或有其他竞争关系的用人单位任职，也不得自己生产与原单位有竞争关系的同类产品或经营同类业务。限制时间由当事人事先约定，但不得超过 2 年。竞业限制条款在劳动合同中为延迟生效条款，也就是劳动合同的其他条款法律效力终结后，该条款开始生效。但是，用人单位往往在竞业限制协议或者条款生效后拒绝支付竞业限制补偿金。

【典型案例】

周某诉河南少林汽车股份有限公司劳动争议案

【基本案情】

2010 年 3 月 19 日周某（原告）与河南少林汽车股份有限公司（被告）双方签订劳动合同，2010 年 8 月 3 日在被告的要求下，原告与被告签订了竞业限制约定协议书。2013 年 4 月份经原告申请并与被告协商一致，被告终止与原告的劳动关系。根据双方约定的竞业限制约定协议书的约定，原告两年内不从事原工种工作，被告按照原告离职前的 12 个月岗位平均工资的 70% 支付原告经济补偿金，支付的期限为两年。原告多次向被告主张要求支付经济补偿金，但被告一直没有按约定向原告支付经济补偿金。2015年 11 月 30 日，原告提出仲裁，但荥阳市劳动仲裁委员会以超过诉讼时效不予受理。原告认为，荥阳市劳动仲裁委员会以超过诉讼时效不予受理是不符合合同约定和法律规定，被告承担的竞业限制经济补偿金的诉讼时效应从竞业限制期满之日起算诉讼时效。因此，被告应当向原告支付遵守竞业限制义务的经济补偿金。原告对荥阳市劳动争议仲裁委员会荥劳人仲不字（2015）第 172 号仲裁不予受理书不服，特提起民事诉讼。

【判决结果】

法院基本支持了原告周某的诉讼请求，判决被告河南少林汽车股份有限公司于本判决生效之日起十日内支付原告周某竞业限制补偿金二万四千零三十元九分。

【案例分析】

本案的争议焦点在于被告应否向原告支付竞业限制补偿金。原、被告于 2010 年 8 月 3 日签订的竞业限制约定协议，系双方当事人的真实意思表示，不违反有关法律规定，应为有效协议，双方均应按协议履行。被告辩解在双方解除劳动合同时已口头告知原告竞业限制协议予以解除，原告对此予以否认，此时举证责任在被告一方，而被告未能向法院提供相关证据，所以法院对被告的抗辩不予采纳。被告未按约定支付原告竞业限制补偿金，责任在于被告。原、被告约定每月 25 日前被告将约定数额的经济补偿金存入被告提供的银行卡内，在原告离职后，被告未按约定每月支付原告经济补偿金，仲裁时效应从每月的 26 日开始计算；原告在庭审中陈述其于 2015年 7 月才开始向被告主张权利，被告未做否认表示；按照《劳动争议调解仲裁法》第 27 条的规定，劳动争议申请仲裁的时效期间为一年，仲裁时效，因当事人一方向对方当事人主张权利，或者向有关部门请求权利救济，或者对方当事人同意履行义务而中断，从中断时起，仲裁时效期间重新计算；原告于 2015 年 7 月开始向被告主张权利，故此，原告要求被告支付自 2014 年 7 月至 2015 年 4 月的竞业限制补偿金的仲裁时效期间自 2015 年 7 月开始重新计算，原告于 2015 年 11 月 30 日向荥阳市劳动仲裁委员会申请仲裁，原告要求被告支付 2014 年 7 月至 2015 年 4 月的竞业限制补偿金的仲裁时效不超仲裁时效期间，故此原告要求被告支付 2014 年 7 月至 2015 年 4 月的竞业限制补偿金的诉讼请求，没有超过诉讼时效；原告要求被告支付 2014 年 6 月及以前的竞业限制补偿金的仲裁时效已超仲裁时效期间，所以原告要求被告支付 2014 年 6 月及以前的竞业限制补偿金的诉讼请求，没有得到法院的支持。

本案例涉及竞业限制协议解除以及劳动争议仲裁时效的问题。鉴于本案例，车企等用人单位在与其离职员工解除竞业限制协议时，不应该采取口头等不易保存、证明的方式，应当采用书面的方式，并妥善保存。本案中被告辩解已经与原告口头解除竞业限制协议，但是在民事诉讼中奉行"谁主张谁举证"的基本原则，因此，此时的举证责任在被告方。即便确有被告口头告知原告解除竞业限制协议一事，但是由于被告举证不能，终将承担举证不利的责任。

关于劳动争议仲裁时效，《劳动法》第 82 条规定："提出仲裁要求的一方应当自劳动争议发生之日起六十日内向劳动争议仲裁委员会提出书面申请。仲裁裁决一般应在收到仲裁申请的六十日内作出。对仲裁裁决无异议的，当事人必须履行。"《劳动争议仲裁调解法》第 27 条第 1~3 款规定："劳动争议申请仲裁的时效期间为一年。仲裁时效期间从当事人知道或者应当知道其权利被侵害之日起计算。前款规定的仲裁时效，因当事人一方向对方当事人主张权利，或者向有关部门请求权利救济，或者对方当事人同意履行义务而中断。从中断时起，仲裁时效期间重新计算。因不可抗力或者有其他正当理由，当事人不能在本条第一款规定的仲裁时效期间申请仲裁的，仲裁时效中止。从中止时效的原因消除之日起，仲裁时效期间继续计算。"根据新法优于旧法的原则，劳动争议的仲裁时效应当是 1 年，但另需提请车企等用人单位注意的是劳动关系存续期间因拖欠劳动报酬发生争议的，劳动者申请仲裁不受 1 年的仲裁时效期间的限制；但是，劳动关系终止的，应当自劳动关系终止之日起一年内提出。

3. 劳动者未履行竞业限制义务

在竞业限制纠纷中，除了比较常见的用人单位没有支付竞业限制补偿金这一类型外，劳动者没有按照竞业限制协议或者条款中的约定履行其相关义务，也是比较常见的竞业限制纠纷的类型。用人单位向离职的员工发放竞业限制补偿金，就是期许该员工能够遵守竞业限制协议或者条款的约定，不去与本单位生产或者经营同类产品、从事同类业务的有竞争关系的其他用人单位，或者自己开业生产或者经营同类产品、从事同类业务，以维护本用人单位的利益。

【典型案例】

明星丰田公司与申某劳动争议案

【基本案情】

2015 年 1 月 5 日，明星丰田公司作为申请人，以申某为被申请人，以本案诉讼请求为申请事项，向济南市槐荫区劳动人事争议仲裁委员会（以下简称槐荫劳动仲裁委）申请仲裁。槐荫劳动仲裁委于 2015 年 5 月 6 日做出济槐劳人仲不〔2015〕34 号仲裁决定书，认为请求事项不符合劳动人事争议仲裁委员会受理范围，决定对其申请不予受理。明星丰田公司不服，诉至原审法院。

明星丰田公司在本案审理中主张申某于 2007 年 1 月到其处工作，于 2014 年 3 月主动离职，但未办理交接，还欠付其培训费用、违约金及经济赔偿。申某认可离职时间，但认为其离职时已经办理了交接，也不欠付任何费用。

明星丰田公司在审理中明确其要求申某办理的交接是指申某在职期间管理商品车上精品的有关财务信息的交接及其离职后管理的商品车上剩余精品材料的盘点相关事宜。申某辩称其负责精品的安装施工，账目不在其负责范围内，不存在交接账务问题，离职时其已办理了交接，如未交接，明星丰田公司并未对其掌握的账目和精品进行封存，办理交接的条件也已不存在。

明星丰田公司继续明确其要求申某返还培训费是指申某于 2011 年至 2013 年期间到外地参加培训七次，其累计为申某支付培训费用 14 490.45 元。依据双方签订的培训协议，申某应予返还。申某不认可签订过培训协议，不同意返还上述费用。

明星丰田公司另明确其要求申某支付违约金 10 万元是指申某离职后，随即到与其有竞争关系的鲁鹰丰田公司处工作，违反申某之间签订的劳动合同第 59 条竞业禁止的约定，申某应向其支付违约金 10 万元。申某认为竞业限制不适用于普通工作人员，其所签订的劳动合同是空白合同，10 万元违约金系明星丰田公司事后添加，并非双方协商一致的结果。且劳动合同解除后，明星丰田公司并未向其支付补偿金，其不应支付违约金。

明星丰田公司还明确其要求申某赔偿经济损失是指双方签订的劳动合同第 50 条约定劳动者提出辞职后 30 日内仍要继续工作，而申某提出辞职后紧接着离开导致其没有时间另行招聘新员工及进行培训，造成其经济损

失。此外，申某在任职精品部部长期间，造成精品设备缺失给其造成损失
95 456.92 元，应由申某承担。申某对该项请求不予认可。

【判决结果】

一审法院判决驳回原告明星丰田公司要求被告申某支付违约金 100 000
元的诉讼请求。二审济南市中级人民法院判决撤销一审民事判决；被上诉
人申某于本判决生效之日起 10 日内向上诉人济南明星丰田汽车销售服务有
限公司支付违约金 6000 元。

【案例分析】

本案的争议焦点较多，但其中一个主要的焦点为申某是否违反竞业限
制约定而应向明星丰田公司支付 10 万元违约金。申某认为竞业限制不适用
于普通工作人员，其所签订的劳动合同是空白合同，10 万元违约金系明星
丰田公司事后添加，并非双方协商一致的结果。法院认为，申某在明星丰
田公司关联部部长岗位负责精品车间的业务，系明星丰田公司的管理人员，
属掌握明星丰田公司单位商业秘密的人员，按照双方对竞业限制的约定，
在其离开明星丰田公司单位两年内不得到与明星丰田公司有竞争关系的单
位工作，而申某在离开明星丰田公司后即到案外人鲁鹰丰田公司工作，而
明星丰田公司亦属于销售同一品牌汽车的销售企业，与明星丰田公司显然
存在业务上的竞争关系，申某上述行为违反了双方对竞业限制的约定。虽
然明星丰田公司未与申某约定竞业限制补偿金，但是该事由不能成为申某
违反竞业限制约定的理由，鉴于明星丰田公司未向申某支付竞业限制补偿
金，申某亦主张双方对竞业限制补偿金的约定过高，要求法院予以调整，
明星丰田公司所提交的证据不足以证实因申某违反竞业限制导致其损失数
额，法院酌定申某向明星丰田公司支付违反竞业限制补偿金 6000 元。

因此，笔者建议汽车制造商、销售商应在本单位明定哪些人员属于应
当与之签订竞业限制协议或者条款的人员，并且在协议或者条款中明确约
定用人单位的竞业限制的经济补偿金的标准、计算方法以及劳动者所要遵
守的竞业限制的具体义务，以避免将来的可能发生的相关劳动纠纷。诚如
本案，用人单位就没有与劳动者约定竞业限制补偿金，这种做法存在极大
的隐患，因为一旦用人单位与劳动者日后发生劳动争议，那么因为本案例
中的竞业限制条款就存在着被认定为无效的可能（尽管本案中没有被认定
为无效）。因为本案例中的用人单位只是约定了劳动者竞业限制的内容但没
有约定具体的经济补偿数额或者计算方法，违反了《劳动合同法》第 26 条

"用人单位免除自己的法定责任、排除劳动者权利的"导致合同部分无效的情形。所以，用人单位应当竞业限制协议或者条款中明确具体的经济补偿数额或者计算方法。

（二）劳动合同解除纠纷

用人单位与劳动者间关于劳动合同解除的纠纷屡见不鲜。解除劳动合同有以下几种分类：（1）双方协商解除劳动合同。用人单位与劳动者协商一致，可以解除劳动合同。（2）劳动者单方解除劳动合同。即具备法律规定的条件时，劳动者享有单方解除权，无须双方协商达成一致意见，也无须征得用人单位的同意。具体又可以分为预告解除和即时解除。（3）用人单位单方解除劳动合同。即具备法律规定的条件时，用人单位享有单方解除权，无须双方协商达成一致意见。主要包括过错性辞退、非过错性辞退、经济性裁员三种情形。

在具体的司法实践中，双方协议解除劳动合同的争议较少，发生纠纷较多的是后两者，劳动者单方解除劳动合同和用人单位单方解除劳动合同。具体来说，争议的问题一般为：劳动者/用人单位是否享有解除权，劳动合同是否已经被有效地解除，解除劳动合同是否要支付经济补偿金等问题。

1. 劳动者单方解除劳动合同纠纷

劳动者单方解除劳动合同的权源，系《劳动合同法》第 37 条和第 38 条的规定。

关于劳动者单方预告解除权，《劳动合同法》第 37 条规定，劳动者提前 30（试用期内提前 3 日）通知用人单位解除劳动合同，自通知之日起经过 30 日（试用期经过 3 日），劳动合同即为解除，而无须用人单位同意。其中的 30 日与 3 日之规定，即为单方解除权行使的预告期，劳动者须遵守该预告期。所谓无过错，是指对被解除人即用人单位而言，对于劳动合同的解除没有过错；否则，劳动者可依据《劳动合同法》第 38 条规定解除劳动合同，并要求用人单位承担经济补偿金之责任。该规定主要是出于保障劳动者自由择业权的考量而设定。行使要件：劳动者行使该解除权，应遵循《劳动合同法》规定的预告期与书面通知形式规定，即提前 30 日以书面形式通知用人单位（试用期内提前 3 日通知用人单位），届时即发生解除之效果。法律后果：使劳动合同的效力提前消灭，通常不产生经济补偿金与损害赔偿责任，但劳动合同约定有服务期与竞业限制条款的除外。

劳动者单方即时解除权的形态，又可以划分为须告知的即时解除权与无须告知的即时解除权。须告知的单方即时解除权:《劳动合同法》第38条第1款规定的六种情形,均可产生此种解除权。其行使要件为:一是用人单位存在《劳动合同法》第38条第1款所列举的情形之一;二是劳动者需告知用人单位,至于告知方式,《劳动合同法》未明确规定,实践中劳动者可采取书面或者口头告知方式。无须告知的单方即时解除权:行使依据为《劳动合同法》第38条第2款规定,行使要件为:用人单位存在以暴力、威胁或者非法限制人身自由的手段强迫劳动者劳动的;或者用人单位违章指挥、强令冒险作业危及劳动者人身安全的。符合其中之一者,劳动者可当即解除劳动合同,无须履行任何通知程序。劳动者单方即时解除权行使的法律后果:一是导致劳动合同效力提前消灭;二是对劳动者而言,随着劳动合同的解除,产生经济补偿金请求权、赔偿金请求权以及损害赔偿请求权。

由于司法实践中用人单位单方解除劳动合同的纠纷较多,所以下面将选取与车企相关的并具代表性的案例。

【典型案例】

雷某与福田戴姆勒公司劳动争议案

【基本案情】

雷某于2011年8月4日入职福田戴姆勒公司,任涂装工艺岗,双方之间签定有期限的劳动合同。2011年8月12日,雷某签署承诺书,内容为"本人雷某现应聘到福田公司工作,为便于本人在北京的工作和学习,本人特向福田公司申请办理北京户籍,由福田公司协助办理北京户口。同时,福田公司在指标有限的情况下,为本人办理落户,本人知悉福田公司为员工办理北京户籍投入了相当资源,为此,本人对于落户一事承诺如下:……3. 按照所签订《劳动合同》约定,严格履行所约定事项,包括但不限于履行劳动合同期限,自2011年8月4日至2016年8月31日在福田公司工作。如有违反该承诺(包括由于个人原因被用人单位解除合同,如:违纪等),则本人认可并愿意承担本承诺所约定违约金。以上所称违约金为5万元人民币,按照合同期限五年折算……"2015年1月24日,雷某向直管领导提出辞职,拟于2015年2月25日离职,部门副部长徐某于2015年1月29日在辞职报告上签字,批"同意,离开前需将工作交接完毕";部门领导刘某、分管领导苟某分别于2015年2月26日、2月27日在辞职报告上签字,批"按流程处理"。随后雷某与相关部门进行了工作交接。自2015

年2月28起未到福田戴姆勒公司上班。

2015年1月29日，雷某向北京怀柔仲裁委申请仲裁，怀柔仲裁委据此于2015年2月2日作出京怀劳人仲字（2015）第046号不予受理通知书，以不属于劳动人事争议受案范围为由，不予受理。雷某不服该决定，于2015年2月诉至法院。

【判决结果】

一审法院判决确认雷某签订的承诺书中关于违约金的约定无效；福田戴姆勒公司于判决生效之日起7日内为雷某出具解除劳动合同证明；雷某于判决生效后7日内赔偿福田戴姆勒公司损失10 000元。二审维持原判。

【案情分析】

本案的争议焦点：一是福田戴姆勒公司是否应该为雷蕾出具解除劳动合同证明；二是承诺书中约定的"户口进京"违约金是否有效。

根据《劳动合同法》第37条的相关规定，劳动者提前30日书面形式通知单位，可以解除合同。本案中，雷某已提前30日向用人单位提出辞职，福田戴姆勒公司应予以办理，为其出具解除劳动合同证明。关于承诺书的性质：承诺书中虽然未将福田戴姆勒公司列为相对方，但是鉴于该承诺书之内容均指向福田戴姆勒公司，在雷某做出上述承诺之后，福田戴姆勒公司予以接受，此后福田戴姆勒公司也依照承诺书之内容为雷某办理落户北京事宜，故应视为双方就承诺书之内容已经达成合意，该承诺书应视为约束双方之合同。《劳动合同法》第22条规定，用人单位为劳动者提供专项培训的，用人单位可与劳动者约定服务期及相应违约金；第23条规定，对负有保密义务的劳动者，用人单位可与劳动者约定竞业限制及相应违约金；而第25条规定，除《劳动合同法》第22条和第23条规定的情形外，用人单位不得与劳动者约定由劳动者承担违约金。故承诺书中关于"户口进京"违约金的约定，违反上述法律规定，应属无效。但是在本案中法院认为进京指标属于社会稀缺资源，雷某作为完全民事行为能力人对此明知并应知晓签署承诺书的行为后果，其辞职行为确实给福田戴姆勒公司在引进人才等方面造成一定的损失，所以法院最终根据雷某未满服务期及福田戴姆勒公司需要招聘同岗位人员所需支出等情形酌定其赔偿福田戴姆勒公司损失10 000元。

本案例十分值得具有北京、上海等地户口指标的车企等用人单位重视，本案既涉及劳动者的单方解除权，又涉及进京户口指标的违约问题。目前很多在京、沪的用人单位，希望用户口指标招揽人才，与此同时，很多应届毕业生希望进入此类企业以获得相应城市的户口。这件事情看上去本没有什么冲突，但是大多数应届毕业生进入相应的用人单位的目的却是为了拿到户口指标后辞职，这就给许多用人单位带来了极大的麻烦，不利于企业人员的相对稳定、违背了用户口指标留住人才的初衷，采取承诺书并设置违约金便成此类用人单位的普遍做法。

首先，用人单位应当知悉劳动者预告解除劳动合同是《劳动合同法》中明定的权利，用人单位对劳动者的职业选择权恣意干涉，至于对用人单位造成的损失以及专项培训、竞业限制违约金的问题，可以在与劳动者在签订劳动合同时予以列明；其次，户口指标的违约金条款是无效条款，不具备法律效力。《劳动合同法》第 25 条规定："除本法第二十二条和第二十三条规定的情形外，用人单位不得与劳动者约定由劳动者承担违约金。"北京格非科技发展有限公司等与石某劳动争议纠纷上诉案与本案的判决结果也基本一致，可资证明：法院认为，现格非视频公司在应届毕业生协议以及 2009 年 7 月 8 日签订的协议书中约定，石某要承担支付接收户口违约金的责任，违反了《劳动合同法》第 25 条的规定，以上约定属于无效条款。违约金 35 000 元的收取主体虽为格非视频公司，但如前所述，格非视频公司与格非科技公司作为利益共同体应共同承担劳动关系中用人单位一方的责任，法院对石某要求格非科技公司、格非视频公司共同返还违约金 35 000 元的请求，予以支持。

2. 用人单位单方解除劳动合同纠纷

用人单位单方解除劳动合同主要包括以下三种类型：

一是即时解除，即过错性辞退。根据《劳动合同法》第 39 条的规定，劳动者有下列情形之一的，用人单位可以解除劳动合同：（1）在试用期间被证明不符合录用条件的；（2）严重违反用人单位的规章制度的；（3）严重失职，营私舞弊，给用人单位造成重大损害的；（4）劳动者同时与其他用人单位建立劳动关系，对完成本单位的工作任务造成严重影响，或者经用人单位提出，拒不改正的；（5）劳动者以欺诈、胁迫的手段或者乘人之危，使用人单位在违背真实意思的情况下订立或者变更劳动合同，致使劳动合同无效的；（6）被依法追究刑事责任的。

二是预告解除，即非过错性辞退。用人单位应当提前 30 天采用书面形式通知劳动者本人方可解除合同。根据《劳动合同法》第 40 条的规定，有下列情形之一的，用人单位提前 30 日以书面形式通知劳动者本人或者额外支付劳动者 1 个月工资后，可以解除劳动合同：（1）劳动者患病或者非因工负伤，在规定的医疗期满后不能从事原工作，也不能从事由用人单位另行安排的工作的；（2）劳动者不能胜任工作，经过培训或者调整工作岗位，仍不能胜任工作的；（3）劳动合同订立时所依据的客观情况发生重大变化（如工作地点重大调整），致使劳动合同无法履行，经用人单位与劳动者协商，未能就变更劳动合同内容达成协议的。

三是裁员解除，即经济性裁员。根据《劳动合同法》第 41 条的规定，有下列情形之一，需要裁减人员 20 人以上或者裁减不足 20 人但占企业职工总数 10% 以上的，用人单位提前 30 日向工会或者全体职工说明情况，听取工会或者职工的意见后，裁减人员方案经向劳动行政部门报告，可以裁减人员：（1）依照《企业破产法》规定进行重整的；（2）生产经营发生严重困难的；（3）企业转产、重大技术革新或者经营方式调整，经变更劳动合同后，仍需裁减人员的；（4）其他因劳动合同订立时所依据的客观经济情况发生重大变化，致使劳动合同无法履行的。值得注意的是用人单位在裁减人员时，应当优先留用下列人员：（1）与本单位订立较长期限的固定期限劳动合同的；（2）与本单位订立无固定期限劳动合同的；（3）家庭无其他就业人员，有需要扶养的老人或者未成年人的。用人单位裁减人员，在 6 个月内重新招用人员的，应当通知被裁减的人员，并在同等条件下优先招用被裁减的人员。

由于司法实践中用人单位单方解除劳动合同的纠纷较多，所以下面将选取 3 个与车企相关的并具代表性的案例。

（1）劳动者同时与其他用人单位建立劳动关系。

【典型案例】

成某与四川嘉宝汽车有限责任公司劳动争议纠纷案

【基本案情】

成某于 1993 年 2 月到嘉宝公司从事冲压工作，1994 年 9 月 20 日成某因工受伤并被评定为六级伤残。成某因工受伤后的工伤待遇为保留劳动关系，领取一次伤残补助金，并安排工作至 2005 年 1 月。2005 年 1 月之后，因嘉宝公司难以为成某安排工作，遂按月给成某发放伤残津贴。2014 年 4 月 25 日，成某与嘉宝公司签订了《伤残津贴领取协议》，约定：2014 年 1 月前的伤残津贴已每月支付，之前的伤残津贴无论高低，双方均无异议，2014 年 1

月起的伤残津贴按嘉宝公司后勤人员基本工资＋100元的方式按月发放，如一方违约，应当支付对方 20 000 元的费用。2014年1月至2016年4月，成某按每月1100元的标准领取伤残津贴，从2016年5月开始，嘉宝公司未再为成某发放伤残津贴。嘉宝公司已为成某缴纳社会保险至2016年4月。

2013年12月1日，成某与蓬安县相如镇人民政府签订了《劳动用工合同》，与蓬安县相如镇人民政府建立了劳动关系，从事城市管理岗位工作。2016年1月因政府间职能的调整，成某又与蓬安县城市综合执法大队建立劳动关系。2016年5月27日，嘉宝公司向成某发出通知，要求成某立即停止与其他任何单位建立劳动合同关系。2016年5月30日，成某向蓬安县城市综合执法大队提出辞职申请，2016年6月15日蓬安县城市综合执法大队同意其辞职申请，成某继续在蓬安县城市综合执法大队上班至该月底。成某在蓬安县城市综合执法大队工作期间，工资发放至2016年6月。2016年7月6日，嘉宝公司向成某发出通知，决定解除与成某的劳动合同，终止劳动关系。

2016年8月，成某向蓬安县劳动人事争议仲裁委员会提出仲裁申请，请求依法撤销被嘉宝公司2016年7月6日作出的解除与成某劳动合同的通知；责令嘉宝公司按国家法律法规规定的标准继续向成某发放伤残津贴并缴纳各项社会保险费；支付未按国家规定少发的伤残疾津贴61 988元。2016年10月12日，蓬安县劳动人事争议仲裁委员会作出蓬劳人仲案字(2016) 10号仲裁裁决书，裁决：（1）嘉宝公司依法为成某补缴2016年5月至2016年7月的社会保险；（2）嘉宝公司支付成某2006年1月至2016年7月少发的伤残津贴差额23 604元；（3）驳回成某的其他仲裁申请。裁决后，成某及嘉宝公司均不服，向法院提起诉讼。

【判决结果】

法院判决四川嘉宝汽车有限责任公司于2016年7月6日单方作出的解除与成某劳动关系的决定无效；四川嘉宝汽车有限责任公司与成某劳动关系存续期间，四川嘉宝汽车有限责任公司应当继续为成某缴纳社会保险。

【案情分析】

本案双方当事人的争议焦点：一是四川嘉宝汽车有限责任公司是否享有单方解除劳动合同的权利；二是四川嘉宝汽车有限责任公司是否应当继续为成某缴纳社会保险。

关于嘉宝公司于2016年7月6日作出单方解除与成某劳动关系的效力。

嘉宝公司单方解除与成某劳动关系的理由是成某在与其形成劳动关系的同时与其他用人单位形成劳动关系,并经嘉宝公司通知而拒不改正,但嘉宝公司的上述理由并不成立。首先,我国现行相关劳动法律、法规并不禁止劳动者与两个或者两个以上用人单位形成劳动关系,《劳动合同法》第39条第1款"劳动者有下列情形之一的,用人单位可以解除劳动合同:……(四)劳动者同时与其他用人单位建立劳动关系,对完成本单位的工作任务造成严重影响,或者经用人单位提出,拒不改正的"之规定的立法本意在于与两个或两个以上用人单位形成劳动关系必须不得违反从业竞业规定,不得在工作上相互冲突,不能因为多个劳动关系而影响与其中任一用人单位之间的工作。本案中成某在嘉宝公司因工受伤,从2005年1月之后嘉宝公司因难以安排工作,成某一直按月领取伤残津贴并未上班,现成某同时与其他用人单位建立劳动关系与其和嘉宝公司之间的劳动关系二者之间并不冲突,并不相互影响且不违反从业竞业禁止;其次,《劳动合同法》第39条第1款第(4)项规定的"拒不改正"应是以明示或默示明确表示不予纠正双重劳动关系。本案中,成某在接到嘉宝公司要求停止与其他任何单位建立劳动合同关系的通知后,在三日内即向新的用人单位提出辞职申请并得到了新的用人单位的同意,其行为属于积极改正。

对于成某请求嘉宝公司继续缴纳各项社会保险,因缴纳社会保险系用人单位的法定义务,只要二者劳动关系存续,用人单位均应当履行该义务,故根据《社会保险法》第60条"用人单位应当自行申报、按时足额缴纳社会保险费,非因不可抗力等法定事由不得缓缴、减免。职工应当缴纳的社会保险费由用人单位代扣代缴,用人单位应当按月将缴纳社会保险费的明细情况告知本人"之规定,嘉宝公司有义务继续为成某缴纳社会保险至二者劳动关系终止。

(2)劳动者严重失职,营私舞弊。

【典型案例】

汉高(江苏)汽车零部件有限公司与陆某劳动争议案

【基本案情】

陆某(被告)为汉高(江苏)汽车零部件有限公司(原告)的员工,从事质检工作,被告在原告处工作时间为2007年5月21日至2016年1月20日。被告的月平均工资为5028元。双方签订了劳动合同,原告为被告缴纳了社会保险。2016年1月20日,原告以被告严重违反规章制度为由解除与被告的劳动关系。2016 年 5 月 10 日，被告向丹阳市劳动仲裁委员会提出仲裁申请要求原告支付违法解除劳动合同赔偿金 90 504 元，该委作出裁决后，原告不服提起诉讼。

原告公司的《员工手册》第二章 3.2.2.2 载明，员工有下列任何一种情况的，视为严重违反原告劳动纪律和规章制度，原告有权无须给予任何警告立即解除劳动合同。其中，（22）怠工、严重失职、营私舞弊对原告利益造成重大损害；（24）工作时严重不负责任，玩忽职守、违反技术操作规程和安全规程，或者违反劳动合同或员工手册所规定之劳动纪律从而对原告造成损失［使原告受到直接经济损失达二千元（含人民币以上的）］，事故或以致危害他人生命安全的；（27）故意不遵守上级指示、不履行本职工作或不完成原告交给的任务；（30）滥用职权谋取私利；（36）任何违反《聘用制度》中员工应承担的诚信义务，以及员工的回避制度。"被告违纪处分报批表"中违纪事实描述为：经原告多方调查取证，发现被告纵容并批准下属违规报销，严重违反劳动纪律和原告规章制度；处理依据载明为《员工手册》第二章 3.2.2.2。

【判决结果】

经法院审理后，判决原告汉高（江苏）汽车零部件有限公司于本判决生效之日起后 10 日内支付被告陆某违法解除劳动合同赔偿金 90 504 元。

【案情分析】

根据《劳动合同法》第 39 条第 1 款第（2）项的规定，劳动者严重违反用人单位的规章制度的，用人单位可以解除劳动合同。本案从被告出具的检查书可以看出，被告存在违规批准下属报销的事实，原告也以被告严重违反公司规章制度为由单方解除劳动合同，那么被告批准下属违规报销是否严重违反了原告的规章制度是本案的争议焦点。本案从原告提供的《员工手册》第二章 3.2.2.2 所列举的 37 种视为严重违反劳动纪律和规章的制度情形看"批准纵容下属违规报销"，并未列入严重违反规章制度之内。从整个批准报销流程来看，员工提出报销申请后，报销费用是否发放需要经过多个部门人员审核通过后才能发放，而被告只是负责报销费用的初审，被告的主要工作内容是质保主管，原告的证据也没有证明审核报销费用是被告的主要工作内容，在没有对被告的工作岗位内容、工作职责进行具体确定的情况下，原告直接解除与被告的劳动合同不符合法律规定。

根据《劳动合同法》第 39 条第 1 款第（3）项的规定，劳动者严重失职，营私舞弊，给用人单位造成重大损害的，用人单位可以解除劳动合同。原告提出被告违规批准下属报销给原告造成巨大经济损失，被告对此不予认可，原告也没有提供直接的证据对具体经济损失予以证明，原告应当承担举证不能的不利后果。即使原告存在直接损失，也不能认定该损失系由被告造成。综上，原告解除与被告的劳动合同，属违法解除，依据《劳动合同法》的规定，原告应当支付被告违法解除劳动合同赔偿金。

在司法实践中，用人单位因劳动者的严重失职，营私舞弊，遭受重大的经济损失屡见不鲜，但是，由于用人单位往往不能向仲裁机构或者法院提供其因劳动者的过错遭受巨大的经济损失，证明劳动者的行为和用人单位的损失之间存在因果关系，常常承担败诉的后果。加之，用人单位的规章制度不完善，往往涵盖不到劳动者所有的可能的不良行为，导致用人单位不能诉诸《劳动合同法》的第 39 条第 1 款的第（2）项以捍卫自己的合法正当权益。所以，车企等用人单位在制定企业规章制度、员工手册等规范时，应当聘请专业的法律人员对此予以设计、把关，以求应对将来可能发生的劳动合同解除纠纷。

（3）女职工处在孕期、产期、哺乳期解除劳动合同。

【典型案例】

廊坊市悦众信达汽车销售有限公司与李某劳动争议纠纷案

【基本案情】

2013 年 12 月 20 日，李某（被告）到廊坊市悦众信达汽车销售有限公司（原告）处上班，从事人事专员工作，双方自入职之日起未签订劳动合同，但已形成事实劳动关系。2014 年 3 月 1 日，原告与被告签订书面劳动合同，被告与原告约定采用标准工时制度，但被告实际每周休息一天，加班一天。原告收取被告工服押金 200 元。被告自 2014 年 11 月 13 日至 2015 年 2 月 18 日休产假，休假期间每月工资按 1100 元发放，且未发放被告 2015 年 2 月 1 日至 2 月 18 日之间的产假工资。被告休完产假后，原告在未与被告协商一致的情况下单方作出调整被告工作岗位的决定。2015 年 3 月 16 日，原告以旷工为由将被告辞退。被告 2014 年 1 月 15 日至 2014 年 11 月 15 日月平均工资 2513 元。

【判决结果】

一审判决原告廊纺市悦众信达汽车销售有限公司一次性支付被告李某违法解除劳动合同赔偿金 7539 元；原告廊坊市悦众信达汽车销售有限公司

一次性支付被告李某产假期间少发及未发工资 5275.8 元；原告廊坊市悦众信达汽车销售有限公司一次性支付被告李某双休日加班工资 10 398.62 元；原告廊坊市悦众信达汽车销售有限公司一次性返还被告李某工服押金 200 元。原告廊坊市悦众信达汽车销售有限公司为被告李某办理档案和保险转移手续。二审维持原判。

【案情分析】

李某自 2013 年 12 月 20 日入职廊纺市悦众信达汽车销售有限公司处工作，用人单位自用工之日起即与劳动者建立劳动关系。用人单位与劳动者应当按照劳动合同的约定，全面履行各自的义务。用人单位应当按照劳动合同约定和国家规定，向劳动者及时足额支付劳动报酬。女职工在孕期、产期、哺乳期的，用人单位不得解除劳动合同，如违法解除劳动合同，劳动者不要求继续履行劳动合同或者劳动合同已经不能继续履行的，用人单位应当按照《劳动合同法》第 47 条规定的经济补偿标准的二倍向劳动者支付赔偿金。本案中廊纺市悦众信达汽车销售有限公司于被李某产假结束后，在未与李某协商一致的情况下变更李某工作岗位，并以旷工为由将李某辞退。因被上诉人尚在哺乳期内，此时上诉人单方解除双方劳动关系违反《劳动合同法》规定，据此上诉人应向被上诉人支付二倍的经济补偿金。

根据《劳动法》第 44 条、劳动部《工资支付暂行规定》第 13 条的规定，用人单位依法安排劳动者在休息日工作，而又不能安排补休的，按照不低于劳动合同规定的劳动者本人日或小时工资标准的 200% 支付劳动者工资。廊纺市悦众信达汽车销售有限公司主张李某产假期间少发及未工资应为 2040.5 元，而不是 5275.8 元，但其未提供相应证据予以证实，应当承担举证不利的法律后果。廊纺市悦众信达汽车销售有限公司主张其无须向李某支付加班工资。因李某入职上诉人处工作以来，于双休日加班工作的情况实际存在，所以法院的一、二审判决均支持了李某的诉讼请求。

用人单位行使单方解除权时应该严格按照《劳动合同法》等相关法律的具体规定。除了用人单位能够行使单方解除权的三种情形外，还应注意：为了防止用人单位滥用单方解除权，《劳动法》《劳动合同法》《工会法》等法律法规对用人单位行使单方解除权进行了限制，这些限制包括程序上的，也有实体上的。

从实体上看，为加强对劳动者的保护，《劳动法》和《劳动合同法》规定，劳动者有下列情形之一的，用人单位不得行使非过错性解除权或进行经济性裁员：从事接触职业病危害作业的劳动者未进行离岗前职业健康检查，或者疑似职业病病人在诊断或者医学观察期间的；在本单位患职业病或者因工负伤并被确认丧失或者部分丧失劳动能力的；患病或者非因工负伤，在规定的医疗期内的；女职工在孕期、产期、哺乳期的；在本单位连续工作满十五年，且距法定退休年龄不足五年的。

在程序上，《劳动合同法》和《工会法》规定，用人单位单方解除劳动合同，应当事先将理由通知工会。用人单位违反法律、行政法规规定或者劳动合同约定的，工会有权要求用人单位纠正。用人单位应当研究工会的意见，并将处理结果书面通知工会。用人单位不履行通知工会的程序性规定，其解除劳动合同的行为会因存在程序上瑕疵而无效。

用人单位一旦不当行使单方解除权，违法解除劳动合同，应当赔偿劳动者的损失。造成劳动者工资收入损失的，按劳动者本人应得工资收入支付给劳动者，并加付应得工资收入的赔偿费用；造成劳动者劳动保护待遇损失的，应按国家规定补足劳动者的劳动保护津贴和用品；造成劳动者工伤、医疗待遇损失的，除按国家规定为劳动者提供工伤、医疗待遇外，还应支付劳动者相当于医疗费用 25% 的赔偿费用。根据工作年限获得相应的经济补偿或赔偿金，《劳动合同法》第 47 条规定："经济补偿按劳动者在本单位工作的年限，每满一年支付一个月工资的标准向劳动者支付。六个月以上不满一年的，按一年计算；不满六个月的，向劳动者支付半个月工资的经济补偿。劳动者月工资高于用人单位所在直辖市、设区的市级人民政府公布的本地区上年度职工月平均工资三倍的，向其支付经济补偿的标准按职工月平均工资三倍的数额支付，向其支付经济补偿的年限最高不超过十二年。本条所称月工资是指劳动者在劳动合同解除或者终止前十二个月的平均工资。"第 87 条规定："用人单位违反本法规定解除或者终止劳动合同的，应当依照本法第四十七条规定的经济补偿标准的二倍向劳动者支付赔偿金。"

（三）确认劳动关系的纠纷

劳动关系，是指用人单位与劳动者之间，依法所确立的劳动过程中的权利义务关系。与劳动关系容易发生混淆的一个概念是劳务关系。劳务关系是平等主体之间就劳务的提供与报酬的给付所达成的协议，遵循意思自治、合同自由和等价有偿的原则，雇主与雇员之间形成的是一种债权债务关系，劳务关系不受《劳动法》调整，应适用《民法通则》《合同法》的规定。具体说来，劳动关系和劳务关系具有如下的区别：

第一，主体不同。劳动关系一方是符合劳动年龄并具有与履行劳动合同义务相适应能力的自然人，另一方是符合《劳动法》所规定条件的用人单位；而劳务关系不限于自然人与用人单位之间，还可以是单位之间，自然人之间，并且可能是两个主体以上。

第二，关系不同。劳动关系中形成的是管理与被管理、监督与被监督、指挥与被指挥的隶属关系；劳务关系是平等主体依据双方约定所形成的一种财产关系，不存在人身的隶属性。

第三，关系的稳定性不同。劳动关系比较稳定，反映的是一种持续的生产资料、劳动者、劳动对象之间的结合关系；而劳务关系中多为一次性或临时性的工作，一般以完成特定工作为目的。

第四，待遇不同。劳动关系中劳动者除了定期得到劳动报酬外还享有劳动法律法规所规定的各项待遇，如社会保险待遇等，而劳务关系一般只涉及劳动报酬问题，劳动报酬都是一次性或分期支付，而无社会保险等其他待遇。

司法实践中，劳动者要求确认其与用人单位的劳动关系的案例十分常见，兹举一例进行细致分析。

【典型案例】
曹某与某某汽车运输有限公司确认劳动关系纠纷案

【基本案情】
曹某（原告）系上海市外来从业人员。2011 年 3 月 29 日，原告向上海市嘉定区劳动人事争议仲裁委员会申请仲裁，要求确认与某某汽车运输有限公司（被告）之间存在劳动关系，并要求被告支付工资、交通罚款、补缴综合保险等。5 月 10 日，该会作出嘉劳人仲（2011）办字第 930 号裁决，裁决对原告的请求事项不予支持。原告不服该裁决，遂向法院提起诉讼。

原告为证明其主张向本院提交了银行对账单、事故认定书、罚款收据、处罚决定书、委托书，旨在证明原告于 2010 年 11 月 6 日发生交通事故时所驾驶的车辆是属于被告的，被告委托员工处理交通事故，被告以货款名义向原告支付工资，之后又支付了部分医疗费用，因此可以证实原、被告之间存在劳动关系。被告对于原告提交的上述证据材料的真实性没有异议，但是原告所驾驶的车辆被告已于 2010 年 7 月 28 日租赁给案外人，原告发生交通事故之后，由于车主是被告，所以被告委托某公司职员去处理事故，

209

汽车生产企业在中国的合规经营之道——各类法律风险的防范

被告从未向原告支付任何款项。对此，原告补充陈述，原告提供车辆牌号后由财务存入款项，但不清楚具体由谁支付的款项。

被告为证明其主张向本院提交了离职员工结算表、劳动合同复印件、综合保险缴纳情况、租赁合同及清单、案外人某公司出具的情况说明，旨在证明原告的综合保险一直由他人缴纳，原告驾驶的车辆已经租赁给案外人，案外人出具材料证实与原告之间存在劳动关系。原告对被告提交的劳动合同复印件不予认可，对其他证据材料的真实性无异议。根据综合保险缴纳情况表显示：2009年6月至2011年1月期间，某某轿车驳运有限公司为原告缴纳综合保险；2011年1月至2011年5月期间，上海派遣人才有限公司为原告缴纳综合保险。根据租赁合同及清单显示：2010年7月28日，被告与某公司签订驳运车车辆租赁协议1份，约定被告将包括原告驾驶的20辆驳运车租赁给某公司，某公司支付租赁费，租赁期为三年。案外人某公司出具的情况说明上显示：沪AG8×××驾驶员曹某于10月27日成为本公司员工，11月6日发生交通事故，本公司派员负责处理事故，并支付原告手术费、医疗费；原告待伤势好转之后至本公司索要赔偿，本公司遂向其索要医疗费等开支票据等，但原告情绪激动回乡之后又申请仲裁，误使某某公司成为被告，故作出情况说明，原告为某公司职员，与某某公司无关。

【判决结果】

法院判决驳回原告曹某要求确认2010年10月27日至2011年7月13日期间与被告某某汽车运输有限公司之间存在劳动关系的诉讼请求；驳回原告曹某要求被告某某汽车运输有限公司为其补缴2010年10月27日至2011年7月13日期间上海市外来从业人员综合保险的诉讼请求；驳回原告曹某要求被告某某汽车运输有限公司支付交通罚款人民币800元的诉讼请求；驳回原告曹某要求被告某某汽车运输有限公司支付2010年12月1日至2011年7月13日期间工资（月工资标准人民币6000元）的诉讼请求。

【案情分析】

根据民事诉讼法律、法规规定，当事人对自己提出的诉讼请求所依据的事实或者反驳对方诉讼请求所依据的事实有责任提供证据加以证明，没有证据或者证据不足以证明当事人的事实主张的，由负有举证责任的当事人承担不利后果。本案中，原告认为与被告存在劳动关系，进而提出要求被告支付工资、补缴综合保险等请求，但被告对此予以否认。根据规定，用人单位支付劳动者工资，为劳动者缴纳社会保险，劳动者的工作是用人单位业务的组成部分、受用人单位的劳动管理、约束等，可认定双方间存在劳动关系。本案中，原告因所驾驶的车辆属于被告、被告参加处理交通事故而认为与被告之间存在劳动关系。根据原、被告提交的证据及陈述，原告所认为支付的两次工资，在其提交的银行对账单中显示名称为货款，且是根据车牌号码而支付；原告对于被告与案外人之间的租赁合同及清单没有异议，对案外人出具的情况说明也没有异议，被告于 2010 年 7 月 28 日起（租赁期为三年）将原告所驾驶的车辆租赁给案外人，而原告于 2010 年 10 月 27 日起得以驾驶该车辆。综上分析，仅凭原告驾驶被告所有的车辆、被告作为车辆登记车主参与处理交通事故而直接推断出原、被告之间劳动关系的成立，显然缺乏相应的事实和法律依据，因此，原告与被告之间不存在劳动关系。

除了本案展示的供用人单位借鉴的经验，本部分还将对劳动关系确认纠纷作以下提示。

司法实践中大多数劳动关系的确认案件是事实劳动关系的认定。事实劳动关系是指无书面合同或无有效书面合同形成的劳动雇佣关系以及口头协议达成的劳动雇佣关系。事实劳动关系的确认需有雇佣劳动的事实存在。"事实劳动关系"合法地位，确认了劳动关系不依赖书面合同的存在而存在，扩大了劳动保护范围，对不签订劳动合同的雇主有了更大约束，更多地维护了劳动者的合法权益。

根据《劳动合同法》第 7 条的规定，用人单位自用工之日起即与劳动者建立劳动关系。《劳动合同法》第 10 条第 2 款规定："已建立劳动关系，未同时订立书面劳动合同的，应当自用工之日起一个月内订立书面劳动合同。"《劳动合同法》第 11 条规定："用人单位未在用工的同时订立书面劳动合同，与劳动者约定的劳动报酬不明确的，新招用的劳动者的劳动报酬按照集体合同规定的标准执行；没有集体合同或者集体合同未规定的，实行同工同酬。"

以上条款充分说明，即使法律条文中没有明确规定事实劳动关系，但对于没有订立书面劳动合同的情况视为劳动关系已建立，并加以保护。法院在认定事实劳动关系时，主要参考：用人单位和劳动者符合法律、法规规定的主体资格；用人单位依法制定的各项劳动规章制度适用于劳动者，劳动者受用人单位的劳动管理，从事用人单位安排的有报酬的劳动；劳动者提供的劳动是用人单位业务的组成部分。一旦用人单位和劳动者之间被认定存在事实劳动关系，那么根据《劳动合同法》第 82 条规定："用人单位自用工之日起超过一个月不满一年未与劳动者订立书面劳动合同的，应当向劳动者每月支付二倍的工资。用人单位违反本法规定不与劳动者订立无固定期限劳动合同的，自应当订立无固定期限劳动合同之日起向劳动者每月支付二倍的工资。"即用工之日起可以有 1 个月的缓冲期，即使此期间未订立，也不违法。而结合第 14 条第 3 款的规定，如果用人单位自用工之日起超过 1 年仍未与劳动者订立书面劳动合同的，则不仅要支付 2 倍工资外，还视为已订立无固定期限劳动合同。

综上，用人单位用当采取以下的应对措施：（1）如果用人单位与劳动者均同意维持事实上的劳动关系的，应当视情况采取相应措施，或者续签；或者弥补前劳动合同的缺陷。（2）对于一方不同意继续劳动关系的，如属劳动者一方，劳动关系解除，用人单位无须支付补偿金；而如用人单位一方不愿维持，提出解除劳动关系的，则应当按照规定支付劳动者经济补偿金。（3）《劳动部关于贯彻执行〈中华人民共和国劳动法〉若干问题的意见》（劳部发〔1995〕309 号）第 17 条规定，用人单位与劳动者之间形成了事实劳动关系，而用人单位故意拖延不订立劳动合同，劳动行政部门应予以纠正。用人单位因此给劳动者造成损害的，应按劳动部《违反〈劳动法〉有关劳动合同规定的赔偿办法》（劳部发〔1995〕223 号）的规定进行赔偿。（4）用人单位与劳动者发生劳动争议，只要存在事实劳动关系，且符合《劳动法》和《企业劳动争议处理条例》的受案范围，劳动争议仲裁委员会均应受理。

（四）加班工资、年休假工资支付纠纷

为了维护职工休息休假权利，调动职工工作积极性，我国制定了《职工带薪年休假条例》（以下简称条例）。条例中明确规定"机关、团体、企业、事业单位、民办非企业单位、有雇工的个体工商户等单位的职工连续工作 1 年以上的，享受带薪年休假（以下简称年休假）。单位应当保证职工享受年休假。职工在年休假期间享受与正常工作期间相同的工资收入。单位根据生产、工作的具体情况，并考虑职工本人意愿，统筹安排职工年休假。年休假在 1 个年度内可以集中安排，也可以分段安排，一般不跨年度安排。单位因生产、工作特点确有必要跨年度安排职工年休假的，可以跨 1 个年度安排。单位确因工作需要不能安排职工休年假的，经职工本人同意，可以不安排职工休年假。对职工应休未休假天数，单位应当按照该职工日工资收入的300%支付年休假工资报酬"。用人单位未能能及时支付未休年休假的职工工资纠纷也是常见的劳动争议类型。与此同时，《劳动法》第44条规定："有下列情形之一的，用人单位应当按照下列标准支付高于劳动者正常工作时间工资的工资报酬：（一）安排劳动者延长工作时间的，支付不低于工资的百分之一百五十的工资报酬；（二）休息日安排劳动者工作又不能安排补休的，支付不低于工资的百分之二百的工资报酬；（三）法定休假日安排劳动者工作的，支付不低于工资的百分之三百的工资报酬。"

【典型案例】

长沙汽车厂、北汽福田公司与李某劳动争议纠纷案

【基本案情】

长沙汽车厂系北汽福田公司的分公司，李某于2003年2月11日入职北汽福田公司，实际工作地点在长沙汽车厂，社保缴费单位和工资发放单位均为长沙汽车厂，社会保险费于2007年10月开始缴纳，缴费基数低于李某的实际工资水平。2015年12月21日，李某与北汽福田公司签订了无固定期限劳动合同，合同期从2016年1月1日开始。李某主张因长沙汽车厂、北汽福田公司存在未依法缴纳社保、未支付加班工资、未安排年休假等，李某于2017年4月8日向长沙汽车厂、北汽福田公司寄送了解除劳动合同申请书。长沙汽车厂、北汽福田公司于2017年4月10日收到了李某的解除劳动合同申请书，但不认可解除的理由，并主张李某有旷工的情形，公司根据管理制度于2017年5月8日作出与李某解除劳动合同的处理决定并向李某寄送解除劳动合同的通知，系合法解除劳动合同。截至起诉日尚欠付李某未休年休假工资为4326.2元，此外，李某还认为其存在法定节假日和周末双休日加班情形，但未能提供相关证据；长沙汽车厂、北汽福田公司均主张未安排李某加班，李某也实际未加班。

【判决结果】

一审判决限长沙汽车厂在判决生效后五日内支付李某经济补偿40 631.5元；限长沙汽车厂在判决生效后五日内支付李某未休年休假工资4326.2元；驳回李某的其他诉讼请求。二审维持原判。

【案情分析】

本案的争议焦点为：长沙汽车厂是否应支付李某未休年休假工资和经济补偿金。（1）关于未休年休假工资，长沙汽车厂、北汽福田公司未就仲

裁裁决进行起诉，一审庭审时长沙汽车厂、北汽福田公司及李某均对仲裁裁决的长沙汽车厂应支付李某未休年休假工资 4326.2 元予以认可，所以对长沙汽车厂要求无需支付李某未休年休假工资的上诉请求法院不予支持。

（2）关于经济补偿金，根据《劳动合同法》第 38 条规定："用人单位有下列情形之一的，劳动者可以解除劳动合同：……（三）未依法缴纳社会保险费的……"；第 46 条规定："有下列情形之一的，用人单位应当向劳动者支付经济补偿：（一）劳动者依照本法第三十八条规定解除劳动合同的；……"本案中，长沙汽车厂认可为李某缴纳社保的基数低于其实际工资水平，故其确实存在未及时足额为李某购买社会保险的情形，李某以此为由提出解除劳动关系，长沙汽车厂应向李某支付解除劳动关系的经济补偿。长沙汽车厂、北汽福田公司上诉主张其为李某缴纳社保的基数是经社保部门核准，且经过李某签字认可，故不属于《劳动合同法》第 38 条规定的未依法为劳动者缴纳社会保险费的情形，无需支付经济补偿金，但长沙汽车厂、北汽福田公司未提交李某签字认可社保缴费基数的证据，所以二审法院认为一审判决长沙汽车厂支付李某经济补偿金并无不当。

通过本案，用人单位应当意识到需要加强本单位的考勤制度，对员工的考勤记录应当妥善保存。对于未休年休假的职工的工资，应当及时支付，否则根据《职工带薪年休假条例》第 7 条的规定："单位不安排职工休年休假又不依照本条例规定给予年休假工资报酬的，由县级以上地方人民政府人事部门或者劳动保障部门依据职权责令限期改正；对逾期不改正的，除责令该单位支付年休假工资报酬外，单位还应当按照年休假工资报酬的数额向职工加付赔偿金；对拒不支付年休假工资报酬、赔偿金的，属于公务员和参照公务员法管理的人员所在单位的，对直接负责的主管人员以及其他直接责任人员依法给予处分；属于其他单位的，由劳动保障部门、人事部门或者职工申请人民法院强制执行。"

（五）劳务派遣纠纷

当下社会劳务派遣已经成为一种不可缺少的用工方式。劳务派遣是由派遣机构与劳动者订立劳动合同并支付报酬，把劳动者派向其他用工单位，再由其向派遣机构支付一笔服务费用。《劳动合同法》第 66 条规定："劳动合同用工是中国的企业基本用工形式。劳务派遣用工是补充形式，只能在临时性、辅助性或者替代性的工作岗位上实施。前款规定的临时性工作岗位是指存续时间不超过六个月的岗位；辅助性工作岗位是指为主营业务岗位提供服务的非主营业务岗位；替代性工作岗位是指用工单位的劳动者因脱产学习、休假等原因无法工作的一定期间内，可以由其他劳动者替代工作的岗位。用工单位应当严格控制劳务派遣用工数量，不得超过其用工总量的一定比例，具体比例由国务院劳动行政部门规定。"

【典型案例】

刘某某诉某运输公司等追索劳动报酬纠纷案

【基本案情】

2008 年 9 月 1 日刘某某与某劳务公司签订了期限为 2008 年 9 月 1 日至 2010 年 8 月 31 日的劳动合同，并于同月 8 日被派遣至某运输公司下属的浦运四分公司从事驾驶员配送工作，工资由某运输公司直接支付，但未约定工资数额。

2009 年 4 月 13 日刘某某载货物迟延到达客户处，之后因与店员沟通不当，延误客户补货，客户遂向某运输公司投诉。同月 17 日浦运四分公司向某运输公司提出关于解除刘某某劳动合同的申请，某运输公司于同月 20 日将刘某某退回至某劳务公司，某劳务公司于同年 5 月 21 日为刘某某办理了外来从业人员综合保险退工手续。2009 年 6 月 18 日刘某某因追索劳动报酬向上海市闵行区劳动争议仲裁委员会提出申请，该仲裁委员会于同年 6 月 23 日立案受理，案号为闵劳仲（2009）办字第 3106 号。审理中，刘某某当庭陈述某运输公司发放其工资至 2009 年 3 月，之后未再发放。2009 年 8 月 4 日刘某某又向上海市闵行区劳动争议仲裁委员会提出申请，于同年 9 月 29 日开庭审理，刘某某要求某运输公司和某劳务公司：（1）支付 2008 年 9 月至 2009 年 6 月期间的工资差额 71 367.46 元及 25% 补偿金 17 841.86 元；（2）支付第一项仲裁请求的 100% 赔偿金 89 209.32 元；（3）返还押金 1500 元；（4）缴纳 2008 年 9 月、2009 年 6 月的综合保险费；（5）某运输公司、某劳务公司承担连带责任。同年 11 月 2 日，该仲裁委员会裁决某劳务公司为刘某某补缴 2008 年 9 月、2009 年 6 月的综合保险费；某运输公司支付刘某某 2008 年 9 月至 2009 年 6 月期间的工资差额共计 5067 元；某运输公司返还刘某某押金 1500 元；对刘某某的其余请求未予支持。刘某某与某运输公司均不服该裁决，先后诉至法院。

【判决结果】

一审判决某劳务公司于判决生效之日起十日内为刘某某补缴 2008 年 9 月上海市外来从业人员综合保险费 216.9 元、2009 年 6 月上海市外来从业人员综合保险费 246.9 元；某运输公司于判决生效之日起十日内返还刘某某押金 1500 元；某运输公司于判决生效之日起十日内支付刘某某 2008 年 9 月至 2009 年 6 月期间工资差额 3806 元；某劳务公司于判决生效之日起十日内支付刘某某 2009 年 5 月、6 月工资 1920 元；某劳务公司对判决第二项、第三项承担连带责任；某运输公司对判决第四项承担连带责任；驳回刘某某要求某运输公司支付 2008 年 9 月至 2009 年 6 月劳动报酬 25% 补偿金 21 840.12 元及要求某运输公司对判决第一项承担连带责任的诉讼请求。二审维持原判。

【案情分析】

在本案中，某运输公司与某劳务公司称其多次通知刘某某被退工的事实，但遭到刘某某否认。某劳务公司称其曾在刘某某到其公司复印劳动合同时再次通知其被退工，但劳动合同的复印与某劳务公司是否告知刘某某退工事实之间无必然关联性，所以法院对此没有采信。根据 2009 年 9 月 29 日仲裁庭审笔录，可以确认刘某某最迟在该日得知其已经被退工的事实。根据法律规定，被派遣劳动者在无工作期间，劳务派遣单位应当按照所在地人民政府规定的最低工资标准向劳动者按月支付报酬，故某劳务公司应当支付刘某某 2009 年 5 月、6 月工资 1920 元。根据相关规定，上海市用人单位招用不具有本市户籍的外来从业人员，应当为其缴纳综合保险费。某劳务公司对仲裁裁决其为刘某某补缴 2008 年 9 月、2009 年 6 月的综合保险费无异议，予以照准。

本案中，虽然刘某某在职期间存在一定的工资差额，但并非某运输公司、某劳务公司恶意拖欠导致，故对于刘某某主张 2008 年 9 月至 2009 年 6 月劳动报酬 25% 补偿金 21 840.12 元的诉讼请求，法院没有支持。

根据法律规定，用人单位未按照合同约定或者国家规定及时足额支付劳动者报酬的，由劳动行政部门责令用人单位按应付金额百分之五十以上百分之一百以下的标准向劳动者加付赔偿金，故对于刘某某要求某运输公司支付其诉讼请求中的 100% 赔偿金 109 200.62 元的诉讼请求，法院不予处理。

根据法律规定，劳务派遣单位违反《劳动合同法》规定给被派遣劳动者造成损害的，劳务派遣单位与用工单位承担连带赔偿责任；用工单位违反《劳动合同法》和《劳动合同法实施条例》有关劳务派遣规定的，给被派遣劳动者造成损害的，劳务派遣单位和用工单位承担连带赔偿责任。本案中，某运输公司、某劳务公司分别为用工单位、用人单位，所以对刘某某有权要求某劳务公司对某运输公司应当支付的款项承担连带责任；刘某某有权要求某运输公司对某劳务公司应当支付的款项承担连带责任；因为外来从业人员缴纳综合保险费是用人单位的法定义务，故对刘某某要求某运输公司对某劳务公司为刘某某补缴综合保险费承担连带责任的诉讼请求，法院没有支持。另外，某运输公司对仲裁裁决返还刘某某押金1500元无异议，法院亦予以照准。

除了本案例所涉及的劳务派遣问题，用人单位还应当对劳务派遣作如下了解：

首先，用工单位应当根据工作岗位的实际需要与劳务派遣单位确定派遣期限，不得将连续用工期限分割订立数个短期劳务派遣协议。劳务派遣单位应当将劳务派遣协议的内容告知被派遣劳动者。劳务派遣单位不得克扣用工单位按照劳务派遣协议支付给被派遣劳动者的劳动报酬。劳务派遣单位和用工单位不得向被派遣劳动者收取费用。劳务派遣单位跨地区派遣劳动者的，被派遣劳动者享有的劳动报酬和劳动条件，按照用工单位所在地的标准执行。

其次，用工单位应当履行下列义务：执行国家劳动标准，提供相应的劳动条件和劳动保护；告知被派遣劳动者的工作要求和劳动报酬；支付加班费、绩效奖金，提供与工作岗位相关的福利待遇；对在岗被派遣劳动者进行工作岗位所必需的培训；连续用工的，实行正常的工资调整机制。用工单位不得将被派遣劳动者再派遣到其他用人单位。

再次，被派遣劳动者享有与用工单位的劳动者同工同酬的权利。用工单位应当按照同工同酬原则，对被派遣劳动者与本单位同类岗位的劳动者实行相同的劳动报酬分配办法。用工单位无同类岗位劳动者的，参照用工单位所在地相同或者相近岗位劳动者的劳动报酬确定。劳务派遣单位与被派遣劳动者订立的劳动合同和与用工单位订立的劳务派遣协议，载明或者约定的向被派遣劳动者支付的劳动报酬应当符合前款规定。

此外，被派遣劳动者有权在劳务派遣单位或者用工单位依法参加或者组织工会，维护自身的合法权益。用人单位不得设立劳务派遣单位向本单位或者所属单位派遣劳动者。

（六）专项培训费纠纷

为了鼓励用人单位对本单位劳动者进行专业技术培训的积极性，《劳动合同法》第 22 条第 1 款、第 2 款规定："用人单位为劳动者提供专项培训费用，对其进行专业技术培训的，可以与劳动者订立协议，约定服务期。劳动者违反服务期约定的，应当按照约定向用人单位支付违约金……"《劳动合同法》的这一规定，是在保护用人单位的合法权益方面的新突破。一般来说，从内涵上看，专项培训费用是用人单位为了对劳动者进行专业技术培训而支付的费用，上岗前关于安全生产、操作流程等的培训不在此列；从外延上看，用人单位为劳动者支付的专项培训费用既包括直接费用如培训费，也包括间接的费用，如培训期间的差旅费等。

从司法实践的判例看，诸多的用人单位与劳动者关于专项培训费用的纠纷都源于用人单位对专项培训费用与劳动者所理解的大相径庭。由于《劳动合同法》没有对专项培训费用做出规定，实践中对违约金数额大小、哪些费用属于培训费用等问题存在不同观点。为更好地实施《劳动合同法》有关服务期的上规定，防止用人单位在计算违约金时不合理地扩大数额，维护用人单位和劳动者的合法权益，《劳动合同法实施条例》（国务院令第535 号）对专项培训费用做出了明确规定，即培训费用包括用人单位为了对劳动者进行专业技术培训而支付的有凭证的培训费用、培训期间的差旅费以及因培训产生的用于劳动者本人的其他直接费用。

【典型案例】
玉溪市悦福汽车贸易有限公司与李某劳动争议案
【基本案情】
李某（被告）于 2014 年 5 月 25 日进入玉溪市悦福汽车贸易有限公司（原告）处工作，双方签订了合同期限自 2014 年 5 月 24 日至 2018 年 5 月 24 日的书面劳动合同。被告上班至 2017 年 7 月 25 日。2015 年 8 月 2 日至 8 月 4 日、2015 年 10 月 19 日至 10 月 22 日，原告委派被告外出培训，双方签订《外派培训协议书》两份，其中约定"…第八条培训后服务履行规定如下：…（二）培训报销费用总额在人民币 2001～10000 元（含）以下的，乙方受训后需为甲方服务满贰年…第九条培训费用补偿规定（一）乙方若在未满规定的服务期内，因违反甲方规章制度及有损甲方利益的各种行为被辞退的，乙方须承担全额培训费…"。2016 年 2 月 3 日，原告向被告发放"星级示范店"奖金 10 000 元，同日，原、被告（乙方）签订《员工奖励协议》，约定"…1. …但从奖励之日起乙方在公司服务年限不得低于 5 年，否则将全额奖励的费用收回。经甲乙双方协商后，乙方表示接受并愿意履行相应的义务…3. 乙方在服务期内，如违约提出终止、解除劳动合同，或因乙方具有下列情形之一的，甲方有权终止合同，并按违约金约定要求乙方进行赔偿…4.1 乙方若在约定的服务期内，因个人原因而解除或被甲方解除服务期限的，则应当承担培训违约金…"。被告向原告提交的书面辞职表载明辞职原因"因个人能力不足，不能带领售后部完成公司制定的目标"，原告公司财务负责人及董事长在该辞职表上签字同意。2017 年 8 月 29 日，被告以原告为被申请人向玉溪市红塔区劳动人事争议仲裁院申请仲裁，原告不服玉红劳人仲案字（2017）225 号裁决，向法院提起诉讼，请求由被告向原告支付培训费685.86 元；由被告返还原告 10 000 元奖励金，并支付违约金 9166.67 元；由被告赔偿原告因其高开发票金额的税收损失 4620 元；由被告向原告支付因其未履行职责给原告造成的损失 124 196.29 元；由被告支付原告 2017 年6 月、7 月的保险费中应由劳动者个人承担的 776 元；解除原、被告之间的劳动合同。

【判决结果】

驳回原告玉溪市悦福汽车贸易有限公司的诉讼请求

【案情分析】

本案中，被告向原告提交日期为 2017 年 7 月 15 日的书面辞职表载明辞职原因"因个人能力不足，不能带领售后部完成公司制定的目标"，原告公司财务负责人及董事长在该辞职表上签字同意。被告的辞职行为是经过原告方同意的，原告主张确认被告系违法解除合同的诉讼请求与事实不符，所以没有得到法院的支持。

《劳动合同法》第 22 条第 1 款规定："用人单位为劳动者提供专项培训费用，对其进行专业技术培训的，可以与该劳动者订立协议，约定服务期。"依据上述法律规定，用人单位可与劳动者约定服务期，但约定服务期应以专项培训费用数额较大为前提，并且服务期年限长短应与专项培训费用数额高低相协调，应体现公平合理原则，不得滥用权利。本案中，2015年 8 月 2 日至 8 月 4 日、2015 年 10 月 19 日至 10 月 22 日，原告委派被告外出培训，双方签订《外派培训协议书》两份，两次培训的天数不足十天，两次培训的费用不足万元，原告针对两次前后间隔仅有两月左右的培训分别约定了两个服务期，且根据实际产生的培训费用，被告针对两次培训需要提供两个两年的服务期，再结合 2016 年 2 月 3 日原告就向被告发放奖金10 000 元签订《员工奖励协议》约定五年的服务期，可以认定原告作为用人单位滥用服务期的法律规定侵害被告作为劳动者的劳动权利，所以对原告就该两次培训与被告所做的服务期的约定，法院认定无效，对原告要求被告返还培训费685.86元的诉讼请求，法院也没有支持。原告就发放被告10 000元奖金一事约定服务期并约定如被告从奖励之日起在公司服务年限不足五年应全额返还该笔奖金，不符合《劳动合同法》第22条第1款规定的约定服务期条件，且发放奖金是对被告以往工作的肯定，从而给予的物质奖励，原告作为用人单位不得以发放奖金为由限制被告作为劳动者在发放奖金之后的工作年限等劳动权利，且原告在发放被告10 000元奖金的情况下要求被告提供五年的服务期，双方的权利义务明显不对等，原告系利用用人单位的强势地位要求劳动者订立该五年服务期条款，故双方就被告从领取奖金之日起在公司工作五年否则全额退回奖金的约定无效，对原告要求被告返还奖金的诉讼请求，没有得到法院在的支持。《劳动合同法》第25条规定："除本法第二十二条和第二十三条规定的情形外，用人单位不得与劳动者约定由劳动者承担违约金。"因此，双方在《员工奖励协议》约定的违约金条款无效，对原告要求被告支付违约金9166.67元的诉讼请求，是没有法律依据的，所以法院没有予以支持。

《劳动争议调解仲裁法》第6条规定"发生劳动争议，当事人对自己提出的主张，有责任提供证据"，原告对其提出要求被告赔偿因高开发票的税收损失4620元未提供充分证据证明，法院没有支持。原告对其提出要求被告赔偿因未履行职责造成的损失124 196.29元的诉讼请求未提交充分证据证明，也未证明被告具有收款职责及在收款过程中存在严重过错，且原告提交的未收款明细清单上有多笔款项欠款人为原告公司、原告公司的管理人员及工作人员，原告所提交证据不足以证明其提交的未收款明细单上的款项均系确定不能收回的款项，不足以证明损失的存在及数额，故对原告要求被告赔偿因未履行职责造成的损失124 196.29元的诉讼请求，没有法律依据，法院没有支持。此外原告提出要求被告支付2017年6月、7月的保险费中应由劳动者个人承担的776元，该项诉讼请求未经仲裁前置程序，法院不会在本案中处理。

在处理此类纠纷时，首先，在劳动纠纷案件中用人单位应当注重诉讼请求提出的合理性，针对事实清楚，没有争议性的案件部分，切忌提出一些对己方不利的诉讼请求，使己方在诉讼中处于被动的地位，而且一旦涉及鉴定等环节徒增诉讼成本。

其次，车企等用人单位应当注重约定的服务期限应当和专项培训费用相契合，不可借专项培训费用的名义约定过长的服务期限，侵害劳动者的合法权益，一旦发生诉讼，也会被司法机关认定为违背公平合理原则，严重损害劳动者利益，因而成为无效条款。

再次，用人单位不要再劳动合同中随意约定违约金，因为《劳动合同法》中对于用人单位与劳动者之间的违约金的约定有着明确的限制。此外，用人单位应当知悉劳动争议仲裁前置程序法定化，展现己方应有的法律素养。《劳动法》第 79 条规定："劳动争议发生后，当事人可以向本单位劳动争议调解委员会申请调解；调解不成，当事人一方要求仲裁的，可以向劳动争议仲裁委员会申请仲裁。当事人一方也可以直接向劳动争议仲裁委员会申请仲裁。对仲裁不服的，可以向人民法院提起诉讼。"《最高人民法院关于审理劳动争议案件适用法律若干问题的解释》第 1 条在规定劳动争议案件范围的同时，也明确规定了人民法院受理劳动争议案件，应以劳动仲裁为前置程序。即当事人不服劳动争议仲裁委员会作出的裁决，依法向人民法院起诉的，人民法院才予以受理。

第三章
行政法律风险防范

第一节 缺陷汽车产品的召回

一、中国缺陷汽车产品召回制度概述

（一）汽车产品缺陷

1. 汽车产品缺陷的概念

在探究缺陷汽车产品召回制度前，有必要明确汽车产品缺陷的概念，该概念的明确有助于提升对汽车产品召回制度的认识。对于汽车产品缺陷的概念，世界各国并没有统一、规范的规定。其中，比较有代表性的是美国《联邦机动车安全法案》① 的规定："缺陷包括机动车或者机动车设备在性能、构造、组成部件或材料方面的任何缺陷。"从上述的规定可见，美国法律对汽车产品缺陷的定义是相对笼统的，缺乏明确执行性的。而我国对于汽车产品缺陷的概念，主要是由《产品质量法》② 及《缺陷汽车产品召回管理条例》③ 中相关规定来界定的。

《产品质量法》第 46 条规定："本法所称缺陷，是指产品存在危及人身、他人财产安全的不合理的危险；产品有保障人体健康和人身、财产安全的国家标准、行业标准的，是指不符合该标准。"具体而言，该条款按照是否存在国家标准等标准将缺陷的界定划分为两种情形：一是存在保障人体健康和人身、财产安全的国家标准或者行业标准的产品，判断产品缺陷是否存在需要以该标准为依据，即此时的产品缺陷是指该产品不符合具体标准规定的情形；二是对于不存在相应的国家标准、行业标准的产品，判断产品缺陷应以一个理性消费者所能期待的安全性作为判断的标准，即此时的缺陷产品是指该产品存在着不合理的危险。《产品质量法》中关于产品缺陷的认定适用于所有产品，其相关规定当然适用于汽车产品。

《缺陷汽车产品召回管理条例》在《产品质量法》的界定基础上，对于

---

① US：National Traffic and Motor Vehicle Safety Act
② 中华人民共和国主席令第 18 号（2009 年）。
③ 国务院令第 626 号（2012 年）。

汽车产品缺陷进行了更明确、具体的界定。《缺陷汽车产品召回管理条例》第3条第1款规定:"本条例所称缺陷,是指由于设计、制造、标识等原因导致的在同一批次、型号或者类别的汽车产品中普遍存在的不符合保障人身、财产安全的国家标准、行业标准的情形或者其他危及人身、财产安全的不合理的危险。"据此,汽车产品必须同时满足以下条件才能认定为缺陷汽车产品:

第一,汽车产品不符合国家标准、行业标准或者其他危及人身、财产安全的不合理的危险。如果汽车产品符合了国家标准、行业标准,但是其仍存在危及人身、财产安全的不合理的危险的话,该汽车产品仍被认定为缺陷汽车产品。对于,汽车产品不符合国家标准、行业标准的情形,其判断方式较为简单,直接将汽车产品与国家标准、行业标准的相应参数进行比较实现。对于不合理的危险,根据《产品质量法》第26条的规定:"生产者应当对其生产的产品质量负责。产品质量应当符合下列要求:(一)不存在危及人身、财产安全的不合理的危险,有保障人体健康和人身、财产安全的国家标准、行业标准的,应当符合该标准……。"具体而言,属于《缺陷汽车产品召回管理条例》所规定的"不合理危险"的"缺陷"主要包括以下三种情形:一是汽车产品出现不符合保障人体健康和人身、财产安全的国家标准、行业标准的情形。安全标准是对汽车产品的最低要求,我国对汽车产品实施强制性产品认证(CCC)和公告管理,理论上所有生产、销售的汽车产品都应当符合国家强制性安全标准,但是因为生产一致性出现问题,可能致使一批车辆出现不符合标准的情形,这也就是通常所称的标准符合性问题。二是虽然国家标准、行业标准对汽车产品的设计、制造、标识等事项没有做出明确规定,但有证据表明汽车产品的设计、制造、标识等状况可能危及人身、财产安全的情形,这是在缺少标准规定的情况下,汽车产品可能存在危及人身、财产安全的问题。三是即使汽车产品的设计、制造、标识等符合有关保障人体健康和人身、财产安全的国家标准、行业标准,但仍有证据表明该汽车产品可能危及人身、财产安全的,这属于汽车产品符合标准,但是标准本身可能由于技术滞后等原因不能满足保障人体健康和人身、财产安全的客观需要,导致依照该标准设计、制造、作出标识的汽车产品也因此可能出现危及人身、财产安全的情形。

此外,考虑到汽车产品作为道路交通工具,使用条件和环境复杂,有较大的自重和较快的行驶速度,必须定期正确维护与保养,而且驾驶人需要正确驾驶和使用才能确保安全，因而不可避免地具有一定的危险性，此类危险可理解为"合理危险"。但如果汽车产品因设计、制造、标识等方面的原因，导致该产品在正常使用的情况下也存在危及人身、财产安全的危险，这种危险就属于"不合理危险"。

第二，汽车产品的缺陷必须在同一批次、型号或者类别的汽车产品中普遍存在。只有当不符合标准的情形或不合理危险具有一定的普遍性，而不仅仅与个别产品有关时，才有可能是《缺陷汽车产品召回管理条例》所指的"缺陷"。因此，在调查分析或缺陷调查时，除了要对缺陷原因和可能后果进行分析和判断外，还要调查其是否在某一批次或某一段时间范围内生产的车辆上普遍存在；在制定召回计划时，也要明确缺陷所涉及的产品范围。所谓普遍性，就是具有一定的数量和范围，但没有具体的量的限定，主要看问题产生的原因、性质和风险程度。

需要注意的是，《缺陷汽车产品召回管理条例》规定的作为召回原因的"缺陷"，是指批量汽车产品普遍存在的缺陷。这一规定，与其他国家关于汽车产品召回原因的规定相一致，也与我国《产品质量法》关于产品质量缺陷的规定相衔接。对于汽车产品存在《缺陷汽车产品召回管理条例》规定的"缺陷"以外的质量问题的，不属于《缺陷汽车产品召回管理条例》规定的召回范围，但车主有权依照《产品质量法》《消费者权益保护法》等法律、行政法规和国家有关规定以及合同约定，要求生产者、销售者承担修理、更换、退货、赔偿损失等相应的法律责任。

第三，汽车产品的缺陷必须是因为设计、制造或标识等原因而导致的。这也就是通常所称的设计缺陷、制造缺陷、标识缺陷。其中，设计缺陷是指由于技术的局限性、结构、材料和工艺或其他原因，产品在最初设计时由于未考虑全面，而使产品在投放市场后的使用、检验等过程中暴露出来的缺陷；制造缺陷是指产品因在加工、制作、装配过程中某个工序或环节出现偏差、错误或疏忽，而使一批产品存在缺陷；标识缺陷是指产品存在未能提供完整的、符合安全使用要求的操作使用说明或警示说明等告知产品风险。"等原因"还包括产品缺陷产生的其他一些因素，如运输、改装过程中产生的缺陷。总体而言，"缺陷"的定义包括由于生产者的原因造成的各类安全隐患。而对于因用户对汽车产品不当使用、维护或保养而引发的安全问题，一般不应视为《缺陷汽车产品召回管理条例》所称的"缺陷"。

(二) 缺陷汽车召回

1. 汽车召回概述

缺陷汽车召回 (Recall)，是指将不符合相关标准并实际或者可能存在安全隐患的已售出汽车产品进行收回整改的行政监管措施。根据我国的《产品质量法》和《缺陷汽车召回管理条例》的规定，国内汽车制造商负责在国内生产或者销售的缺陷汽车产品召回工作，国内进口汽车运营商负责进口缺陷汽车的召回工作。对法定"缺陷"之外的质量问题，一般由生产商或销售商依据《家用汽车产品修理、更换、退货责任规定》等相关法律法规及协议约定，负责修理、更换、退货、赔偿损失等法律责任。

汽车产品召回主体大致来说，包含产品召回的监管者、产品召回的实施者、其他产品召回的参与者。

汽车产品的监管者，即监督和管理流通在社会上的汽车产品质量问题和对生产者缺陷汽车产品召回等职责，当汽车生产者不主动召回缺陷产品时强制汽车生产者召回缺陷产品的行政机关。依据《产品质量法》第8条、《缺陷汽车产品召回管理条例》第6条和《国家质量监督检验检疫总局关于贯彻实施〈缺陷汽车产品召回管理条例〉若干问题的意见》第四点的具体相关规定，我国实行质量监督部门监管为主、其他相关部门监管为辅的监管模式。即缺陷汽车的召回监管工作主要由国家质检总局地方质检部门负责，但是在具体监管工作中因为业务的侧重点和专业技术等方面的差异，公安交通管理部门、海关部门、商务部门、交通运输部门、工商行政管理部门和其他相关部门因各自的职能也同时介入到缺陷汽车召回监管的工作中。

汽车产品召回的实施者，一般是指生产者和进口商。生产者在缺陷汽车产品召回制度里扮演着重要的角色，生产者把产品流入市场赚取利润，理应对消费者承担最直接和最主要的召回义务。而进口商是从事进口国外的汽车产品的企业，如果要求汽车产品生产者承担召回义务不现实、执行难，所以一般是进口商代位履行召回义务。生产者若发现产品存在设计或制造等方面的问题时，经备案后应当通过各种途径通知产品使用者采取合理的措施，以避免事故隐患。

其他单位和个人，均有权利和义务当得知自己使用的汽车产品出现问题时主动向国家主管职能部门举报或反映汽车产品可能潜在的缺陷。车主有权主张合法权益，如要求免费修复汽车，赔偿因缺陷造成的损失等。与此同时，车主也得主动参加到主动召回的程序中，尽量配合，理性维权。要把自身损失和社会影响降至最低，这样才能尽快解决问题。

2. 汽车召回的条件

在我国，生产者是实施产品召回的重要主体。销售者是以召回辅助人的身份参与。生产者召回缺陷汽车产品，应当同时具备以下条件：第一，市场中已经大量存在着这样的产品，这是生产者启动主动召回的基础，只有产品大量流入到人们的生活中，才有理由按照法定程序启动召回程序。第二，产品存在系统性缺陷。该产品缺陷不是个别的，而是批量的。产品召回适用于产品进入流通之后才发现的制造缺陷与设计缺陷，产品警示与说明缺陷可以通过售后警示予以救济。第三，该缺陷对公共安全领域实质上已经构成不合理的危险。通常来说，当以产品出现问题并不必然的启动召回程序，还是要看存在于产品上的问题是属于一般瑕疵，还是构成缺陷，判定二者的不同点，主要体现在产品的这种"缺陷"是否达到危害公共安全从而可能对消费者造成伤害的标准和界限，如果达到了就可以启动。在启动召回程序中，没有要求缺陷产品已对消费者和社会造成实质上的损害，只要具备损害可能性的发生，并且会威胁社会安全或公共利益即可。

3. 汽车召回的方式

依照《缺陷汽车产品召回管理条例》第 8 条第 1 款的规定："对缺陷汽车产品，生产者应当依照本条例全部召回；生产者未实施召回的，国务院产品质量监督部门应当依照本条例责令其召回。"因此根据召回程序的启动条件不同，可以将汽车召回的方式分为生产者主动召回和经责令召回。

生产者主动召回，是指汽车产品出能够威胁到消费者及他人的人身、财产安全时，一经生产者发现或者经国家职能部门发出提醒时，生产者就应该主动发动召回的行为。其包括以下两种情形：

第一，生产者经调查分析，确认汽车产品存在缺陷后实施召回。汽车产品生产者可以通过多个渠道、多种方式获取汽车产品可能存在缺陷等质量问题的信息，具体包括以下方式：生产者的销售、维修网络反馈信息，汽车产品零部件供应商报告，汽车产品消费者的投诉以及国务院产品质量监督部门通知生产者调查分析等。

第二，国务院产品质量监督部门通知生产者实施召回。生产者未按照通知开展调查分析，或者国务院产品质量监督部门认为汽车产品可能存在会造成严重后果的缺陷时，国务院产品质量监督部门将按照《缺陷汽车产品召回管理条例》规定开展缺陷调查。国务院产品质量监督部门经调查认为汽车产品存在缺陷的，应当通知生产者实施召回，生产者应当按照《缺陷汽车产品召回管理条例》规定实施召回。生产者经责令召回，是指生产商对于一些发现的缺陷产品不愿意主动召回的情况，经常表现为不承认有缺陷，或是拖延召回的启动，这时就由国家主管职能部门责令生产制造企业进行的召回，实质上国家主管机关采取了一种行政措施，生产商将要承担因不主动召回而引起的更多更严厉的责任。按照《缺陷汽车产品召回管理条例》规定，生产者认为其汽车产品不存在缺陷的，可以在条例规定期限内向国务院产品质量监督部门提出异议，并提供证明材料。国务院产品质量监督部门应当组织与生产者无利害关系的专家对证明材料进行论证，必要时对汽车产品进行技术检测或者鉴定。生产者既不按照通知实施召回又不在条例规定期限内提出异议的，或者经国务院产品质量监督部门组织论证、技术检测、鉴定确认汽车产品存在缺陷的，国务院产品质量监督部门应当责令生产者实施召回；生产者应当立即停止生产、销售、进口缺陷汽车产品，并实施召回。

需要注意的是，国务院产品质量监督部门责令生产者实施召回并不是一套单独的召回程序。不论是主动召回还是经责令召回，召回的责任主体仍然是汽车产品生产者而非国务院产品质量监督部门；具体措施仍然是由生产者停止生产、销售、进口缺陷汽车产品，并实施召回，消除缺陷；生产者都应当按照条例的规定发布相关召回信息，制定召回计划以及提交召回有关报告。

经责令召回与生产者主动实施召回或者接到国务院产品质量监督部门通知后实施召回的不同之处在于，如果国务院产品质量监督部门责令生产者实施召回，但生产者仍拒不召回的，国务院产品质量监督部门可以按照条例规定责令生产者改正，并处以一定金额的罚款、没收违法所得以及吊销有关许可的行政处罚。

从国内外的召回实践来看，责令召回很少发生。即使在汽车召回历史最长、监管最严的美国，历史上也仅出现过几起责令召回案例。虽然责令生产者召回很少发生，但却非常有必要在《缺陷汽车产品召回管理条例》中为缺陷汽车产品召回监督管理部门设定这种权力，为汽车产品生产者设定这种义务。这相当于悬在试图规避召回责任的汽车产品生产者头上的一把利剑，随时对生产者产生一种威慑作用，对促使生产者积极主动开展召回具有重要意义。

4. 缺陷汽车召回中的法律责任

汽车产品生产工艺复杂、产销量大、分布区域广、货值金额高、涉及消费者和社会公众人数多等特点决定了汽车产品召回不同于其他产品的召回，必须强化汽车产品生产者作为召回主体的责任，充分发挥汽车产品生产者在实施召回中的积极作用，最大限度地消除和避免因汽车产品缺陷可能造成的人身、财产安全。从这个角度出发，《缺陷汽车产品召回管理条例》通过市场规制和市场自我调节相结合的手段，赋予了汽车产品生产者较大的自主权，以鼓励生产者主动实施召回，最终实现生产者对消费者、社会公众负责以及维护社会公共安全的目的。

对于汽车生产者在缺陷汽车召回过程中，法律责任的来源主要由四部分组成：第一，未按照规定留存、提交缺陷汽车召回相关信息的；第二，未按照规定流程执行缺陷汽车召回；第三，不执行缺陷汽车召回；第四，缺陷汽车召回引致的其他法律责任。未按照规定留存、提交缺陷汽车召回相关信息的，包括以下三种情形：生产者未按照规定保存有关汽车产品、车主的信息记录的；未按照规定备案有关信息、召回计划的；未按照规定提交有关召回报告的。有这三种情形之一的，按照《缺陷汽车产品召回管理条例》第 22 条的规定，"由产品质量监督部门责令改正；拒不改正的，处 5 万元以上 20 万元以下的罚款"。

未按照规定流程执行缺陷汽车召回的，包括以下三种情形：生产者不配合产品质量监督部门缺陷调查的；生产者未按照已备案的召回计划实施召回的；生产者未将召回计划通报销售者的。有这三种情形之一的，按照《缺陷汽车产品召回管理条例》第 23 条的规定，"由产品质量监督部门责令改正；拒不改正的，处 50 万元以上 100 万元以下的罚款；有违法所得的，并处没收违法所得；情节严重的，由许可机关吊销有关许可"。

不执行缺陷汽车召回的，包括以下三种情形：生产者未停止生产、销售或者进口缺陷汽车产品的；隐瞒缺陷情况的；经责令召回不召回的。有这三种情形之一的，按照《缺陷汽车产品召回管理条例》第 24 条的规定，"由产品质量监督部门责令改正，处缺陷汽车产品货值金额 1% 以上 10% 以下的罚款；有违法所得的，并处没收违法所得；情节严重的，由许可机关吊销有关许可"。

缺陷汽车召回引致的其他法律责任，对于汽车产品生产者主动实施召回，免于承担相应的行政法律责任，并不意味着因此而豁免其全部法律责任。《缺陷汽车产品召回管理条例》这样的规定主要是基于公法角度作出的，而生产者仍有可能基于产品质量、消费者权益保护、合同、侵权责任等方面的法律规定承担相应的私法上的法律责任。对此，《缺陷汽车产品召回管理条例》第 28 条第 1 款明确规定："生产者依照本条例召回缺陷汽车产品，不免除其依法应当承担的责任。"比如，《产品质量法》第 41 条第 1 款规定："因产品存在缺陷造成人身、缺陷产品以外的其他财产损害的，生产者应当承担赔偿责任。"《消费者权益保护法》第 40 条第 2 款规定："消费者或者其他受害人因商品缺陷造成人身、财产损害的，可以向销售者要求赔偿，也可以向生产者要求赔偿。"《侵权责任法》第 41 条规定："因产品存在缺陷造成他人损害的，生产者应当承担侵权责任。"上述的相关规定均可由缺陷汽车产品所引致的其他法律风险，汽车生产企业在生产、销售汽车产品时应当有所关注。

二、缺陷汽车产品召回中的法律风险识别

我国自 2004 年开始实施缺陷汽车产品召回制度，至今已 14 年，汽车行业已逐渐形成了"履行法律义务、主动实施召回"的良好氛围。

根据国家市场监督管理总局发布的历年数据，最近 4 年我国年度缺陷汽车召回数量依次为 2015 年 558.6 万辆、2016 年 1133.5 万辆、2017 年 2004.8 万辆以及 2018 年上半年的 486 万辆，从召回数量来看，从 2004 年至 2013 年，经过 9 年时间累计召回数量达到 1000 万辆；从 2014 年至 2015 年，两年累计召回数量达到 1000 万辆；2016 年仅一年时间，召回数量已经超过 1000 万辆；2017 年，则是召回数量到达顶峰，超过了 2000 万辆；2018 年上半年，我国共实施缺陷汽车产品召回 109 次，涉及车辆 486 万辆。其中，受市场监管总局缺陷调查影响，相关汽车产品生产者共实施召回 29 次，涉及数量 131 万辆，占汽车召回总数量的 27%，低于往年平均水平。自 2004 年缺陷汽车产品召回制度实施至今，我国已累计实施汽车召回 1657 次，涉及车辆 6160 万辆（具体数据见图一①）。从召回的增幅来看，从 2004 年至 2017 年年度缺陷汽车召回数量每年增幅均超过 50%，其中 2017 年增幅更是达到了惊人的 77%，而按照 2018 年上半年的召回数量来看，缺陷汽车召回

---

① 数据来源：国家市场监督管理总局。

年度数量增长将有所放缓。而从召回规模看，年度召回数量已远超德国、英国、日本等汽车市场发达国家，召回规模仅次于美国位列全球第二位，当然这与我国是世界最大汽车消费市场的因素有关。

图一 2014～2018 年（上半年）我国缺陷汽车产品召回数量

目前我国的缺陷汽车产品召回工作呈现以下两个特点：第一，行政机关重视约谈与召回监督工作。具体体现在国家市场监督管理总局关于本田CR－V 机油增多召回事件的处理上，从接到大量消费者投诉开始，即从2018 年 3 月 1 日至 5 月 25 日，国家市场监督管理总局对东风本田公司共约谈 5 次；同时启动了缺陷调查，并在充分考虑消费者关切和产品技术特征基础上，通过风险评估、技术研判，督促东风本田汽车有限公司召回缺陷汽车 13 万辆，并对相关车辆发动机主要零部件提供终身质保服务。截至目前，该召回活动的完成率已超过 25％。该过程中，行政机关积极开展行政约谈工作，促进汽车生产企业开展召回活动，而且在召回活动开展过程中，行政机关亦是积极跟踪监督召回计划实施状况，充分发挥行政机关的职权。第二，行政机关多措并举巩固和提升汽车召回实施效果。行政机关在 2018年上半年开展的召回实施监督管理方面，坚持问题导向和靶向处理，多措并举提升召回实施效果。主要举措有：开展统一召回通知书信封样式的试点工作，使消费者准确识别召回通知信息；有针对性的收集关于召回实施过程和实施效果相关问题的消费者投诉信息和媒体舆情信息，2018 年上半年，总局缺陷产品管理中心共收到相关消费者投诉 1626 条，问题涉及 39 家生产者的 86 次召回活动；市场监管总局执法督查司组织省、市质监和市场监管部门赴生产者和经销商开展现场监督检查。以上举措的施行，有效地督促相关生产者增强责任意识，积极地履行召回的法定义务，提升召回实施的实际效果。

按照《缺陷汽车产品召回管理条例》第 8 条第 2 款及第 3 款的规定，"本条例所称生产者，是指在中国境内依法设立的生产汽车产品并以其名义颁发产品合格证的企业""从中国境外进口汽车产品到境内销售的企业，视为前款所称的生产者"，将外国汽车生产企业纳入到了监管的范围之内。生产者是指在中国境内依法设立的生产汽车产品并以其名义颁发产品合格证的企业。从中国境外进口汽车产品到境内销售的企业（汽车进口商），视为生产者。这里的"生产"，其涵义包括独立制造、改装和组装汽车产品。此外，根据《缺陷汽车产品召回管理条例》的相关规定，在中国境内制造、出售的汽车产品存在缺陷的，包括汽车的原装轮胎，其召回的责任主体是（整车）生产者；对于进口汽车产品存在缺陷的，该产品召回的责任主体是汽车进口商。对于汽车产品的非原装轮胎，即在售后服务环节更换的汽车轮胎，其召回的责任主体是轮胎生产者。

依照《缺陷汽车产品召回管理条例》的相关规定，外国汽车生产企业在缺陷汽车产品召回中，有以下几点需要关注的生产者责任和义务：

第一，外国汽车生产企业应当将其基本信息、汽车产品相关信息等报国务院产品质量监督部门备案；建立并保存汽车产品设计、制造、标识、检验等方面的信息记录以及汽车产品初次销售的车主信息记录，保存期不得少于 10 年。

第二，外国汽车生产企业获知汽车产品可能存在缺陷的，应当立即组织调查分析，并如实向主管部门报告调查分析结果；确认汽车产品存在缺陷的，应当立即停止生产、销售、进口缺陷汽车产品，并实施召回。

第三，主管部门对汽车进行缺陷调查时，外国汽车生产企业应积极配合，提供调查需要的有关资料、产品和专用设备；主管部门认为产品存在缺陷而生产者持相反观点时，外国汽车生产者可在 15 个工作日内提出异议并提供证明材料。

第四，外国汽车生产企业被责令实施召回时，应当立即停止生产、销售、进口缺陷汽车产品，并实施召回。

第五，外国汽车生产企业实施召回时，应制定召回计划，并报国务院产品质量监督部门备案。召回计划的内容应同时通报销售者，并以便于公众知晓的方式发布信息，并适时向主管部门提交召回阶段性报告和召回总结报告。

第六，外国汽车生产企业对召回的缺陷汽车产品及时采取修正或者补充标识、修理、更换、退货等措施消除缺陷；并承担消除缺陷的费用和必要的运送缺陷汽车产品的费用。

如若外国汽车生产企业不履行上述的责任、义务，将会受到行政机关的相关违法处罚，其中值得关注的以下几点：

第一，外国汽车生产企业未按照规定保存信息记录、备案信息和召回计划以及提交召回报告，处 5 万元以上 20 万元以下的罚款。

第二，外国汽车生产企业不配合缺陷调查、生产者未按召回计划实施召回以及未将召回计划通报销售者，处 50 万元以上 100 万元以下的罚款；有违法所得的，并处没收违法所得；情节严重的，由许可机关吊销有关许可。

第三，外国汽车生产企业未停止生产、销售或者进口缺陷汽车产品、隐瞒缺陷情况以及经责令召回拒不召回等违法行为，处缺陷汽车产品货值金额 1% 以上 10% 以下的罚款；有违法所得的，并处没收违法所得；情节严重的，由许可机关吊销有关许可。

此外，外国汽车生产企业对于我国《缺陷汽车产品召回管理条例》配套相关的法律文件应当有所了解，并按照其相关规定具体执行，主要有《缺陷汽车产品召回管理条例实施办法》《缺陷汽车产品召回信息系统管理办法》《缺陷汽车产品召回专家库的建立与管理办法》《缺陷汽车产品检测与实验监督管理办法》等。

三、缺陷汽车产品召回中的法律风险防范案例辨析

本部分选取 2014 年轰动国内汽车界的典型案例——一汽大众速腾断轴门事件为案例辨析对象。

（一）基本案情

一汽大众新速腾汽车"断轴门"事件，是 2014 年国内汽车界的大事，同样更是检测在 2013 年实施的《缺陷汽车产品召回管理条例》中是否存在不足的标志性事件。

从 2012 年开始，新速腾汽车就出现了高速后悬直接断裂导致车辆失控的情况，出现的情况越来越集中，向一汽厂家反应，他们称只是个别车辆问题。此后，越来越多的车主维权活动上演。

2014 年 7 月 22 日，一汽大众官方明确表示速腾断裂事件是个别例，不承认汽车存在设计缺陷问题，直接导致该事件的不断升级。于是，在同年的 8 月中旬，国家质检总局介入此事件，一汽大众接受对新速腾后轴设计问

题的缺陷调查，国家质检总局例行公事对一汽大众谈话询问，同时开展向消费者调查、到实际地点进行现场勘查、检验进行缺陷技术分析的各项事宜。两个月后，一汽大众推出了召回计划，并且向国家质检总局进行了备案，决定在第2年的2月份开始，把2011年5月到2014年5月期间流入市场的共计车辆为56万多辆的新速腾汽车，逐步地进行召回。

两天后，一汽官方又宣布了召回的措施方案是在后轴纵臂上安装一个补丁来稳固车身，这种方案激起了消费者的不满，议论和声讨随即而来。众车主认为这样的补救措施不能从根本上杜绝断轴的隐患。各地车主继续开展维权行动，一汽大众汽车则持续强硬立场并认为他们生产的后轴在设计上是没有安全隐患的，之所以有这么多消费者进行维权，主要出在了汽车技术和售后服务上，不存在质量问题。甚至有多名车主联名状告质检总局，认为其怠于履行对召回方案的效果组织专家进行评估的职责。

在互不相让事态不断升级的情况下，11月上旬，多家媒体报道称国家质检总局缺陷产品管理中心正在组织一批有经验的检测人员对一汽大众的召回措施进行评估，并要求一汽大众尽快将召回方案的技术论证材料提交上来。直至2015年9月，国家质检总局才给出了关于大众汽车"断轴门"事件的定论，即认定大众新速腾汽车在后轴纵臂上的设计确实存在不合理风险存在安全隐患。报告认定，大众采取的召回措施确实在一定程度上提高和巩固了后轴纵臂在撞击打压下所具备的抗变形效果，但是若受到较大冲击力，纵臂和衬板仍会同时变形，存在纵臂及衬板都断裂导致的车辆失控风险。至此该事件告一段落。

（二）案例分析

虽然大众"断轴门"事件已尘埃落定，但是，在此事件中暴露外国汽车生产企业在应对我国的缺陷汽车产品召回制度时存在着一定的问题。

第一，忽视行政机关在缺陷汽车产品召回中的积极能动性。从一汽大众公司此次的"断轴门"事件中，行政机关曾两次介入到一汽大众公司的缺陷汽车产品召回的进程中。第一次是8月份时，即受到消费者的相关投诉且一汽大众未采取相应措施时，国家质检总局发挥行政能动性，直接对一汽大众公司开展行政约谈活动，同时对该项事宜开展活动；第二次是在2014年11月，国家质检总局发挥监督管理作用，组织了检测人员对一汽大众的召回措施进行评估，并要求一汽大众尽快将召回方案的技术论证材料提交上来。此二次国家质检总局的主动介入展示了在我国缺陷汽车产品召回制度中，行政机关的行政能动性，尽管一汽大众公司的行为没有受到行政处罚，但是行政机关的积极介入应当引起其他外国汽车生产企业的重视，即在发现、制定、执行缺陷汽车产品召回的进程中，要注重与行政机关的配合、联络工作，以企业的主动承担代替行政机关的积极介入，否则不仅会影响企业形象甚至会因此而承担相应的行政责任。

第二，忽视企业公关的重要性，导致"断轴门"成为"公关门"。一汽大众速腾"断轴门"事件中，由于车主反映后悬架断裂时大众公司未能及时处理，对网络舆情认识不充分，企业内部缺乏对网络舆情危机侦测的预警系统，从而导致了该事件被激化。因此，其他外国汽车生产企业应以此为鉴，在企业内部应加强网络舆情危机的预警，要培训企业领导者的相关能力，增强其识别潜在的网络舆情危机的能力，通过企业各部门间的相互配合，建立完善的企业网络舆情危机预警机制，尤其是针对发生缺陷汽车产品相关方面的舆情的控制。外国汽车生产企业只有对相关投诉、舆情积极响应，才能保证企业良好的企业形象，也不容易导致因舆情引起的行政机关的介入，确保缺陷汽车产品的召回事件的顺利解决。

第二节　反垄断

一、垄断及反垄断概述

(一) 垄断的含义及分类

1. 垄断的含义

在西方法律体系中，垄断通常是指少数几个大企业借助自身控制的庞大的资本，市场所占据的地位，通过协定、合并、收购等方法，对某些产品生产、销售及其售价进行控制，以企图收获巨大的利益。而我国，最早对于垄断的定义出自孟子所言的"必求垄断而登之，以左右望而网市利"[①]，是指在市场中控制交易，把持市场的行为。2008 年，我国颁布了《中华人民共和国反垄断法》[②]，其中第 3 条指出垄断行为包括经营者之间达成垄断协议、垄断厂商滥用市场支配地位和排除或限制竞争效果的行为。

对于汽车行业的垄断行为，笔者认为是指一个或几个汽车厂商为了谋得高额利润，借助自身市场所占份额和市场地位，做出相互之间达成垄断协议、滥用市场支配地位和限制排除竞争来操纵某一个或几个汽车产品的生产、销售和价格从而破坏市场公平竞争的行为。

2. 垄断的分类

垄断根据不同的分类方式有着不同的划分，常见的可以按照产生原因、市场结构和垄断对象的方向划分。

关于垄断产生的原因分类有很多，但学术界主要将其分为以下五种类型：经济垄断、行政垄断、国家垄断、自然垄断及权利垄断。

经济垄断指的是那些经济实力较强，占有一定的市场份额，生产率较高从而成本较低的企业，凭借自己的价格优势对竞争对手做出的排斥手段；行政垄断顾名思义指的是各级政府为了保护本国经济市场的健康有序发展而采取的行政手段对妨碍市场公平的行为进行监管和制止的行政手段；国

---

① 出自《孟子·公孙丑下》第十章。
② 中华人民共和国主席令第 68 号（2007 年）。

家垄断是出于对国家和国民经济增长的安全考虑以及居民的社会福利，对某些民族产业实行政府支持政策（比如农业行业）；自然垄断指的是对于某些特定行业和资源政府实行垄断经营制，特别是某些公共服务部门和重要稀缺资源（例如：电力、石油、铁路等）；权利垄断是一种源于知识权利法的垄断，主要有专利权、商标注册权、著作权等。其规定在一定的期限和地区内由知识产权所有人或者其授权人使用。

根据立法的取向，又可以分为非合法和合法垄断，因此，从以上分析中可以看出前两者属于非合法性垄断，后三者则是合法的垄断。

学术界中研究较多的还是经济垄断市场，根据它的结构可将其划分为三类：完全垄断、寡头垄断和联合垄断。可以看出这种分类是按照垄断的程度由大到小进行排列。完全垄断市场是一个较为特殊的市场，它假设在该市场上只有一家厂商，不存在任何的竞争对手，是垄断程度最大的一类垄断市场。寡头垄断的情形较为常见，一个市场上最少也有几家厂商经营某种产品，各占有一定的市场份额从而在价格上实施一定排他垄断。而联合垄断则是若干个为了实现自身目标利润最大化实施进行企业之间的联盟，这种联盟通常以签订协议的方式来达成合作，对外产品的定价及销售额做出约定，它是垄断市场中较为普遍的一种形式。

依据垄断对象的方向划分，可以将垄断分为横向垄断和纵向垄断。前者是指处于同一产品生产周期上的同一价值链中的一种垄断模式，其表现形式通常通过签订协议的方式就价格、产量、市场进行划分以排斥其他竞争对手进入市场或者将某些竞争对手赶出市场，其实质是一种非法的垄断竞争。反之，后者则是对处于同一产品生命周期的不同价值链中的一种垄断竞争模式，这一种模式在经济市场中较为常见，主要的目的就是排斥不同品牌之间的竞争，常见的纵向垄断的情况就是厂家与代理商和经销商之间就产品的价格、销量、市场进行限制。

（二）我国《关于汽车业的反垄断指南（征求意见稿）》的解读

具体到我国的汽车行业的垄断行为，根据 2016 年 3 月国家发展和改革委员会发布的《关于汽车业的反垄断指南（征求意见稿）》，其中对汽车行业的垄断协议、滥用市场支配地位、经营者集中以及滥用行政权力排除、限制竞争等四种垄断行为进行了具体而全面的规制规定。虽然截至 2018 年，关于汽车业的反垄断指南的正式版仍未出台，但是该反垄断指南亦是未来立法规范发展方向的标杆，因此下文将对此进行粗略的解读：

1. 汽车行业相关市场定义

《关于汽车业的反垄断指南（征求意见稿）》肯定了替代性分析在相关市场定义中的作用，并对汽车经销市场和汽车售后市场予以区分。就前者而言，批发环节和零售环节可能会被理解为独立的相关市场，而就后者而言，考虑到锁定效应和兼容性，汽车品牌是界定汽车售后市场时需要考虑的重要因素，换言之，售后市场有可能会根据不同的汽车品牌进行进一步的细分。

2. 汽车行业的纵向限制

《反垄断法》明确禁止转售价格维持及最低转售价格维持（合称 RPM）作为一种"硬核性"的对竞争性的限制，RPM 一般难以获得豁免。但结合汽车行业实务并考虑到 RPM 可能产生的效率，《关于汽车业的反垄断指南（征求意见稿）》列举了若干可主张个案豁免的情形，包括：新能源汽车的推广期（9 个月）内的 RPM，经销商仅作为中间商的交易的 RPM，经销商在政府采购或电商销售中仅充当协助交易角色的情况下的 RPM。同时，《关于汽车业的反垄断指南（征求意见稿）》肯定了不具 RPM 执行效果的建议价、指导价和最高价一般不会产生排除限制竞争的影响。

由于缺乏明文的禁止性规定，就地域及客户的纵向限制的合规性一直存在不同的理解。《关于汽车业的反垄断指南（征求意见稿）》首次对此问题作出了较为明确的规定，这些规定与欧盟竞争法下的"集体豁免（block exemption）""安全港（safe harbor）""硬核限制（hardcore restriction）""主被动销售（active/passive sales）"等概念存在一定的相似之处。首先，不具有显著市场力量（即市场份额在 25%～30% 以下）的汽车业经营者所设置的某些地域/客户限制可被推定为符合豁免条件，如对跨区主动销售的限制（主动销售指主动营销，与被动销售相反），限制批发商直接向最终用户销售等。其次，一些地域/客户限制被认为严重限制竞争，无论市场力量高低，不能适用推定豁免（但仍可主张个案豁免），这些限制包括：对经销商被动销售的限制，限制经销商之间交叉供货、限制经销商/维修商向最终客户销售配件以及除代工协议外，限制配件或相关工具设备供应商向经销商/维修商/最终客户销售配件及相关工具设备。

值得注意的是，虽然《关于汽车业的反垄断指南（征求意见稿）》对地域/客户限制作出了突破式的规定，考虑到其仅适用于汽车行业，这些规定是否反映了纵向限制的新的执法思路，以及对其他行业的影响，仍有待思考和实践查验。

《关于汽车业的反垄断指南（征求意见稿）》还涉及了保修条款下的间接纵向限制。此类限制为汽车行业独有的纵向限制，主要防止汽车制造商利用保修条款，对维修服务及配件施加限制，排斥独立维修商，限制配件流通渠道。这类限制主要包括：以履行保修条款为条件限制非保修范围内的服务需在渠道内完成，对保修范围外的配件要求使用原厂配件，无正当理由限制维修网络对平行进口车提供维修保养服务。

《关于汽车业的反垄断指南（征求意见稿）》中此部分所规定的限制种类比较繁杂，主要是基于实务中存在的汽车供应商对经销商/维修商的经营活动的各种干预和限制。《关于汽车业的反垄断指南（征求意见稿）》列举了若干种可能会对经销商/维修商销售服务能力造成不当限制的纵向限制，这些限制如果导致显著的排除限制竞争的效果，则可能被认定为纵向垄断协议，具体包括：（1）强制搭售；（2）强制经销商/维修商接受不合理的汽车和配件销售目标、库存品种和数量等；（3）强制要求经销商承担以供应商名义开展的宣传推广活动费用或强制限定宣传推广活动的方式及平台；（4）对经销商/维修商所使用的设计、装修材料和办公设施的品牌、供应商及渠道进行限制。同时，《关于汽车业的反垄断指南（征求意见稿）》要求，汽车供应商若拒绝供货或提前解除经销协议，应明确列出理由。

3. 售后市场的滥用行为

如前所述，汽车品牌是界定汽车售后市场时需要考虑的重要因素，换言之，售后市场有可能会根据不同的汽车品牌进行进一步的细分，因此，对于在新车销售市场上不具有支配地位的汽车供应商，在其品牌的汽车售后市场上则有可能被认定为具有市场支配地位。《关于汽车业的反垄断指南（征求意见稿）》主要关注汽车售后市场的滥用行为，从配件的生产、到供应流通以及维修信息公开等。

具体而言，首先，就配件的生产环节，为便于消费者和维修商辨识同质配件，在其品牌汽车售后市场具有支配地位的汽车制造商，除代工协议下的配件外，不应无正当理由限制初装汽车配套的配件制造商生产"双标件"，即限制该配件制造商在配件上加贴自有商标，标识及零件代码。

其次，在配件的供应及流通环节，在其品牌汽车售后市场具有支配地位的汽车制造商不应：（1）限制经销商/维修商外采售后配件即购买同质配件及从其他渠道购买原厂件（如平行进口）。《关于汽车业的反垄断指南

（征求意见稿）》中明确举例，对经销商设定不合理的配件销售目标等实质可达到限制外采配件目的的行为属此等限制。（2）限制配件供应商、经销商及维修商外销售后配件，具体包括代工协议外要求配件全部"返厂"，限制经销商/维修商交叉供应配件及向最终用户销售配件。

最后，为保证独立维修商的服务能力，在其品牌汽车售后市场具有支配地位的汽车制造商不应限制维修信息及维修工具的可获得性。

此外，《关于汽车业的反垄断指南（征求意见稿）》还对汽车行业可能出现的针对汽车市场准入、汽车自由流通及二手车市场交易的滥用行政权力的行为做出了规定，在此不予赘述。

二、汽车行业中反垄断的法律风险识别

（一）中国汽车行业垄断现状

近年来，我国针对汽车行业进行了一系列反垄断调查，此举受到了业界和消费者的高度关注。目前汽车市场中的汽车消费主要分为三个方面，对于新车主来说的整车销售，对于老车主来说的零件销售以及售后服务。笔者在下文中就上述三个方面对我国汽车行业存在的垄断问题进行分析。

1. 汽车零部件销售市场垄断行为

对于汽车消费者而言，汽车的零部件是其日常生活中必不可少的，零部件销售市场与消费者的利益息息相关，因此汽车零部件市场在整个汽车产业链中占有重要地位。在全球大多数国家的汽车行业中，汽车零部件行业所赚取的利润早已超过了整车销售的利润。

当前，我国尚未在汽车零部件的生产过程中形成一定的标准和准则，不同型号的车辆在零部件的选择上有着不同的技术标准。因此拥有先进的科学技术的生产厂商会对他们拥有的技术标准进行隐瞒和保密，不愿意与别的厂商进行沟通和交流，造成了资源使用的垄断，使得资金、劳动力以及技术水平都受到制约。这种行为实质上是在汽车零部件销售市场设置壁垒，造成零部件市场的发展缓慢。同时，这种不透明的垄断行为使得生产商从中获取高额利润，但造成汽车市场竞争秩序的紊乱。

纵向垄断协议可以分为两种，一种是价格型限制，另一种是非价格型限制。价格型限制主要是对转售价格进行维持，其中又包括了维持最高转售价格和维持最低转售价格两个部分；非价格型限制是不依靠价格来体现垄断行为的一种方式，它主要包括选择性交易、市场份额的划分以及排他性交易等。

纵向价格垄断就是转售价格维持，也是当前汽车市场最常见的纵向垄断形式，在零部件市场也是如此，但是在这种形式下维持固定价格的角色通常由汽车生产商扮演。转售价格维持协议主要是指在同一生产链中，不同的经营者对其产品的价格进行相互协商并达成协议，当将产品转售给协议外的第三人时，必须按照协议中双方事先约定好的价格售予第三人，如果一方违反协议中规定的约定事项，将对其进行切断供应、取消折扣等经济制裁手段。

转售价格维持还可以分为最低转售价格和最高转售价格。这两种垄断方式所产生的作用也大有不同。当汽车生产商为了保证自身利润的稳定，同时提升自身品牌和服务的效应，生产商一般会制定最低转售价格，以防止各4S店进行恶性的价格竞争，降低整体品牌价格的定位；当汽车生产商希望增加市场份额并扩大生产规模时，通常会制定最高转售价格，限制4S店在销售过程中获取高额利润。涉及转售价格维持的限制性条款一般会在汽车生产商与销售商的供货合同中直接体现出来，生产商将这种限制作为一种义务强行施加给销售商，并在相关条款中明确规定违反该义务的后果。此外，还有一种间接限制的方式，即生产商通过口头通知、会议决定的方式告知销售商价格政策，销售商只有在销售中时刻以这一政策为准才能取得正常的产品供应，保障整个销售链的稳定。这种间接限制的方式更具有不透明性，在近几年曝光的汽车行业反垄断案件中，大部分垄断厂商均采用这种隐蔽的方式控制汽车销售商的销售价格。从上述分析可知，维持转售价格不但对销售商的自主定价权造成损害，也对正常价格的市场机制有一定妨碍，更严重的是消费者要为汽车生产商因差价获取的额外利益来买单。

非价格型纵向垄断与价格型纵向垄断不同，非价格型纵向垄断显得较为隐蔽而且不容易被发现，在汽车行业中非价格型纵向垄断主要包括排他性交易、搭售行为、选择性交易等。

（1）排他性交易。整车生产商会要求销售商在整个销售过程中都必须使用该整车厂的零部件，要求其承诺不得使用其他代理厂商生产的零部件，并且制定惩罚措施来制约和协调两者间的关系。此外，整车生产商供应给4S店的零部件的价格普遍高于整车生产商的拿货价，4S店又在此基础上增加一定比例卖给车主，这种循环模式使得零部件的实际价格比出厂价要高了许多。这种排他性交易行为使得整车厂的市场支配地位愈加突出，不仅扰乱了汽车市场优胜劣汰的竞争规律，也侵犯了汽车行业中各主体自由选择及自由消费的权利。

（2）搭售行为。在汽车零部件销售市场，一些隐性行规普遍存在，搭售行为便是其一，其搭售的一般是相应的维修服务。消费者在4S店购买零部件时，基本上都要在该店进行维修，而维修所产生的费用十分高昂，有时甚至与零部件价格不相上下。消费者尽管觉得不合理，但只能选择被动接受这一现实。

（3）选择性交易。整车生产商在选择销售商或者零部件生产商时，通常都会制定出一系列的硬性标准，并以该标准为基础对交易对象进行选择，只有被选上或者得到授权的销售商才有权利销售自己的产品。这种交易制度在一定程度上有利于促进汽车行业整体水平的提高，也利于保证零部件的质量符合标准，但这种制度下，很容易出现整车生产商利用技术封锁以巩固自身垄断地位的问题。同时，我国在汽车零部件生产制造上没有形成标准的制度规范，不同的汽车厂商往往存在不同的技术规范，更不利于汽车零部件行业的发展。

2. 整车销售市场垄断行为

在我国汽车整车销售行业内，消费者对于4S店的选择更为普遍。4S店是将整车销售、售后服务、零配件销售以及信息咨询与反馈集合为一体的运营模式。在这种销售模式中，4S店可以通过以整车生产商和总经销商为主体的汽车供应商的允许，在既定的区域内销售和经营特定品牌的车辆。获得授权的店铺在该特定区域内可以超过一家，同时由该店负责该特定品牌汽车的售后服务并获得原厂零部件使用权。

这种模式可以将杂乱的供销商整合在一起，确实有利于整顿汽车销售市场的秩序。同时对销售商来说也是一种激励，有助于销售商更好地为消费者提供优质的售后服务。但是这种运营模式需要4S销售商投入巨额的资金，这些成本投入最终直接转化为消费者在购买汽车和进行售后维修时的隐含费用，这对消费者来说十分不公平。

另外4S店普遍对汽车生产商有极大的依附性，在整个汽车产业链中，汽车生产商与销售商可以说是上下级的关系，在销售汽车过程中很大程度上会受到该汽车品牌的市场影响力、经营理念、消费者的喜爱程度等因素的影响。因此，汽车生产商对销售商的控制力度会越来越大，造成两者的关系严重失衡。现代汽车市场普遍希望能够建立一种节约、方便快捷的汽车流通模式来替代4S销售模式，所以目前我们急需对其进行新的探索。

整车市场纵向垄断有如下表现：

（1）转售价格维持。转售价格维持在实践中的表现形式和实现手段多种多样，包括汽车生产商直接固定或限定销售商的转售价、固定销售商的销售利润、限制销售商给客户的最高折扣、限定转售价格波动幅度等。目前我国汽车行业在整车销售上便是采用这种模式，这虽然可以激励销售商提供更好的服务以及刺激消费者消费，但最终也会导致整车销售市场竞争的缺乏与消费者利益的损害。

（2）搭售行为。搭售行为也被称为有条件的交易，一般是指买方在购买商品或者服务时，必须包含购买卖方提供的其他商品或服务，导致消费者无法根据自身需求进行选择的购买行为。虽然这种行为在一定程度上可以使得商品进行快速分销与消费，但是其销售实质上就是一种纵向限制竞争的行为。我国汽车行业存在的搭售行为一般有两类：一类是汽车生产商在为销售商提供汽车产品时，会将一些滞销车型搭配热销车型捆绑销售给汽车销售商；还有一类是汽车生产商在向销售商供应新车时搭售原厂配件。《反垄断法》也对搭售行为作出明确的禁止规定，将搭售行为作为滥用市场支配地位的行为予以禁止。因为在汽车生产商或供应商占据支配地位的情况下，这种行为不仅会侵害消费者在选择商品上的自由，而且还会使消费者承担额外的费用。

（3）区域划分限制。在我国汽车销售市场，整车生产商会对销售商销售区域的划分进行限制。比如广州的销售商只能针对广州的消费者进行销售，整车生产商一旦发现销售商在销售过程中有跨区域销售的行为，就很有可能受到被汽车生产商取消授权、切断供货等一系列惩罚措施。同时，消费者也只能在本地的销售商购买汽车，消费者在购买汽车时还需要携带本人身份证或者户口本。整车生产商会根据各地对汽车的不同需求制定不同的价格，有时同一款汽车在上海、郑州、广州、昆明等地的销售价格各不相同，总有差价存在。这种人为的禁止跨区域销售制度不但严重限制了销售商在销售商品上的自由、削弱了汽车的品牌内竞争，还助长价格歧视，侵犯了消费者的权益。

3. 售后服务市场垄断行为

目前我国汽车行业的售后维修主要分为两种维修商，一种是以4S店为主的授权维修商，另一种是独立的汽车维修厂。独立的维修厂虽然拥有灵活及时的维修服务以及相对较低的维修价格等优势，但其市场竞争力却与4S 店有很大差距。究其原因可以发现，独立维修商能否提高其市场竞争力的关键点，就是其能否取得原厂配件和维修技术信息。然而，现实中汽车生产商既不会向独立维修商提供原厂配件，也不会向其提供相关的维修技术信息，这种技术封锁行为是我国汽车售后服务市场长期存在的垄断行为。

售后服务市场垄断有如下表现：

（1）维修技术封锁。众所周知，特定的品牌或者型号的车辆，需要的是适用于该品牌或者型号配套服务。因为汽车维修和保养都离不开技术信息，专业的 4S 店利用维修技术信息这一优势，可以为消费者提供更安全、更高质量的维修服务，使得消费者不惜花费更高的维修费去 4S 店对车辆进行维修保养。比如像许多国外品牌的车辆一旦受到损坏需要对其进行维修时，车主便不得不付出高昂的维修费，甚至车辆也要返回原厂进行维修。所以汽车售后市场反垄断规制的关键是规制配件和维修技术信息垄断行为，确保配件与维修技术信息的可获得性。

（2）搭售行为。在汽车维修过程中涉及的搭售行为往往是必须使用该维修商提供的配件产品与其他售后服务，这种售后维修中存在的搭售行为已逐渐成为行业潜规则。

（二）外国汽车生产企业的法律风险识别

外国汽车生产企业在中国的反垄断风险识别主要集中在整车销售市场，主要由两种主要表现形式，一为纵向价格限制竞争协议，又称为维持转售价格协议；二为纵向非价格限制竞争协议。因此，下文就此两点展开探讨。

1. 对维持转售价格协议的反垄断规制

维持转售价格协议，在汽车销售中多表现为汽车生产企业维持汽车经销商向终端用户转售汽车价格的协议，大致可以分为三种类型：维持最低转售价格协议、维持最高转售价格协议和固定转售价格协议。

就维持转售价格协议而言，我国目前对其规制的法律主要为《反垄断法》及其配套实施的行政性文件，包括国家发展和改革委员会 2010 年 12 月29 日发布的《反价格垄断规定》和工商行政管理总局 2010 年 12 月 31 日发布的《工商行政管理机关禁止垄断协议行为的规定》（以下简称《禁止垄断协议行为的规定》），两个配套文件从 2011 年 2 月 1 日同时开始施行。维持转售价格协议的规制作为纵向限制竞争协议的主要规制方式，在法律条文上予以了较为清晰的规制。

我国《反垄断法》第 14 条①明确列举了两类禁止的纵向价格限制竞争协议，是固定转售价格协议与维持最低转售价格协议。从条文的内容来看，本条仅仅明确规定了部分类型的维持转售价格协议，即固定价格协议和维持最低转售价格协议。本条对维持最高转售价格协议，并未做出明确的规定，而且也并未规定纵向限制竞争协议中其他常见形式，而仅使用了"国务院反垄断执法机构认定的其他垄断协议"这样的兜底条款加以涵盖，也就是采用了授权禁止。对于纵向价格限制竞争协议，《反价格垄断规定》第 8 条第 3 款②将其他价格垄断协议的认定权赋予了国务院价格主管部门，因此我国纵向价格限制竞争协议的主管机关为发改委。

《反垄断法》第 15 条规定："经营者能够证明所达成的协议属于下列情形之一的，不适用本法第十三条、第十四条的规定：（一）为改进技术、研究开发新产品的；（二）为提高产品质量、降低成本、增进效率，统一产品规格、标准或者实行专业化分工的；（三）为提高中小经营者经营效率，增强中小经营者竞争力的；（四）为实现节约能源、保护环境、救灾救助等社会公共利益的；（五）因经济不景气，为缓解销售量严重下降或者生产明显过剩的；（六）为保障对外贸易和对外经济合作中的正当利益的；（七）法律和国务院规定的其他情形。属于前款第一项至第五项情形，不适用本法第十三条、第十四条规定的，经营者还应当证明所达成的协议不会严重限制相关市场的竞争，并且能够使消费者分享由此产生的利益。"因此，由第 14 条规制的纵向限制竞争协议可以依据第 15 条适用豁免。

关于我国纵向限制竞争豁免的条件，从以上条文中可总结为以下三个：第一，达成纵向限制竞争协议是为实现《反垄断法》第 15 条所规定的目的。第二，该纵向限制竞争协议不会严重限制相关市场的竞争。第三，消费者能够分享由此产生的利益。如何界定"不会严重限制相关的市场"，笔者认为可以采用积极效果和消极效果的比较，通过经济学分析来界定。

另外，《批垄断法》第 15 条对于外国汽车生产企业而言，企业只需要证明其具有法定目的，便可以主张豁免，而不是像欧盟一样需要证明这一

---

① 《反垄断法》第 14 条规定："禁止经营者与交易相对人达成下列垄断协议：（一）固定向第三人转售商品的价格；（二）限定向第三人转售商品的最低价格；（三）国务院反垄断执法机构认定的其他垄断协议。"

② 《反价格垄断规定》第 8 条第 3 款规定："（三）国务院价格主管部门认定的其他价格垄断协议。"

限制确实"有利于改善产品的生产和销售，或有利于促进技术和经济进步"，而且相比欧盟的效果标准，我国的目的标准种类更加多，因而豁免范围与欧盟相比，较为宽泛，从一定程度上减轻了外国汽车企业的法律风险。

关于我国纵向限制竞争豁免的程序，从该条文中"经营者证明"予以豁免的表达，可以得出我国实行直接适用的豁免制度。关于垄断协议的豁免程序，目前国际上基本上有两种做法，一是须由参与垄断协议的经营者事先向反垄断机构申请许可、核准，可称为事先审查，如韩国；二是由经营者依照法律规定进行自我评估推定其行为合法，可称为事后监管，如美国、欧盟、德国等。就欧盟而言，废除事先申报制度，采用直接适用豁免，由经营者举证的事后监管模式。由于目前反垄断法执法仍旧处于摸索状态，所以相关确定标准仍需要通过实践不断细化。采用事后监管模式，无疑在反垄断行政管理资源比较匮乏的当下，为执法机关赢取了主动权。执法机关不会被大量的申请压得喘不过气，而集中力量查处对市场竞争危害最明显的纵向竞争协议。

《反垄断法》第46条①规定的垄断协议法律责任适用于维持转售价格协议，"反垄断执法机构责令停止违法行为，没收违法所得，并处上一年度销售额百分之一以上百分之十以下的罚款；尚未实施所达成的垄断协议的，可以处五十万元以下的罚款"。而第50条则规定了"经营者实施垄断行为，给他人造成损失的，依法承担民事责任"。因此，维持转售价格的主要法律责任设置是行政责任和损害赔偿的民事责任。关于行政责任的罚款，上一年度销售额1%以上10%以下的金额设置。关于民事责任，由于纵向限制竞争协议通常需要结合大量的经济学分析和数据资料，事实上也加重了原告的举证责任，容易产生举证不能的局面，侧面上也减轻了外国汽车生产者的法律责任。

2. 纵向非价格限制竞争协议的发垄断规制

我国汽车整车销售的纵向非价格限制竞争协议有多种表现形式，主要有独家交易协议，地域及客户限制协议和搭售协议等。非价格限制竞争协议在我国《反垄断法》中没有明确规定，使得其认定存在一定的法律不确定性。

---

① 《反垄断法》第46条第1款规定："经营者违反本法规定，达成并实施垄断协议的，由反垄断执法机构责令停止违法行为，没收违法所得，并处上一年度销售额百分之一以上百分之十以下的罚款；尚未实施所达成的垄断协议的，可以处五十万元以下的罚款。"

我国《反垄断法》对垄断协议的条文定义是指"排除、限制竞争的协议、决定或者其他协同行为"。《禁止垄断协议行为的规定》第2条中对垄断协议的主体和特征做了更细致地规定，"垄断协议是指违反《反垄断法》第十三条、第十四条、第十六条的规定，经营者之间达成的或者行业协会组织本行业经营者达成的排除、限制竞争的协议、决定或者其他协同行为。协议或者决定包括书面形式和口头形式"。《禁止垄断协议行为的规定》第2条第4款规定："其他协同行为是指经营者虽未明确订立书面或者口头形式的协议或者决定，但实质上存在协调一致的行为。"第3条对纵向限制竞争协议的认定协同做了一定的细化，认定其他协同行为。

　　但是，对于纵向非价格限制竞争协议，只能被《反垄断法》第14条"国务院反垄断执法机构认定的其他垄断协议"所涵盖。而《禁止垄断协议行为的规定》第8条规定："本规定未明确规定的其他垄断协议，除价格垄断协议外，由国家工商行政管理总局依法认定。"因此国家工商总局应该早日出台对纵向非价格限制竞争协议的认定规则，从而增加法律执行的确定性和透明度。

　　正是由于立法上的缺陷，致使外国汽车生产企业针对纵向非价格限制竞争协议这一块灰色区域的法律风险有所减轻。由于尚无相关细则辅助，消费者没有明确的法律依据予以起诉。但是，在司法实践中，我国司法机构会发挥主观能动性，将此类案件划分到以滥用市场支配地位为由起诉，具体如东风日产垄断经营汽配案中司法机构的处理，因此仍然是存在一定的法律风险的。

三、汽车行业反垄断的法律风险防范案例辨析

　　本部分选取2014年颇具特色典型案例——克莱斯勒案为案例辨析对象。

（一）事件始末

　　2012年到2014年期间，克莱斯勒公司与经销商签订协议，对经销商的最低零售价格予以限制，违反规定者给予处罚，如对经销商处以扣减返利、罚款、甚至暂缓将某些热销车型供应给经销商或暂缓向经销商配置试驾车等。另外，克莱斯勒公司上海地区经销商上海越也、上海名创、上海信佳为统一同城经销商的保养工时、配件价格、做漆价格和执行时间，于2014年4月25日签订了《关于统一规范克莱斯勒、JEEP、Dodge品牌车辆维修保养等相关价格协商备忘》（以下简称《备忘》），在《备忘》中统一了诸事项，并依照协议中所达成价格予以执行。

发改委反垄断局最终认定："克莱斯勒达成并实施固定向第三人转售商品价格、'限定向第三人转售商品最低价格'的垄断协议，违反了《反垄断法》第十四条的规定"；"三家经销商达成并实施固定或者变更商品价格的垄断协议，违反了《反垄断法》第十三条的规定"。"克莱斯勒及其上海地区三家经销商的行为，排除和限制了市场竞争，扰乱了正常的市场竞争秩序，损害了其他经营者和消费者的合法权益。"克莱斯勒汽车销售公司（中国）及上海地区三家经销商受到处罚，罚款金额分别为 3168.2 万元、214.21 万元。

（二）案例辨析

归结克莱斯勒案，主要涉及两类性质不同的协议：第一，克莱斯勒汽车公司与经销商签订经销协议，限定最低转售价格，经销商不遵守则予以处罚；第二，克莱斯勒汽车公司下属经销商之间签订协议，统一约定了维修及配件价格。其中，第一类协议发生于汽车销售领域，涉嫌违反《反垄断法》第 14 条的规定，即"（一）固定向第三人转售商品的价格；（二）限定向第三人转售商品的最低价格"。这属于纵向垄断协议中的一种类型。第二类协议发生于汽车售后领域，涉嫌违反《反垄断法》第 13 条，即"禁止具有竞争关系的经营者达成下列垄断协议：（一）固定或者变更商品价格"，这属于横向垄断协议领域。

对于国外汽车生产商而言，本案是具有范例及警示作用的。从该案的整体处罚比例来看，发改委对克莱斯勒企业都实行了 3% 的大比例处罚，这在以往的反垄断调查处罚史上算相对较高的处罚比例，而这样的处罚比例，也是在奥迪与克莱斯勒相继实施降价整改措施的前提之下制定的。按照《反垄断法》及《行政处罚法》的相关规定，对于因垄断行为而导致市场价格高于竞争价格，经营者主动降价是逐步恢复市场竞争价格的手段。涉嫌垄断行为的经营者主动降价，属于主动消除或减轻价格垄断行为的危害后果，是反垄断执法机构应当考虑的减轻处罚法定情形。但是，在该案中，发改委最后的处罚力度仍然是相当大，说明对于外国汽车生产企业而言，目前中国对汽车反垄断规制仍是相当严厉的。此外，在该案的调查中，反垄断机关是以签署的备忘录来进行判研处罚的，由此可见，并非是以协议等书面形式对垄断协议等进行判断的，而是以实质内容进行判别的。因此，对于国外汽车生产企业应当关注该方面的法律风险。

第三节　反不正当竞争

一、反不正当竞争概述

市场经济的运行依赖于竞争规律发挥作用，而竞争机制如何运行，直接涉及市场经济体制的运行。在市场经济条件下，竞争从其产生的那一天起就是一种包含着正常竞争与非正常竞争的"双胞胎"现象。以正常竞争所应具备的前提条件为标准，非正常竞争即反竞争行为，主要包括不正当竞争行为和垄断行为，而不正当竞争行为的主要危害在于侵害消费者的权益，这是反竞争行为的一种严重后果。由于追求高额利润的需要，竞争者以实施反竞争行为的方式向社会提供产品和服务时，往往是以侵害消费者权益为代价的，这种后果不仅影响到竞争的开展、竞争秩序乃至社会秩序的稳定，而且还会影响到国家经济政策的实现和国家干预市场竞争的程度。

不正当竞争行为作为反竞争行为的一种主要表现，涉及《反不正当竞争法》的调整对象，也贯穿于《反不正当竞争法》的始终，是《反不正当竞争法》中最为重要的基础概念之一。它是与竞争相对的概念，竞争的基本概念是指两个或者两个以上的经营者在市场上以比较有利的价格、数量、质量或者其他条件争取交易机会的行为。因此，所谓的不正当竞争行为，就是指经营者采取不正当的手段争取交易机会的行为，而不正当手段则是违反法律规定的、"损害其他经营者的合法权益，扰乱社会经济秩序"的手段。

不正当竞争行为是一种市场竞争行为：不正当竞争行为必须首先是一种市场竞争行为。倘若不构成市场竞争行为，构成不正当竞争问题也就无从谈起。因此，在认定不正当竞争行为时，必须首先确定涉及的行为是否属于或者涉及市场竞争行为。对于那些通过不正手段谋取市场交易机会的行为，就可以认定为不正当竞争行为。

以是否具有竞争目的衡量是否构成不正当竞争行为，至少适用于大多数典型的或者基本的不正当竞争行为。当然，不正当竞争行为还可以从破坏竞争秩序的角度进行认定，即企业的职工泄露企业商业秘密，即使不涉及争取交易机会，但破坏了企业的竞争优势而给市场竞争秩序带来了危害，这同样可以成为认定其不正当竞争的理由。

不正当竞争行为是违反法律规定和竞争原则的行为：市场竞争是经营者争夺市场交易机会的活动，如两个以上的企业参加投标，其争夺中标机会的活动就是一种竞争。市场竞争的后果往往都是损人利己的，即在竞争活动中，优胜者取得交易机会而获益，失败者丧失机会而受到损失（包括没有获得相应的利益）。判断竞争行为是否为不正当竞争，显然不能仅依靠其损害后果，而还必须同时设定其他的评判标准。《反不正当竞争法》将不正当竞争行为列举出来，固然是判定不正当竞争行为的好办法，但将所有不正当竞争行为都列举出来，实际上是不可能的。因此，法律又为判定不正当竞争行为规定了一般性标准，如《巴黎公约》将"违反诚实惯例"作为不正当竞争的判断标准，我国《反不正当竞争法》第 2 条第 1 款将"自愿、平等、公平、诚实信用的原则"和"商业道德"规定为判断标准。

不正当竞争行为是损害其他经营者的行为：我国《反不正当竞争法》第 1 条的立法目的中同时规定了对经营者和消费者权益的保护，而 1993 年《反不正当竞争法》第 2 条仅仅规定了对"其他经营者"的保护，从而导致在执法中有人将该规定作片面的理解，即在损害消费者而不损害经营者（竞争者）利益的情况下，认为不构成不正当竞争行为。实际上，这是对损害其他经营者的片面理解或者曲解。不正当竞争对其他经营者的侵害，既包括对同业经营者的直接侵害，又包括对非同业经营者的侵害。因为，经营者通过不正当手段获取了交易机会，就使得其他经营者丧失了该交易机会，这种交易机会的丧失就是损害。消费者因经营者的不正当竞争行为而与该经营者发生交易，与其他正当经营者丧失该交易机会之间，恰恰是一个问题的两个方面。换言之，消费者本来不愿与某一经营者发生交易，但因该经营者的不正当竞争行为而发生了交易，这本身就是对其他经营者的一种侵害，因为强制交易使得消费者无法再用这部分购买力去购买其他经营者的商品，从而使其他经营者丧失了购买力。其他经营者因此而受到的损害可能是不具体的，或者很难量化，但这正是许多不正当竞争行为的特征，因为许多不正当竞争行为都没有非常确定的损害对象，这也正是需要公法干预的重要原因。而且，损害消费者、其他经营者与扰乱社会经济秩序是三位一体的。

从市场经济运行的角度而言，如何消除与制止竞争过程中出现的反竞争行为，保障正常竞争行为的运行，便成了各国市场经济立法的重点。如果说，在自由竞争的初期，国家还有可能通过已有零星的、不成体系的有关法律规范去调整以消除、制止反竞争行为中的不正当竞争行为的话，那么，在竞争日趋激烈、复杂的情况下，这种可能性自然也就荡然无存了。为适应社会经济发展的要求，为了规范竞争秩序，国家创制了竞争法律制度。从发展经济、促进竞争角度而言，竞争法的最基本目标，就是通过竞争法的具体规定，消除与禁止反竞争行为及其所带来的消极的社会后果，鼓励正常的竞争行为，以发挥竞争的积极作用，实现市场经济运行的正常化，与此同时，保护消费者的合法权益。

由此可见，市场经济是竞争法律制度产生的土壤，市场经济为竞争法律制度发挥社会作用提供了前提条件；竞争法律制度是市场经济内在要求的需要，竞争法律制度是消除反竞争行为的有效手段；没有市场经济及基于此而形成的竞争关系，就没有竞争法。

二、新《反不正当竞争法》解读

《反不正当竞争法》一般条款是认定法律未列举行为的开放性依据。它能够确保法律对于新发展和新需求的适应性，确保法律调整的灵活和及时。法律实施时间越长和社会经济情势变化越大，一般条款的适用空间越大。一般条款不是纯粹空洞抽象的行使裁量权的名目，而具有指引和约束裁量权行使的实质性内涵和要素。一般条款的适用模式是判断竞争行为正当性的最基本范式，承载、体现和贯彻着反不正当竞争和认定不正当竞争行为的基本理念、思维方式和构成要素。

1993 年《反不正当竞争法》第 2 条第 2 款规定，不正当竞争是指"经营者违反本法规定，损害其他经营者的合法权益，扰乱社会经济秩序的行为"。修订草案送审稿将其修改为"损害其他经营者或者消费者的合法权益，扰乱市场秩序的行为"。最后修订的条文是："本法所称的不正当竞争行为，是指经营者在生产经营活动中，违反本法规定，扰乱市场竞争秩序，损害其他经营者或者消费者的合法权益的行为"，在此增加了行为构成要素。该界定不仅是一种定义性规范，同时是可以援引的一般条款，即法院可据以开放性认定未列举不正当竞争行为的条款。

以《反不正当竞争法》第 2 条第 2 款认定法律未列举的不正当竞争行为时，必须以该规定的构成元素进行衡量和判断。这些要素既具有弹性，又构成必要的约束和指引。

除行为主体为经营者外，在该条款规定的"经营者在生产经营活动中，违反本法规定，扰乱市场竞争秩序，损害其他经营者或者消费者的合法权益的行为"中，其构成元素可以划分为三项：（1）在生产经营活动中发生的行为；（2）违反《反不正当竞争法》的规定，因将其用于认定法律未列举的不正当竞争行为，它主要是指违反《反不正当竞争法》第1条竞争原则的规定；（3）损害三种利益，即扰乱市场竞争秩序（公共利益），损害其他经营者或者消费者的合法权益。其中第（2）项、第（3）项元素可能涉及复杂的利益衡量，属于实质性判断标准。

第（2）项要素是决定合法与否的基本标准，也即是竞争行为是与非的根本判断标准。就第（2）项元素而言，其核心是如何把握违反诚实信用原则和商业道德。司法实践中已进行了较多的操作性探索，不断对该抽象原则赋予具体内涵和适用标准，尤其是总结出区别于日常道德标准的商业伦理标准，用以判断竞争行为的正当性。这说明，《反不正当竞争法》不是维护一般意义上的社会和谐和公序良俗（世俗伦理道德），而是更取向于维护竞争自由和市场效率。

第（3）项相当于一项门槛性要件，即无损害就无不正当性，在有损害的前提下，才判断其是非。首先，不正当竞争损害必须是竞争利益的损害。这种明确以不具有损害或者损害轻微为由，不构成不正当竞争，在我国不正当竞争案裁判中很少见，但确实契合适用竞争法的思维和方式。其次，第（3）项涉及多种利益之间的关系，既要兼顾，又有偏重和需要取舍。由于保护利益的多元性，损害问题又较为复杂，在损益情况不一时需要做好利益平衡。况且，损害只是一个要素，还需要与其他要素结合起来认定竞争行为的正当性。

（一）仿冒混淆行为

无论是实质内容还是文字处理上，新修订《反不正当竞争法》第6条均有重大变化。主要如下：

第一，将法条修订为纯粹的禁止仿冒混淆行为条款。对于仿冒他人商业标识、导致市场混淆的仿冒混淆行为（新修订法律称其为"混淆行为"），新修订法律第6条删除了1993年《反不正当竞争法》第5条第（1）项"假冒注册商标"和第（4）项"引人误解的虚假表示"的内容，成为禁止注册商标以外的仿冒混淆行为的专门规定。

第二，统一各类仿冒混淆行为的共同要件。首先，《反不正当竞争法》

立足于仿冒和混淆，对于仿冒商业标识的行为进行制止，因而第 6 条将"引入误认为是他人商品或者与他人存在特定联系"规定为共同要件。新修订法律以此种混淆性要件的表述，替代原法律规定的"造成和他人的知名商品相混淆，引人误认为是他人的商品"，明确扩张了混淆的类型和范围。其次，统一了"一定影响"的要件。《反不正当竞争法》对于商业标识的保护不以是否注册为条件，只立足于是否构成商业标识及是否容易导致市场混淆。无论是未注册商标、企业名称和姓名还是域名等标识，只有其具有实际的市场知名度，才能发挥识别商业来源的作用，才可能导致市场混淆。因此，具有一定知名度是反不正当竞争保护商业标识的前提条件。

第三，将各类商业标识由穷尽性的列举性规定修订为开放式的例示性规定。商业标识主要划分为商品（包括服务）标志与市场主体标志（营业标志），前者是识别和区分不同商品或者服务来源的标志，即商标；后者为识别和区分从事生产经营活动的市场主体的标志，如企业名称、商号（字号）等。除此之外，还可能存在不宜纳入上述两类之内的标志，即识别其他经营活动的标志，如域名。新修订法律第 6 条第（1）～（3）项分别对未注册商标、市场主体标识以及互联网领域的市场活动标识进行了规定，且以列举加"等"字概括的方式，取代了原法律的列举性规定，使各类商业标识均能保持开放性。

第四，确定未注册商标仿冒混淆行为的特殊构成。首先，新修订法律第 6 条第（1）项规定的标识属于未注册商标。《商标法》有保护未注册商标的规定，但基本上属于涉及商标授权确权程序中的保护。未注册商标的民事保护主要由《反不正当竞争法》实施。未注册商标不限于商品名称、包装、装潢，因而新修订法律以"等"字进行概括，以保护列举以外的其他未注册商标。再次，新修订法律第 6 条第（1）项仍未要求在相同类似商品上的使用，这恰恰体现了反不正当竞争保护的特性，即此类仿冒混淆行为原则上限于相同类似商品上的使用，但如果在非类似商品上的使用足以引入误认为具有关联关系，仍可按照《反不正当竞争法》保护。此外，由于未注册商标与注册商标具有较多共通性，在必要时可以参照《商标法》有关规定，如禁用标志的规定。

第五，其他商业标识仿冒混淆行为的规定。首先，新修订法律第 6 条第（2）项对市场主体仿冒混淆行为的规定，既有在原法律规定基础上的细化和扩张，如括号之内独特的解释性规定，又有创新，如将社会组织名称包含在内。其次，新修订法律第 6 条第（3）项将域名等互联网领域的市场标识作为一种单独类型，新修订法律从反不正当竞争法的角度解决了域名等的法律地位和保护问题。该规定采取了列举性规定，"等"字概括规定应作出与列举事项相一致的类似解释，即不属于域名主体部分、网页和网站名称的范围，但仍属于类似的互联网领域的特殊商业标识。再次，第 6 条第（4）项还设定了兜底条款，以防挂万漏一，所规范的只能是不属于第 6 条第(1)~(3)项范围的任何市场活动标识和仿冒混淆行为。

（二）虚假宣传

新修订法律第 8 条第 1 款使用了"虚假或者引人误解的商业宣传"概念，因而可以简称为虚假宣传行为，该款内容主要如下：

第一，法律条文的合并。1993 年《反不正当竞争法》第 5 条第（4）项与第 9 条规定的都是虚假宣传行为，即第 5 条第（4）项规定的"在商品上伪造或者冒用认证标志、名优标志等质量标志，伪造产地，对商品质量作引人误解的虚假表示"，可以并入新法第 8 条之中。

第二，由"引人误解"到"虚假或者引人误解"。1993 年《反不正当竞争法》第 9 条规定了"引人误解的虚假宣传"，即将"引人误解"作为"虚假宣传"的限定词。2017 年法律修改为"虚假或者引入误解的虚假宣传"，将"虚假"和"引人误解"并列为选择情形。这至少是在规范形式上的一个重大变化。但是，对于"虚假"宣传仍应作恰当解释，如不能包括不引人误解的虚假宣传。

第三，明确了规定后果要件。2017 年《反不正当竞争法》第 8 条第 1 款规定了误导性宣传的后果要件，即"欺骗、误导消费者"。首先，该要件可以与"虚假"或者"引人误解"结合起来理解。其次，与《消费者权益保护法》不同，《反不正当竞争法》虽有保护消费者权益之意，但并不赋予消费者直接的救济权利。该规定只是从判断标准和后果要件的角度规定了消费者元素。

第四，涉及了误导性宣传的帮助行为。2017 年《反不正当竞争法》第 8 条第 2 款规定："经营者不得通过组织虚假交易等方式，帮助其他经营者进行虚假或者引入误解的商业宣传。"该款规定是误导性宣传的帮助行为，即以组织虚假交易等方式，帮助其他经营者进行虚假或者引入误解的商业宣传。此类误导性宣传的主体是"其他经营者"，但帮助行为人实施了帮助行为，也被法律明确规定为构成不正当竞争行为。

（三）侵犯商业秘密

新修订法律第9条侵犯商业秘密行为的规定没有实质性变化，更多是文字修改。例如，将"利诱"改为"贿赂"、增加"欺诈"手段、将"能为权利人带来经济利益、具有实用性"修改为"具有商业价值"等，均不涉及实质含义的改变。从字面上看，新修订法律第9条第2款关于"第三人明知或者应知商业秘密权利人的员工、前员工或者其他单位、个人实施前款所列违法行为"的规定，也不过是一种细化规定。

"修订草案送审稿"第10条第（1）项曾规定，"商业秘密权利人的员工、前员工实施本法第九条第一款规定的行为"，视为侵犯商业秘密的行为。该草案的意图显然是为加强商业秘密保护，而明确地将职工纳入侵权主体的范围。但是，这种规定方式非但没有保留下来，在法律审议过程中反而走向了反方向，经法律委员会经研究，建议删除修订草案第10条的上述规定；同时，针对实践中商业秘密权利人的员工、前员工通过非法手段获取商业秘密后，有的经营者明知或者应知上述情况仍将该商业秘密用于生产经营活动的问题，在第9条中进一步明确：第三人明知或者应知商业秘密是权利人的员工、前员工或者其他单位、个人通过非法手段取得，仍获取、披露、使用或者允许他人使用的，视为侵犯商业秘密。将职工排除于侵犯商业秘密行为主体之外的理由是，仍然不认为职工为经营者，所以不能由《反不正当竞争法》调整，但可以按照一般侵权行为进行处理。

（三）商业贿赂

商业贿赂条款是本次修法中最具争议的条款，从修法过程中，我们可以发现其相关条款设计"跌宕起伏"、差异巨大。经过长期、多轮和广泛的讨论、辩论，商业贿赂的界定终于回归了本质，其中值得关注的有以下几点：

第一，新法对商业贿赂的定义重点放在了明确商业贿赂的对象上。原《反不正当竞争法》对商业贿赂的定义一直为人所诟病不能揭示本质，例如用"贿赂"来定义"商业贿赂"行为就被认为没有清晰地揭示"商业贿赂"的内涵。新《反不正当竞争法》依然沿用了前述方式定义"商业贿赂"，但对于贿赂的对象和目的等都有所修改。事实上，在全国人大常委会通过新法之前的草案也曾尝试摒弃以"贿赂"定义"商业贿赂"的方式，在商业贿赂的定义中，没有使用"贿赂"字眼，但最终新的定义方式也未被采纳。

贿赂的对象对贿赂行为性质的判断具有重要影响。新《反不正当竞争法》中列举了三类对象，即对这三类对象的贿赂才属于商业贿赂的范畴：交易相对方的工作人员；受交易相对方委托办理相关事务的单位或者个人；利用职权或者影响力影响交易的单位或者个人。这是本次修法一个非常重要的亮点，也是一大进步，即上述三类对象均不包括交易相对方本身。这体现的是立法深入理解了商业贿赂本质的结果。

第二，新法扩大了认定商业贿赂的目的范围将商业贿赂的目的"以销售或购买商品"改为"谋取交易机会或竞争优势"，也是对商业贿赂本质的更深理解。实践中，商业贿赂并不仅仅在销售或购买商品的过程中才存在，新《反不正当竞争法》的修改更契合商业贿赂在实际经济活动中的发生情景。

第三，新法明确企业员工进行商业贿赂行为与企业的关系，加重了经营者责任。员工行为和企业行为的区分是商业贿赂认定中所经常争议的内容。新《反不正当竞争法》规定第7条第3款："经营者的工作人员进行贿赂的，应当认定为经营者的行为；但是，经营者有证据证明该工作人员的行为与为经营者谋取交易机会或者竞争优势无关的除外。"也就是说，员工行贿一般都应当认定为经营者的行为。此时并不关注经营者对员工行为是否有明确授意或知情与否。这对于企业来说，无疑提高了企业对于商业贿赂方面员工管理和培训的要求，影响到企业激励机制的设计。

第四，增加违法后果：严重可吊销营业执照，处罚要进入信用记录并公示。新《反不正当竞争法》的罚款额度大幅上涨，最高可到300万元；违法所得依旧是没收；新加入了情节严重的吊销营业执照的处罚，这是非常严重的处罚，可见法律对实施商业贿赂这种破坏市场公平竞争的主体，最严重的要直接剥夺其参与市场的资格。按照新《反不正当竞争法》，类似葛兰素史克商业贿赂案中涉案的葛兰素史克中国的营业执照可能直接被吊销。

此外，商业贿赂行为如果受到行政处罚，根据新《反不正当竞争法》第26条的规定，将会被记入企业信用记录，并依照有关法律、行政法规的规定予以公示。这是可能被大家低估影响力的一个后果，随着信用社会的逐步建立，曾经因商业贿赂被行政处罚的记录公示出来，被世人所知，不论对企业后续的经营、融资还是对企业管理层的信用和名誉的影响可以说是非常严重和深远的。

同时结合前文员工行为导致企业责任的条款，我们可以发现，员工的商业贿赂行为甚至能直接影响到企业的生死存亡，企业需要更加重视对内控及员工的管理。

三、汽车行业反不正当竞争的法律风险识别

自入世以来，中国汽车工业的发展和汽车消费速度快速增长，使得汽车市场日趋活跃和丰富。但是与此相伴的是在汽车销售领域里的不正当竞争行为亦日益突出，以下就两种突出的不正当竞争行为进行探讨。

（一）汽车个人消费及信贷消费的搭售行为

在汽车销售领域里，车商和保险公司、金融公司往往实行联合，首先，一般消费者可能无法自由地选择保险公司，只能按照车商的意愿投保；其次，在表面合作的背后，深层次的是保险公司与车商之间存在一定的不规范之处。在提供代办保险、代办金融贷款服务活动时，车商除了可能向消费者收取服务费之外，还会收取保险公司、金融公司的返点，或者接受其提供的代金券或者提供的旅游、考察机会等。

这种由车商来指定保险公司和信贷公司的市场行为，不符合市场公平竞争的市场规律，大的保险公司独霸市场，对别的小规模保险公司不公平，没有站在同一起跑线上；给消费者一种"捆绑"的感觉，无形中增加了消费者买车时的负担；对车市竞争中出现保险公司支付车市高额"代理手续费"问题，实际上是一种勾结行为，损害了车商和保险公司的商业形象。同时，为了拉业务竞相提高保险费的返还比例，无形中也会在一定程度上导致保险公司的自身的偿付能力出现危机，最终损害的还是消费者以及汽车销售市场的权益。

根据《反不正当竞争法》第7条规定："经营者不得采用财物或者其他手段贿赂下列单位或者个人，以谋取交易机会或者竞争优势：（一）交易相对方的工作人员；（二）受交易相对方委托办理相关事务的单位或者个人；（三）利用职权或者影响力影响交易的单位或者个人。经营者在交易活动中，可以以明示方式向交易相对方支付折扣，或者向中间人支付佣金。经营者向交易相对方支付折扣、向中间人支付佣金的，应当如实入账。接受折扣、佣金的经营者也应当如实入账。经营者的工作人员进行贿赂的，应当认定为经营者的行为；但是，经营者有证据证明该工作人员的行为与为经营者谋取交易机会或者竞争优势无关的除外。"上述的多种行为系存在被认定为"商业贿赂"的法律风险的，而对于被认定为商业贿赂行为，《反不

正当竞争法》规定，经营者贿赂他人的，由监督检查部门没收违法所得，处10万元以上300万元以下的罚款；情节严重的，吊销营业执照。对于，汽车生产企业而言，该种情形所带来的法律后果是相当严重的，一旦触及不仅对企业自身运营，尤其是对企业的商誉造成相当大的影响。

【案例分析】

杭州世捷汽车有限公司从2016年12月1日起，在杭州市拱墅区，在其自身未取得《保险兼业代理业务许可证》的情形下，通过杭州世之贸汽车贸易有限公司（与当事人具有共同投资人、法定代表人）与四家保险公司委托代理的关系，利用销售车辆的优势，与客户约定保险代理，由保险公司驻店人员承办代理事项。截至2017年7月24日，共代理保险客户136名，其中，38名客户参加赠送活动，成本116 103.00元，并以维修费的名义，收取杭州世之贸汽车贸易有限公司代为其向保险公司结算的手续费212 621.58元，纳税6582.57元，通过该行为获得所得89 936.01元。

杭州市市场监督管理局根据《商业贿赂、虚假宣传和不正当有奖销售行为处罚裁量基准》（杭市管〔2016〕64号）第2条第1款第（4）项"贿赂额在20万元以上50万元以下的，起始罚款7万元。贿赂额每增加5万元，罚款相应增加5000元"的规定及第9条"商业贿赂、虚假宣传或者不正当有奖销售行为除本基准外，有《规范行政处罚自由裁量权若干规定》第11条第1款规定的从重处罚情形的，应当一并按照规定在基本罚款额基础上增加罚款额；有《规范行政处罚自由裁量权若干规定》第10条第1款从轻或者减轻处罚情形的，应当一并按照规定减少罚款额"的规定和《规范行政处罚自由裁量权的若干规定》第10条第1款第（9）项"及时停止违法活动，接受询问，如实提供涉案的有关账册、协议、单据、文件、记录、业务函电和其他资料的，减少20%罚款额"的规定对该公司处以没收违法所得89 936.01元以及罚款57 000元的行政处罚。

（二）不正当有奖销售行为

有奖销售是指经营者销售商品或提供服务，附带性地向购买者提供物品、金钱或其他经济利益的行为。有奖销售主要分为两类，附赠式有奖销售和抽奖式有奖销售。附赠式有奖销售是指依附或者随附于销售行为的赠与行为。附赠式有奖销售实际上是一种赠与行为，即所有人将财物或与财物有关的权利无偿地让与他人所有。而抽奖式有奖销售是以抽签、摇号等带有偶然性的方法决定购买者是否中奖的有奖销售方式。合法、合规的有奖销售可以提高相关商品的市场占有率，促进商品流通，促进竞争，并给经营者带来一定的经济利益。但是有奖销售超过了法定的范围，对人民的利益造成了不良影响时，就构成了所谓的不正当有奖销售。即商家在诱导消费者购买期间，违反了诚实信用原则和公平原则，利用金钱等物质利益手段引诱购买者与其进行交易，从而达到排挤竞争对手的目的。

在汽车销售领域主要的不正当有奖销售有以下情形：汽车有奖销售中对于所设奖的种类、兑奖条件、奖金金额等信息未标明；汽车有奖销售的对于奖品的设置，往往是以汽车使用权作为奖品。前者，根据《反不正当竞争法》第 10 条第 1 款的规定，"经营者进行有奖销售不得存在下列情形：（一）所设奖的种类、兑奖条件、奖金金额或者奖品等有奖销售信息不明确，影响兑奖"，存在着被该法认定为"违法有奖销售"行为的风险；后者，根据《反不正当竞争法》第 10 条第 3 款的规定，"经营者进行有奖销售不得存在下列情形：（三）抽奖式的有奖销售，最高奖的金额超过五万元"，由于汽车的使用权作为奖品，而汽车的市场价格一般超过 5 万元，因此有可能被认定为该款的适用情形。以上两种情形认定所带来的法律责任是一致的，根据《反不正当竞争法》第 22 条的规定，经营者进行违法有奖销售的，由监督检查部门责令停止违法行为，处 5 万元以上 50 万元以下的罚款。虽然对于汽车生产企业而言，该款规定的处罚并不会严重影响其日常经营活动，但是出于对企业信誉的保护以及持续发展的考量，应当采取相应措施有所规避。

【案例分析】

上海市乐昌汽车管理有限公司于 2014 年 6 月 13 日至 2014 年 7 月 14 日期间，以 2014 年巴西世界杯为契机，为促销东昌汽车品牌下各 4S 店商品销售，开展了"欢乐世界杯，沪牌免费送"的营销活动。该活动基本内容为：凡在世界杯期间，至上海东昌品牌下各 4S 店购车、试乘试驾乃至仅咨询的顾客，可以通过提供联系方式参与该活动，并在活动参与日截止后经抽奖，在参与活动的顾客中随机抽取一名中奖者，奖品为上海市个人非营业性客车额度一份。而在其营销活动举行期间，根据有关的统计显示，非营业性客车额度投标拍卖最低成交价格未低于人民币 7 万元，在 2014 年 6 ~ 7 月开展"欢乐世界杯，沪牌免费送"活动期间，两月拍卖最低价分别为 73 800 元、74 600 元。在活动结束时，上海市乐昌汽车管理有限公司并未兑现上海市个人非营业性客车额度一份的奖品，而是以现金形式对获奖者进行兑付。

上海市浦东新区市场监督管理局认定了该行为违反了《反不正当竞争法》（1993 年）第 13 条第 3 款"经营者不得从事下列有奖销售：……（三）抽奖式的有奖销售，最高奖的金额超过五千元"的规定以及《关于禁止有奖销售活动中不正当竞争行为的若干规定》第 3 条第 1 款"禁止下列欺骗性有奖销售行为：（一）谎称有奖销售或者对所设奖的种类，中奖概率，最高奖金额，总金额，奖品种类、数量、质量、提供"的规定，认定上海市乐昌汽车管理有限公司的行为为不正当有奖销售行为。根据《反不正当竞争法》（1993 年）第 26 条"经营者违反本法第十三条规定进行有奖销售的，监督检查部门应当责令停止违法行为，可以根据情节处以一万元以上十万元以下的罚款"的规定以及《关于禁止有奖销售活动中不正当竞争行为的若干规定》第 7 条"违反本规定第三条、第四条、第五条第一款的，由工商行政管理机关依照《反不正当竞争法》第二十六条的规定处罚"的规定，作出了罚款 7 万元的行政处罚。

通过检索可知，以上两种形式的案例时常发生在汽车销售领域，而且行政机关对此两种行为的监管力度亦在加强，国外汽车生产企业面临着越来越大的法律监管风险，因此，国外汽车生产企业有必要重视此两种不正当竞争行为的规范以及主动采取积极措施规避相应风险，具体有以下几点：第一，由于行政执法具有地域性，因此外国汽车生产企业可以了解不同地区工商（市场监管）部门的执法尺度，部分地区工商部门认为如果取得"保险兼业代理"资质后，可以向保险公司收取代理费。但是相对的，对于部分地区绝对禁止时，外国汽车生产企业应当避免收取相应的代理费。第二，对于有奖销售行为，首先，外国汽车生产企业应当注意明确有奖销售信息，奖的种类、兑奖条件、奖金金额、奖品等信息予以真实、明确的告知消费者。属于非现场即时开奖的抽奖式有奖销售，告知事项还应当包括开奖的时间、地点、方式和通知中奖者的时间、方式。其次，在某些情况下，在活动开始前可能无法确定中奖概率，在这种情况下，应如实作出说明，在中奖概率无法确定为数值的情况下，应告知具体的计算方法。此外，工商部门在计算 5 万元的限额时，是以奖品的市价计算，而不是以批发价、进货价计算，因此在设置奖品时注意调查奖品的市场销售价格，避免奖品超过 5 万元的情况。如果外国汽车生产企业按照以上几点要求，将能有效地规避相应的法律风险。

第四节　环保

一、中国汽车生产的环保制度概述

（一）机动车尾气排放监督管理制度

我国对于机动车尾气污染的环境法规制开始于20世纪70年代后期，经过三十多年的不断发展，目前已经初步建立起包括法律、法规、规章、标准等在内的规制机动车尾气污染的环境法体系，并探索出一系列防治机动车尾气污染的具体制度。它们是通过立法形成的有关防治机动车尾气污染的规则、程序和保障措施，是机动车尾气污染环境法规制的主要内容。

监督管理制度是指环境法规定的对影响机动车尾气污染的行为进行监督管理的各种措施、手段和程序的总称，主要包括机动车生产阶段的机动车产品环保准入制度、环保型式核准制度、环保生产一致性监督管理制度，机动车使用阶段的在用车符合性检查制度、检查维护制度、环保定期检验机构委托制度、环保检验合格标志管理制度，以及针对油料的管理制度。

1. 机动车产品环保准入制度

2001年机动车准入管理实行公告制度之后，国家开始建立对机动车的多重认证体系。2001年《国家环保目录》开始申报，《国家环保目录》加强了对新生产机动车执行国家机动车排放标准的监督管理力度，是对达到排放标准的车型和发动机型开展的型式核准工作。2002年5月国家强制性认证制度，即认证制度，开始实施，机动车产品成为第一批实施强制性认证的产品。认证将保护环境作为目标之一，加强了对机动车产品环保强制性标准达标情况的审查。2003年以后，我国部分城市如北京、南京等为了提前实施国家机动车排放标准，减少机动车排放污染，要求机动车产品必须获得《地方环保目录》资格，没有进入目录的产品不得在当地办理注册登记手续。

截至目前，机动车产品需要进行工业和信息化部《车辆生产企业及产品公告》，质量认证中心《认证证书》，环境保护部《国家环保目录》，北京、南京环保局《地方环保目录》四种强制性认证才能制造、销售或进行注册登记。

2. 环保型式核准制度

机动车环保型式核准制度是依据国家机动车排放标准，对新设计和新定型的机动车产品进行排放达标能力考核的环保管理制度。机动车生产企业必须按照相关要求将新设计、新定型的机动车技术资料提交给环境保护部门，环境保护部门经过审核后，对合格的企业发放环保型式核准证书，对环保达标的车型予以公告。

环保型式核准工作始于 2001 年，申报需提交纸质材料。自 2002 年起，为了规范环保型式核准工作，进一步提高工作效率，促进核准工作的透明和公开，核准工作进行了网络化改革，全部申报审核工作均进行网络化操作。同时，相关部门充分利用网络平台对相关信息进行公示公布，公众可以轻松地从机动车环保网和环保部网站上获得环保达标车型的信息，对核准工作进行监督。截至 2009 年底，通过环保型式核准，达到相应机动车排放标准的机动车车型和发动机机型总数已达 127 468 个。2005 年 12 月，原国家环保总局发布公告，开始对达到国家第三阶段排放控制要求并通过环保型式核准的机动车产品颁发"机动车污染物排放控制型式核准证书"，截至 2009 年底，共发放证书 53 108 个。

3. 环保生产一致性监督管理制度

环保生产一致性监督管理制度是依据国家机动车排放标准，对批量生产和销售的机动车产品进行排放达标能力考核的环保管理制度。1998 年环保生产一致性监督管理制度建立，在此之后，原国家环境保护总局分别于 2003 年 1 月、2004 年 9 月、2005 年 1 月、2005 年 5 月和 2007 年 4 月发布《关于进一步加强机动车排放生产一致性检查的公告》《关于加强轻型汽车环保生产一致性监督管理的公告》《关于加强重型汽车及其车用发动机环保生产一致性监督管理的公告》《关于开展摩托车环保生产一致性监督管理的公告》和《关于加强对新生产三轮汽车和低速货车及车用柴油机环保生产一致性监督管理的公告》等文件；2010 年 6 月，工信部发布《车辆生产企业及产品生产一致性监督管理办法》，环保生产一致性监督管理制度得到不断地完善。

环保一致性监督管理制度要求机动车生产企业必须建立企业自身的环保生产一致性保证体系，制订《环保生产一致性保证计划书》并报环保部门备案。生产企业应按照计划书的规定对生产过程进行控制、检查，对检查结果进行记录和备案。企业每年总结上一年度《环保生产一致性保证计划书》的实施情况，编写《环保生产一致性保证年度报告》，报送国家环境保护部门。国家环境保护部门对企业的环保生产一致性保证情况进行监督检查，并及时通报检查结果，以保证进入市场的新车稳定达到相应的排放标准。

4. 强制安装 OBD 规定

OBD 技术最早起源于美国，其目的是监测汽车的排放控制系统，并通过恰当的技术方式提醒驾驶员发生的失效或是故障。美国的 OBD 技术经历了两个阶段。2000 年后，欧盟引入技术，要求欧洲各国汽车制造商在新生产的汽车上配置欧洲电控汽车故障诊断系统，即 EOBD 系统。两者虽然在检测的项目和限值方面存在明显差别，但是基本诊断功能仍然一致。

2005 年 4 月 5 日，原国家环境保护总局、质检总局发布《轻型汽车污染物排放限值及测量方法》，作为强制性要求首次出现在我国的法规标准中。这一系列标准主要参考欧盟标准产生，其中部分基本没有变化，与 EOBD 相一致，属于 OBD 第二代系统。2005 年 12 月，北京市环保局和质量技术监督局发布公告，自 2005 年 12 月 30 日起，在北京市销售新定型车型必须安装车载诊断系统，即 OBD 系统，此前已定型车型也必须在 2006 年 12 月 1 日以前安装系统才能在北京销售。在北京对安装系统提出强制性要求以后，广州和深圳也于 2006 年 8 月、2007 年 5 月先后宣布在当地销售的轻型汽油车车型必须安装 OBD 系统。2008 年 6 月，环境保护部发布《车用压燃式、气体燃料点燃式发动机与汽车车载诊断系统技术要求》，规定 2008 年 7 月 1 日起所有新定型的第一类汽油车必须加装车载诊断系统。2009 年 1 月 8 日，上海环境保护局宣布提前实施国家机动车第四阶段排放标准，并要求新车必须同步安装车载诊断系统。

强制 OBD 安装系统，对于机动车使用过程中尾气排放控制起着重要作用。第一，OBD 系统将随时监测排放控制装置工作情况，减少由于故障造成的在用车超标排放；第二，OBD 系统的强制应用，可以为在用车检测、维护、符合性检查等环节提供一定的技术支持；第三，OBD 技术的实施可以保障机动车污染控制装置的生产一致性，减小汽车零部件和系统的散差，提高零部件和系统的耐久性。

5. 中国汽车排放法规

中国在 1989 年制定了参照 ECE15 - 03 和采用 ECE15 - 04 法规的 GB 11641～11642 - 89 轻型汽车污染物排放标准。1994 年 5 月起实施 GB14761.1～14761.7 - 93 7 项汽车排放标准，对汽油车怠速污染物、柴油车自由加速烟度和全负荷烟度排放限值有所加严。由于世界三大排放标准体系中，欧洲法规在标准的松严程度、道路交通情况等方面相对较适用于我国的实际情况，我国在充分吸收欧美的经验后，全面等效采用了欧盟（EU）指令、ECE 技术内容和部分前欧共体（EEC）法规的基础上形成了中国排放法规体系。1999 年国家颁布了 4 项等效采用欧洲排放法规的 GB 3847 - 1999《压燃式发动机和装用压燃式发动机的车辆排气可见污染物限值及测试方法》、GB14761 - 1999《汽车排放污染物限值及测试方法》、GB17691 - 1999《压燃式发动机和装用压燃式发动机的车辆排气污染物限值及测试方法》和 GB/T 17692 - 1999《汽车用发动机净功能测试方法》标准。1998 年我国实施的 GB 14761.1 - 93 达到了 ECE15 - 04 法规规定的限值，1999 年 1 月 1 日北京率先实施了相当于欧 I 法规限值的 GB 11/105 - 1998《轻型汽车排气污染物排放标准》，2000 年 1 月 1 日在全国实施了相当于欧 I 限值的 GB 14761 - 1999 标准，后来该标准于 2001 年 4 月 16 日被 G B18352.1 - 2001《轻型汽车污染物排放限值及测量方法（I）》代替，而 GB18352.2 - 2001《轻型汽车污染物排放限值及测量方法（II）》等效于欧 II 排放法规，于 2004 年 7 月 1 日起在全国实施。2018 年 1 月 1 日，GB 18352.5 - 2013《轻型汽车污染物排放限值及测量方法（中国第五阶段）》正式实施，而 2016 年 12 月 23 日发布的 GB 18352.6 - 2016《轻型汽车污染物排放限值及测量方法（中国第六阶段）》将于 2020 年 7 月 1 日实施。

（二）在用车监管制度概述

1. 在用车符合性检查制度

2005 年 4 月，原国家环保总局、质检总局发布了《轻型汽车污染物排放限值及测量方法（中国III、阶段 V）》（GB18352.3 - 2005），即中国III轻型汽车号、IV号排放标准。与XII号标准相比，轻型汽车III号、IV号排放标准除了进一步降低了污染物排放限值、明确了 OBD 系统要求外，还增加了对在用车符合性检查的规定。该标准第八章在用车符合性规定"对已通过污染物排放型式批准的车型，制造厂还必须采取适当措施，确保在正常使用条件下和汽车正常寿命期内，污染控制装置始终保持其功能"。2005 年 5

月，原国家环保总局、质检总局发布了《车用压燃式、气体燃料点燃式发动机与汽车排气污染物排放限值与测量方法中国Ⅲ、Ⅳ、Ⅴ阶段》（GB17691－2005）。这两个标准要求轻型车从实行国排放Ⅲ标准、重型车从实行国排放Ⅳ标准后将实施在用车符合性考核。考核工作主要由环保和车辆认证部门进行，如出现排放不达标情况，将由制造企业对不合格车辆实行召回。2005年8月，原国家环境保护总局污染控制司发出通知，成立了在用车排放符合性专家委员会。2006年9月21日，北京市环保局发出通知，要求机动车生产企业对已进入北京环保目录的车型在规定的时间内完成在用车排放符合性检查。2008年6月24日，环保部发布《车用压燃式、气体燃料点燃式发动机与汽车在用符合性技术要求》，此标准规定了"装用压燃式发动机汽车及其压燃式发动机、装用以天然气或液化石油气作为燃料的点燃式发动机汽车及其点燃式发动机的在用车符合性要求"，它是对标准的补充，在用车符合性检查制度得到了进一步完善。

在用车排放符合性检查分为两个步骤，第一步是企业按照在用车符合性主动检查规程及自查计划选择一定数量的满足一定行驶里程或年限的在用车进行自查，并制作自查报告上交环保部门。第二步是环保部门收到自查报告后进行技术审核和评定，对通过的车型进行在用车排放符合性抽查，对审核中存在问题的车型进行重点检查。如果抽查或检查不合格，有关部门将责令企业召回问题车辆。

2. 环保检验合格标志管理制度

汽车环保标志是国家发放的机动车排放标准的分级标志，有黄色和绿色两大类，按照车型和排放标准进行审核，然后发放。目的是进行节能减排检查和汽车定期环保检查的需要。

环保标志的发放原则是汽油车符合国家机动车第一阶段排放标准（国Ⅰ）或以上排放标准的在用汽车核发绿色环保标志；不符合国家机动车第一阶段排放标准（国Ⅰ）或以上排放标准的在用汽车核发黄色环保标志。柴油车：符合国家机动车第三阶段排放标准（国Ⅲ）或以上排放标准的在用汽车核发绿色环保标志；不符合国家机动车第三阶段排放标准（国Ⅲ）或以上排放标准的在用汽车核发黄色环保标志。2016年8月21日，环境保护部、公安部、国家认监委联合发布《关于进一步规范排放检验加强机动车环境监督管理工作的通知》，明确指出环保部门未来不再核发机动车环保检验合格标志，更换为采用相关机构拍摄排放检验合格报告上传到机动车安全技术检验监管系统的方式。

（三）汽车排放缺陷召回制度

1. 汽车排放缺陷的概念

不管是国家法律层面的《产品质量法》还是国务院通过的《缺陷汽车产品召回管理条例》或者质检总局制定的《缺陷汽车产品召回管理条例实施办法》中对缺陷的定义仅仅限制于产品存在危及人身、财产安全的不合理危险或者不符合人身、财产安全的国家标准、行业标准，而都忽视了环保标准，这使得我国汽车排放缺陷召回长期处于真空状态。

2015 年 8 月全国人大常务委员会修订通过的《中华人民共和国大气污染防治法》规定，机动车排放的尾气污染物超过法定标准，属于设计、生产缺陷或者不符合规定的环境保护耐久性要求的，应当召回。这一条款极大地完善了我国的缺陷汽车产品召回体系，同时标志着我国汽车排放缺陷召回制度的正式建立。汽车排放缺陷召回，是指已经进入销售渠道的机动车，由于设计、生产、标识缺陷或者不符合规定的环境保护耐久性要求，导致某一批次、某一型号的量产汽车所排放的尾气污染物超过法定排放标准，车辆制造商发现上述问题后，主动向政府主管部门报告排放缺陷问题以及向车主告知缺陷状态，并向主管部门提起召回申请，或者如果车辆制造商不主动申请，主管部门认为有必要实施召回而责令其召回，通知所有的车主在指定的期限内在指定的维修点免费维修和升级，以使存在缺陷的机动车达到法定排放标准。

2. 汽车排放缺陷召回的客体类型

汽车排放缺陷召回法律关系中的客体毫无疑问就是排放缺陷汽车产品即由于设计、制造、标识存在缺陷或者不符合法律法规规定的环境保护耐久性要求的机动车。适用于汽车排放缺陷召回制度的产品基本上分为两大类型：一是出厂时不符合国家法定尾气排放标准的机动车。例如机动车环保标准几乎包括了所有和尾气排放有关的控制系统和零配件，尤其是用来监测机动车排放各种大气污染物的转化效率的车载诊断系统，当与机动车尾气排放相关的零配件或控制系统不工作时，仪表盘里的故障指示灯便会自动亮起以提醒驾驶员。二是机动车在行驶一定里程数后暴露出来的排放缺陷问题。例如催化转化器长期处于恶劣环境下工作效率就会降低，尾气再循环系统瘫痪，用于检测尾气中氧浓度的氧传感器劣化等都属于这种类型的召回产品。一些汽车产品在生产厂家设计和制造的过程中未被发现存在排放缺陷问题，也都符合机动车及零配件的环保标准，但这只是汽车产品在进入销售市场时必须要达到的国家法定排放标准，相当一部分汽车产品存在的排放控制系统缺陷是在行驶过程中逐步暴露出来的，而建立汽车排放缺陷召回制度的目的就是为了消除汽车产品中存在的系统性排放缺陷，因此在这种情况下，汽车制造商仍有责任承担召回义务。如涉及召回车辆的车型批次、销售地域、销售数量、排放控制系统存在何种缺陷以及可能导致的危害，避免危害发生的应急处置办法等，并必须立即书面通知所有经销商和所有车主在一定期限内到指定的维修点免费进行修复。

若汽车制造商或者进口商已经得知进入销售市场的汽车存在排放缺陷但故意隐瞒不主动申请召回或者隐瞒排放缺陷可能导致的大气污染程度，政府主管部门则有权力也有责任指令其召回涉及排放控制系统缺陷的车辆。此外主管部门还需负责接收车辆制造商和进口商主动递交的召回申请文件，鉴定同批次的车辆尾气排放是否超出法定标准，然后决定是否进行召回并备案。如果主管部门批准实施召回，最后还需要审查经过召回修复后的机动车尾气排放是否达到法定标准。

（四）机动车排气污染规定

1. 机动车排气污染的概念界定

为保护和改善大气环境，保障人民的身体健康，我国多个省市颁布了相应的地方性法规及规章。《南京市机动车排气污染防治条例》规定，机动车排气污染是指机动车排气管、曲轴箱及燃油系统等向大气蒸发和排放的各种污染物所造成的污染。《沈阳市机动车排气污染防治管理办法》将机动车排气污染定义为，由排气管、曲轴箱、油箱和燃油（气）系统向大气排放和蒸发的各种污染物所造成的污染。虽然我国各个地方法规及规章中对于机动车排气污染的表述有所不同，但其本质却具有相同性。

机动车排气由燃料蒸发、油箱通风和燃料燃烧三部分构成，前两部分只占机动车排气的一部分。机动车排气中所含的大量污染物主要是在发动机运行期间，由车用燃料燃烧产生，并经由排气管道进入空气中。这些污染物主要有：氧化碳（CO）、碳氢化合物（HC）、氮氧化物（NOx）颗粒物（PM）以及臭气（甲醛、丙烯醛）和硫化物等，其中一氧化碳（CO）、氮氢化合物（HC）、氮氧化物（NOx）以及颗粒物（PM），构成了机动车排气的绝大部分。

2. 机动车排气污染防治立法现状

新《环境保护法》中虽无防治机动车排气污染的专门性条款，但新《环境保护法》中的原则及防治污染的条款对机动车排气污染仍适用。例如，新《环境保护法》规定，人民政府应当对减少污染物排放的企事业单位从财政、税收等方面采取政策和措施予以支持，这同样适用于机动车排气污染防治。

新修订实施的《大气污染防治法》以从源头预防污染产生、从事中规范排污行为、从事后完善应急机制为思路，对机动车排气污染做了专门性规定。具体而言，从源头预防污染产生是要求石油炼制企业按照燃油质量标准生产燃油、促进燃油质量标准与机动车排放标准的衔接等；事中规范是要求新生产及在用机动车应当严格遵守相应的排放标准；事后应急是指在特定的情况下，机动车排放不达标，应当对机动车采取强制召回的强制报废的措施。此外，新修订内容中还包括了信息公开、标准制定、监督检查、检验机构监督等法律要求，从总体上规范了包括机动车在内的移动源环保管理的基本要求及政府职责等。值得注意的是，2000 年的旧法对于机动车污染防治的规定总共只有四条，合计不过百十余字，新修订的《大气污染防治法》相较之有明显的进步。

原国家环境保护局颁布了《汽车排气污染监督管理办法》，该办法系统性的规定了国家各职能部门应当如何对新汽车及发动机的生产、在用车排气及维修等问题进行监督管理；随后又颁布了《全国机动车尾气排放监测管理制度（暂行）》，该规章通过对机动车尾气检测单位资质、检测行为及相关监督办法进行规定，完善了我国机动车排气检测制度。为了进一步加强对机动车排气检测单位的技术要求和体系管理要求、提升检测人员的专业技术能力，我国环境环保部颁布了《在用机动车排放污染物检测机构技术规范》。

除此之外，我国还制定和颁布了机动车排放标准。目前已有不少省份公布了燃油车国六标准的实施计划。

2018 年 6 月 25 日，海南省生态环境保护厅发布《海南省提前实施国家第六阶段机动车排放标准工作方案（征求意见稿）》公告。意见稿提出，2018 年 9 月 1 日起，海南省行政区域内开始对轻型汽车实施"国六标准"，全省各销售企业停止新进非"国六标准"轻型汽车，逐步处理库存的非"国六标准"轻型汽车。《中共北京市委、北京市人民政府关于全面加强生态环境保护坚决打好北京市污染防治攻坚战的意见》明确指出：自 2019 年 7 月起，公交、环卫行业实施重型柴油车国六（B）排放标准；自 2020 年起，其余车辆实施国六（B）排放标准。2018 年 8 月 8 日，山东发布《山东省打赢蓝天保卫战作战方案暨 2013 — 2020 年大气污染防治规划三期行动计划（2018 — 2020 年）》，计划提到，2019 年 7 月 1 日起，全省实施机动车国六排放标准，7 个传输通道城市提前实施。全省推广使用达到国六排放标准的燃气汽车。根据《河北省强化交通运输领域污染防治专项实施方案》，河北省 2019 年 1 月 1 日实施国家第六阶段轻型汽油车排放标准，传输通道城市 2017 年 9 月底前，全部供应符合国六标准的车用汽柴油，禁止销售普通柴油。河南从 2019 年 1 月 1 日起，在全省范围内提前实施机动车国六排放标准，推广使用达到国六排放标准的燃气车辆，加快淘汰采用稀薄燃烧技术和"油改气"的老旧燃气车辆。依据杭州市环境保护局起草的《杭州市打赢"蓝天保卫战"行动计划》，2019 年 1 月 1 日起，在新能源货车通行权保障下，力争小型柴油车和汽油车提前实施国Ⅵ排放标准。2018 年 8 月 14 日，广东省环境保护厅发布《广东省提前实施机动车国六排放标准方案》，该文件规定，自 2019 年 7 月 1 日起广东省（不含深圳、广州）销售、注册登记的轻型汽车新车应当符合国六标准的排放控制要求。

虽然轻型汽车要比柴油车提前实施国六排放标准，但是轻型汽车在实施国六排放标准的过程中不少省份开始对国三及以下柴油车进行同步淘汰。比如依据《京津冀及周边地区 2018—2019 年秋冬季大气污染综合治理攻坚行动方案》，自 2019 年 1 月 1 日起，北京、天津、河北、山东、河南省（市）提前实施轻型汽车国六排放标准。同时，2018 年 12 月底前，北京、天津、河北、山西、山东、河南省（市）分别淘汰国三及以下排放标准营运中重型柴油货车 3 万辆、1 万辆、0.56 万辆、0.17 万辆、0.38 万辆、1.33 万辆；2019 年，北京市行政事业单位和国有企业基本淘汰国Ⅲ排放标准柴油货车。

二、汽车生产环保问题中的法律风险识别

（一）中国汽车生产环保现状

1. 我国汽车排放缺陷召回制度的现状

我国现行的缺陷汽车召回制度较多地借鉴了美国召回模式的设计思路，以鼓励汽车制造商或进口商自行召回为主，国家主管部门责令其召回为辅，强调汽车制造商才是召回程序的主导，无论是排放缺陷的发现，还是召回

方案的拟定和具体实施，均由汽车制造商负责，政府主管部门在召回过程中扮演监督者和裁判者的角色。事实上由于汽车制造商积极配合的态度，目前我国很少出现强制召回缺陷汽车的案例，零配件生产商应当强化汽车零配件的质量管理工作、实行责任制，并在引进新的生产设备、使用新的原材料之前，要进行充分、反复的实验测试，步步为营，不断地完善制造零配件产品的流程，尽可能将质量隐患消灭在源头，降低因零配件质量不过关所导致的汽车召回风险。由于零配件的问题导致车辆存在排放缺陷需要召回时，应由整车制造商和零配件供应商联合实施召回，在召回修复过程中零配件制造商提供合格的零配件进行更换，协助整车制造商消除排放隐患，防止因零配件制造商导致的损失和责任转嫁给整车制造商。

2. 我国机动车尾气污染的现状

近年来，我国机动车保有量急速增长，至 2016 年 6 月底已有 3.1 亿辆，有 20 多个城市的机动车保有量超过 100 万辆。我国机动车污染控制水平低、单车污染高、燃油质量差、交通状况差，使得机动车尾气污染问题日益突出，在许多城市，机动车尾气已经成为大气污染的主要污染源。

目前，我国大气污染严重，在全国五百多个城市中，空气质量达到一级标准的仅有百分之一左右，大部分处于二级、三级标准，有的城市甚至达不到三级标准，空气情况不容乐观。

2000~2008 年，污染物与机动车保有量呈线性关系增长，2008 年以后，由于实施越来越严格的排放标准，污染物排放量增速有所减缓，但是排放量仍然十分巨大。2009 年全国机动车一氧化碳排放量为 4000 多万吨，碳氢化合物排放量为 480 多万吨，氮氧化物排放量为 530 多万吨，颗粒物排放量仅柴油汽车为 59 万吨。其中，汽车排放的一氧化碳、碳氢化合物超过 70%，氮氧化物、颗粒物超过 90%。仅占的未达到国标准的汽车排放的四种主要污染物占汽车污染物排放总量的 50% 以上，成为污染物总量的主要贡献者。

3. 我国新能源汽车行业发展现状

2012 年国务院出台《节能与新能源汽车产业发展规划（2012—2020 年）》，提出了新能源汽车行业具体的产业化目标：到 2015 年，纯电动汽车和插电式混合动力汽车累计产销量力争达到 50 万辆；到 2020 年，纯电动汽车和插电式合动力汽车生产能力达 200 万辆、累计产销量超过 500 万辆。之后，国家接连出台了一系列配套补贴优惠政策，如《关于继续开展新能源汽车推广应用工作的通知》（2013 年）、《关于进一步做好新能源汽车推广应用工作的通知》（2014 年）、《关于加快新能源汽车推广应用的指导意见》（2014 年）、《关于电动汽车用电价格政策有关问题的通知》（2014 年）、《关于免征新能源汽车车辆购置税的公告》（2014 年）、《京津冀公交等公共服务领域新能源汽车推广工作方案》（2014 年）、《电动汽车充电基础设施发展指南（2015—2020 年）》（2015 年）、《关于 2016—2020 年新能源汽车推广应用财政支持政策的通知》（2015 年）、《关于"十三五"新能源汽车充电基础设施奖励政策及加强新能源汽车推广应用的通知》（2016 年）等，这些政策以车辆购置补贴政策为主，包括全国范围内的车辆购置税减免、政府及公共机构采购、扶持性电价、充电基础设施建设支持等，对新能源汽车行业进行全方位扶持。经过这几年发展，我国新能源汽车行业已经形成了从原材料供应、动力电池、整车控制器等关键零部件研发生产，到整车设计制造，以及充电基础设施的配套建设等完整的产业链，具备了产业化基础。

在国家及地方政府配套政策的支持下，我国新能源汽车实现了产业化和规模化的飞跃式发展。2011 年我国新能源汽车产量仅 0.8 万辆，占全国汽车产量比重不到千分之一；2016 年我国新能源汽车产量已达到 51.7 万辆，占全国汽车产量的比重已达 1.84%。其中 2014 年是我国新能源汽车发展元年，2014 年、2015 年我国新能源汽车产销量同比增长均超过 300%。

4. 汽车生产环保问题中的法律风险防范案例辨析

《大气污染防治法》赋予省级以上人民政府环境保护主管部门可以通过现场检查、抽样检测等方式，加强对新生产、销售机动车和非道路移动机械大气污染物排放状况监督检查的法定职权。

环保部根据在用车环保定期检验、路检路查超标车辆统计数据和相关车辆生产企业信息公开情况，以及行业、市场反应的突出问题，成立了柴油车打假专项工作组，组织开展柴油车打假专项行动。

2016 年 1 月，环保部组织开展柴油车专项监督检查，按规定抽取山东凯马、唐骏欧铃的车辆，由第三方进行实验检测。检查发现，山东凯马汽车制造有限公司生产的 8 台轻型柴油货车排放的碳氢＋氮氧化物、一氧化碳超过排放标准；生产的 318 台重型柴油货车的 OBD 系统功能性检测不合格，污染控制装置弄虚作假、以次充好，冒充排放检验合格产品出厂销售。

按照《大气污染防治法》第 109 条第 1 款的规定，环境保护部责令凯马公司改正生产超过污染物排放标准的机动车违法行为，没收违法所得 12 786.80元，并处以货值金额二倍的罚款 514 559.52 元，罚没款合计 527 346.32元。按照《大气污染防治法》第 109 条第 2 款的规定，环境保护部责令凯马公司针对污染控制装置弄虚作假、以次充好，冒充排放检验合格产品出厂销售的违法行为停产整治，没收违法所得 718 194.05 元，并处货值金额二倍的罚款 30 496 562.52 元，罚没款合计 31 214 756.57 元。以上各项罚没款共计 31 742 102.89 元。

山东唐骏欧铃汽车制造有限公司生产的 109 辆轻型柴油货车排放的碳氢 + 氮氧化物、一氧化碳排放超过排放标准。按照《大气污染防治法》第 109 条第 1 款的规定，环境保护部责令唐骏欧铃公司改正生产超过污染物排放标准的机动车违法行为，没收违法所得 112 502.48 元，并处货值金额二倍的罚款 6 923 815.16 元，罚没款共计 7 036 317.64 元。

两个案件作为十九大之后环境保护部首次处罚的案件具有示范效应，对同类环境违法行为将起到强烈震慑作用。环境保护部有关负责人指出，环境保护部对上述两个典型环境违法案件直接实施行政处罚，对两家机动车生产企业开出上千万的巨额罚单，表明了环保部对违法排污的"零容忍"态度。

柴油车不同于私家车，是一种生产资料，多拉货多挣钱。这就决定了它要价格便宜，运行成本要低，要高强度地使用。在我国，自主品牌为主的柴油车行业，低价竞争现象很明显，能省钱就省钱，运行时保养也经常被忽视，排放超标情况很严重。

柴油车污染问题十分突出，是大气污染防治要关注的一个关键环节。重型柴油车保有量占机动车保有量不足 10%，但氮氧化物排放占移动源 60% ~70%，颗粒物排放达 90% 以上。年检时，汽油车一次上线合格率能达 80% ~90%，柴油车只有 50% ~60%。路检时，大货车合格率也仅有一半左右。

经过近些年的治理，生产销售假国Ⅳ的现象得到杜绝，污染控制装置已经能够安装到车辆上，但却出现新的问题——OBD 系统作假。这在行业内甚至是公开的秘密。OBD 系统能够从发动机运行状况随时监控汽车是否尾气超标，一旦超标，会马上发出警示，故障灯或检查发动机警告灯亮，同时将故障信息存入存储器。OBD 系统属于污染控制装置，是监控车辆是否达标的计算机信息系统，是控制车辆达标排放的最关键部件。更改软件程序，屏蔽 OBD 系统，让警告灯永远不会亮，不加车用尿素也能正常行驶，这样节省很多成本，但污染会很严重，氮氧化物排放超标 10 ~ 20 倍，比被淘汰的黄标车排放还要大。

把 OBD 系统造假作为处罚内容，有标志性意义。既然花更多成本买了高排放水平的车，那就应该正常去使用，遇到 OBD 系统造假这种情况就应该去索赔。通过这次重罚也给全社会一个重要信号，环保部门要对机动车排放进行从严管控，对汽车生产厂家按照法律进行严格管理，同时对在用车、油品也将有严格的管理措施。

第五节　税务

一、中国汽车生产的税收制度概述

（一）税种介绍

我国的汽车税收政策可以一分为二。一方面，是对汽车产品征税；另一方面，是对成品油、燃气等燃料征税。汽车从生产到使用可以分为生产销售、进口销售、经销商销售、车辆购置、保有和使用几个阶段。所征收的主要税种有增值税、消费税、关税、车辆购置税、车船税和燃油税。

1. 生产销售阶段

生产销售阶段，指汽车及零配件在生产厂家制造、装配后，出售给经销商的阶段。汽车生产销售阶段，包括生产整车和汽车零配件，主要涉及增值税和消费税两个税种。

根据《增值税暂行条例》第 1 条的规定："在中华人民共和国境内销售货物或者加工、修理修配劳务，销售服务、无形资产、不动产以及进口货物的单位和个人，为增值税的纳税人，应当依照本条例缴纳增值税。"就汽车行业来说，生产销售整车和零配件，需要缴纳增值税。若企业汽车出口，出口退税时，也能够享受税率为的增值税退税。

消费税是对特定的消费品和消费行为在特定的环节征收的一种税。消费税的纳税义务人为在中华人民共和国境内生产、委托加工和进口应税消费品的单位和个人。在汽车生产销售阶段，生产销售整车需要缴纳消费税。

2. 进口销售阶段

进口销售阶段对应的是汽车从进口至进口车经销商手中的阶段。此阶段主要涉及增值税、消费税和关税。其中增值税和消费税与国内汽车生产销售汽车一致。此阶段我们重点关注汽车关税。

关税是由海关对进出国境或关境的货物、物品征收的一种税。一个国家的关税政策是衡量其市场开放程度的重要标志。入世后，根据关税减让承诺，我国的各类汽车关税都有较大程度的下调，下调后的平均关税降至 25% 左右。入世之前，我国实行高关税保护政策，由于国外汽车进入中国市场的价格中包含了较高的关税，使国内汽车行业有较大的价格优势。因此，过多的国内企业挤入汽车行业，而高关税的保护政策造成国内汽车行业的高利润率，这种环境下，中国汽车企业对价格信号反应不敏感。由此，国内投资拉动的粗放型增长与我国汽车行业在局部垄断下的较低的供给弹性相结合，导致汽车行业的市场竞争度不足与规模不经济的现象长期存在。入世后，中国汽车产业遭受了前所未有的冲击。在高关税保护一去不复返的新形势下，我国需改变策略，完善各项关税政策，在对民族汽车产业实施有效保护的同时，促进其市场竞争力及效率的提高，以使我国汽车产业做大做强，成为世界一流的汽车产业大国。

3. 经销商销售阶段

经销商销售阶段是指汽车从国内生产厂家或国外进口转移到经销商后，由经销商销售给用户的阶段。由于消费税和关税只在生产或进口环节一次性征收，因此在经销商销售阶段，只涉及增值税。经销商销售时同时代办保险而向购买方收取的保险费，以及向购买方收取的代购买方缴纳的车辆购置税、牌照费等，不作为价外费用征收增值税。

4. 购置阶段

车辆的购置阶段，是指用户从提车到办理各种手续以获得新车合法拥有权的阶段。在汽车的购置阶段，主要涉及车辆购置税。

车辆购置税是对在中华人民共和国境内购置应税车辆的单位和个人所征收的一种税。车辆购置税的应税行为包括购买使用、进口使用、自产使用、受赠使用、获奖使用以及其他使用行为。征税范围为汽车、电车、挂车、农用运输车、摩托车，税率统一为10%。

时任国务院总理温家宝于2009年1月14日，主持召开国务院常务会议。会议审议并原则通过了我国汽车产业和钢铁产业最新的调整振兴规划。随之迅速发布了对部分车型进行车辆购置税减免的消息，即自2009年1月20日至2009年12月31日，对1.6升排量及以下乘用车的车辆购置税减按5%征收。

2009年12月9日，在时任国务院总理温家宝主持召开的国务院常务会议上，决定将减征1.6升及以下小排量乘用车车辆购置税的政策延长至2010年底，减按7.5%征收。另外，汽车以旧换新的单车补贴额提高为5000元至18000元。会议强调，加快汽车产业的调整和振兴，必须实行积极的消费政策，逐步稳定、扩大汽车的消费需求，在以结构调整为主线的基础上，推进企业重组，以新能源汽车为着力点，加强我国汽车企业的自主创新，形成新的竞争优势。

2010 年 12 月 31 日，经国务院批准，对 1.6 升及以下排量乘用车减按 7.5% 的税率征收车辆购置税的政策于到期后停止执行，自 2018 年 1 月 1 日起，对 1.6 升及以下排量乘用车统一按 10% 的税率征收车辆购置税。可见，车辆购置税是国家对汽车产业进行宏观调控的重要手段之一。

5. 汽车保有环节

在汽车的保有使用环节，主要涉及车船税。

车船税是一种财产税。征税对象为在中华人民共和国境内依法登记的车辆、船舶。车船税按照规定以年税额标准定额征收。

车船税由地方税务机关征收管理，属于地方税。为了给纳税人提供方便，节约纳税人的纳税成本和时间，规定从事机动车交通事故责任强制保险业务的保险机构为车船税的扣缴义务人，在其销售机动车交通事故责任强制保险时代收代缴车船税，并及时向国库解缴税款。

2011 年 2 月 25 日，十一届全国人大常委会十九次会议通过了最新的《车船税法》。根据最新规定，乘用车将按排气量大小分档计征车船税。汽车排量越小税负越低，充分体现了国家鼓励小排量车消费，限制大排量车消费的政策取向。新法从 2012 年 1 月 1 日开始正式实施。

新的《车船税法》出台后，4.0 升以上排量的乘用车负担的车船税将是现在的 15～60 倍。乘用车年税额从 60 元到最高 5400 百元，最大差距达到 90 倍。

当前 2.0 升及以下乘用车占全部乘用车总数的 87% 左右，因此，车船税新政推出后，绝大多数车主的名义税负不会增加，并且各档税负也基本上相当于车价的 0.5%，全国存量车船的车船税收入总额将与目前收入基本持平。

根据财政部的测算，汽车排气量和价格之间有着正相关关系，相关性高达 97%，也就是说一般排气量越大的车价格越高。因此，车船税以排气量为标准计征能够体现它的财产税性质。在世界上，英国、德国、日本、韩国等国家也是按排气量征税。

最新的车船税可以对汽车消费起到一定的导向作用，引导人们购买小排量、低能耗的车辆，尽可能地节约能源。

6. 汽车使用环节

在汽车使用环节，主要涉及燃油税。

燃油税，即是对一国境内应税燃料消费强制征收的一种间接税。随着社会经济发展，燃油税在筹集财政资金和道路维护等费用之外，还被赋予了更多的使命，如促进资源节约和环境保护、提升能源使用经济性、调节消费结构、缓解公共道路拥堵问题、筹集石油战略储备资金等。作为发展中国家的中国，燃油税的实施经历了一个长期的过程。中国出台燃油税深具意义，是中国完善能源税收体系重要的一步。

2009 年 1 月 1 日，中国正式实行成品油税费改革。取消了六项价外收费，包括航道养护费、公路养路费、水路运输管理费、公路客货运附加费、公路运输管理费和水运客货运附加费。同时逐步取消由政府进行还贷的二级公路收费。将汽油消费税税额由 0.2 元每升提高到 1 元每升，柴油消费税税额由 0.2 元每升提高到 0.8 元每升。除汽油、柴油之外的其他成品油税额也有相应提高。

燃油税的开征总体来说有利于汽车市场。对微型车企业则会带来更好的销量，在用油成本增加的情况下，消费者会选择更为经济实用的微型车，国内汽车行业消费结构也会由此发生改变。更为显著的改变是，随着燃油税的出台，新能源汽车将面临更好的前景。

（二）我国现行促进新能源汽车产业发展的财税政策

《2010 福田指数——中国居民机动性指数报告》调查发现，中国消费者愿意为混合动力和纯电动车多支付的车价成本分别为 2.21 万和 2.22 万元，有的受访者期待政府出台政策，购买新能源汽车直接进行价格补贴。我国新能源汽车产业的市场潜力巨大，为促进我国新能源汽车产业的发展，我国的税收政策如下：

1. 增值税政策

我国增值税是对我国境内销售货物或提供加工、修理修配劳务以及进口货物的单位和个人征收的一种税。在我国与汽车有关的生产、销售、修理修配的基本税率是 17%。自 2009 年 1 月 1 日起，增值税一般纳税人购进包括接受捐赠、实物投资或者自制包括改扩建、安装固定资产发生的进项税额，可根据规定，凭增值税专用发票、海关进口增值税专用缴款书和运输费用结算单据从销项税额中抵扣。同时，我国政府对于外国政府、国际组织无偿援助的进口物资和设备免征增值税。

汽车生产属于技术密集型行业,企业的固定资产投资规模相当大,购买设备的支出占有很大的比重,允许固定资产的抵扣和对外国政府、国际组织无偿援助的进口物资和设备免征增值税,有利于降低汽车成本,对于促进新能源汽车产业的发展具有积极的作用。

2. 消费税政策

我国消费税是对我国境内生产、委托加工和进口应税消费品的单位和个人征收的一种税。

在汽车产业征收的消费税,其征税范围覆盖了乘用车和中轻型商用客车。因为近十几年来,我国的汽车保有量一直在高速增长,汽车对环境的影响越来越大。所以,自1994年,我国政府按照大排量多负税、小排量少负税的原则,分别设置高低不同的税率,对汽车征收消费税。为保护生态环境,促进替代污染排放汽车的生产和消费,推进汽车工业技术进步,对生产销售达到低污染、排放量的小轿车、越野车和小客车减征消费税。为了促进环境保护,2006年国家对消费税税率进行了30%的调整,对于轿车和越野车不再分别征税,减少排量为一的乘用车税率为3%,而对于以上排量的汽车的税率呈上升的趋势,为进一步鼓励汽车行业达到节能减排,促进新能源汽车产业更好的发展。从2008年9月1日起调整1.0排量以下的乘用车税率下降为1%,提高大排量乘用车的消费税税率,以及降低小排量乘用车的消费税税率。

3. 企业所得税政策

我国企业所得税是对企业的生产、经营所得和其他所得包括来源于中国境内和境外的所得征收的一种税。新《企业所得税法》规定法定税率为25%,内资企业和外资企业一致。涉及促进新能源汽车产业发展的税收优惠政策如下:

国家需要重点扶持的高新技术企业,减按15%的税率征收企业所得税。《企业所得税法》规定开发新技术、新产品、新工艺发生的研究开发费用可以在计算应纳税所得额时加计扣除。研究开发费用的加计扣除,指企业为了开发新技术、新产品、新工艺的研究开发费用,未形成无形资产计入当期损益的,在按照规定据实扣除的基础上,按照研究开发费用的加计扣除形成无形资产的,按照无形资产成本摊销。企业的固定资产由于技术进步等原因,确需加速折旧的,可以缩短折旧年限或者采取加速折旧的方法。关于技术方面,企业所得税提出的政策,有利于新能源汽车生产企业减少生产成本,因此降低新能源汽车的销售价格,促进新能源汽车产业的发展。

《企业所得税法》规定企业从事国家重点扶持的公共基础设施项目投资经营的所得减征企业所得税。新能源汽车产业作为汽车产业的发展方向,基础设施相当薄弱,企业所得税关于投资公共基础设施所得免征所得税的优惠政策,有助于完善新能源汽车产业的基础设施,为新能源汽车产业的发展提供良好的基础设施环境。

《企业所得税法》规定企业从事符合条件的环境保护、节能节水项目的所得和符合条件的技术转让所得减征企业所得税,同时企业购置用于环境保护、节能节水、安全生产等专用设备的投资额,可以按一定比例实行税额抵免。新能源汽车产业产生于节能减排的背景之下,因此鼓励新能源汽车产业生产企业不仅属于鼓励高新技术企业,而且对于环境保护同样起到积极作用,因此新能源汽车产业生产企业不仅在技术研发上得到企业所得税的优惠政策,而且基于环境保护的作用,也可享受优惠。

4. 关税政策

关税是一国海关依法对进出境的货物或者物品征收的一种税。我国对汽车行业的关税进行了一系列的调整,我国进口汽车的关税下调幅度非常明显,直至我国加入世贸组织开始,进口汽车关税调整宣告结束。

二、汽车生产税务问题中的法律风险识别

(一) 中国汽车生产业税务现状

汽车产业带动了较多的行业和产业,吸收了各种新技术、新材料、新工艺、新装备,形成了巨大的生产规模和市场规模,创造了巨大的产值,提供了大量的就业岗位,对国民经济拉动作用之大是其他产业所难以相比的。随着汽车产业的发展,与汽车相关的税收总额在国家财政收入总量中占越来越大的比重。

从汽车行业缴纳的税收总量看,根据国家税务总局数据,2007 年,汽车(含摩托车)消费税实现 347 亿元,同比增长 24.82%;车辆购置税实现876 亿元,同比增长 27.51%,仅此两项税收收入即超过千亿元。从重点汽车产业企业的情况看,2007 年,重点汽车产业企业应缴纳增值税及附加317.22 亿元,同比增长 26.9%;缴纳消费税及附加 314.90 亿元,同比增长25.86%。汽车产业为国家筹集了大量的税收收入。

当前,我国不含增值税的汽车税收收入大约占到税收总收入的 2.8%。例如 2008 年,全年税收总收入为 54 203 亿元,其中汽车税收收入为 1502 亿元，包括368亿元的汽车消费税，990亿元的车辆购置税和144亿元的车船税。

中国汽车税费发展有如下几个主要特点：

第一，根据中国汽车税费的发展和改革的整个过程，会发现其前期导向是以调节分配为主，后期则是以经济利益和社会利益为导向。在从建国初期到改革开放初期的这个阶段，汽车税费的设置是将汽车作为"非生活必需品"或"高档品"来予以征税，考虑的更多的是收入分配问题。而改革开放后期至今，汽车税费的征收目的则是作为政府宏观调控的手段，调控汽车产业的发展和优化产业结构，而且越来越重视环境问题、能源问题，将此类问题作为汽车税费改革的出发点，以促进汽车的环保化、节能化的发展。

第二，中国汽车税费另一大特点就是种类繁多，费多税少。虽然经历了几次的税费改革，但是中国的汽车税费种类之多、税率之高仍位居世界前茅。中国有汽车税费多达二十余项，个别地方甚至更多。在我国购买汽车，税费约占购车费用的30%～35%。尽管经过燃油税以及"费改税"的改革，汽车费的数量有所减少，但是仍有许多汽车费留存，且数量大过于税收种类。

第三，汽车税费总体呈下降趋势，更侧重优化结构调整功能，同时市场开放程度逐渐增加。中国汽车税费的几次改革，是为了促进汽车消费，所以总体是减轻汽车产业税费负担，故税费水平逐渐降低。并且，通过燃油税、购置税减免来限制大排量汽车的生产和消费，调节汽车产品的市场结构，鼓励节能环保型汽车的生产和消费。同时，随着中国加入WTO，汽车市场化程度的增大，汽车关税也不断改变。曾经中国在汽车产业上实施关税保护的政策，在进口汽车中使用高关税，1985年整车进口的税率高达120%～150%，并加收调节税。随着市场的开放，关税税率也逐步降低，在加入世贸组织后，我国取消汽车产品进口配额管理，并且将继续降低汽车进口关税，汽车进口关税从2004年的34.2%下调至30%，直至2006年7月1日将进口整车的关税降至25%。

鉴于我国汽车行业地域分布位置和各地区经济发展水平两方面的考虑，将两者相结合，以国家统计局公布的我国汽车产业呈现出汽车产业集群雏形为依据，将汽车制造业上市公司划分为五大区域，分别为华东地区、东北地区、华北地区、中南地区、西南地区。其中，华东地区包括江淮汽车、中国重汽、申华控股、亚太股份等。东北地区包括一汽轿车、长春一东等。华北地区包括一汽夏利、北方创业、福田汽车。中南地区包括长丰汽车、东风汽车特力、三环股份、风神股份等。西南地区包括长安汽车、中国嘉陵、西仪股份等。根据税务风险的定义可知，当纳税现金流超过了企业的纳税能力时，将会导致企业没有足够的现金流用于其他方面的经营和投资，从而产生企业正常经营和发展受限的风险。而当企业实际税负超过企业的纳税能力时，表明企业存在将来无力偿付税费而可能遭受税务主管部门处罚的风险。因此根据国家税务总局《纳税评估管理办法（试行）》（国税发〔2005〕43号）的规定，从营业现金流入的角度，采用实际税负率指标，实际税负率等于纳税现金流除以营业现金流入，来分析比较五大地区汽车制造企业税务风险水平的差异。

分地区来看，华东地区和华北地区的波动方向是相同的，实际税负率都有所下降，分别从2005年的0.059和0.043下降为2006年的0.047和0.028，在2007年有所上升，华东地区上升了0.006，华北地区增加了0.012，之后2008年和2009年实际税负率分别保持在0.053和0.038左右。而中南、东北、西南地区的变动方向与华东、华北地区相反，2006年三个地区实际税负率分别增长了27%、14%和15%，2007年税务风险水平均保持不变，2008年中南地区实际税负率略微下降了0.004，而东北和西南地区继续保持增长的势头，实际税负率分别为0.083和0.084，到2009年中南地区实际税负率基本不变，而东北西南地区略有下降。总体来看，五大地区汽车制造业在2006～2008年实际税负率都存在一定的波动，这主要是因为在这两年时间里我国法规制度正处于从2006年财政部颁布企业会计准则到2007年第十届全国人民代表大会第五次会议通过新的所得税法等会计法规和税收法规变动时期，在两者的衔接过程中往往给企业的涉税处理带来了许多不确定性，增大了企业的税务风险。但综合看，五大地区汽车制造业实际税率波动不大，税务风险稳定，这既是我国税务机关加强征管和稽查力度水平，又是我国企业对税务风险的认识和重视程度加深的结果。

横向比较，五大地区汽车制造企业实际税负率各不相同，存在一定的差异。华东地区每年实际税负率平均为0.053，华北地区为0.03739，东北地区0.037，西南地区为0.073，中南地区为0.081，通过该数据可以说明五大地区汽车制造企业实际税负率有大有小，税务风险水平不同，存在差异。

总体来看，各地区汽车制造业税务风险从大到小排序依次为中南地区、东北地区、西南地区、华东地区、华北地区。导致这一现象出现的原因主要是国家对各地区实行的税收政策不同，各地区所适用的税率存在差异，如国务院及有关部门为鼓励东北振兴、西部开发，都陆续颁布了大量的税收优惠政策，使得享受税收优惠地区与没有享受税收优惠地区的实际税负率不同，从而导致各地区汽车制造企业税务风险水平不均衡，存在差异。

（二）新能源汽车产业税收现状

在现行税收政策中，新能源汽车产业可适用的大多为通用性、一般性的税收政策，专门针对新能源汽车产业的专用性、特殊性规定极少。可以说，我国现行税收政策缺少直接针对新能源汽车产业的税收优惠。在新能源汽车产业链中，在新型能源、燃油经济性等的自主研发和引进技术方面，税收政策一视同仁，对于汽车生产企业开发新型能源汽车无激励作用；在汽车零部件及相关产业方面，税收政策处于空白，对于零部件生产企业形成先进的产品开发和制造能力无引导作用；在投融资方面，税收政策缺乏优惠，对于社会资金进入新能源汽车产业无引领作用：在新能源汽车使用方面，仅在使用环节设置了新型能源汽车的车船税减免税规，税收优惠力度非常有限优惠量过少且政策效力较弱：在售后服务和维修方面，税收政策从未涉猎，对新型能源汽车的市场培育无扶持作用；在二手车流通方面，税收政策无法满足新能源汽车更新较快的现实要求；在兼并重组方面，税收政策调控乏力，不利于形成大型汽车企业集团、专用汽车生产企业协调发展的产业格局；从优惠方式看，现行新能源汽车产业适用的税收优惠政策多以低税率、直接减免税等直接优惠方式为主，投资抵免、延期纳税等其他优惠方式罕见，优惠方式十分单一。

国务院总理李克强 2014 年 7 月 9 日主持召开国务院常务会议，部署加快发展现代保险服务业，决定免征新能源汽车车辆购置税，围绕推进简政放权，通过相关法律修正案草案和行政法规修改决定。会议强调，发展新能源汽车是我国交通能源战略转型、推进生态文明建设的重要举措。支持新能源汽车这一战略性新兴产业发展，对于实施创新驱动，促进节能减排和污染防治、拉动国内市场需求、培育新的增长点，实现产业发展和环境保护"双赢"，具有重要意义。会议决定，自 2014 年 9 月 1 日至 2017 年底，对获得许可在中国境内销售（包括进口）的纯电动以及符合条件的插电式（含增程式）混合动力、燃料电池三类新能源汽车，免征车辆购置税。除此以外，电动汽车与新能源汽车都将免征车辆购置税。这不仅对消费者与新能源汽车生产经销商有利，对于促进节能减排和污染防治，推进我国交通能源战略转型与生态文明建设，也具有积极意义。

不可否认，传统燃料型汽车具有功率大、速度快、豪华气派等优势，但是在我国现有的交通环境下，除了豪华气派能展示城市的优美形象外，燃油型速度优势暂时还难以显现，而且燃油型油耗不仅成本较高，还给环境带来较大压力，相比而言，新能源汽车的优点更多，它价位低、成本小、节能环保，它正好切合了普通工薪阶层的实际购买力。应该说，购买新能源汽车才是他们的现实选择。

但是，现在不少城市以种种借口限制新能源汽车的发展的现实局面没有根本改观，针对新能源汽车的种种限制政策实际上是歧视政策，忽视了市场的客观需要、人们的内在需求，而且从长远利益来看，限制节能汽车发展的政策并不利于汽车市场与地方经济的可持续发展。

现在举国上下都在致力于建设节约型社会，能源供应紧张的警报一再拉响，无论从经济的角度还是节约能源、保护环境的角度考虑，新能源汽车免征购置税，可谓顺应民意之举。当然，发展新能源汽车还存在一些障碍。与传统燃料型汽车相比，新能汽车价格高昂，如果政府不给予购车补贴，普通消费者难以承受；再比如，新能源汽车特别是电动汽车续航里程较短，不适宜长途运输；电动车充电难等。

为了建设资源节约型、环境友好型社会和扩大内需，国家明确鼓励新能源汽车的生产和消费。而要迎来新能源汽车的春天，一方面，新能源汽车设计者、生产商、经营者进一步提高新能源车辆的质量、安全、动力性能，并逐步放下价格身段；另一方面，政府及其相关部门要全面清理针对新能源汽车的歧视政策，带头采购、使用新能源汽车，继续采用经济、税收杠杆减轻消费者的经济压力，让新能源汽车真正成为市场欢迎、消费者青睐的"精品小车"。

新能源汽车技术研发已经成为当今世界汽车行业竞争的焦点，发展新能源汽车是汽车产业未来的发展趋势，也是我国交通能源战略转型、推进生态文明建设的重要举措。国家在免除新能源汽车的车船税，以及对购买新能源汽车提供补贴，并在新能源汽车牌照发放上提供便利措施等诸多利好政策之后，又免征新能源汽车的车辆购置税。毫无疑问，免征新能源汽车车辆购置税这一利好政策，有力地表明了政府倡导节能减排和防治污染的鲜明立场，也在一定程度上降低了新能源汽车价格，为新能源汽车的销售加分，有利于吸引消费者。不过，从新能源汽车的市场面来看，笔者认为，发展新能源汽车不能只是打免税牌，简单的减免税费对促进新能源汽车走进寻常百姓家的实际意义恐怕有限，有的只是象征意义。

从价格层面说，新能源汽车的价格普遍比同级传统汽车的价格要高不少，即便是减去国家补贴和免除的相关税费，新能源汽车与传统汽车相比，在价格上并不占优势，毕竟新能源汽车的车辆购置税不过两万块钱。对于很多把汽车当代步工具的普通百姓而言，更愿意购买几万元的传统汽车，而不是选择超过十万元的新能源汽车。

更为关键的是，作为消费者，对于新能源汽车，更关心的是新能源汽车自身的续航、充电等问题。从目前情况来看，新能源汽车在续航、充电等消费者非常关心的问题上存在严重不足。新能源汽车续航能力普遍不足，国内新能源汽车最大续航里程不过300公里，意味着新能源汽车只能跑短途，不能跑长途。另一方面，虽然国家大力发展新能源汽车，也推出了很多优惠政策，但是新能源汽车上路的很多配套设施仍然还不是很完善，直接限制了新能源市场份额的扩张。比如新能源汽车的电池充电站数量建设还明显不足，分布也不是很合理。

可见，要让新能源汽车迎来春天，让更多的消费者接受新能源汽车，除了打免税等经济牌之外，还必须提高新能源汽车自身的技术含金量，提升续航能力，满足长途运输。同时，政府应该加强新能源汽车上路的配套设施建设，在城市里建设更多的电池充电站，分布更加合理，满足新能源市场的需求。

第六节　其他行政法律风险

一、智能驾驶汽车监管

（一）智能驾驶汽车的定义及分级

1. 智能驾驶汽车的定义

传统汽车的行驶离不开人为进行操作，在传统汽车驾驶过程中，驾驶人必须做到眼睛、大脑、四肢等器官的紧密配合，驾驶人通过眼睛观察前方路况，然后将路况信息悉数传递至大脑，大脑根据所传递信息进行路径规划，最后将规划指令传递至四肢以实现汽车的安全驾驶。智能驾驶的原理在于由人工智能分别替代驾驶人眼睛、大脑、四肢等器官的功能，以实现汽车的无人驾驶。智能驾驶中模仿行使驾驶人眼睛、大脑、四肢等器官功能的三大系统依次为传感器系统、主控计算机系统、自动驾驶仪系统，传感器将扫描到的路况信息传递至主控计算机，主控计算机根据所传递信息进行路径规划，并将路径规划以指令形式传递至自动驾驶仪系统以实现汽车的操作。除此以外，智能驾驶车载计算机就路况信息的分析速度要比人脑快得多，所分析结果的精确度也要比人脑高得多。在对智能驾驶原理进行全面把握的基础之上，笔者将智能驾驶的特征主要归纳为以下几点：第一，智能驾驶以传统汽车为承载基础；第二，智能驾驶的运行无需人工操作；第三，智能驾驶的运行需要传感器、主控计算机、自动驾驶仪等人工智能协作完成。

根据我国《智能汽车创新发展战略（征求意见稿）》①的规定，智能汽车是指通过搭载先进传感器、控制器、执行器等装置，运用信息通信、互联网、大数据、云计算、人工智能等新技术，具有部分或完全自动驾驶功能，由单纯交通运输工具逐步向智能移动空间转变的新一代汽车。智能汽车通常也被称为智能网联汽车、自动驾驶汽车、无人驾驶汽车等。

---

① 发文单位：国家发展和改革委员会，发布日期：2018 年 1 月 5 日。

2. 智能驾驶汽车的分级

目前，国际上尚无统一的智能汽车等级划分标准，按照《智能汽车创新发展战略》的说法，我国目前已在准备制定智能汽车等级划分标准，但是目前仍没有具体的相关划分标准的出台。按照《智能汽车创新发展战略》的表述，目前我国政府暂时采用的是美国汽车工程师学会制定的等级划分标准。

该等级划分标准按照智能化程度将智能汽车划分为 5 个等级。即：

1 级为辅助驾驶，即驾驶系统只能进行车道保持或加减速操作，其他驾驶操作仍由人完成，该等级智能汽车一般可在车道内实现自动驾驶。

2 级为部分自动驾驶，即驾驶系统能够进行方向控制和加减速等多项操作，其他驾驶操作仍由人完成，该等级智能汽车一般可实现换道行驶、环岛绕行、拥堵跟车等自动驾驶。

3 级为有条件自动驾驶，即驾驶系统能够完成生产厂商设计工况下的所有操作，驾驶员根据驾驶系统请求还需要提供适当的干预，该等级智能汽车一般可在高速公路实现自动驾驶。

4 级为高度自动驾驶，即驾驶系统能够完成生产厂商设计工况下的所有操作，特定环境下驾驶系统会向驾驶员提出请求，驾驶员可以不予响应，驾驶系统仍能实现安全操作，该等级智能汽车一般可在高速公路、市区道路实现自动驾驶。

5 级为完全自动驾驶，该等级智能汽车可在所有道路环境下实现自动驾驶，完全替代人驾驶。

在此分级的基础上，可以较为明显地看到 3 级别以上的自动驾驶汽车即可被认定为具有"智能"水平，而也是在此意义上的智能驾驶汽车才真正成为监管机关所关注的对象。按照《智能汽车创新发展战略》的定义，3 级别以上的智能汽车被称为"中高级别智能汽车"；4 级别以上的智能汽车被称为"高级别智能汽车"。

3. 我国智能驾驶汽车的现状

我国汽车产业总体水平处于国际领先地位，自主品牌市场份额逐年提高，关键零部件供给能力明显增强，汽车产业体系日渐完善，电池、电机、电控及整车具有较强的国际竞争力，这为智能汽车的发展奠定了坚实的基础。在网络通信方面，我国互联网、信息通信等领域涌现一批世界级领军企业，移动通信和互联网运营服务能力位居世界前列，也为智能汽车发展积蓄了重要力量。智能汽车、智能驾驶乃至智能交通的全面发展，我国交通也将逐渐实现智能化管理，而拥堵、停车难、排放和能源消耗等问题将大为改善。

智能汽车有广阔的市场发展空间。截至 2017 年 12 月，国内乘用车保有量 2 亿辆左右，随着汽车出货量的上升，未来智能汽车的渗透率将快速提升。据波士顿咨询集团测算，智能汽车市值将在 2025 年前达到 420 亿美元；2035 年前，全球将有 1800 万辆汽车拥有辅助自动驾驶功能，1200 万辆汽车具有完全自动驾驶功能；而普华永道则预测，智能汽车技术的年销售额将从 2017 年的 472 亿欧元上升至 2022 年的 1400 亿欧元；中投顾问在《2017—2020 年中国智能汽车行业深度调研及投资前景预测报告》中预计，到 2021 年智能汽车相关市场的总体销售额仍将高达 1226 亿欧元（8937 亿元），相较于 2016 年增长 204%；前瞻产业研究院预测，到 2018 年，我国智能汽车的市场规模将超过 1500 亿元；汽车行业咨询机构 IHS 预测，到 2035 年我国将拥有超过 570 万辆无人驾驶汽车，占全球的 27%，我国将成为最大的无人驾驶汽车市场。

实际上，各大车企与地方已经启动了相关领域布局。同时，智能道路交通系统建设也取得积极进展，使大城市、高速公路的车用无线通信网络（LTE‐V2X）①覆盖率达到 90%，北斗高精度时空服务更实现了全覆盖，直至 2025 年，我国标准智能汽车的技术创新、产业生态、路网设施、法规标准、产品监管和信息安全体系将全面形成。最终采用新一代车用无线通信网络（5G‐V2X）②实现"人—车—路—云"实现高度协同。届时，我国标准智能汽车将享誉全球，在新一轮智能汽车产业国际竞争中赢得先机。

（二）智能汽车的法律规制

1. 国内法律规制现状

我国目前尚未将智能汽车纳入法律规范的范畴，现行的《交通安全法》等法律法规也并未就智能汽车、无人驾驶等合法性问题做出相应的规定。导致现行立法缺失的原因，一是法律自身的滞后性，法律规范的出台相对于现实状况存在一定的滞后性；二是我国对于智能汽车自身的发展以及规

---

① 车用无线通信网络（LTE‐V2X）是指利用第四代移动通信技术（4G）的车联网，可以支持中低级别智能汽车应用。

② 车用无线通信网络（5G‐V2X）是指利用第五代移动通信技术（5G）的车联网，可以支持中高级别智能汽车应用。

范也刚处于起步阶段，综合二者，导致目前的立法缺失。

但是，值得庆幸的是，我国对于智能汽车的规范、规制一直是积极鼓励、推动其发展的。具体而言，在 2015 年，《中国智能网联汽车标准体系建设方案》（第一版）出台；2016 年 6 月，全国汽车标准化技术委员会完成《先进驾驶辅助系统术语和定义》ISO 标准草案的准备工作。2016 年 10 月底，《中国智能网联汽车技术发展路线图》发布，以引导汽车制造商的研发以及支持未来政策制定。2017 年 6 月 12 日，工业和信息化部办公厅国家标准化管理委员会办公室发布《关于征求国家车联网产业标准体系建设指南（智能网联汽车）（2017 年）意见的通知（征求意见稿）》，公开征求社会意见，该征求意见稿提出的标准体系包括 95 项标准，涉及基础、通用规范、产品与技术应用和相关标准等方面。2018 年 1 月国家发展和改革委员会发布的《智能汽车创新发展战略（征求意见稿）》确立了我国到 2035 年，标准智能汽车享誉全球，率先建成智能汽车强国，全民共享"安全、高效、绿色、文明"的智能汽车社会的战略目标。

2. 国外法律规制现状

由于目前我国国内并没有对智能汽车形成体系化的法律规制，智能汽车法律规制处于研究阶段。依照《智能汽车创新发展战略（征求意见稿）》规定的汽车分级来研判，我国目前针对智能汽车的法律规范主要是借鉴于欧美国家建立的规范机制，因此，下文就国外的法律规制现状进行阐述。

美国无人驾驶汽车的立法实践始于地方政府，其中内华达州和加利福尼亚州的立法工作推进较快。2011 年，内华达州议会颁布了美国历史上首部州层面的智能驾驶汽车法案——AB51 法案（Assembly Bill No. 511 - Committee on Transportation），其内容主要包括"安全要求、保险要求、最低安全标准、试验必须合乎规范、限定测试区域"等，重点解决智能驾驶汽车实地测验于法无据的问题。根据该法案规定，研发者应享有道路行驶权，以便在州内公共道路上进行实地测验，并附加了配套的规制措施。上述法律规范为后来众多无人驾驶汽车的测试和运行确立了基本范式，产生了广泛的影响。加州紧随其后进行了立法，为更大力度支持州内智能驾驶汽车发展，加州法案（Senate Bill No. 1298）对智能驾驶汽车的限制比较宽松，以安全和鼓励无人驾驶汽车发展为主要立法目的，并解决了传统上驾驶员为自然人和无人驾驶之间的矛盾，重新将驾驶员规定为"坐在驾驶座上的自然人，或驾驶座上没有人，但由智能技术操控的车辆自主运行活动"，该法案还规定研发者向无人驾驶汽车使用者的数据与安全披露义务；设定无人使用下的自主运行程序问题；制订统一的测试规定，区分测试阶段和试用阶段等。随后，加州议会又授权开展完全智能驾驶汽车的试点试验。2018年2月24日，加州车辆管理局（DMV）表示，将在4月份开始许可远程监控无人车，测试车内不必配司机。此外，其他州也纷纷出台相法规，许可智能驾驶汽车可以在公共道路上进行测验。

德国政府于2013年许可智能驾驶汽车进行路试。2016年，德国起草了首个智能驾驶相关法律草案。次年，德国联邦参议院通过了首个智能驾驶规范性方针，该方针承认智能驾驶汽车的驾驶主体资格，允许其在一定条件下代替人类驾驶。根据该方针要求，测试工作必须确保安全性，必须配备驾驶员和传统汽车的紧急装置，防止意外发生。该方针还强制每一辆进行测试的无人驾驶汽车必须安装记录设备，搜集行车数据作为事故发生时的主要证据。责任认定方式采取传统过错责任理论，如果是由于人为不当操作引发事故，则操作人承担主要责任；如果是技术因素引发的事故，则由研发者承担责任，不足之处在于未规定均有过错的情形下责任分配方式。德国采取的归责方式已经成为当前智能驾驶汽车责任规制的主流，虽然不尽完善，但得到广泛认同。

（三）智能驾驶汽车法律风险识别

就目前而言，对于智能驾驶汽车，我国相关的法律规制仍未健全，外国汽车生产企业若在我国从事智能汽车生产、销售的行为时，将面临法律规制不确定的巨大法律风险，具体有以下两点：

第一，智能汽车未被赋予道路通行权。根据我国《道路交通安全法》第19条[①]与《道路运输条例》第9条[②]规定，当机动车和驾驶人各自满足"安全技术标准"和"驾驶许可条件"的前提下，才能够上路行驶，即被赋予"道路通行权"。由此可见，"机动车＋驾驶证"被看作是机动车辆上路行驶必须满足的法定实质要件。而国际社会通行的道路交通条约——《维也纳道路交通条约》（Vienna Convention on Road Traffic）也严格要求车辆控

---

① 《道路交通安全法》第19条第1款规定："驾驶机动车，应当依法取得机动车驾驶证。"

② 《道路运输条例》第9条规定："从事客运经营的驾驶人员，应当符合下列条件：（一）取得相应的机动车驾驶证；（二）年龄不超过60周岁；（三）3年内无重大以上交通责任事故记录；（四）经设区的市级道路运输管理机构对有关客运法律法规、机动车维修和旅客急救基本知识考试合格。"

制者必须熟练掌握与所操作车辆相对应的驾驶技能，这充分说明驾驶员、驾驶证是车辆合法上路的法定要件，缺少其中一项都是违法驾驶。而智能驾驶汽车的发展，实际上打破了车辆驾驶证或特定驾驶技能的束缚，使驾驶证这一要件出现法律漏洞，结果就是智能驾驶汽车在公共道路上行使属于违法行使。值得国外汽车生产企业注重的是，在研发过程中若智能驾驶汽车在公共道路上行使因其缺乏道路通行权，存在一定的法律风险。

第二，事故责任的主体认定。我国《道路交通安全法》仅将驾驶员认定为"交通违法行为"的责任人。在智能驾驶汽车应用过程中，无法律上规定的实际驾驶人（自然人），所以智能驾驶汽车引起的交通事故责任认定，便成为法律上一大漏洞。智能驾驶汽车在行驶中是自主行驶和规划行程的，这一现象使得传统侵权理论难以适用于因智能驾驶汽车的使用而产生的加害行为，因为智能驾驶汽车是独立自主地运作的，缺乏对其进行直接操作或者控制的特定个人。侵权责任成立的前提是必须要有实际侵权主体做出侵权行为，且该主体必须是法律所明文规定的，即智能驾驶汽车是以实现研发者或使用者意志为目的，可在特定程序内做出选择判断，但不能独立承当法律责任的特殊法律主体。那么这一特殊法律主体的侵权责任如何判断，究竟由谁承担怎样的侵权后果？如果按照我国《侵权责任法》《产品质量法》以及《消费者权益保护法》等法律对产品责任的严格规定，外国汽车生产企业极有可能承担因事故责任产生的相关法律风险。

综上，我国目前还没有关于智能驾驶汽车的相关立法，对智能驾驶汽车的安全技术标准、检验、登记、许可、乘车、通行、保险、报废、法律责任等均未有规定，在法律缺位的情况下，必然导致指引不足，进而导致外国汽车生产汽车承担了极大的不确定法律风险。

二、新能源汽车监管

（一）新能源汽车概述

联合国在 1981 年 8 月于肯尼亚召开的关于新能源和可再生能源会议的上首次对新能源给予了官方定义。新能源是指"通过研发新技术和新材料，开发利用传统的可再生能源，用之不尽、取之不竭的可再生能源逐步取代资源有限并且造成严重污染的传统化石能源，重点开发领域包括对太阳能、风能、生物能、海洋能、地热能和氢能领域的利用"。新能源具有资源丰富可再生、环境污染小、密度低而分散、尚未被大规模开发利用等特点。

我国政府于 2007 年对新能源汽车进行了首次官方阐述。国家发改委公布的《新能源汽车生产准入管理规则》① 明确提出，新能源汽车是指其动力来源为非常规的车用燃料（或使用常规的车用燃料、新的车辆动力装置），综合动为控制和先进驱动技术，形成了先进的技术原理和汽车新结构。新能源汽车总共包括五大类，分别是混合动力电动汽车（HEV）、纯电动汽车（BEV，包括太阳能汽车）、燃料电池汽车（FCEV）、氨发动机汽车及其他新能源（如高效蓄能器，二甲基酸）汽车等。其中，燃料电池汽车、混合动为汽车和纯电动汽车都划分在电动汽车中。

新能源汽车产业是指从事新能源汽车零部件生产和应用及整车设计与制造，提供新能源汽车相似服务的经营单位的集合。新能源汽车产业具有高投入、高技术、高风险、战略性的独特性。新能源汽车产业体系复杂，其产业链主要包括资源、核屯、零部件、整车产品及相关配套基础设施。资源是指生产新能源汽车的原材料，包括裡、镍、稀、矿等；核心零部件是指主要包括电池、电机、电控的研发和制造；整车产品主要包括纯电动、插电式混合动力和燃料电池汽车的制造与设计；相关配套基础设施主要包括充电站、充电粧、换电站等及售后维修、保养服务等。

（二）新能源汽车的规制

1. 我国新能源汽车产业的现状

我国新能源汽车产业的发展以 2014 年为分界线，在 2014 年之前发展比较缓慢，产销量基本在 2 万辆以下，处于起步阶段。2014 年，我国新能源汽车产业迎来了井喷式的发展，被称为中国新能源汽车的元年，处于快速发展阶段。2014 年共生产新能源汽车 7.8 万辆，比上年增长 3.5 倍，共销售 7.48 万辆，比上一年增长 3.2 倍，占汽车总销量的 0.3%。紧接着的 2015 年亦是新能源汽车的爆发年，2015 年共销售新能源汽车 33.11 万辆，同比增长 3.4 倍，占汽车总销量的 1.3%。此后两年，新能源汽车步入稳定增长阶段（具体数据见下表②）。

2011 年至 2017 年新能源汽车销售情况

年份	新能源汽车销量（万辆）	同比增长	新能源汽车占汽车总销售量比
2011 年	0.82	/	0.044%
2012 年	1.28	56.77%	0.066%

① 国家发展和改革委员会公告 2007 年第 72 号。

② 数据来源：国家统计局。

续上表

2013 年	1.76	37.6%	0.08%
2014 年	7.48	324.79%	0.318%
2015 年	33.11	342.86%	1.346%
2016 年	50.7	53%	1.8%
2017 年	77.7	53.3%	2.7%

中国新能源汽车的销量从 2011 年的 8159 辆，迅速提升到 2017 年的 77.7 万辆，销量增长了 95 倍之多，市场发展是迅速让人瞠目结舌。根据"十三五"规划，至 2020 年我国新能源汽车保有量将达到 500 万辆，年产销量要达到 200 万辆以上。

2. 我国新能源汽车的相关政策

国务院在 2015 年发布的《中国制造 2025》中将节能与新能源汽车作为一项大力推动、突破发展的重点领域。事实上，国务院在 2012 年制定的《节能与新能源汽车产业发展规划（2012 - 2020）》提出了新能源汽车行业具体的产业化目标：到 2020 年，纯电动汽车和插电式合动力汽车生产能力达 200 万辆、累计产销量超过 500 万辆。之后，国家接连出台了一系列配套政策，对新能源汽车行业进行全方位扶持。

（1）新能源汽车的准入与补贴。

对于新能源汽车的市场准入，我国实行双资质审核标准，即新能源汽车生产企业必须取得发改委的准入证以及工信部的准生证。

双资质审核的第一关是，发改委的准入证，即发改委把控纯电动车乘用车项目审批，只有满足规定要求的才具有报名资格；新建企业须提交对纯电动乘用车电池、电机、电控系统等核心部件的质保承诺；新建企业列入《车辆生产企业及产品公告》的纯电动乘用车产品有效期为 3 年，有效期届满前 30 日可提出延期申请，审查通过可以延长有效期，每次延期不超过 3 年，该准入证所对应的管理政策是《新建纯电动乘用车企业管理规定》。

双资质审核的第二关是工信部的准生证，即由工信监考，分别是企业和产品准入，即企业通过项目验收，车辆产品通过检测机构检测。这个阶段则更多要依赖企业产品的真正实力，只有符合要求的各项指标达标的产品才能通过审核上市发布；工信部在颁发纯电动车生产资质牌照方面有着严格的规定，对企业概况、基础能力、试制样车说明及证明材料均具备完整的调查体系。

补贴方面：财政部、科学技术部、工业和信息化部及国家发展和改革委员会联合发布了《关于 2016－2020 年新能源汽车推广应用财政支持政策的通知》①，明确了 2016 年国家财政资金应用补助的标准。2016 年 12 月 29 日，该四部委再次联合发布了《关于调整新能源汽车推广引用财政补贴政策的通知》，对新能源汽车推广补贴方案及产品技术要求进行了调整。

补助产品：纳入"新能源汽车推广引用工程推荐车型目录"的纯电动汽车、插电式混合动力汽车和燃料电池汽车。根据《新能源汽车生产企业及产品准入管理规定》，通过审查的中国境内新能源汽车生产企业及产品，由工业和信息化部通过《公告》即"新能源汽车推广应用推荐车型目录"发布。因此，"国产"新能源车才有可能享受补助，而"进口"新能源车目前尚不能获得国家新能源汽车补贴。

补助路径：第一，二月底前，生产企业申报预计销售情况；第二，将相关情况逐级上报，交由组织审核；第三，获得预拨补助基金；第四，按照扣减补助后的价格与消费者结算；第五，提交上年度的清算报告及产品销售、运行情况；第六，逐级上报，进行核查；第七，财政部拨付补助资金。

补助标准：新能源客车补助标准为补助补贴金额＝车辆带电量×单位电量补贴标准×调整系数（调整系数：系统能量密度/充电倍率/节油水平），具体补贴标准如下表：

① 财建〔2015〕134 号。

车辆类型	中央财政补贴标准（元/kWh）	中央财政补贴调整系数			中央财政单车补贴上限（万元）			地方财政单车补贴
					6＜L≤8a	8＜L≤10m	L＞10m	
非快充类纯电动客车	1800	系统能量密度（Wh/kg）			9	20	30	不超过中央财政单车补贴额的50%
		85～95（含）	95～115（含）	115以上				
		0.8	1	1.2				
快充类纯电动客车	3000	快充倍率			6	12	20	
		3C～5C（含）	5C～15C（含）	15C以上				
		0.8	1	1.4				
插电式混合动力（含增程式）客车	3000	节油率水平			4.5	9	15	
		40%～45%（含）	45%～60%（含）	60%以上				
		0.8	1	1.2				

新能源乘用车补贴分为纯电动乘用车补贴及插电式混合动力乘用车补贴两部分，均按照纯电动续航里程来确定补贴金额，具体补贴标准如下表：

单位：万元/辆

车辆类型	纯电动续驶里程 R（工况法、公里）				地方财政单车补贴上限（万元）
	100≤R＜150	150≤R＜250	R≤250	R≤50	
纯电动乘用车	2	3.6	4.4	/	不超过中央财政单车补贴额的50%
插电式混合动力乘用车（含程式）	/	/	/	2.4	

新能源货车和专用车补贴按照汽车带电量来确定标贴标准，具体标贴标准见下表：

补贴标准（元/kWh）			中央财政单车补贴上限（万元）	地方财政单车补贴上限
30（含）kWh 以下部分	20～50（含）kWh 部分	50kWh 以上部分		
1500	1200	1000	15	不超过中央财政单车补贴额的50%

燃料电池汽车推广应用补贴按照汽车类型来划分，分为燃料电池乘用车、燃料电池轻型客车、货车以及燃料电池大中型客车、中重型货车，具体的补贴标准见下表：

单位：万元/辆

车辆类型	补贴标准
燃料电池乘用车	20
燃料电池轻型客车、货车	30
燃料电池大中型客车、中重型货车	50

另外，除了国家统一的补贴政策外，多地也纷纷出台了新能源汽车补贴政策。其中，一些省市按照国家补贴标准的50%执行（比如北京、上海、广州、深圳等），部分省市则制定了各自不同的补贴标准（比如江西、重庆、武汉、杭州等），在这些地方，企业在享受国家补贴的同时，还能适用当地政府的补贴政策。

（2）新能源汽车积分。

2017 年 9 月 27 日，工业和信息化部、财政部、商务部、海关总署、质检总局五部门联合公布了《乘用车企业平均燃料消耗量与新能源汽车积分并行管理办法》（又称《双积分办法》）。在 2013 年开始实施的《乘用车企业平均燃料消耗量核算办法》的基础上，《双积分办法》引入积分管理制度，创设平均燃料消耗量积分（能耗积分）和新能源汽车积分（新能源积分）并行管理体制。根据《双积分办法》，乘用车企业新能源正积分可以自由交易，事实上相当于直接提升新能源汽车补贴额度。

车型范围：新能源乘用车：采用新型动力系统，完全或者主要依靠新型能源驱动的乘用车，包括插电式混合动力（含增程式）乘用车、纯电动乘用车和燃料电池乘用车等。

适用主体：境内乘用车生产企业（包括自主企业和合资企业）；境内乘

用车进口企业（包括获境外乘用车生产企业授权的进口企业和未获境外乘用车生产企业授权的进口企业）。

能耗积分的计算：能耗积分＝（平均燃料消耗量达标值－平均燃料消耗实际值）×实际产量或进口量

新能源积分的计算：

①核算年度：1 月 1 日～12 月 31 日；

②计算公式：新能源积分＝新能源积分实际值－新能源积分达标值；新能源积分实际值＝新能源乘用车各车型积分×该车型产量或进口量；新能源乘用车车型积分按照《双积分办法》的附件 2《新能源乘用车车型积分计算方法》确定，依据新能源乘用车的类型、电动汽车续驶里程、燃料电池系统额定功率等因素确定，但最高不超过 5 分/辆。

新能源积分达标值＝新能源积分比例要求×传统能源乘用车产量或进口量；传统能源乘用车年度生产量/进口量不满 3 万辆的企业：比例为 0；其他企业：2019 年比例要求为 10%，2020 年比例要求为 20%，2021 年及以后比例要求待定。

在计算积分时，需要注意的是计算的基数之一是产量/进口量，而非更为常见的销量。这是因为车辆识别码（VIN）归工信部统计，产量更加易于把握，能够获得准确数据。

③新能源积分的使用：不得结转（仅 2019 年的新能源正积分可以等额结转一年）；抵扣同等数量的本企业的能耗负积分；转让给非关联企业抵偿能耗负积分；转让给非关联企业抵偿新能源负积分。

④积分平台：乘用车企业应当通过工信部建立的汽车燃料消耗量与新能源汽车积分管理平台，进行能耗积分与新能源积分的转让或交易。

（3）《汽车产业投资管理规定》（征求意见稿）

为了完善汽车产业投资管理，推动汽车产业高质量的发展，我国发展与改革委员会，于 2018 年 7 月发布了《汽车产业投资管理规定》（征求意见稿），该规定中就新能源汽车的发展与规制进行了相应的规定。

根据该规定的第二条，"严格控制新增传统燃油汽车产能，积极推动新能源汽车健康有序发展，着力构建智能汽车创新发展体系"。也即，对于传统燃油汽车的投资，我国政府将继续以更加严格的方式进一步进行限制。而对于新能源汽车的投资，虽然政府依然支持鼓励其发展，但也会进一步加强规范和管理，并提高行业准入标准，以解决目前新能源汽车产能过剩和技术水平过低的问题；着力构建智能汽车创新发展体系，促进汽车智能化的发展。该规定支持社会资本和具有较强技术能力的企业投资智能汽车研发，重点发展复杂环境感知、新型智能终端、车载智能计算平台等关键共性技术，并首次将芯片、中央处理器和操作系统等关键零部件系统和开发作为重点研发领域，表达了政府部门希望企业掌握智能汽车核心技术的目标。

根据该规定，对于新建纯电动汽车投资项目，在保留现有投资条件的基础上，即上文所述的双资质的基础上，围绕着项目投资区域、企业资质以及投资项目的具体内容，增加了许多新的投资条件，大幅度提高了新建纯电动汽车投资项目的准入门槛，具体有以下内容：

第一，项目区域。新建独立纯电动汽车企业投资项目，所在省份应当符合以下条件：①新能源汽车保有量占比高于全国平均水平；②新能源汽车僵尸企业和僵尸资质清理工作全部完成，不存在同产品类别的新能源汽车僵尸资质；③现有同产品类别的新建纯电动汽车行业投资项目基本完成，且规模产量达到建设规模的 8 成以上。

第二，研发投入及售后保障。上两个年度累计研发投入不少于 2 亿元人民币；产品售后服务保障有力，承诺对项目建成投产后 5 年内销售的产品质量投保或由相关企业提供担保。保险公司或担保企业近 3 年净资产与担保期内新建企业销售的产品金额相适应。

第三，股东要求。新建独立纯电动汽车企业投资项目，新建企业法人的股东应符合以下条件：（1）所有股东在项目建成且产量达到建设规模前，不撤出股本；（2）股东拥有整车控制系统、驱动电机、车用动力电池等关键零部件的知识产权和生产能力，且对关键零部件具有较强掌控能力；（3）股东现有的新建纯电动汽车企业投资项目均已建成，且产量达到建设规模，不存在违规建设项目；（4）主要股东股权高于三分之一，自有资金和融资能力能够满足项目建设及运营需要，且应符合以下条件之一：①汽车整车企业为主要股东的，其中燃油汽车企业上两个年度汽车产能利用率和新能源汽车产量占比均高于全行业平均水平，纯电动汽车企业上年度产量达到建设规模；②汽车零部件企业为主要股东的，上两个年度关键零部件（整车控制系统、驱动电机、车用动力电池）的配套装车量累计大于 10 万套；③设计研发企业、境外企业等其他市场主体为主要股东的，研发且拥有知识产权的纯电动汽车产品，上两个年度累计境内外市场销售并登记注册的数量大于 3 万辆乘用车或 3000 辆商用车。

第四，建设内容。纯电动汽车持续开发能力，在已有研发机构基础上，建立产品信息数据库，提升产品概念设计、试制试装、试验检测和整车运行状态监控的能力；建设规模，纯电动乘用车不低于 10 万辆，纯电动商用车不低于 5000 辆。

上述这些条件无疑将使得今后在新能源汽车领域的投资更为困难。在新能源汽车领域，一些不具备研发能力和技术实力的企业一拥而上，造成了产能过剩，政府通过修改法律规范及时提高行业准入标准很有必要。《投资规定》中新建纯电动汽车企业的所有股东在项目建成且产量达到建设规模前，不撤出股本的要求可以抑制炒作之风，使真正有实力、有技术的企业投资新建纯电动汽车投资项目，促进新能源汽车产业健康发展。

（三）新能源汽车相关法律风险识别

通过上文的探讨，可知目前我国先后出台了大量扶持新能源汽车产业的扶持与监管政策，进而使得近年来新能源汽车产业稳步向前发展，新能源汽车的销量也在逐年上升，核心技术也取得了一些突破，市场化转型也在积极进行。但是，由于我国新能源汽车市场毕竟是处于初步发展阶段，各种问题与其快速发展相伴相生，其中值得国外汽车生产企业关注的有以下两点：

第一，新能源汽车市场的公平竞争问题。此问题主要针对的是我国对于新能源汽车的补贴问题，目前规定是只有国产的新能源汽车才能获得国家的补贴，进口的新能源汽车并不能获得我国国家补贴，对于国外汽车生产企业而言，国家补助是妨碍其公平参与中国新能源汽车市场公平竞争需要认真考量的因素之一。

此外，从公平竞争的角度来说，目前我国工信部通过推荐名录、目录、清单等方法限定补贴的范围，各地方在执行新能源汽车补贴政策时会进一步细化或者基于各种因素考虑而对工信部的名录作出地方性的选择。由于名录与受领补贴的资质挂钩，这种"推荐名录"其实属于一种变相的行政许可，但无论是实体性规则抑或程序性规则，均未按照我国《行政许可法》的规定予以严格审查。纵观各地制定名录的考虑因素，有的地方要求企业本地注册，有的地方强制性地排除混合动力汽车、只补贴纯电动汽车。即使不考虑名录，只看上述中央层面各个通知中对补贴条件的规定，符合补贴条件或者在上述条件上表现更为优异的进口车却无法获得补贴，这显然也超越了技术层面的考量。是否进入名录与企业的利益密切相关,这种选择性的规定无疑对市场竞争秩序产生了重大的影响,未能入选名录的企业对决定是否进入名录的行为不能提起行政复议或行政诉讼。这就给外国汽车生产企业设置了相当大的竞争障碍,在其进入中国新能源汽车市场时必须考虑因此种政策、法律风险引致相应的企业负担。

第二,政策、法律体系不健全问题。尽管目前我国针对新能源汽车,已经制定了相当多的相关政策与规定,但是可以明确的一点是对于新能源汽车的规制尚未形成完整的体系化规制,相关扶持政策具有盲目性及随机性,尤其是在新能源汽车产业技术扶持层面,尽管国家在新能源汽车产业发展初期就确定了三纵三横的产业发展格局,该格局涵盖了新能源汽车产业的三大核心技术,但对于充电站、充电桩等基础设施技术层面的产业政策支持却极为缺乏,目前也尚未形成系统的技术标准体系。这对于准备进入中国新能源汽车市场的外国汽车生产企业而言,无疑是应当认真考虑的点,相应配套规定不完善,具体的法律、政策规定不成体系,导致新能源汽车市场的政策波动性大,将给外国汽车生产企业带来相当的法律风险。

第四章
刑事法律风险防范

第一节　贿赂犯罪

一、行贿罪

(一) 行贿罪概述

行贿罪是指为谋取不正当利益, 给予国家工作人员财物的行为。根据《刑法》第 389 条的规定: "为谋取不正当利益, 给予国家工作人员以财物的, 是行贿罪。在经往来中, 违反国家规定, 给予国家工作人员以财物, 数额较大的, 或者违反国家规定, 给予国家工作人员以各种名义的回扣、手续费的, 以行贿论处。因被勒索给予国家工作人员以财物, 没有获得不正当利益的, 不是行贿。"第 390 条规定: "对犯行贿罪的, 处五年以下有期徒刑或者拘役, 并处罚金; 因行贿谋取不正当利益, 情节严重的, 或者使国家利益遭受重大损失的, 处五年以上十年以下有期徒刑, 并处罚金; 情节特别严重的, 或者使国家利益遭受特别重大损失的, 处十年以上有期徒刑或者无期徒刑, 并处罚金或者没收财产。行贿人在被追诉前主动交待行贿行为的, 可以从轻或者减轻处罚。其中, 犯罪较轻的, 对侦破重大案件起关键作用的, 或者有重大立功表现的, 可以减轻或者免除处罚。"

(二) 行贿罪的构成标准①

1. 犯罪主体

行贿罪的行为主体是一般主体, 即行为人是达到刑事责任年龄, 具备刑事责任能力的自然人。如果是单位, 构成单位行贿罪。

2. 犯罪客体

本罪侵害的法益是职务行为的公正性和社会对公正性的信赖感。行贿行为与受贿行为之间是对合关系, 受贿罪是从国有机构内部侵害国家作用。而行贿罪是从国家机构外部侵害国家作用, 所以原则上其首先对国家工作人员职务行为的不可收买性有妨害。但是由于《刑法》只处罚为谋取不正当利益而行贿的场合, 因此本罪侵害的法益不只是国家工作人员职务行为

---

① 参见周光权:《刑法各论》, 中国人民大学出版社 2016 年版, 第 486~488 页。

的不可收买性，而且包括职务行为的公正性。

3. 客观要件

本罪在客观方面表现为谋取不正当利益，给予国家工作人员以财物的行为。

（1）谋取不正当利益。

行为人必须谋取的是不正当利益，才构成本罪。这里的"不正当利益"，是指不法利益或者行为人不应得到的利益。司法解释对谋取不正当利益的范围限定得比较小。根据《最高人民法院、最高人民检察院关于办理行贿刑事案件具体应用法律若干问题的解释》第 12 条的规定："行贿犯罪中的'谋取不正当利益'，是指行贿人谋取的利益违反法律、法规、规章、政策规定，或者要求国家工作人员违反法律、法规、规章、政策、行业规范的规定，为自己提供帮助或者方便条件。违背公平、公正原则，在经济、组织人事管理等活动中，谋取竞争优势的，应当认定为'谋取不正当利益'。"

从理论上看，在正常情况下，能否获取该利益并不确定，但行为人通过行贿方式取得这种利益的，也是谋取不正当利益。谋取不正当利益，不是仅仅指谋取本人的利益，谋取的利益与第三人、单位有关，也是谋取利益。

在司法实践中，行为人谋取的下述利益，属于不正当利益：①在任何情况下，法律都禁止得到的利益，如通过偷税、套汇、走私等得到的利益；②在不具备取得某种利益的条件或是取得该利益具有不确定性时，用不正当手段取得该利益或者排斥竞争对手，如在建设工程招标时，以不正当手段获得承包权；③依法应当履行的义务通过不正当手段得以减免，如通过行贿得以减免债务、获得税款减免等。至于行为人对于所要谋取的不正当利益是否向受贿人明确提出，受贿人是否着手为其谋取部分或全部利益，都不影响本罪的成立。

赠送礼物纯属私人亲情、友谊的表现，不附加任何条件的，不构成行贿罪。但是，虽然存在亲情关系，但馈赠是为了使对方利用职务之便为其谋取不正当利益，财物和职权使用之间有对价关系的，并不妨碍行贿罪的成立。

（2）给付财物。

在实践中，行贿的方法多种多样，有公开行贿的，有巧妙伪装秘密行贿的；有事前行贿的，有事后行贿的。不论采取何种方式，只要行贿人为谋取非法利益主动给予国家工作人员以财物的，就可构成行贿罪。国家工作人员对他人行贿的提议加以拒绝的场合，本罪也成立；贿赂实际提供了，但被国家工作人员当场拒绝的，同样成立行贿；国家工作人员没有认识到财物的贿赂性，或者已经认识但有返还的意思或者上缴纪检监察部门的意思，而加以接受的，本罪也成立。

给予财物，是指主动提供，使对方收受的行为。给予行为和对方的收受行为之间是必要共犯的关系。行贿人教唆、帮助受贿人收受财物，只成立行贿罪，而不成立受贿罪的教唆、帮助犯。行为人已经着手实施给付财物的行为，但遭到国家工作人员拒收或者由于其他原因没有给付出去的，属于本罪未遂。已经将财物实际给予国家工作人员的，构成本罪既遂。

4. 主观要件

本罪在主观方面是故意，行贿人对于其行为的性质、目的、结果均有明确认识，并意图以较小的利益作贿赂，谋取较大的不正当利益（目的）。行贿人并不试图直接从犯罪行为中取得不正当利益，其将取得的利益处分给他人或者单位的意思，属于犯罪动机，对于定罪没有影响。

行为人没有犯罪故意，因被勒索给予国家工作人员以财物，没有获得不正当利益的，不是行贿。

5. 立案标准

根据《最高人民检察院关于行贿罪立案标准的规定》的规定，"行贿案（刑法第三百八十九条、第三百九十条）行贿罪是指为谋取不正当利益，给予国家工作人员以财物的行为。在经济往来中，违反国家规定，给予国家工作人员以财物，数额较大的，或者违反国家规定，给予国家工作人员以各种名义的回扣、手续费的，以行贿罪追究刑事责任。涉嫌下列情形之一的，应予立案：1. 行贿数额在一万元以上的；2. 行贿数额不满一万元，但具有下列情形之一的：（1）为谋取非法利益而行贿的；（2）向三人以上行贿的；（3）向党政领导、司法工作人员、行政执法人员行贿的；（4）致使国家或者社会利益遭受重大损失的。因被勒索给予国家工作人员以财物，已获得不正当利益的，以行贿罪追究刑事责任"。

根据《最高人民法院、最高人民检察院关于办理行贿刑事案件具体应用法律若干问题的解释》第 2 条的规定："因行贿谋取不正当利益，具有下列情形之一的，应当认定为刑法第三百九十条第一款规定的'情节严重'：（一）行贿数额在二十万元以上不满一百万元的；（二）行贿数额在十万元以上不满二十万元,并具有下列情形之一的:1. 向三人以上行贿的;2. 将违法所得用于行贿的;3. 为实施违法犯罪活动,向负有食品、药品、安全生产、环境保护等监督管理职责的国家工作人员行贿,严重危害民生、侵犯公众生命财产安全的;4. 向行政执法机关、司法机关的国家工作人员行贿,影响行政执法和司法公正的;(三)其他情节严重的情形。"根据第 3 条的规定:"因行贿谋取不正当利益,造成直接经济损失数额在一百万元以上的,应当认定为刑法第三百九十条第一款规定的'使国家利益遭受重大损失'。"根据第 4 条的规定:"因行贿谋取不正当利益,具有下列情形之一的,应当认定为刑法第三百九十条第一款规定的'情节特别严重':(一)行贿数额在一百万元以上的;(二)行贿数额在五十万元以上不满一百万元,并具有下列情形之一的:1. 向三人以上行贿的;2. 将违法所得用于行贿的;3. 为实施违法犯罪活动,向负有食品、药品、安全生产、环境保护等监督管理职责的国家工作人员行贿,严重危害民生、侵犯公众生命财产安全的;4. 向行政执法机关、司法机关的国家工作人员行贿,影响行政执法和司法公正的;(三)造成直接经济损失数额在五百万元以上的;(四)其他情节特别严重的情形。"

二、单位行贿罪

(一)单位行贿罪概述

单位行贿罪是指单位为谋取不正当利益而给予国家工作人员财务的行为。根据《刑法》第 393 条的规定:"单位为谋取不正当利益而行贿,或者违反国家规定,给予国家工作人员以回扣、手续费,情节严重的,对单位判处罚金,并对其直接负责的主管人员和其他直接责任人员,处五年以下有期徒刑或者拘役,并处罚金。因行贿取得的违法所得归个人所有的,依照本法第三百八十九条、第三百九十条的规定定罪处罚。"

(二)单位行贿罪的构成标准①

1. 犯罪主体

单位行贿罪的主体是机关、团体、公司、企业或者事业单位。至于单位是国有、集体还是中外合资、中外合作、外商独资以及私营企业,都在所不问。

---

① 参见周光权:《刑法各论》,中国人民大学出版社 2016 年版,第 492～493 页。

2. 犯罪客体

本罪侵害的客体是国家工作人员职务的廉洁性和国家机关的正常活动。

3. 客观要件

本罪在客观方面表现为单位为谋取不正当利益而行贿的行为。

接受财物的一方必须是国家工作人员，行贿者才构成本罪。单位为谋取不正当利益，给予国家机关、国有公司、企业、事业单位、人民团体以财物的，构成对单位行贿罪，而不构成本罪。单位违反国家规定，给予国家工作人员以回扣、手续费，情节严重的，也构成单位行贿罪。

4. 主观要件

本罪在主观方面是故意，即行为人明知给予国家工作人员财物的行为会损害其职务行为的公正性，而故意给予其财物，或者故意违反国家规定给予国家工作人员以回扣、手续费。犯罪目的是为单位谋取不正当利益的，至于其目的是否实施，对成立犯罪没有影响。为将行贿取得的违法所得或其他不正当利益归个人所有，而以单位名义行贿的，属于为个人谋取不正当利益的情形，应按行贿罪定罪处罚。

5. 单位行贿罪的立案标准

根据《最高人民检察院关于人民检察院直接受理立案侦查案件立案标准的规定（试行）》第一部分第八项的规定，涉嫌单位行贿，有以下情形之一的，应予以立案：（1）单位行贿数额在20万元以上的；（2）单位为谋取不正当利益而行贿，数额在10万元以上不满20万元，但具有下列情形之一的：①为谋取非法利益而行贿的；②向3人以上行贿的；③向党政领导、司法工作人员、行政执法人员行贿的；④致使国家或者社会利益遭受重大损失的。

《最高人民法院、最高人民检察院关于办理商业贿赂刑事案件适用法律若干问题的意见》相关内容如下："一、商业贿赂犯罪涉及刑法规定的以下八种罪名：（1）非国家工作人员受贿罪（刑法一百六十三条）；（2）对非国家工作人员行贿罪（刑法第一百六十四条）；（3）受贿罪（刑法第三百八十五条）；（4）单位受贿罪（刑法第三百八十七条）；（5）行贿罪（刑法第三百八十九条）；（6）对单位行贿罪（刑法第三百九十一条）；（7）介绍贿赂罪（刑法第三百九十二条）；（8）单位行贿罪（刑法第三百九十三条）。……七、商业贿赂中的财物，既包括金钱和实物，也包括可以用金钱计算数额的财产性利益，如提供房屋装修、含有金额的会员卡、代币卡（券）、旅游费用等。具体数额以实际支付的资费为准。八、收受银行卡的，不论受贿人是否实际取出或者消费，卡内的存款数额一般应全额认定为受贿数额。使用银行卡透支的，如果由给予银行卡的一方承担还款责任，透支数额也应当认定为受贿数额。九、在行贿犯罪中，'谋取不正当利益'，是指行贿人谋取违反法律、法规、规章或者政策规定的利益，或者要求对方违反法律、法规、规章、政策、行业规范的规定提供帮助或者方便条件。在招标投标、政府采购等商业活动中，违背公平原则，给予相关人员财物以谋取竞争优势的，属于'谋取不正当利益'。十、办理商业贿赂犯罪案件，要注意区分贿赂与馈赠的界限。主要应当结合以下因素全面分析、综合判断：（1）发生财物往来的背景，如双方是否存在亲友关系及历史上交往的情形和程度；（2）往来财物的价值；（3）财物往来的缘由、时机和方式，提供财物方对于接受方有无职务上的请托；（4）接受方是否利用职务上的便利为提供方谋取利益。"

三、单位受贿罪

（一）单位受贿罪概述

单位受贿罪是国家机关、国有公司、企业、事业单位、人民团体，索取、非法收受他人财物，为他人谋取利益，情节严重的行为。根据《刑法》第 387 条的规定："国家机关、国有公司、企业、事业单位、人民团体，索取、非法收受他人财物，为他人谋取利益，情节严重的，对单位判处罚金，并对其直接负责的主管人员和其他直接责任人员，处五年以下有期徒刑或者拘役。前款所列单位，在经济往来中，在帐外暗中收受各种名义的回扣、手续费的，以受贿论，依照前款的规定处罚。"

（二）单位受贿罪的构成标准①

1. 犯罪主体

单位受贿罪的主体是单位，即依法律规定合法成立的国家机关、国有公司、企业、事业单位、人民团体。单位的受贿故意是经单位的决策机构的授权和同意，由其直接负责的主管人员和其他直接责任人员故意收受或者索取贿赂的行为表现出来的，主管人员和直接责任人员的意志即是单位意志的表现。但是单位主管人员和其他直接责任人员假借单位名义索取、非法收受他人财物后私分、中饱私囊的，不构成本罪，而构成受贿罪。

---

① 参见周光权：《刑法各论》，中国人民大学出版社 2016 年版，第 485～486 页。

2. 犯罪客体

本罪侵害的客体是国有单位的正常工作秩序和国家的廉政建设制度。

3. 客观要件

本罪在客观方面表现为利用职权索取、非法收受他人财物，为他人谋取利益，情节严重的行为。

单位受贿行为必须利用职务上的便利实施。受贿方式有索取和收受两种。索取是单位以明示、暗示的要挟方法主动向其他单位或个人索取财物；收受是指单位违反法律规定对他人交付的财物被动地予以接受。无论是索取财物，还是非法收受财物，都必须以为他人谋取利益为要件。为他人谋取利益是指承诺为他人谋取利益，承诺是真实还是虚假的，是以口头的还是暗示的，都在所不问。谋取的是合法利益还是非法利益，也不影响本罪成立。

单位在经济来往中，账外暗中收受各种名义的回扣、手续费的行为的，也构成本罪。账外暗中收受回扣是指国家机关、国有公司、企业、事业单位、人民团体在各种经济往来中，未在依法设立的财务账目上按照财务会计制度如实记载而收受回扣或各种名义的手续费（如佣金、信息费、顾问费、好处费、保护费等）。

4. 主观要件

本罪在主观方面是故意，是经单位领导机构决策，代表单位的整体意志。

5. 单位受贿罪的立案标准

根据《最高人民检察院关于人民检察院直接受理立案侦查案件立案标准的规定》第一部分第 4 项的规定，涉嫌单位受贿，有以下情形之一的，应予以立案：（1）单位受贿数额在 10 万元以上的；（2）单位受贿数额不满 10 万元，但具有下列情形之一的：①故意刁难、要挟有关单位、个人，造成恶劣影响的；②强行索取财物的；③致使国家或者社会利益遭受重大损失的。

四、对单位行贿罪

（一）对单位行贿罪概述

对单位行贿罪，是指个人或者单位为谋取不正当利益，给予国家机关、国有公司、企业、事业单位、人民团体以财物的行为。根据《刑法》第 391 条的规定："为谋取不正当利益，给予国家机关、国有公司、企业、事业单位、人民团体以财物的，或者在经济往来中，违反国家规定，给予各种名义的回扣、手续费的，处三年以下有期徒刑或者拘役，并处罚金。单位犯前款罪的，对单位判处罚金，并对其直接负责的主管人员和其他直接责任人员，依照前款的规定处罚。"

（二）对单位行贿罪的构成标准①

1. 犯罪主体

对单位行贿罪的主体是一般主体。自然人和单位均能构成本罪。

2. 犯罪客体

本罪侵害的客体是国家机关、国有公司、企业、事业单位、人民团体的不可收买性、公正性。国家机关、国有公司、企业、事业单位、人民团体担负着国家、社会公共事务的管理、领导和国有资产的运营等特定职责，其必须正确履行职责、廉洁奉公。行贿人通过贿赂收买国家机关、国有公司、企业、事业单位、人民团体，使其丧失原则，利用其管理、经营职权，为行贿人谋取不正当利益，扰乱了国家机关的正常管理秩序，严重妨害了国家机关、国有公司、企业、事业单位、人民团体的正常活动，使其不可收买性、公正性丧失殆尽。

3. 客观要件

本罪在客观方面表现为给予国有单位或人民团体以财物的行为。

本罪的构成以谋取不正当利益为前提。为谋取正当利益，而给予国家机关、国有公司、企业、事业单位、人民团体以财物的，不构成本罪。不正当利益并不仅仅限于非法利益，还包括行为者不应得到的或不确定得到的利益。至于行贿者所谋取的不正当利益是否实现，都与本罪的成立无关。

在经济往来中，为谋取不正当利益，违反国家规定，给予单位以各种名义的回扣、手续费的，也构成本罪。

接受贿赂的人必须是国家机关、国有公司、企业、事业单位、人民团体；给予国有单位或人民团体中的个人以财物的，构成行贿罪。给予集体所有制的公司、中外合资、合作企业、社会团体以财物或者各种名义的回扣、手续费，都不构成犯罪；为谋取不正当利益，给予非国有单位或社会团体中的个人以财物的，构成对公司、企业人员行贿罪。

4. 主观要件

本罪在主观方面是故意，并且具有谋取不正当利益的目的。

---

① 参见周光权：《刑法各论》，中国人民大学出版社 2016 年版，第 485～486 页。

提供贿赂的个人或单位应当对交付的财物是贿赂物有所认识，同时要对接受贿赂者是国有单位或人民团体有认识。行贿时明确认识到接受贿赂者是个人而不是国家机关、国有公司、企业、事业单位、人民团体的，不构成本罪，而构成行贿罪。接受贿赂者实为个人，但其假冒单位名义勒索或收受财物，将贿赂物中饱私囊，行贿人受到欺骗而对此无法认识的，以及单位受贿后将财物私分的，都只成立本罪，不成立行贿罪。

5. 对单位行贿罪的立案标准

根据《最高人民检察院关于人民检察院直接受理立案侦查案件立案标准的规定》第一部分第六项的规定，涉嫌对单位行贿，有以下情形之一的，应予以立案：（1）个人行贿数额在 10 万元以上、单位行贿数额在 20 万元以上的；（2）个人行贿数额不满 10 万元、单位行贿数额在 10 万元以上不满 20 万元，但具有下列情形之一的：①为谋取非法利益而行贿的；②向 3 个以上单位行贿的；③向党政机关、司法机关、行政执法机关行贿的；④致使国家或者社会利益遭受重大损失的。

五、对有影响力的人行贿罪

（一）对有影响力的人行贿罪概述

对有影响力的人行贿罪，是指为谋取不正当利益，向国家工作人员的近亲属或者其他与该国家工作人员关系密切的人，或者向离职的国家工作人员或者其近亲属以及其他与其关系密切的人行贿的行为。根据《刑法》第 390 条之一的规定："为谋取不正当利益，向国家工作人员的近亲属或者其他与该国家工作人员关系密切的人，或者向离职的国家工作人员或者其近亲属以及其他与其关系密切的人行贿的，处三年以下有期徒刑或者拘役，并处罚金；情节严重的，或者使国家利益遭受重大损失的，处三年以上七年以下有期徒刑，并处罚金；情节特别严重的，或者使国家利益遭受特别重大损失的，处七年以上十年以下有期徒刑，并处罚金。单位犯前款罪的，对单位判处罚金，并对其直接负责的主管人员和其他直接责任人员，处三年以下有期徒刑或者拘役，并处罚金。"

（二）对有影响力的人行贿罪的构成标准①

1. 犯罪主体

对有影响力的人行贿罪的主体是一般主体，即凡是达到刑事责任年龄

---

① 参见周光权：《刑法各论》，中国人民大学出版社 2016 年版，第 489 页。

具有刑事责任能力的人，均可构成本罪。单位也能成为本罪的主体。

2. 犯罪客体

本罪侵害的客体是国家工作人员的廉洁性。本罪的犯罪对象为国家工作人员的近亲属或者其他与该国家工作人员关系密切的人，或者离职的国家工作人员或者其近亲属以及其他与其关系密切的人。

3. 客观要件

本罪的客观方面表现为向国家工作人员的近亲属或者其他与该国家工作人员关系密切的人，或者向离职的国家工作人员或者其近亲属以及其他与其关系密切的人行贿的行为。

具体表现为三种行为方式：（1）向国家工作人员的近亲属或者其他与该国家工作人员关系密切的人行贿的行为；（2）向离职的国家工作人员行贿的行为；（3）向离职的国家工作人员的其近亲属以及其他与其关系密切的人行贿的行为。

4. 主观要件

本罪在主观方面是直接故意，并且具有谋取不正当利益的目的。

六、介绍贿赂罪

（一）介绍贿赂罪概述

介绍贿赂罪，是指在受贿人和行贿人之间进行沟通、撮合、引见，使受贿和行贿得以实现的行为。根据《刑法》第392条的规定："向国家工作人员介绍贿赂，情节严重的，处三年以下有期徒刑或者拘役，并处罚金。介绍贿赂人在被追诉前主动交待介绍贿赂行为的，可以减轻处罚或者免除处罚。"

（二）介绍贿赂罪的构成标准[①]

1. 犯罪主体

介绍贿赂罪的主体是一般主体。

2. 犯罪客体

本罪的客体是国家工作人员，既不包括其他非国家工作人员，也不包括单位。

3. 客观要件

本罪的客观方面表现为在行贿人与受贿人之间牵线搭桥，起媒介作用，

---

① 参见周光权：《刑法各论》，中国人民大学出版社2016年版，第485～486页。

以使行贿、受贿行为得以实现的行为。

介绍贿赂，包括接受行贿人的委托，向国家工作人员介绍贿赂；也包括接受国家工作人员的委托，介绍贿赂物的提供者。至于介绍者是否以营利为目的、是否具有国家工作人员身份等，都对成立犯罪没有影响。

介绍贿赂是以行贿者或者受贿者的名义，为行贿者或者受贿者的利益，同时在两者之间进行沟通，而不是单纯地为自己的利益帮助某一方，所以其与受贿罪、行贿罪的帮助犯、教唆犯都不相同。只教唆行贿或者受贿一方实施犯罪的，分别构成行贿罪或者受贿罪的教唆犯；先教唆他人提供贿赂然后教唆另外的人索取、收受该贿赂的，同时构成贿赂罪的教唆犯和介绍贿赂罪，应从一重罪处断。但接受行贿人的委托向国家工作人员介绍贿赂，被国家工作人员拒绝，介绍者构成行贿罪（未遂）的帮助犯；接受国家工作人员的委托向他人提出行贿建议，被对方拒绝的，也只构成受贿罪（未遂）的帮助犯，而不构成介绍贿赂罪。

4. 主观要件

本罪在主观方面是直接故意，即行为人明知行贿人、受贿人的行贿与受贿意图，而故意从中撮合，使行贿、受贿行为得以实现。犯罪动机多种多样，有的是为亲友帮忙，有的是为了讨好国家工作人员，有的是为了从中谋取非法经济利益。动机如何，并不影响本罪成立。

5. 介绍贿赂罪的立案标准

根据《最高人民检察院关于人民检察院直接受理立案侦查案件立案标准的规定》第一部分第七项的规定，涉嫌介绍贿赂，有以下情形之一的，应予以立案：（1）介绍个人向国家工作人员行贿，数额在2万元以上的；介绍单位向国家工作人员行贿，数额在20万元以上的；（2）介绍贿赂数额不满上述标准，但具有下列情形之一的：①为使行贿人获取非法利益而介绍贿赂的；②3次以上或者为3人以上介绍贿赂的；③向党政领导、司法工作人员、行政执法人员介绍贿赂的；④致使国家或者社会利益遭受重大损失的。

七、非国家工作人员受贿罪

（一）非国家工作人员受贿罪概述

非国家工作人员受贿罪，是指公司、企业或者其他单位的工作人员利用职务上的便利，索取他人财物或者非法收受他人财物，为他人谋取利益，数额较大的行为。根据《刑法》第163条第1款的规定："公司、企业或者其他单位的工作人员利用职务上的便利，索取他人财物或者非法收受他人财物，为他人谋取利益，数额较大的，处五年以下有期徒刑或者拘役；数额巨大的，处五年以上有期徒刑，可以并处没收财产。"第163条第2款规定："公司、企业或者其他单位的工作人员在经济往来中，利用职务上的便利，违反国家规定，收受各种名义的回扣、手续费，归个人所有的，依照前款的规定处罚。"

（二）非国家工作人员受贿罪的构成标准

1. 犯罪主体

本罪的主体是特殊主体，即公司、企业或者其他单位的工作人员。这里的公司、企业的工作人员，包括公司、企业的董事、监事、经理、会计等行政人员和业务人员。国有公司、企业以及其他国有单位中的非国家工作人员，也是这里的公司、企业人员。对应的，国家工作人员构成的是受贿罪。此外，这里的其他单位工作人员，既包括社会团体、村民委员会、居民委员会、村民小组等常设性组织的工作人员，也包括为组织体育赛事，文艺演出或者其他正当活动而成立的组委会、裁判机构等委会、工程承包队等非常设性组织的工作人员。

（1）医疗机构中的非国家工作人员，在药品、医疗器械、医用卫生材料等医药产品采购中，利用职务上的便利，索取销售方财物，或者非法收受销售方财物，为销售方谋取利益，构成犯罪的，以本罪定罪处罚。医疗机构中的医务人员，利用开处方的职务便利，以各种名义非法收受药品、医疗器械、医用卫生材料等医药产品销售方财物，为医药产品销售方谋取利益，数额较大的，亦构成本罪。

（2）依法组建的评标委员会、竞争性谈判机构中谈判小组、询价采购中询价小组的组成人员，在招标、政府采购等事项的评标或者采购活动中，索取他人财物或者非法收受他人财物，为他人谋取利益，数额较大的，依照本罪定罪处罚。

（3）非国家工作人员与国家工作人员通谋，共同收受他人财物，构成共同犯罪的，根据双方利用职务便利的具体情形分别定罪追究刑事责任：①利用国家工作人员的职务便利为他人谋取利益的，以受贿罪追究刑事责任；②利用非国家工作人员的职务便利为他人谋取利益的，以非国家工作人员受贿罪追究刑事责任；③分别利用各自的职务便利为他人谋取利益的，按照主犯的犯罪性质追究刑事责任，不能分清主从犯的，可以受贿罪追究刑事责任。

2. 犯罪客体

本罪侵犯的客体是国家对公司、企业以及非国有事业单位、其他组织的工作人员职务活动的管理制度。在市场经济的运行机制中，公司、企业以及事业单位、其他组织等单位扮演着十分重要的角色。这些单位的工作人员通过自己合法的职务活动，使公司、企业、事业单位等在市场经济体制中的角色得以发挥。因此，有关法律对这些单位的工作人员的职务活动作了规范，建立起一套明确的管理制度。相关人员受贿罪则是对这套管理制度的直接侵犯，从而产生公司、企业、事业单位等管理层的腐败，危害公司、企业、事业单位的根本利益，破坏正常的社会主义市场公平竞争的交易秩序。

3. 客观要件

本罪在客观方面表现为利用职务上的便利，索取他人财物或者非法收受他人财物，为他人谋取利益的行为。

（1）利用职务上的便利，是指直接利用本人组织、监督、管理（主管、负责）某项工作的便利条件，即利用本人担任公司、企业中某种职务所享有的主管、分管、决定、处理以至经办某种事务的人、财、物决定权。不是直接利用本人的职权，而是利用由本人职权或地位所形成的便利条件，通过第三者为请托人谋取利益，收受请托人财物的（斡旋受贿）行为，不成立本罪。

（2）索取，是指利用职务上的便利，在请托人要求其通过执行或不执行公司、企业职务而为他人谋取利益之机，主动向他人索要、要求提供财物的行为。利用职务上的便利，强行向他人提出"借贷"要求，但完全无归还意思的，也是索取财物。收受，是指被动地接受他人给付的财物。至于财物交付是在谋取利益之前，还是在谋取利益之后，是直接由行贿人交付还是第三者转交，都不影响收受的成立。

（3）无论是利用职务上的便利主动索取他人财物，还是被动收受他人财物，都要求有为他人谋取利益的行为，才能构成本罪。许诺一般是明示的承诺，但也不排除暗示的允诺。许诺为他人谋取利益的内容是否通过实际的行动部分兑现，或者已经全部实现，都不影响成立为他人谋取利益。为他人谋取的是正当利益，还是不正当利益，不影响犯罪的成立。

（4）本罪中的财物，既包括金钱和实物，也包括可以用金钱计算数额的财产性利益，如提供房屋装修、含有金额的会员卡、代币卡（券）、旅游费用等。具体数额以实际支付的资费为准。收受银行卡的，不论受贿人是否实际取出或消费，卡内的存款数额一般应全额认定为受贿数额。使用银行卡透支的，如果由给予银行卡的一方承担还款责任，透支数额也应当认定为受贿数额。

（5）公司、企业或者其他单位的工作人员在经济往来中，违反国家规定，收受各种名义的回扣、手续费，归个人所有的，也按照本罪定罪处罚。

4. 主观要件

本罪在主观方面是故意，明知利用职务上的便利为他人谋取利益而索取或收受贿赂的行为是损害其职务的不可收买性的行为，而执意实施。

5. 非国家工作人员受贿罪的立案标准

《最高人民检察院、公安部关于公安机关管辖的刑事案件立案追诉标准的规定（二）》（公通字〔2010〕23号）第10条规定："公司、企业或者其他单位的工作人员利用职务上的便利，索取他人财物或者非法收受他人财物，为他人谋取利益，或者在经济往来中，利用职务上的便利，违反国家规定，收受各种名义的回扣、手续费，归个人所有，数额在五千元以上的，应予立案追诉。"第89条规定："对于预备犯、未遂犯、中止犯，需要追究刑事责任的，应予立案追诉。"

《最高人民法院、最高人民检察院关于办理贪污贿赂刑事案件适用法律若干问题的解释》（法释〔2016〕9号）第11条第1款规定："刑法第一百六十三条规定的非国家工作人员受贿罪、第二百七十一条规定的职务侵占罪中的'数额较大''数额巨大'的数额起点，按照本解释关于受贿罪、贪污罪相对应的数额标准规定的二倍、五倍执行。"

（三）非国家工作人员受贿罪典型案例辨析

1. 一汽大众刁某非国家工作人员受贿案

【基本案情】

2013年至2015年，被告人刁某在担任一汽大众汽车有限公司规划部工艺规划部部长期间，利用其职务便利，为韩国"塔金属"公司在一汽大众公司提供的模具使用、调试、质量把控及竞争优势上给予帮助，分三次收受该公司的中国代理吕某给予的5万美元（折合人民币30.5万元）。

【诉讼经过】

长春汽车经济技术开发区人民检察院以被告人刁某犯非国家工作人员

受贿罪，向长春汽车经济技术开发区人民法院提起公诉。

被告人刁某及其辩护人在开庭审理过程中亦无异议。

长春汽车经济技术开发区人民法院于2018年1月23日依法判决如下：（1）被告人刁某犯非国家工作人员受贿罪，判处有期徒刑一年，与前罪判处的有期徒刑五年，并处没收财产人民币一百万元数罪并罚，决定执行有期徒刑五年四个月，并处没收财产人民币一百万元。（2）被告人刁某本次犯罪违法所得人民币三十万五千元依法没收，上缴国库。

【案例分析】

本案中，行为人刁某在通过职务之便，给交易对象在竞争优势上提供帮助，收受贿赂，构成犯罪。在理论中，根据受贿主体不同可区分为：腐败性贿赂与竞争性贿赂。需注意的是，竞争性商业贿赂与腐败性商业贿赂都是学理上的概念，目前尚未将其纳入法律体系中。

所谓腐败性贿赂，是指在收受好处的个人违反法定职责或者违反对于单位承担的忠实义务的商业贿赂。腐败性贿赂侵害的对象主要自然人职务行为的廉洁性。所谓竞争性贿赂是收受好处的对象是商业主体，当然也不排除在公司默许的情况下，经营者将好处直接给付给对方公司的职员。竞争性贿赂主要侵犯的是公平竞争的市场秩序。

而实务当中，竞争性贿赂经常以"行业惯例"的形式出现，因此竞争性贿赂的风险更容易被企业所忽视。企业在经营中应明确告知员工此类贿赂可能存在的形式及后果，并在企业内部制定严格且公平的处分规则，对员工进行相应的约束。

2. 一汽大众耿某非国家人员受贿案

【基本案情】

2003年至2012年期间，被告人耿某担任一汽大众汽车有限公司规划部一般规划科项目主管工程师期间，在负责一汽大众股份有限公司长春二厂、成都、青岛等工程项目过程中，利用自己对工程进度、工程质量、工程签证（现场工程量变更审核）竣工验收等方面的权力，收受一汽大众工程项目承包商刘某某贿赂，为其谋取利益。

【诉讼经过】

2016年4月8日，长春汽车经济技术开发区人民检察院以长汽检刑检刑诉〔2016〕61号起诉书指控被告人耿某犯受贿罪。被告人耿某对公诉机关指控的受贿事实无异议，但认为其应构成非国家工作人员受贿罪。被告人耿某的辩护人认为，被告人耿某应成立非国家工作人员受贿罪。最终，法院认为本案中，被告人耿某在案发前所属单位即一汽大众汽车有限公司系中外合资企业。耿某于 1991 年 7 月经原第一汽车制造厂同意调入一汽大众汽车有限公司工作，并于 2003 年 7 月与该公司签订了无固定期限劳动合同。综合全案证据可以认定，耿某与原第一汽车制造厂（现中国第一汽车集团公司）已不具有劳动法律关系和组织人事关系，其工作单位变动系市场经济条件下的正常工作调动而非受相关国家机关、国有企业委派。根据现行法律对"国家工作人员"范围的界定，被告人耿某已不具备国家工作人员的主体身份，而仅是中外合资企业的工作人员，故本案应认定耿某构成非国家工作人员受贿罪而非公诉机关指控的受贿罪。

【案件分析】

本案的焦点在于如何区分"受贿罪"与"非国家工作人员受贿罪"。区别这两种罪的关键是界定行为人是否是国家工作人员。在本案中，特殊的地方在于一汽大众为中外合资汽车生产企业，因此怎样界定此类企业中的员工性质，往往成了审判中的焦点问题。

根据 2001 年 5 月 23 日最高人民法院印发的《关于在国有资本控股、参股的股份有限公司从事管理工作的人员利用职务便利非法占有本公司财物如何定罪问题的批复》中规定："在国有资本控股、参股的股份有限公司中从事管理工作的人员，除受国家机关、国有公司、企业、事业单位委派从事公务的以外，不属于国家工作人员。"因此，从个人身份认定上，需要看是否与国有公司、企业存在行政隶属、人事聘任、档案管理等组织人事关系。从履行职务的角度，需看其是否接受了国家机关、国有公司、企业、事业单位的委派从事公务。

在实践中，公务区别于劳务主要体现在如下几个方面：第一，公务是从国家权力派生出来的一种具有管理、组织、领导、监督等职能的活动，具有一定的公共性；而劳务是指从事具体的生产活动或技术性的劳动，劳动者以自己的劳动来获得相应的报酬，不具备公共属性。第二，公务活动是管理性活动，是管理者与被管理者之间的活动。而劳务活动中的主客体一方是劳动者，另一方是自然界，不具备管理性。第三，认定非国有公司、企业中的人员是否从事公务，还要看其是否具有国家代表性，因为任何组织当中都存在组织领导监督管理工作。

3. 一汽大众销售公司周某非国家工作人员受贿案

【基本案情】

2007 年 4 月至 2009 年 4 月，被告人周某在担任一汽大众销售公司大众品牌东区事业部总经理期间，利用职务便利，收受河南省漯河市宝捷汽车销售服务有限公司董事长刘某某人民币共计 53 万元、江苏南京协众汽车销售有限公司董事长陈某甲人民币共计 100 万元、山东省淄博维达长齐汽车销售有限公司董事长陈某乙一万元人民币银行卡以及现金 5 万元，共计 159 万元。

2009 年至 2013 年，被告人周某在一汽大众销售有限公司任主管网络与培训副总经理期间，利用其工作便利，在经销商申请建立新的一汽大众品牌 4S 店的过程中，收受北京运通国融投资有限公司法定代表人孙某某等 33 家一汽大众品牌经销商的投资人或部分总经理的贿赂款项，共计人民币 1844 万元、美元 174 万元、欧元 94.1 万元、港币 120 万元。

此外，庞大汽贸集团股份有限公司董事长庞某某等 9 家一汽大众品牌经销商的投资人或者少部分总经理，在一汽大众销售公司组织的会议期间、春节前以及与周某接触时，分别给予周某好处，共计人民币 30 万元、港币 31 万元、美元 4.6 万元、欧元 13.3 万元、澳大利亚元 1.3 万元。

2011 年至 2012 年，被告人周某收受浙江杭州柏年光电标饰有限公司法定代表人潘某某、上海百年企业管理咨询有限公司法定代表人王某某、上海新万进家具有限公司合伙人吴某的贿赂款项。共计人民币 120 万元、港币 20 万元、美元 5 万元。

【案件经过】

梅河口市人民检察院以被告人周某犯非国家工作人员受贿罪，向梅河口市人民法院提起公诉。公诉机关认为，被告人周某到案后，揭发他人犯罪行为，经查证属实，具有立功表现。

梅河口市人民法院于 2015 年 9 月 9 日依法判决如下：（1）被告人周某犯非国家工作人员受贿罪，判处有期徒刑七年，并处没收个人财产人民币 25 337 152.50 元；（2）将扣押被告人周某退回的全部赃款予以没收。

【案例分析】

本案行为人系中外合资企业聘任的工作人员，其利用工作上的便利，为他人谋取利益，收受他人财物归个人所有，数额巨大，其行为已构成非国家工作人员受贿罪，应予惩处。在实践中，对于个人利用职务之便收受赂往往难以控制，但相关企业可以在以下环节重点把控：第一，汽车销售店在签订品牌网络建设的战略合作协议、设立 4S 店、增加车源供给、日常销售计划管理、评选先进店、年终返利等方面对汽车生产厂商具有依赖性；第二，零部件供应商、广告服务商等产品或服务供应商也对汽车生产厂商具有依赖作用。因此，处于上述交易环节的企业应在相关交易中重点关注相关职员的廉洁性，防止企业员工利用职务上的便利收取赂赂，谋取不正当利益。

第二节　侵犯财产型犯罪

一、职务侵占罪

(一) 职务侵占罪概述

职务侵占罪是指公司、企业或者其他单位的人员，以非法占有为目的，利用职务上的便利，侵吞、骗取、窃取或以其他手段占有本单位财物，数额较大的行为。根据《刑法》第 271 条第 1 款的规定："公司、企业或者其他单位的人员，利用职务上的便利，将本单位财物非法占为己有，数额较大的，处五年以下有期徒刑或者拘役；数额巨大的，处五年以上有期徒刑，可以并处没收财产。"

(二) 职务侵占罪的构成标准

职务侵占罪与贪污罪的表现形式有一定相似之处，二者的区别如下：

	职务侵占罪	贪污罪
犯罪主体	公司、企业或者其他单位的人员，不具有国家工作人员身份的一切职工都可成为职务侵占罪的主体	只限于国家工作人员，其中包括在国有公司、企业或者其他公司、企业中行使管理职权，并具有国家工作人员身份的人员
犯罪行为	利用职务的便利，侵占本单位财物的行为	利用职务上的便利侵吞、盗窃、骗取公共财物的行为
犯罪对象	必须是自己职权范围内或者是工作范围内经营的本单位的财物。既可能是公共财物，也可能是私有财物	只能是公共财物

具体而言，职务侵占罪的构成要件如下：

1. 犯罪主体

职务侵占罪的行为主体是公司、企业或者其他单位的人员，也即非国家工作人员。这是与贪污罪中的国家工作人员相对应的概念。在《刑法》

中，以下人员构成国家工作人员。

（1）国有公司、企业或者其他国有单位中从事公务的人员和国有公司、企业或者其他国有单位委派到非国有公司、企业以及其他单位从事公务的人员，是贪污罪的行为主体。

（2）国家机关、国有公司、企业、事业单位中并未从事公务的非国家工作人员，是职务侵占罪的行为主体。

（3）在国有资本控股、参股的股份有限公司中从事管理工作的人员，除受国家机关、国有公司、企业、事业单位委派从事公务的以外，不属于国家工作人员，可以成为侵占罪的主体。

（4）村民委员会等村基层组织人员，利用职务便利侵吞集体财产的，以职务侵占罪论处；但是如果在协助人民政府从事行政管理工作时，利用职务上的便利侵占公共财物的，则成立贪污罪。

因此，除了上述人员，其他人员均构成非国家工作人员。

2. 犯罪客体

本罪侵害的法益是公司、企业或者其他单位的财产权或者财产占有关系。

因此，公司、企业尚未依法成立，或者业务行为本身有重大缺陷，也不妨碍其成为特定的业务，利用该业务上的便利占有自己保管、支配的单位财物，是对委托、信任关系的违背，也侵犯了公司、企业的财产权，在公司、企业的主体资格尚不具备的情况下，侵占行为对合法投资主体依民事程序取回财产有妨碍；在公司业务违法的场合，侵占行为对司法机关依法追缴犯罪赃物也有妨碍，所以仍然可能构成本罪。

3. 客观要件

本罪在客观方面表现为行为人利用职务上的便利，侵占本单位财物，数额较大的行为。

侵占的具体方法是侵吞、骗取、窃取或其他手段。侵吞是典型的变占有为不法所有的行为，多表现为在执行职务经手财物时加以截留。骗取是虚构事实、隐瞒真相而取得单位财物，例如，公司会计涂改账目、伪造单据，夸大公司支出并将多余部分财物据为己有。窃取是以违反单位意思的方法改变占有的行为（监守自盗）。其他方法是指利用职务上的便利，取得单位财物并侵吞等方式相当的方法，例如，将自己掌管的单位现金以个人名义存入银行，而长期非法领取利息的行为，就可以认为是职务侵占罪中的其他方法。

职务侵占罪中的职务，是因为从事一定业务而形成的身份。业务，是指基于社会生活上的地位而反复、继续实施的事务。公司、企业人员职务上的便利是指行为人在公司、企业或者其他单位担任的职权，或者因为执行职务而产生的主管、经手、管理单位财物的便利条件。公司、企业或者有关单位的人员基于职务关系而从事财物的保管、运送、主管等，而占有与自己的业务有密切关联的财物的，就构成本罪。

虽然是单位成员，但窃取、骗取财物没有利用职务上便利的，或者虽然是从事特定业务者，但是随着业务的开展，财产已经脱离特定业务者本人占有，此时再非法取得该财物的，不构成职务侵占罪，而可能构成盗窃、诈骗、抢夺等罪。本单位管理、使用或者运输中的私人财物，应以单位财物论，所以，行为人利用职务上的便利将这些财物据为己有的，也构成本罪。例如，公司、企业对他人交来的遗忘物、埋藏物有保管义务。单位成员对其不法取得的，构成本罪而不构成（普通）侵占罪。

4. 主观要件

本罪在主观方面是故意，此外，还要求行为人具有变自己占有为自己不法所有的目的，这也是本罪和挪用资金罪区分的关键所在。

5. 职务侵占罪的立案标准

根据《最高人民检察院、公安部关于公安机关管辖的刑事案件立案追诉标准的规定（二）》（公通字〔2010〕23号）第84条的规定："公司、企业或者其他单位的人员、利用职务上的便利，将本单位财物非法占为己有，数额在五千元至一万元以上的，应予立案追诉。"

（三）职务侵占罪典型案例辨析

1. 赛格集团有限公司申诉案

【基本案情】

1997年至2007年期间，李建某、李子某、李某文（三人系原案被不起诉人）经共谋，以非法占有为目的，利用其掌控海南赛格集团有限公司经营管理权的职务之便，未按规定报海南省处置地方金融风险领导小组办公室审批，未经资产评估，未经公司董事会、股东会批准同意，有组织地采取暗箱操作、虚假诉讼、恶意对账、捏造付款假象、股权抵债权等非法手段，侵吞原由海南赛格子公司、控股公司100%持有的杭州高尔夫公司股权。经资产评估，被侵吞的杭州高尔夫公司股权共计价值15亿余元人民币。

2000 年 11 月至 2001 年 11 月期间，吕某青（原案被不起诉人）作为海南赛格临时经营班子召集人、资产管理和公章管理负责人，未履行监管职责，导致李建某、李某文、李子某等人侵占海南赛格持有的杭州高尔夫巨额股权，收受李子某给予的好处费共计 231 万元，用于个人消费。

【诉讼经过】

海南省公安厅以涉嫌职务侵占罪于 2007 年 12 月 26 日对李建某、李子某、李某文立案侦查，2008 年 6 月 27 日决定对吕某青以涉嫌非国家工作人员受贿罪立案侦查，2008 年 9 月 23 日交由海口市公安局移送海口市人民检察院审查起诉。海口市人民检察院交由该市龙华区人民检察院办理，龙华区院经两次退回补充侦查，以犯罪事实不清、证据不足为由，于 2009 年 11 月 18 日对李建某、李子某、李某文、吕某青作出不起诉决定。海口市公安局不服先后向龙华区人民检察院、海口市人民检察院提请复议、复核，两级检察院均维持原不起诉决定。

深圳赛格集团有限公司不服向最高人民检察院提出申诉，高检院交海南省人民检察院立案复查。2017 年 11 月 8 日，海南省人民检察院经检委会审议认为，李建某、李子某、李某文构成职务侵占罪、吕某青构成非国家工作人员受贿罪的基本事实清楚，基本证据确实、充分，责令海口市人民检察院依法撤销龙华区人民检察院对李建某、李子某、李某文、吕某青作出的不起诉决定，由海口市检察院对李建某、李子某、李某文、吕某青提起公诉。

【案例分析】

该案系一起行为人利用职务之便，将交付管理、经手、使用的财务据据为己有从而构成职务侵占罪的案例。汽车企业经营中，由于分工需要，部分高管基于一定的合法事由在一定时间内对企业的财务具有事实上的控制权、支配权，如本案中行为人通过虚假诉讼、恶意对账、捏造付款假象、股权抵债权等方式侵占企业财产，以上行为事实上只有掌管企业财务或公章的高管才能实施，然而一旦发生，将对企业造成巨大损失。

除此以外，与高管侵占企业财产相类似的是股东侵占自己出资企业的财产。因股东侵占的企业财产，虽然有部分是自己出资形成的财产，但根据《公司法》规定，在股东出资后该财产已经属于新公司所有，而不再是股东财产。

但无论是股东还是高管，构成职务侵占罪均需满足一定条件，即必须是利用职务上的便利，如果行为人是通过秘密窃取等方式进行侵占，则不构成职务侵占罪。由于汽车企业往往实力强大，投资关系和股权关系复杂，同时企业体量庞大，往往员工众多，高管分管领域也十分细致。因此，从法律风险防范的角度来讲，汽车企业应严格制定内部管理规定，为了防止高管或股东利用职务之便侵占企业财产，应格外重视对决策程序的制定与落实，尽量避免出现单一高管或部门对类似诉讼、审计、投融资等重大事项具有唯一决策权的情形。

2. 新疆奥迪汽车销售公司刘某职务侵占案

【基本案情】

2014 年 6 月至 2017 年 9 月，被告人刘某在本市新疆众悦商贸有限公司担任事故接待期间，利用其有录入事故车辆维修清单权限的职务便利，分多次增改客户维修车辆所需配件，以打折的方式把账做平，将多录入的 226 个汽车配件非法占为己有。经鉴定，该 2226 个汽车配件价值 112 576.61 元。

【诉讼经过】

乌鲁木齐市新市区人民检察院以被告人刘某犯职务侵占罪，向乌鲁木齐市新市区人民法院提起公诉。

被告人刘某对公诉机关指控的犯罪事实及罪名无异议，并自愿认罪。其辩护人认为，被告人刘某归案后自愿认罪，并已主动退赃，且家属对被害单位赔偿得到了被害单位谅解，请求法庭量刑时减轻、从轻处罚。

乌鲁木齐市新市区人民法院于 2018 年 5 月 31 日依法判决被告人刘某构成职务侵占罪，判处拘役三个月。

【案例分析】

行为人系新疆奥迪汽车销售公司售后服务部职员，在公司负责事故接待。在其接待期间，其利用其有录入事故车辆维修清单权限的职务便利，分多次增改客户维修车辆所需配件，以打折的方式把账做平，非法占有公司的财物，构成职务侵占罪。因实务中汽车销售店往往是主机厂的二级经销商，其自主经营，人事关系及内部治理规范均由自己决定，且其规模较小，往往不适用大型车企完善的自治规章。由于职务侵占罪往往需要行为人利用职务之便，因此汽车经销商同样需注意制定完备的企业自治规范，对于涉及财务的岗位需严格制定工作流程，在条件允许的情况下定期轮岗，降低此类事件发生的风险。

3. 苏州华美都汽车销售服务有限公司郝某职务侵占案

被告人郝某在担任苏州华美都汽车销售服务有限公司售后部备件副经理期间，于 2016 年 7 月中下旬，在得知在上海东方汽配城从事汽车配件生意的肖某需要购买大众汽车配件后，经事先预谋，利用职务之便，以公司名义向上海大众汽车有限公司订购了 30 种 976 件汽车配件，并将该配件以其个人名义私自出售给肖某并从中获利。后被告人郝某在公司配件订货系统中采用负入库的方式造假冲账，对上述行为予以掩饰，从而其将出售给肖某的汽车配件予以侵吞。经鉴定，上述汽车配件合计价值人民币 99 035 元。

【诉讼经过】

苏州市吴中区人民检察院向苏州市吴中区人民法院提起公诉。检察机关指控：被告人郝某利用职务上的便利，将本单位财物非法占为己有，数额较大，其行为触犯了《刑法》第 271 条第 1 款的规定，应当以职务侵占罪追究其刑事责任。被告人郝某归案后如实供述自己的罪行，可以从轻处罚。

被告人郝某对起诉书指控的事实和罪名均无异议。

苏州市吴中区人民法院于 2017 年 8 月 30 日依法判决如下：被告人郝某犯职务侵占罪，判处拘役五个月，缓刑一年。

【案例分析】

本案中，被告人郝某利用职务之便，以公司名义向上海大众汽车有限公司订购汽车配件，并以个人名义出售从中获利。此后被告人郝某在公司配件订货系统中采用负入库的方式造假冲账，对上述行为予以掩饰，从而侵吞汽车配件。该被告的行为一方面构成职务侵占罪，一方面也构成民事法律关系中的表见代理。在汽车买卖实践中，同类案件屡见不鲜。部分品牌 4S 店的负责人以"优惠"为引诱，并出具加盖本公司公章的说明，诱使消费者直接将购车款打入 4S 店某个人账户，从而携款潜逃。此类案件的共性是行为人往往以企业的名义进行交易，进而侵吞企业财产。行为人之所以能够利用职务之便，往往因其直接保管公司公章或长期代表公司进行交易。为了防止此类情况发生，汽车企业及相关经销商应严格保管企业公章，且尽量减少印章的类型，合并各类专用章并进行集中管理，制定严格的用章流程。在对外交易方面，应在交易中反复强调、约定一切交易均以盖有公章且有法定代表人签名的书面文件为准，口头达成的约定无效，规范交易习惯，降低此类法律风险。

二、挪用资金罪

（一）挪用资金罪概述

挪用资金罪是指公司、企业或者其他单位的工作人员，利用职务上的便利，挪用本单位资金归个人使用或者借贷给他人，数额较大、超过三个月未还的，或者虽未超过三个月，但数额较大、进行营利活动的，或者进行非法活动的行为。根据《刑法》第 272 条第 1 款的规定："公司、企业或者其他单位的工作人员，利用职务上的便利，挪用本单位资金归个人使用或者借贷给他人，数额较大、超过三个月未还的，或者虽未超过三个月，但数额较大、进行营利活动的，或者进行非法活动的，处三年以下有期徒刑或者拘役；挪用本单位资金数额巨大的，或者数额较大不退还的，处三年以上十年以下有期徒刑。"

（二）挪用资金罪的构成标准

1. 犯罪主体

本罪的行为主体必须是公司、企业或者其他单位的工作人员（与职务侵占罪的行为主体相同）。具体包括三种不同身份的自然人，一是股份有限公司、有限责任公司的董事、监事，二是上述公司的工作人员，是指除公司董事、监事之外的经理、部门负责人和其他一般职工。上述的董事、监事和职工必须不具有国家工作人员身份。三是上述企业以外的企业或者其他单位的职工，包括集体性质的企业、私营企业、外商独资企业的职工，另外在国有公司、国有企业、中外合资、中外合作股份制公司、企业中不具有国家工作人员身份的所有其他职工以及受国家机关、国有公司、企业、事业单位、人民团体委托，管理、经营国有财产的非国家工作人员。具有国家工作人员身份的人，不能成为本罪的主体，只能成为挪用公款罪的主体。

2. 犯罪客体

本罪所侵害的客体是公司、企业或者其他单位资金的使用收益权，对象则是本单位的资金。所谓本单位的资金，是指由单位所有或实际控制使用的一切以货币形式表现出来的财产。

3. 客观方面

本罪在客观方面表现为行为人用职务上的便利，挪用本单位资金归个人使用或者借贷给他人，数额较大、超过三个月未还的，或者虽未超过三个月，但数额较大、进行营利活动的，或者进行非法活动。挪用是指利用职务上的便利，非法擅自用单位资金归本人或他人使用，但准备日后退还。利用职务上的便利，是指利用本人在职务上主管、经管或经手单位资金的方便条件，例如单位领导人利用主管财务的职务，出纳员利用保管现金的职务，以及其他工作人员利用经手单位资金的便利条件。未利用职务上的便利，不可能挪用单位资金，也不可能构成挪用资金罪。所谓挪用单位资金归个人适用或者借贷给他人使用，根据《最高人民法院关于如何理解刑法第二百七十二条规定的"挪用单位资金归个人使用或借贷给他人"问题的批复》的规定，挪用单位资金归个人使用或者借贷给他人使用，是指公司、企业或者其他单位的非国家工作人员，利用职务上的便利，挪用本单位资金归本人或者其他自然人使用，或者挪用人以个人名义将挪用的资金借给其他自然人和单位的行为。根据《最高人民检察院公安部关于公安机关管辖的刑事案件立案追诉标准的规定（二）》第85条的规定，"归个人使用"，包括将本单位资金供本人、亲友或者其他自然人适用的，以个人名义将本单位资金供其他单位适用的，个人决定以单位名义将本单位资金供其他单位使用，谋取个人利益的。

具体地说，它包含以下三种行为：（1）挪用本单位资金归个人使用或者借贷给他人，数额较大、超过3个月未还的。这是较轻的一种挪用行为。其构成特征是行为人利用职务上主管、经手本单位资金的便利条件而挪用本单位资金，具用途主要是归个人使用或者借贷给他人使用，但未用于从事不正当的经济活动，而且挪用数额较大，且时间上超过3个月而未还。根据《最高人民法院关于办理违反公司法受贿、侵占、挪用等刑事案件适用法律若干问题的解释》的规定，挪用本单位资金1万元至3万元以上的，为"数额较大"。（2）挪用本单位资金归个人使用或者借贷给他人，虽未超过3个月，但数额较大，进行营利活动的。这种行为没有挪用时间是否超过3个月以及超过3个月是否退还的限制，只要数额较大，且进行营利活动。所谓"营利活动"主要是指进行经商、投资、购买股票或债券等活动。这里的"数额较大"，根据《最高人民法院关于办理违反公司法受贿、侵占、挪用等刑事案件适用法律若干问题的解释》的规定，是指挪用本单位资金5千元至2万元以上的。（3）挪用本单位资金进行非法活动的。这种行为没有挪用时间是否超过3个月以及超过3个月是否退还的限制，也没有数额较大的限制，只要挪用本单位资金进行了非法活动，就构成了本罪。所谓

"非法活动"，就是指将挪用来的资金用来进行走私、赌博等活动。

行为人只要具备上述三种行为中的一种就可以构成本罪，而不需要同时具备，上述挪用资金行为必须是利用职务上的便利，如公司、企业或者其他单位中具有管理、经营或者经手财物职责的经理、厂长、财会人员、购销人员等，利用其具有的管理、调配、使用、经手本单位资金的便利条件，将资金挪作他用。

4. 主观方面

本罪在主观方面只能出于故意，行为人必须明知是单位的资金而非法占有、使用。这里的非法占有、使用的故意，是指暂时占有、使用单位资金的故意，因而不同于盗窃、诈骗中的非法占有目的。如果行为人以非法占有为目的，则成立职务侵占罪。

5. 挪用资金罪的立案、量刑标准

根据《最高人民检察院、公安部关于公安机关管辖的刑事案件立案追诉标准的规定（二）》的规定，"公司、企业或者其他单位的工作人员，利用职务上的便利，挪用本单位资金归个人使用或者借贷给他人，涉嫌下列情形之一的，应予立案追诉：（一）挪用本单位资金数额在一万元至三万元以上，超过三个月未还的；（二）挪用本单位资金数额在一万元至三万元以上，进行营利活动的；（三）挪用本单位资金数额在五千元至二万元以上，进行非法活动的"。数额较大、超过 3 个月未还的，或者虽未超过 3 个月，但数额较大、进行营利活动的，或者进行非法活动的，处三年以下有期徒刑或者拘役；数额巨大的，或者数额较大不退还的，处三年以上十年以下有期徒刑。

（三）挪用资金罪典型案例辨析

【典型案例】

欧某挪用资金罪、职务侵占罪案

【基本案情】

郴州名车会丰田汽车销售服务有限公司是经营汽车及零配件销售等的私营公司。2010 年 1 月 20 日，被告人欧某应聘为郴州名车会丰田汽车销售服务有限公司的销售顾问，同年 5 月 1 日转为销售部上牌专员，其职责负责为购车客户办理上牌照手续，郴州名车会丰田汽车销售服务有限公司因此专为被告人欧某开设一个银行账户，用于其借公司车辆上户款的转账。同年 5 月 7 日至案发时止，被告人欧某以帮客户车辆上车牌为由，先后从郴州名车会丰田汽车销售服务有限公司以现金或银行转账的形式共借出现金926 600元。期间，被告人欧某将其中423 500元用于为客户车辆上车牌照和办理安检、交强险费用，在郴州歌哥游戏厅等赌博场所赌博输掉318 100元。同年7月5日，被告人欧某发现亏空的资金太多，已无法弥补，便生将借出的上牌照款存积一起以便逃跑之念。从同年7月8日开始，被告人欧某将借出的上牌照款积累起来，并于同年7月13日至7月16日，陆续将郴州名车会丰田汽车销售服务有限公司转至其账户上的上牌照款取现，并以现金形式借出的上牌照款合在一起共185 000元，于同年7月17日凌晨携该款潜逃至缅甸。上述款项，被告人欧某至今未能归还给被害单位。

【诉讼经过】

法院认为被告人欧某因无法归还挪用资金，又携公司资金185 000元潜逃，以非法占有，数额巨大，其行为还构成职务侵占罪。判决被告人欧某犯职务侵占罪，判处有期徒刑八年，犯挪用资金罪，判处有期徒刑七年，决定执行有期徒刑十四年。

【案例分析】

本案为典型的挪用资金犯罪。在《刑法》中，挪用资金罪与挪用公款罪是在行为特征上有极高的相似度，容易造成混淆。

挪用公款罪是指国家工作人员，利用职务上的便利，挪用公款归个人使用，进行非法活动的，或者挪用公款数额较大、进行营利活动的，或者挪用公款数额较大、超过3个月未还的行为。根据《刑法》第384条的规定："国家工作人员利用职务上的便利，挪用公款归个人使用，进行非法活动的，或者挪用公款数额较大、进行营利活动的，或者挪用公款数额较大、超过三个月未还的，是挪用公款罪，处五年以下有期徒刑或者拘役；情节严重的，处五年以上有期徒刑。挪用公款数额巨大不退还的，处十年以上有期徒刑或者无期徒刑。挪用用于救灾、抢险、防汛、优抚、扶贫、移民、救济款物归个人使用的，从重处罚。"

从犯罪主体来看，挪用公款罪的犯罪主体为国家工作人员，国有公司、企业、事业单位、人民团体中从事公务的人员和国家机关、国有公司、企业、事业单位委派到非国有公司、企业、事业单位、社会团体从事公务的人员，以及其他依照法律从事公务的人员，以国家工作人员论。

从犯罪客体来看，挪用公款罪侵犯的客体主要是公款的占有权、使用权、收益权以及职务行为的廉洁性。挪用公款罪侵犯的直接客体是公款的使用权，同时行为人挪用公款后必然占有，有的还因此获得收益。而所有权包括占有、使用、收益、处分四种相互联系又具有相对独立性的权能，因此对所有权权能的侵犯也必然是对所有权的侵犯。但是所有权被侵犯并不意味着所有权转移。

从犯罪的客观表现来看，该罪的客观方面表现为行为人实施了利用职务上的便利，挪用公款归个人使用，进行非法活动，或者挪用数额较大的公款进行营利活动，或者挪用数额较大的公款超过 3 个月未还的行为。具体来说包含三个要件：行为人实施了挪用公款的行为。即行为人未经合法批准而擅自将公款移作他用；行为人利用了职务之便。挪用公款的行为是利用其主管、管理、经手公款的职务上的便利实施的；行为人挪用的公款是归个人使用的。所谓归个人使用，既包括由挪用者本人使用，也包括由挪用者交给、借给他人使用，具体可包括以下三种情况：

第一，挪用公款归个人使用进行非法活动。这里所说的非法活动是指挪用公款供个人或他人进行走私、赌博等违法犯罪活动。对这种情况的定罪，没有要求挪用公款的数额要达到较大，也没有规定挪用达到多长时间，根据《最高人民法院关于审理挪用公款案件具体应用法律若干问题的解释》（1998 年 5 月 9 日施行）的规定，挪用公款归个人使用，进行非法活动的，以 5000 元至 1 万元为起点；挪用公款归个人进行营利活动的或挪用公款归个人使用超过 3 个月未还的，以 1 万元至 3 万元为起点。如果挪用公款未达到以上标准的，一般可不认为构成犯罪。

第二，挪用公款归个人进行营利活动，并且数额较大的。这是指挪用数额较大的公款作为挪用人或者他人进行营利活动的资本，如挪用人本人或者他人将挪用的公款用于生产、经营、买房出租，作为个人参与企业经营活动的入股资金，存入银行或者借给他人而个人取利等，如果行为人挪用公款后，为私利以个人名义将挪用的公款借给企业事业单位、机关、团体使用的，不管这些单位是否将其挪用的公款用于营利活动，都应视为挪用公款归个人使用进行营利活动，而不能认为属于挪归公用，这里的数额较大以挪用公款 1 万元至 3 万元为起点，以挪用公款 15 万至 20 万元为数额巨大的数额起点。

对于这种挪用数额较大的公款归个人进行营利活动的，法律既没有要求挪用公款要达到多长时间，也不要求行为人营利的目的要真正达到。但如果行为人在案发前已部分或者全部归还本息的，可以分别情节，从轻处罚，情节轻微的，可以免除处罚。

第三，挪用公款归个人用于上述非法活动、营利活动以外的用途，并且数额较大，超过 3 个月未还的。如挪用公款用于建造私房、购置家具和其他生活用品、办理婚丧、支付医疗费或者偿还家庭、个人债务等。这种情况既要求挪用公款要达到一定数额，也要求挪用公款要达到一定时间。这里的数额较大也是以 1 万元至 3 万元为起点，以 15 万元至 20 万元为数额巨大的数额起点。其中，"未还"是指案发前（被司法机关、主管部门或者有关单位发现前）未还。如果挪用公款数额较大，超过 3 个月，在案发前已全部归还本金的，可以从轻处罚或减轻处罚。给国家、集体造成的利益损失应予追缴。挪用公款数额巨大，超过 3 个月，虽在案发前已全部归还本息的，从轻处罚。

在实践中，也有这样的情形，行为人多次挪用公款，用后次挪用的公款归还前次挪用的公款，而每次挪用的间隔时间都不超过 3 个月，对此，应从第一次挪用公款的时间算起。连续累计至挪用行为终止。在追究行为人的刑事责任时，挪用公款的数额按最后未归还的金额认定。挪用公款给他人使用，不知道使用人用公款进行营利活动或者用于非法活动，数额较大、超过 3 个月未还的，构成挪用公款罪，明知使用人用于营利活动或者非法活动的，应当认定为挪用人挪用公款进行营利活动或者非法活动。

从犯罪的主观方面来看，该罪的主观方面为故意，即行为人明知自己的行为侵犯了公款的占有权、使用权与收益权以及职务行为的廉洁性，并希望或者放任这种结果发生。如果具有非法占有目的（不归还公款的意思），则以贪污罪论处。

第三节　私分国有资产罪

一、私分国有资产罪概述

私分国有资产罪是指国家机关、国有公司、企业、事业单位、人民团体，违反国家规定，以单位名义将国有资产集体私分给个人，数额较大的行为。根据《刑法》第396条的规定："国家机关、国有公司、企业、事业单位、人民团体，违反国家规定，以单位名义将国有资产集体私分给个人，数额较大的，对其直接负责的主管人员和其他直接责任人员，处三年以下有期徒刑或者拘役，并处或者单处罚金；数额巨大的，处三年以上七年以下有期徒刑，并处罚金。"

二、私分国有资产罪的构成标准

（一）犯罪主体

本罪是单位犯罪，根据《刑法》的规定，本罪主体是国家机关、国有公司、企业、事业单位、人民团体，但根据法律规定只处罚私分国有资产的直接负责的主管人员和其他直接责任人员。

（二）犯罪客体

本罪所侵犯的直接客体是国有资产的管理制度及其所有权。

所谓国有资产，包括依法经由上述国家机关、国有公司、企业、事业单位、人民团体管理、使用或者运输中的国有资产。例如税务机关掌握着的纳税人依法上交国家的税款等。国家对单位的财经分配，有一整套宏观管理制度，例如对所有权与经营权相分离的国有企业，凡实行承包经营者，国家均试行资金分账制度：将该企业掌握的资金分为国家资金和企业资金。其中，凡国家资金，不得用作企业职工集体福利基金或用作职工奖励奖金等。否则，即属违背国家对国有资产管理的不法行为，其中集体私分国有资产者，更进一步地侵犯了国有资产的所有权，数额较大者，即构成本罪。

（三）客观方面

在客观方面，本罪行为法人实施了违反国家规定，以单位名义将国有

335

资产集体私分给个人，数额较大的行为。

所谓违反国家规定，指违反了国家对此类单位的国有资产分配管理规定。例如违背了国家关于国有资金与企业资金的分账比例管理制度，擅自将国有资金转为企业资金，进而私分国有资产者。所谓以单位名义，是指由单位领导班子集体决策或者由单位负责人决定并由直接责任人员经手实施，公开或半公开地以单位分红、单位发奖金、单位下发的节日慰问费等名义所进行的活动。集体私分给个人，是指行为法人以单位的名义，将国有资产按人头分配给本单位全部或部分职工，这里所谓个人，指的是该单位的职工。按照《刑法》第 396 条第 1 款的规定，仅有上述行为，还不足以构成认定本罪的客观基础，还必须集体私分国有资产给个人数额较大者，本罪存观要件才齐备。应当注意的是，对这里所谓数额较大。原则上应理解为集体私分国有资产的总额较大，而非指每一个人所分数额较大。换言之，由于单位职工众多，因而按人头私分的结果，每一个人所分数额即便并不大，但私分总额大者，仍应成立这里的数额较大

特别提请注意，本罪的行为对象不一定是钱款。国有资产除国有资金外，还包括国有的生产资料、生产资料乃至属于国有的产品、商品等，基于此，本罪私分的对象既可以是国有的钱、股份、其他有价证券，也可以是国有的其他固定资产。例如私分归单位管理、使用但属于国有的计算机、照相机等。

（四）主观方面

本罪在主观方面是直接故意犯罪。行为须有明知是国有资产而故意违反国家规定，将其集体私分给个人的确定故意。如疏忽大意误将国有资产当作企业资金加以集体私分者，不能成立本罪，情节严重者，可按有关渎职犯罪处理。

（五）私分国有资产罪的立案、量刑标准

依据1999 年《最高人民检察院关于人民检察院直接受理立案侦查案件立案标准的规定（试行)》的规定，涉嫌私分国有资产，累计数额在 10 万元以上的，应予立案。即将犯罪数额 10 万元视为"数额较大"的起点，予以立案侦查，但对"数额巨大"却无法认定，法律规定与适用法律出现严重脱节。在司法实践中，存在"不同案件有不同标准、不同地区有不同标准"的现象。我国各地对私分国有资产犯罪"数额巨大"的认定标准是不统一的，并且存在相当大的差距。《四川省高级人民法院关于刑法部分条款

数额执行标准和情节认定标准的意见》第 51 条规定，"刑法第 396 条第 1 款规定的'数额较大'，是指私分国有资产累计数额在 10 万元以上的；'数额巨大'，是指私分国有资产累计数额在 50 万元以上的。"

《最高人民法院、最高人民检察院关于办理国家出资企业中职务犯罪案件具体应用法律若干问题的意见》（法发〔2010〕49）中规定"国有公司、企业违反国家规定，在改制过程中隐匿公司、企业财产，转为职工集体持股的改制后公司、企业所有的，对其直接负责的主管人员和其他直接责任人员，依照刑法第 396 条第 1 款的规定，以私分国有资产罪定罪处罚"。

还应注意国家允许国家机关、国有公司、企业、事业单位、人民团体发放奖金、福利、津贴等，但必须按照有关规定进行。1993 年国家国有资产管理局颁发《国有资产产权界定和产权纠纷处理暂行办法》第 12 条规定，可分配利润及从税后利润中提取各项基金后，已提取用于职工奖励、福利等分配给个人消费的基金，不属于国有资产。发放的奖金、福利应当是国有单位有权支配的奖金。上缴税金以后的利润留成或事业单位、人民团体通过市场取得的不体现政府职能的经营、服务性收入，按照规定交纳税金、管理费用后，不属于应当上缴国家的国有资产，单位有权作出分配，不构成私分国有资产罪。

国有公司、企业在依法上缴利税以后，国家行政机关、事业单位、人民团体利用非经营性资金转经营性资金获取的收入按规定上交后，对所余留的利润有自主决策权，将其所获利润部分用于发放奖金、福利等，是正当合法的行为。但是，这种发放奖金、福利的范围和标准是有限度的，如国家对企业利润如何使用有明确的规定，对发放奖金的条件、发放奖金的额度等也有专门的规定，如果利用这一部分利润发放福利超过标准和限度的，则应认定是违反财经纪律的行为。如果国有行政机关、事业单位和人民团体、国有公司、企业违反国家法律的规定，对管理、使用的无自由支配权的国有资产进行分配，如将国家拨付给行政事业单位、人民团体的管理经费予以截留分配，或将明文规定应当上交的利润、税费和单位应留存的生产发展基金、修购基金、职工福利基金、医疗基金及按照有关规定提取或者设置的专用基金进行分配，或将固定资产变价转让的收入等不属于可发放福利范围的财物，通过巧立名目、藏匿、侵吞、违规记账等手段留存，以奖金、福利等形式分配给单位个人，则严重背离了国有资产的经营、管理、使用权限，应认定为私分国有资产的行为，达到 10 万元数额较大的，即应追究刑事责任。

此外，本罪处罚直接负责的主管人员和其他直接责任人员。因此"直接负责的主管人员"及"其他直接责任人员"的认定就显得极其重要。

所谓直接负责的主管人员，必须是在该犯罪活动中有主要决策责任的国有单位负责人或其他领导人员，具体应包括：（1）直接作出私分决定的单位负责人；（2）直接作出私分决定的单位分管领导；（3）参与集体研究并同意研究决定的领导；（4）具体指挥私分行为的领导。

所谓其他直接责任人员，是指除直接负责的主管人员外，其他对该类犯罪行为负有责任的人员，也就是单位犯罪行为的直接实施或协助实施者。包括：提出私分建议并具体策划私分行为的人员。

三、私分国有资产罪典型案例辨析

【典型案例】

广州一汽巴士有限公司汪某、麦某私分国有资产案

【基本案情】

2005年1月至2012年4月，被告人胡某、汪某、周某多次伙同广州一汽巴士有限公司的班子成员总经理区某、林某，党委书记池某，副总经理蔡某、彭某1、雷某违反薪酬规定，制定公司内部经营者绩效考核办法，以向公司中层及以上管理人员发放绩效奖金的名义，授意财务总监被告人杨某、财务副经理被告人麦某等人通过虚列支出、虚假报销、截留公司现金收入等方式发放奖金。经鉴定，被告人胡某从2005年1月至2007年12月，作为公司领导班子成员，参与讨论私分公司财物累计309.236635万元，其在一汽公司任职期间，个人分得229.089041万元；被告人汪某从2009年至2014年，作为公司领导班子成员，参与讨论私分公司财物累计1313.695181万元，个人分得168.389289万元；被告人周某从2005年至2012年，作为办公室副主任、主任，参与私分公司财物累计1165.690564万元，2012年至2014年，作为公司领导班子成员，参与讨论私分公司财物累计726.993576万元，其在一汽公司任职期间个人分得117.511643万元；被告人杨某从2004年11月起，作为公司财务总监，参与私分公司财物累计1892.68414万元，个人分得90.01336万元；被告人麦某从2008年3月起，作为公司财务部副经理，参与私分公司财物累计1531.325243万元，个人分得49.509849万元。

【诉讼经过】

广州市荔湾区人民法院审理广州市荔湾区人民检察院指控原审被告人胡某、汪某、周某、杨某、麦某犯贪污罪一案，于 2017 年 12 月 25 日作出（2017）粤 0103 刑初 1197 号刑事判决。一审判决当事人均构成私分国有资产罪，二审对定性维持原判，对量刑稍作调整。

【案例分析】

该案件公诉机关系以贪污罪提起公诉，但法院经过两次审判，均认定为行为人构成私分国有资产罪。根据上述分析可知，私分国有资产罪往往处罚单位负责人，私分国有资产的行为之一则是违反薪资发放规定，将原属于国家资产的财产给职工分发。本案四位被告为一汽巴士的主管负责人，在任职期间，违反薪酬规定，伙同其他班子成员制定公司内部经营者绩效考核办法，授意时任办公室主任的被告人周某、财务人员被告人杨某、麦某通过虚列支出、虚假报销、截留公司现金收入的方式向公司中层及以上管理人员发放绩效奖金，其行为符合私分国有资产罪的犯罪构成。

在实务中，私分国有资产罪与贪污罪有较高的相似度，以下对贪污罪作一简单介绍。

贪污罪是指国家工作人员，利用职务上的便利，侵吞、窃取、骗取或者以其他手段非法占有公共财物的行为。根据《刑法》第 382 条的规定："国家工作人员利用职务上的便利，侵吞、窃取、骗取或者以其他手段非法占有公共财物的，是贪污罪。受国家机关、国有公司、企业、事业单位、人民团体委托管理、经营国有财产的人员，利用职务上的便利，侵吞、窃取、骗取或者以其他手段非法占有国有财物的，以贪污论。与前两款所列人员勾结，伙同贪污的，以共犯论处。"

贪污罪的主体是特殊主体，即必须是国家工作人员。根据《刑法》第 93 条的规定："本法所称国家工作人员，是指国家机关中从事公务的人员。国有公司、企业、事业单位、人民团体中从事公务的人员和国家机关、国有公司、企业、事业单位委派到非国有公司、企业、事业单位、社会团体从事公务的人员，以及其他依照法律从事公务的人员，以国家工作人员论。"此外，根据本条第 2 款的规定，受国家机关、国有公司、企业、事业单位、人民团体委托管理、经营国有财产的人员，也可以成为本罪的主体。不具有上述特殊身份的一般公民与上述人员勾结，伙同贪污的，以贪污罪的共犯论处。

这里所谓公务，是指依照法律所进行的管理国家、社会或集体事务的职能活动。它包括三个要素：一是管理性，即公务是对国家、社会或集体事务的管理活动；二是职能性，即公务是行为人代表国家各种职能机关、国有公司、企业、事业单位中的职能部门进行的管理活动；三是依法性，即公务是行为人依法进行的。这里的依法，既包括依照法律的规定，也包括依照行政命令，还包括受国家机关、企业、事业单位和人民团体的委托等。

总之，行为人在具有依法从事公务的前提下，在与其职务身份相对应的单位履行职责时，才有成为贪污罪主体的可能，而无论其是属于当然的国家工作人员还是属于拟定的国家工作人员。此外，据本条第3款规定，勾结、伙同国家工作人员贪污的，以贪污共犯论处。

就客体而言，贪污罪侵犯的客体是复杂客体。既侵犯了公共财物的所有权，又侵犯了国家机关、国有企业事业单位的正常活动以及职务的廉洁性，但主要是侵犯了职务的廉洁性。在国有公司、企业中，具有国家工作人员身份的人，侵吞本公司、企业的财物，当然属于侵犯了公共财物的所有权。在中外合资和中外合作企业、股份制公司、企业中，中方和国有资产往往占控股地位或主导地位，其财产仍可视为公共财产，即使不占主导地位和控股地位，其中一部分财产仍属公共财产，因此，具有国家工作人员身份的人，利用职务的便利，侵吞上述公司、企业的财物，仍属于侵犯公共财产的所有权。

贪污罪的客观方面表现为利用职务之便，侵吞、窃取、骗取或者以其他手段非法占有公共财物的行为。这是贪污罪区别于盗窃、诈骗、抢夺等侵犯财产罪的重要特征。

所谓利用职务上的便利，是指行为人利用其职责范围内主管、经手、管理公共财产的职权所形成的便利条件，假借执行职务的形式非法占有公共财物，而不是因工作关系或主体身份所带来的某些方便条件，如因工作关系而熟悉作案环境，凭借工作人员身份进出某些机关、单位的方便等。所谓主管，是指具有调拨、转移、使用或者以其他方式支配公共财产的职权，例如厂长、经理等具有的一定范围内支配企业内部公共财产的权力；所谓经手，是指具有领取、支出等经办公共财物流转事务的权限；所谓管理是指具有监守或保管公共财物的职权，例如会计员、出纳员、保管员等具有监守和保管公共财物的职权。行为人如果利用职务上主管、经手、管理公共财物的便利，而攫取公共财物的，就可构成贪污罪。

贪污手段多种多样，但归纳起来不外乎是采取侵吞、窃取、骗取或者其他手段非法占有公共财物。

侵吞财物，是指行为人将自己管理或经手的公共财物非法转归自己或他人所有的行为。概括起来侵吞的方法主要有三种：一是将自己管理或经手的公共财物加以隐匿、扣留，应上交的不上交，应支付的不支付，应入账的不入账。二是将自己管理、使用或经手的公共财物非法转卖或擅自赠送他人。三是将追缴的赃款赃物或罚没款物私自用掉或非法据为私有。窃取财物，是指行为人利用职务之便，采取秘密窃取的方式，将自己管理的公共财物非法占有的行为，也就是通常所说的监守自盗。如果出纳员仅是利用对本单位情况熟悉的条件，盗窃由其他出纳员经管的财物，则构成盗窃罪。骗取财物，是指行为人利用职务之便，采取虚构事实或隐瞒真相的方法，非法占有公共财物的行为。例如出差人员用涂改或伪造单据的方法虚报或谎报支出冒领公款，工程负责人多报工时或伪造工资表冒领工资，收购人员谎报收购物资等级从中骗取公款等。

其他方法，是指除了侵吞、盗窃、骗取之外，其他非法占有公共财物的方法。主要有以下几种方法：（1）内外勾结，迂回贪污。即国家工作人员利用职务上的便利，内外勾结，将自己管理、经营的公共（国有）财物以合法形式，转给与其勾结的外部人员，然后再迂回取回，据为己有；（2）公款私存、私贷坐吃利息；（3）利用回扣非法占有公款。即行为人在为本单位购买货物时，将卖方以购货款中抽出一部分作为回扣的款项占为己有的行为；利用合同非法占有公款。即行为人在为本单位购买货物、推销产品等经济活动中，在与他人签订经济合同时，双方恶意串通，提高合同标的价格，然后将抬高的差价私分等；间接贪污。如国家工作人员利用职务之便，使用单位雇请的工人为自己干活等；占有应交单位的劳务收入；利用新技术手段进行贪污。即行为人利用职务便利，运用新的科技手段进行贪污的行为。主要有：银行工作人员利用微机侵吞公款、套取利息，证券从业人员利用技术手段侵吞股金、红利等。

贪污罪在主观方面必须出自直接故意，并具有非法占有公共财物的目的。过失不构成本罪。其故意的具体内容表现为行为人明知自己利用职务之便所实施的行为会发生非法占有公共（国有）财物或非国有单位财物的结果，并且希望这种结果的发生。犯罪的目的，是非法占有公共（国有）

财物或非国有单位财物。而非法占有公共（国有）财物或非国有单位财物的目的，既可以是行为人企图将公共（国有）财物或非国有单位财物永久地占为己有，也可以是行为人希望将公共（国有）财物或非国有单位财物非法获取后转送他人。另外，贪污罪不以特定的犯罪动机为其主观方面的必备要素，只要行为人故意实施了利用职务之便非法占有公共（国有）财物或非国有单位财物的行为，无论出于何种动机，均可构成贪污罪。

关于贪污罪的立案、量刑标准，根据《最高人民检察院关于人民检察院直接受理立案侦查案件立案标准的规定（试行)》的规定，"个人贪污数额在 5000 元以上的，或个人贪污数额不满 5000 元，但具有贪污救灾、抢险、防汛、防疫、优抚、扶贫、移民、救济款物及募捐款物、赃款赃物、罚没款物、暂扣款物，以及贪污手段恶劣、毁灭证据、转移赃物等情节的"，应予立案。

根据《最高人民法院、最高人民检察院关于办理贪污贿赂刑事案件适用法律若干问题的解释》第 1 条第 1 款、第 2 款的规定："贪污或者受贿数额在三万元以上不满二十万元的，应当认定为刑法第三百八十三条第一款规定的'数额较大'，依法判处三年以下有期徒刑或者拘役，并处罚金。贪污数额在一万元以上不满三万元，具有下列情形之一的，应当认定为刑法第三百八十三条第一款规定的'其他较重情节'，依法判处三年以下有期徒刑或者拘役，并处罚金：（一）贪污救灾、抢险、防汛、优抚、扶贫、移民、救济、防疫、社会捐助等特定款物的；（二）曾因贪污、受贿、挪用公款受过党纪、行政处分的；（三）曾因故意犯罪受过刑事追究的；（四）赃款赃物用于非法活动的；（五）拒不交待赃款赃物去向或者拒不配合追缴工作，致使无法追缴的；（六）造成恶劣影响或者其他严重后果的。"

根据《最高人民法院、最高人民检察院关于办理贪污贿赂刑事案件适用法律若干问题的解释》第 2 条的规定："贪污或者受贿数额在二十万元以上不满三百万元的，应当认定为刑法第三百八十三条第一款规定的'数额巨大'，依法判处三年以上十年以下有期徒刑，并处罚金或者没收财产。贪污数额在十万元以上不满二十万元，具有本解释第一条第二款规定的情形之一的，应当认定为刑法第三百八十三条第一款规定的'其他严重情节'，依法判处三年以上十年以下有期徒刑，并处罚金或者没收财产。受贿数额在十万元以上不满二十万元，具有本解释第一条第三款规定的情形之一的，应当认定为刑法第三百八十三条第一款规定的'其他严重情节'，依法判处三年以上十年以下有期徒刑，并处罚金或者没收财产。"

根据《最高人民法院、最高人民检察院关于办理贪污贿赂刑事案件适用法律若干问题的解释》第3条第1款、第2款的规定："贪污或者受贿数额在三百万元以上的，应当认定为刑法第三百八十三条第一款规定的'数额特别巨大'，依法判处十年以上有期徒刑、无期徒刑或者死刑，并处罚金或者没收财产。贪污数额在一百五十万元以上不满三百万元，具有本解释第一条第二款规定的情形之一的，应当认定为刑法第三百八十三条第一款规定的'其他特别严重情节'，依法判处十年以上有期徒刑、无期徒刑或者死刑，并处罚金或者没收财产。"

根据《最高人民法院、最高人民检察院关于办理贪污贿赂刑事案件适用法律若干问题的解释》第4条的规定："贪污、受贿数额特别巨大，犯罪情节特别严重、社会影响特别恶劣、给国家和人民利益造成特别重大损失的，可以判处死刑。符合前款规定的情形，但具有自首，立功，如实供述自己罪行、真诚悔罪、积极退赃，或者避免、减少损害结果的发生等情节，不是必须立即执行的，可以判处死刑缓期二年执行。符合第一款规定情形的，根据犯罪情节等情况可以判处死刑缓期二年执行，同时裁判决定在其死刑缓期执行二年期满依法减为无期徒刑后，终身监禁，不得减刑、假释。"

此外，根据《刑法》第383条的规定："对犯贪污罪的，根据情节轻重，分别依照下列规定处罚：（一）贪污数额较大或者有其他较重情节的，处三年以下有期徒刑或者拘役，并处罚金。（二）贪污数额巨大或者有其他严重情节的，处三年以上十年以下有期徒刑，并处罚金或者没收财产。（三）贪污数额特别巨大或者有其他特别严重情节的，处十年以上有期徒刑或者无期徒刑，并处罚金或者没收财产；数额特别巨大，并使国家和人民利益遭受特别重大损失的，处无期徒刑或者死刑，并处没收财产。对多次贪污未经处理的，按照累计贪污数额处罚。犯第一款罪，在提起公诉前如实供述自己罪行、真诚悔罪、积极退赃，避免、减少损害结果的发生，有第一项规定情形的，可以从轻、减轻或者免除处罚；有第二项、第三项规定情形的，可以从轻处罚。犯第一款罪，有第三项规定情形被判处死刑缓期执行的，人民法院根据犯罪情节等情况可以同时决定在其死刑缓期执行二年期满依法减为无期徒刑后，终身监禁，不得减刑、假释。"